SSLAND

VR CHINA

SÜDKOREA   JAPAN

Weitere Inselstützpunkte
im Pazifik: ———————▶

WAKE ISLAND
KWAJALEIN ATOLL
JOHNSTON ATOLL
AMERIK. SAMOA

PHILIPPINEN

Pazifik   GUAM

SINGAPUR

OST-TIMOR

AUSTRALIEN

Peter Scholl-Latour

Koloß auf tönernen Füßen

Peter Scholl-Latour

Koloß auf tönernen Füßen

Amerikas Spagat zwischen
Nordkorea und Irak

Propyläen

Aus Gründen der Diskretion und vor allem der Sicherheit für die
Betroffenen habe ich die Namen meiner Gesprächspartner und die
Umstände der Begegnung gelegentlich geändert. Das gilt nicht für
Personen des öffentlichen Lebens und deren Aussagen, die exakt
wiedergegeben werden. Bei der Transkription von Ausdrücken aus
fremden Sprachen habe ich mich an die übliche, allgemein
verständliche Schreibweise gehalten.

Propyläen ist ein Verlag der Ullstein Buchverlage GmbH

ISBN 3-549-07252-X

© 2005 by Ullstein Buchverlage GmbH, Berlin 2005
Alle Rechte vorbehalten. Printed in Germany
Redaktion: Cornelia Laqua
Karten: Thomas Hammer
Gesetzt aus der Janson
bei LVD GmbH, Berlin
Druck und Bindung: Clausen & Bosse, Leck

INHALT

»Les hommes ne reçoivent point la vérité de leurs ennemis, et leurs amis ne la leur offrent guère; c'est pour cela que je l'ai dite.«

»Die Menschen erfahren die Wahrheit nicht von ihren Feinden, und ihre Freunde bieten sie ihnen auch nicht an. Deshalb spreche ich sie aus.«

Alexis de Tocqueville
in *De la Démocratie en Amérique*

EINSTIMMUNG

Paris, im Frühjahr 2005

Der Titel dieses Buches ist der Traumdeutung des hebräischen Propheten Daniel am Hofe von Babylon entliehen. Mit der Erwähnung des »Kolosses auf tönernen Füßen« maße ich mir nicht an, den baldigen Zusammenbruch der amerikanischen Weltherrschaft anzukündigen. Ich will nur darauf verweisen, wie prekär der Anspruch auf globale Hegemonie wird, wenn ein überwiegend merkantil ausgerichtetes Staatswesen in den Zwang strategischer Allgegenwart und einer territorialen Überbeanspruchung gerät, die man heute als »overstretch« bezeichnet.

Noch ist die Macht Amerikas – trotz einer Serie regionaler Rückschläge – in keiner Weise ernsthaft erschüttert. Aber die Debatte über »decline and fall«, über »Niedergang und Sturz« dieses einzigartigen Imperiums, ist in den politischen Analysen unserer Tage allgegenwärtig. Für die einen handelt es sich um hämisches, ja gehässiges Wunschdenken, für die anderen um eine beklemmende Befürchtung, und zu letzteren sollten die Einwohner des »alten Europa« zählen, die sich im Chaos des eigenen totalen Zusammenbruchs nach 1945 keinen wohlwollenderen Hegemon hätten vorstellen können.

Der Autor erinnert sich noch sehr deutlich an den Winter 1941/ 42, als Großdeutschland den USA den Krieg erklärte und Hermann Göring sich zu der Behauptung verstieg: »Wir unterschätzen das Gewicht und die industrielle Kapazität Amerikas nicht. Aber eines haben wir den Yankees voraus, und daran werden sie scheitern. Wir besitzen eine unschlagbare und weit überlegene

9

Luftwaffe.« So etwa drückte sich der Reichsmarschall aus, und wir wissen, was daraus geworden ist. Denjenigen, die an der dynamischen Erneuerungsfähigkeit des »homo americanus« zweifeln und bei ihm irreversible Degenerationserscheinungen festzustellen glauben, möchte ich eine Aussage Helmut Schmidts entgegenhalten, der bei einem Fernsehgespräch die anhaltende Vitalität der US-Bevölkerung auf die Robustheit, den Abenteurermut, den brutalen Durchsetzungswillen der sukzessiven Einwandererwellen zurückführte, die die Gestade der Neuen Welt überfluteten. Im selben Interview befand der Altbundeskanzler, daß die United States of America von Anfang an »imperialistisch« veranlagt gewesen seien. Das habe sich im neunzehnten Jahrhundert bei der Auslöschung der indianischen Stämme zwischen Atlantik und Pazifik sowie bei der Halbierung des mexikanischen Staatsgebietes gezeigt, ehe diese Expansion um 1900 mit dem Sieg über Spanien den pazifischen Raum bis an die Küsten Chinas einbezog.

Das zwanzigste Jahrhundert war eindeutig das Jahrhundert Amerikas. Die Niederlage der Mittelmächte im Ersten Weltkrieg wurde der deutschen Heeresführung endgültig klar, als die US-Divisionen des General Pershing in Frankreich an die Front rückten. Der Zweite Weltkrieg steigerte sich zur Apotheose amerikanischer Machtentfaltung, als Franklin D. Roosevelt gleich zwei Imperien auf einmal zerschlug, das Großdeutschland Hitlers, das ganz Europa unterworfen hatte, und das japanische Reich des Tenno, das bis zu den Toren Australiens und Indiens vorgedrungen war. Die Krone der globalen Weltherrschaft wurde der »einzig verbliebenen Supermacht« wie auf einem Silbertablett offeriert, als die Sowjetunion, vor der die Westeuropäer, und nicht nur sie, zitterten und bangten, sich in einem Anfall von Selbstzerstörungswahn sang- und klanglos auflöste.

Das unrühmliche Ende der Sowjetunion, die unter Stalin von der Elbe bis zum Mekong die pervertierte Heilsbotschaft des Marxismus-Leninismus als einzig gültige Staatsdoktrin durchgesetzt hatte und plötzlich auf die Grenzen Rußlands zu Zeiten Iwans des Schrecklichen zurückschrumpfte, gebietet Nachdenklichkeit und Skepsis auch im Hinblick auf die Permanenz amerikanischer Weltgeltung. Die Propheten des Unheils streiten dar-

über, ob interne Krisen und Zwistigkeiten, religiöse und intellektuelle Fehlentwicklungen das allmähliche Abbröckeln der »Hypermacht« im eben angebrochenen einundzwanzigsten Jahrhundert bewirken könnten – wie Edward Gibbons das um 1788 am Beispiel des antiken Rom beschrieb – oder ob die maßlose geographische Verzettelung, die Verwicklung in eine endlose Serie unlösbarer Regionalkonflikte, den USA zum Verhängnis würde. Wer redet heute noch von dem erdumspannenden Kolonialbesitz, über den Spanien oder gar Holland verfügten? Wem ist gewärtig, daß vor hundert Jahren britische Seeleute, wenn sie die Finger in das Wasser irgendeines Ozeans tauchten, stolz feststellten: »Tastes salty, must be British – Es schmeckt salzig, muß also britisch sein.« Niemand hätte sich damals vorstellen können, wie schnell der Ruhm und die Kraft des Empire sich in zwei Weltkriegen aufzehren würde, aus denen England siegreich hervorgegangen war. Nur drei Jahrhunderte zuvor, auf dem Höhepunkt Habsburger Dominanz, wurde an den Kanzleien von Wien, Madrid und Brüssel die anmaßende Formel erfunden: »AEIOU – Austriae est imperare orbi universo«, zu Deutsch: »Alles Erdreich ist Österreich untertan.«
Sic transit gloria mundi.

Ein französischer Kronzeuge

Während ich diese Zeilen schreibe, schweift mein Blick auf den Pariser Champ de Mars und die École Militaire. Nicht weit davon leuchtet die goldene Dekoration des Invalidendoms, unter dessen Kuppel der »Empereur« Napoleon Bonaparte in einem purpurfarbenen Marmorsarkophag ruht. Der Ort legt Betrachtungen über die Vergänglichkeit menschlicher Ambitionen und kaiserlicher Hybris nahe, weit mehr jedenfalls als die Stadtmitte Berlins, wo sich eine seltsame Verzerrung der historischen Perspektiven abzuzeichnen droht. Ist es nicht ein verblüffendes Phänomen, daß die deutschen Medien sechzig Jahre nach dem Ende des Nationalsozialismus mehr denn je fasziniert, geradezu in unheimlichen Bann geschlagen bleiben durch die allmählich zur finsteren Nibelungengestalt hochstilisierte Erscheinung Adolf Hitlers? Dessen Tausendjähriges Reich hatte gerade einmal zwölf Jahre gedauert, und die filmische Darstellung des »Untergangs« im Bunker der Reichskanzlei dürfte sich für manchen Zuschauer dennoch als germanische Heldensaga in den lodernden Flammen der Hunnenburg des König Etzel einprägen.

Wie spärlich hingegen erwähnen unsere Historiker jenes oströmische Imperium von Byzanz, das sich tatsächlich ein Millenium lang behauptete und unter dem Basileios Justinian von Mesopotamien bis zum Atlas erstreckte. Wenn heute die türkischen Neubürger der Bundesrepublik ihren zahlreichen neuen Moscheen so gern den Namen »Fatih« verleihen, welcher Deutsche weiß da schon, daß damit der osmanische Sultan Mehmet II. »Fatih«, das heißt »der Eroberer«, gemeint ist, der dem grandiosen christlichen Bollwerk Konstantinopel am Bosporus im Jahr 1453 den Todesstoß versetzte?

Mancher mag einwenden, daß die Hauptstadt Frankreichs am wenigsten geeignet sei, um über die Zukunft und das Wesen Amerikas zu meditieren. Lauert nicht an der Seine der Neid und die Mißgunst einer ehemaligen Weltmacht, die – heute zur Mittelmäßigkeit verurteilt – sich nur noch grollend ihrer früheren Besitzungen in der Neuen Welt entsinnt? Das Lilienbanner der Bourbonen wehte ja nicht nur über den Weiten Kanadas, die Voltaire mit der so vielen Aufklärern eigenen politischen Ignoranz als »ein paar Morgen Schnee« abtat. Französische Jesuiten und »Voyageurs« hatte als erste den Mississippi erforscht, den sie »Méchacebé« nannten, und welchen patriotischen Geschichtslehrer des Hexagon schmerzt nicht der Gedanke, daß im Jahr 1803 die reiche, subtropische Landschaft Louisianas von Napoleon – aus triftigen Gründen immerhin – für die bescheidene Summe von 80 Millionen Francs an die mit Hilfe Ludwigs XVI. gegründeten »United States of America« verkauft wurde?

Das Jahr 1917, als amerikanische Truppen unter der Losung »Lafayette, here we are« in Bordeaux an Land gingen, um eine historische Dankesschuld abzutragen, ist längst vergessen, seit

Amerika seine Boys bei der Befreiung Frankreichs am Brückenkopf »Omaha Beach« in der Normandie verbluten sah und sich sechzig Jahre später durch die Weigerung Jacques Chiracs an der Operation »Iraqi Freedom« teilzunehmen, mit schnödem Undank belohnt fühlte. Das Mißtrauen am Potomac bleibt übergroß gegenüber der letzten Nation Europas, die sich in Ermangelung realer Macht an ihren »Panache« klammert, ein unübersetzbarer Begriff, der trotzige Selbstgeltung und vergebliche Ruhmsucht beinhaltet.

Jede politische und gesellschaftliche Analyse der amerikanischen Lebensart bleibt dennoch bis auf den heutigen Tag auf das Werk eines französischen Aristokraten, Alexis de Tocqueville, angewiesen, der bereits 1840 nach nur neunmonatigem Aufenthalt in den USA, bevor er vorübergehend zum Außenminister berufen wurde, die Studie »De la Démocratie en Amérique« veröffentlichte. Natürlich war Tocqueville ein Sohn seiner Zeit, stand als Adeliger und gemäßigter Monarchist dem sich jenseits des Atlantik entwickelnden Gemeinwesen mit Staunen und auch Befremden gegenüber. Da war eine Föderation entstanden, der die Demokratie als Geburtsgeschenk in die Wiege gelegt war. Da wurde eine robuste Freiheitlichkeit, eine Egalität der Chancen vorgeführt, von der Frankreich auch nach der eigenen Revolution nur träumen konnte. Mit der ihm angeborenen gallischen »clarté« hat Tocqueville vor mehr als 150 Jahren ein Porträt von »God's Own Country« entworfen, das gerade in der jetzigen Umgestaltungsphase der USA eine bemerkenswerte Aktualität zurückgewonnen hat. Zahlreiche Buchpassagen aus der »Demokratie in Amerika« klingen wie Leitartikel unserer Tage, so heißt es da:

Die Religion stand am Anfang der anglo-amerikanischen Gesellschaft, man sollte das nie vergessen. In den Vereinigten Staaten verschmilzt deshalb die Religion mit allen nationalen Bräuchen und mit allen patriotischen Empfindungen. Daraus entsteht eine ganz besondere Kraft. Dieser mächtigen Motivation fügt sich eine andere, ebenso wichtige hinzu: In Amerika hat sich die Religion gewissermaßen selbst ihre Grenzen gesetzt. Die religiöse Ordnung bleibt dort strikt getrennt von der politischen Ordnung, so daß man die bestehenden Gesetze leicht verändern kann, ohne die überlieferte Gläubigkeit anzutasten.

Das Christentum hat also einen starken Zugriff auf den Geist der Amerikaner bewahrt, und – das möchte ich hervorheben – das Christentum herrscht nicht etwa wie eine Philosophie, die man nach eigener Prüfung übernimmt, sondern wie eine Religion, an die man ohne jede Diskussion einfach glaubt. In den Vereinigten Staaten entfalten sich immer neue, unterschiedliche Sekten, und sie verändern sich ständig. Aber das Christentum selbst behauptet sich als etabliertes und unwiderstehliches Faktum, das man weder anzugreifen wagt noch zu verteidigen braucht. Da die Amerikaner die wesentlichen Dogmen der christlichen Religion ohne Überprüfung akzeptiert haben, sind sie gezwungen, auf ähnliche Weise eine Vielzahl moralischer Vorschriften zu übernehmen, die sich aus diesen Glaubenssätzen ableiten, und sie halten sich daran. Damit wird die Ausübung der individuellen Erkenntnis auf enge Grenzen verwiesen, und zahlreiche, extrem wichtige Meinungsströmungen der Menschheit bleiben unberücksichtigt.

Der wiedergewählte Präsident George W. Bush ist für so viele Europäer ein Ärgernis, weil er seine Absicht, eine neue Weltordnung zu schaffen und das Böse zu vernichten, auf einen göttlichen Auftrag zurückführt. Sein Messianismus, seine politischen Gewißheiten, so notieren die Kritiker, ruhen »jenseits der Sterne«. Als »wiedergeborener« – born-again – Christ hat er eine breite Masse amerikanischer Bürger hinter sich gebracht, die die Mission Amerikas, die Welt zu retten, mit endzeitlichen Visionen der Geheimen Offenbarung verbinden. Diese militante, geradezu besessene Religiosität ist ein Phänomen, das Tocqueville in dieser Penetranz nicht vorausahnen konnte.

Bei einer internationalen Debatte, die der amerikanische Sender CNN aus Anlaß der bevorstehenden Präsidentschaftswahl in Berlin veranstaltete, war mir im Oktober 2004 ein britischer Kollege aufgefallen, der das Auseinanderdriften von USA und Europa

14

in letzter Analyse mit dem unterschiedlichen Verhältnis zum christlichen Glauben erklärte. Etwa achtzig Prozent aller US-Bürger suchen jeden Sonntag einen Gottesdienst auf. In Frankreich sei die Zahl der regelmäßigen Kirchgänger auf sieben Prozent, in England sogar auf fünf Prozent geschrumpft. Wenn deutsche Beobachter dem »chief executive« der USA vorwerfen, er präsentiere sich als »selbstsicherer Fürst und gleichzeitig als Papst«, so tragen sie dem Umstand Rechnung, daß George W. Bush über eine Allmacht verfügt wie kaum einer seiner Vorgänger. Durch die Selbstauflösung der Sowjetunion stehen die Vereinigten Staaten ohne gleichwertigen Rivalen auf der Weltbühne. Dank der Vorherrschaft der Republikaner im Senat, im Repräsentantenhaus und sogar im Obersten Gerichtshof scheint das vielgerühmte System von »checks and balances« außer Kraft gesetzt, das den Staatschef einer innenpolitischen Kontrolle unterwarf. Man könnte argumentieren, daß sogar im abendländischen Mittelalter weder Papst noch Kaiser eine vergleichbare Verfügungsgewalt besaßen, waren sie doch zu einer bipolaren Auseinandersetzung verurteilt, die der französische Dichter Victor Hugo als Kräftemessen der »beiden Hälften Gottes – les deux moitiés de Dieu« beschreibt.

Der patriotische Prediger George Walker Bush stehe lediglich in einer geistigen Kontinuität, die sich auf die amerikanische Gründungsidee zurückführen lasse, beteuern seine Apologeten. Fast alle Staatsoberhäupter der USA haben ausdrücklich auf Gottes Schutz und Gottes Hilfe gebaut. Festzuhalten bleibt immerhin, daß George Washington sich 1789 auf »jenes Allmächtige Wesen« berief, »welches über das Universum herrscht«. Diese Ausdrucksweise, ähnlich wie die Formulierungen Jeffersons, entspricht eher der Gedankenwelt europäischer Aufklärer und deren Freimaurerlogen als der holzschnittartigen Bibelfestigkeit jener puritanisch-calvinistischen Pilgerväter, die – wie Max Weber ausführlich dozierte – die göttliche Erwähltheit, die »Prädestination« am materiellen Erfolg der Gläubigen maßen und damit die Grundvorstellungen einer auf Profitdenken ausgerichteten Gesellschaft vorgaben. Im neokonservativen »New Deal«, das der heutige Präsident einläutet, findet diese Geistesrichtung eine zeitgenössische Bekräftigung.

Bei ihren Antrittsreden haben alle US-Präsidenten – von Abraham Lincoln bis Bill Clinton, der Katholik John F. Kennedy machte da keine Ausnahme – den Segen des Allmächtigen beschworen. Dwight D. Eisenhower, der kein Frömmler war, erwähnte bereits den Gegensatz zwischen den Kräften des Guten und des Bösen. Woodrow Wilson war zutiefst durchdrungen von der »manifest destiny« Amerikas, als er 1917 Deutschland den Krieg erklärte, auch wenn er sich nach dem Scheitern seiner in vierzehn Punkten zusammengefaßten neuen Ordnung der Welt – der Franzose Clemenceau bemerkte bissig, selbst Gott sei mit zehn Geboten ausgekommen – dem Völkerbund versagte und in einen verbitterten Isolationismus zurückfiel. Der biedere Jimmy Carter schließlich brachte Helmut Schmidt zur Verzweiflung, wenn er strategische Entscheidungen, wie den Verzicht auf die Neutronenbombe beim »praying breakfast«, auf Rat seiner Tochter Amy traf. Man braucht also gar nicht den als Bush-Vorläufer geschilderten Ronald Reagan zu bemühen, der bei aller erzkonservativen Gesinnung über nüchternen Pragmatismus verfügte.

So lange ist es ja auch nicht her, daß in Europa die politischen Ambitionen religiös umkleidet wurden. Noch die Soldaten Adolf Hitlers, der lediglich von der »Vorsehung« redete, trugen aus Gründen der Tradition die Gravierung »Gott mit uns« auf dem Koppel. Wilhelm II. führte den Titel des »summus episcopus« der evangelischen Gemeinde Preußens, und die Königin von England steht weiterhin der anglikanischen Kirche vor. Die katholischen Monarchen schmückten sich noch vor hundert Jahren mit den Titeln »Apostolische«, »Katholische« oder »Allerchristlichste Majestät«. In seinem Buch »Gott in Frankreich« erwähnt Friedrich Sieburg, daß anläßlich einer großen internationalen Flottenparade in Toulon zu Beginn des zwanzigsten Jahrhunderts lediglich die französische »Marine Nationale« beim Abspielen ihrer Hymne jeden Bezug auf überirdischen Schutz vermied.

In der Zwischenzeit sind die beiden Ufer des Atlantik bei aller rasanten Globalisierung der Verkehrsmittel und der Kommunikation auseinandergerückt. Immer wieder zitiere ich den Satz des französischen Autors der »Condition humaine«, André Malraux: »Das einundzwanzigste Jahrhundert wird religiös sein, oder es wird nicht sein – le vingt-et-unième siècle sera religieux ou ne sera pas.« Die Voraussage hat sich im Hinblick auf Amerika mit dem Ausufern evangelikaler Sektengläubigkeit weit über den traditionellen »Bible Belt« der Südstaaten hinaus voll bewahrheitet. Europa hingegen wendet sich von der Religion ab, wird agnostisch, aggressiv aufklärerisch, atheistisch. In dem Verfassungsentwurf für die Europäische Union wurde das Wort »Gott« gestrichen. Die wenigsten deutschen Minister benutzen bei ihrer Vereidigung die sakrale Formel »so wahr mir Gott helfe«. Am konsequentesten manifestiert sich diese Entchristianisierung in den neuen Bundesländern, auf dem Gebiet der ehemaligen DDR, wo es den kommunistischen Statthaltern Moskaus gelang, wie der evangelische Landesbischof Wolfgang Huber als Vorsitzender der EKD beklagt, den Glauben Martin Luthers weitgehend auszulöschen, während kurioserweise in den Weiten Rußlands die marxistisch indoktrinierten Massen ganz spontan zur byzantinischen Orthodoxie und zur prawo-slawischen Liturgie zurückfanden.

Auch in dieser Hinsicht läßt sich Tocqueville zitieren, und seine Aussage fällt nicht zugunsten Europas aus: »Man muß eingestehen, daß die Gleichheit, die der Welt beachtliche Wohltaten beschert, die Menschen höchst gefährlichen Instinkten ausliefert. Sie hat die Tendenz, den einen vom anderen zu isolieren, und bringt den Einzelnen dazu, sich nur noch um sich selbst zu kümmern. Es gibt hingegen keine Religion, die ihren Anhängern nicht irgendwelche Verpflichtungen gegenüber der übrigen Menschheit auferlegt und sie von Zeit zu Zeit der sterilen Selbstbetrachtung entreißt. Diese Eigenart entdecken wir sogar bei fehlgeleiteten und höchst gefährlichen Religionen. Die religiösen Völker sind deshalb von Natur aus stark, wo die agnostischen Demokratien schwach sind. Daran läßt sich ermessen, wie wichtig es ist, daß die Menschen ihrer Religion treu bleiben, wenn sie die Freiheit erringen.«

The human factor

Der Fall des Präsidenten George W. Bush fügt sich in diese weisen Betrachtungen nur sehr partiell ein. In seinem Charakter paaren sich immenses Selbstbewußtsein und das Gefühl früherer Schwächen. Scheinbare Torheit trifft sich mit Schläue und einem bemerkenswerten Sinn für das »gesunde Volksempfinden«. Sein Charisma ist unbestreitbar, auch wenn er sich nur unzulänglich auszudrücken vermag. Er fühlt sich von seinem Vater, nicht dem leiblichen Erzeuger, sondern vom »Vater im Himmel« erwählt, der Welt das Heil zu bringen, aber im Grunde ist ihm alles ziemlich egal, was nicht Amerika heißt. Ein israelischer Professor der Politologie beschrieb ihn unlängst bei einem Gespräch in Tel Aviv mit dem französischen Ausdruck: »c'est un illuminé« – was ganz wörtlich übersetzt »Er ist ein Erleuchteter« heißen würde, aber in der wirklichen Bedeutung des Ausdrucks besagt: »Er ist ein Wirrkopf, der sich für einen Erleuchteten hält.«

In der vorliegenden Betrachtung über den »Koloß auf tönernen Füßen«, die anhand von persönlichen Betrachtungen und Erfahrungen nur in Stichproben erkunden kann, ob der »Spagat Amerikas zwischen Nahem und Fernem Osten« seinen globalen Hegemonialanspruch bis zum Zerreißen strapaziert, sollte dennoch die Persönlichkeit des derzeitigen amerikanischen Staatschefs nicht im Mittelpunkt stehen. Der renommierte Politologe der Yale University, Paul Kennedy, der 1987 in seinem Werk »The Decline and Fall of the Great Powers« die Vergänglichkeit verflossener Imperien untersucht, kommt zu dem Schluß, daß »Großmächte stets dazu neigen, wenn sie sich durch Verfall bedroht fühlen, ihre Sicherheitsausgaben hochzuschrauben. Das Resultat ist dann wirtschaftliche Auszehrung. Ohne ein angemessenes Gleichgewicht zwischen den rivalisierenden Ansprüchen von Verteidigung, Verbrauch und Investition«, so behauptet Kennedy, »wird es einer Großmacht schwerfallen, ihren Status auf Dauer zu wahren.«

Eine gehässige Polemik, wie sie Michael Moore in Buch und Film betreibt, hat in Deutschland zwar gewaltigen Anklang ge-

funden; mir liegt sie fern, und im Hinblick auf die Wahlentschei-
dung der US-Bürger haben sich diese Schmähungen als irrelevant
erwiesen. George W. Bush – da mögen sich die deutschen und
französischen Politiker beruhigen, die sich seinem Diktat nicht
unterwarfen und eine eigene Beurteilung der Weltlage beanspruchen – wird ja nicht allzulange die Fülle seines erdrückenden Ein-
flusses ausüben. Schon in zweieinhalb Jahren, so kann man abse-
hen, beginnen die Sondierungen, die Ausscheidungskämpfe und
Intrigen, die die Benennung des nächsten republikanischen Prä-
sidentschaftskandidaten und darauf folgend die große Auseinandersetzung mit dem demokratischen Herausforderer im November 2008 einleiten. Dadurch wird der amtierende Staatschef
nicht zwangsläufig zur »lahmen Ente«, aber seine Autorität ist
nicht mehr unumstritten. In diesem Punkt bewähren sich eben die
Vorzüge der Demokratie, und eine Demokratie sind die Vereinigten Staaten von Amerika geblieben, auch wenn manche Auguren, wie der Historiker Fritz Stern, vor einer völlig neuen Art von
Autoritarismus warnen, vor einer »christlich-fundamentalistisch
verbrämten Plutokratie«.

Zu berücksichtigen bleibt »the human factor«, wie die Engländer sagen. Die Frage stellt sich schon heute, in welchem Maße
George W. Bush der »american destiny« eine neue und unum-
kehrbare Richtung gegeben, ob er den USA den Weg in eine triumphale Hegemonialausweitung oder in den allmählichen
Schwund ihrer Bedeutung gewiesen hat. Wird in der Mentalität
des Durchschnittsamerikaners während dieser achtjährigen Amtszeit eine Mutation stattfinden, die in beklemmender Fortentwick-
lung weiterwirkt und das Bild dieser großartigen Republik in den
Augen der übrigen Welt auf Dauer entstellen könnte? Kehren wir
zu Alexis de Tocqueville zurück: »Wenn eine Meinungsströmung
sich auf amerikanischem Boden einmal durchgesetzt hat und dort
Wurzeln schlug, dann möchte man meinen, keine Kraft der Erde
könne sie wieder herausreißen. In den Vereinigten Staaten vari-
ieren die allgemeinen Doktrinen nicht, ob es sich um Religion,
Philosophie, Moral oder Politik handelt. Zumindest verändern sie
sich in einem kaum wahrnehmbaren Prozeß. Selbst die gröbsten
Vorurteile verblassen mit unvorstellbarer Langsamkeit.«

19

Die Bedeutung des »menschlichen Faktors« hat sich in jüngster Vergangenheit auf sensationelle Weise bestätigt. Die historischen Umbrüche im soziologischen und ökonomischen Bereich bleiben weiterhin an die Kompetenz oder die Untauglichkeit von Personen gebunden. Man wird mich nicht von der Überzeugung abbringen können, daß »Niedergang und Sturz« der Sowjetunion in erster Linie eine Folge menschlichen Versagens waren. Gewiß, die Industrie war verrottet, die Rüstung oft minderwertig, der innere Zusammenhalt des Imperiums fragwürdig. Aber eine realitätsbewußte, resolute Staatsführung hätte – gestützt auf den unerschöpflichen Mineralreichtum dieser riesigen Föderation – den wirtschaftlichen Aufschwung erzwingen können. Dazu hätte es nicht eines Peters des Großen bedurft. Ein Regime, das Tausende von Nuklearraketen auf die USA und Westeuropa gerichtet hatte, konnte es sich leisten, eine gründliche Militärreform einzuleiten, ohne sich in den ruinösen Rüstungswettlauf mit Washington einzulassen. Der Impuls zur staatlichen Auflösung kam – entgegen allen Voraussagen – nicht aus den asiatischen, kaukasischen oder osteuropäischen Randzonen.

Die wirkliche Fäulnis hatte im Zentrum der Macht, im Kreml, stattgefunden. Auf den am Ende moribunden Leonid Breschnew, der zunehmend in Apathie versank, war Generalsekretär Tschernenko gefolgt, der nicht in der Lage war, eine öffentliche Erklärung abzugeben. Dessen Erbe wurde der ehemalige KGB-Chef Andropow, der unter permanenter Dialyse stand und damit wohl sein einst scharfes Urteilsvermögen verloren hatte. So wurde als Retter aus dieser selbstverschuldeten Misere ausgerechnet Michail Gorbatschow benannt, der mit unbegreiflichem Dilettantismus und leerer Reform-Phraseologie das Ende, den Suizid der Sowjetunion einleitete. Als Boris Jelzin Gorbatschow beiseite schob, wurde er selbst zum Totengräber des kommunistischen Machtblocks.

Erst mit der Sonderkonferenz der slawischen Teilrepubliken, die er in Brest-Litowsk einberief, kamen die Satrapen der asiatischen und kaukasischen Teilrepubliken, die als lokale Parteisekretäre auf die Weisungen Moskaus eingeschworen waren, auf den Gedanken, sich vom sowjetischen Staatsverband zu lösen. Im Nu verwandelten sich diese Apparatschiks in Emire und Sultane ihrer

20

orientalischen Despotien. Den Deutschen wurde die nationale Einheit von Gorbatschow geschenkt, von Jelzin bestätigt. Man kann beiden Männern dafür dankbar sein, aber Bewunderung für ihre staatsmännischen Gaben, die ja normalerweise auf die Wahrung des eigenen Imperiums hätten gerichtet sein müssen, kann man ihnen nicht zollen. Die Agonie des Ostblocks, der Schwund der Sowjetmacht haben sich auf Grund menschlicher Verblendung mit geradezu kosmischer Beschleunigung vollzogen.

Ich bin mir des Wagnisses bewußt, wenn ich das Gleichnis vom »Koloß auf tönernen Füßen« in irgendeinen Zusammenhang mit der imponierenden Stärke Amerikas bringe. Aber George W. Bush betont immer wieder, welche Bedeutung er der Bibel – mit Vorliebe dem Alten Testament – bei der Ausübung seiner Amtspflicht einräumt. Es stellt sich damit eine metaphysische Dimension der Politik ein, die den Europäern unverständlich geworden ist. Die USA führen den Kampf gegen das Böse unter Berufung auf den Allmächtigen, und die wachsende Gemeinde der protestantischen Fundamentalisten – bei allem strahlenden Optimismus, den der Durchschnittsamerikaner zur Schau trägt – weidet sich an Endzeit-Vorstellungen, die der Apokalypse entliehen sind. Folgerichtig müssen es sich diese Eiferer gefallen lassen, daß sie an religiösen Parabeln gemessen werden.

Dazu fällt mir eine Begegnung in Jerusalem ein, über die ich bereits im Herbst 1997, also vier Jahre vor der Vernichtung des World Trade Centers von New York, berichtete. Am Ölberg hatte ich mich auf eine Steinbank gesetzt neben einen alten, weißbärtigen Juden in schwarzer Tracht mit breitkrempigem Hut. Jenseits des Gräberfeldes von Yehoshapat war das vermauerte »Goldene Tor« klar zu erkennen, aus dem am Tage der Verheißung der Messias heraustreten soll. Wir verharrten regungslos in der Betrachtung des Tempelberges. Nach einer Weile nahm mein frommer Nachbar mit starkem jiddischem Akzent das Gespräch auf. »Schauen Sie doch auf diese herrliche Stadt Jeruschalaim, die der Herr uns geschenkt hat«, so begann er. »Heute ist sie wieder von Zerstörung bedroht, wie zur Zeit des Babyloniers Nabuchodonosor.« Ich versuchte, seine Befürchtung zu zerstreuen. Israel besitze doch die stärkste Armee weit und breit, und die Juden genössen zusätzlich den Schutz Amerikas. Da hob der alte Jude die Hände zum Himmel:»Ach, die Amerikaner«, seufzte er ohne jede Erregung,»mit ihren Wolkenkratzern wollen sie den Himmel erreichen, wie einst die Frevler von Babel. Sie üben gewaltige Macht über die ganze Erde aus, aber nur die Demut der Menschen ist dem Herrn wohlgefällig. Er liebt die Hochmütigen nicht und stößt sie vom Thron.« Wir verstummten wieder und ließen die biblische Landschaft Judäas auf uns einwirken.

Als ich aufstand und mich mit dem hebräischen Friedensgruß verabschiedete, lächelte er nachdenklich.»Lieber Herr«, sagte er, »es gehen so viele falsche Gerüchte um im Lande Israel, als stünde die Endschlacht Armageddon bevor. Darf ich Ihnen einen Rat geben? Dann schlagen Sie nach im Buch Daniel. Der Traum des Königs von Babel sagt so viel aus über die Anmaßung der Herrschenden.«

In mein Hotelzimmer zurückgekehrt, griff ich zum Alten Testament und fand das Orakel vom»Koloß auf tönernen Füßen«. Nebukadnezar hatte vor 2500 Jahren den Propheten Daniel zu sich rufen lassen und befahl ihm die Deutung seiner nächtlichen Vision.»Du, König, hattest einen Traum«, so kündete Daniel laut der Heiligen Schrift,»und siehe, ein großes, hohes und hell glänzendes Bild stand vor Dir, das war schrecklich anzusehen. Das Haupt dieses Bildes war von feinem Gold, seine Brust und seine Arme waren von Silber, sein Bauch und seine Lenden waren von Kupfer, seine Schenkel waren von Eisen, seine Füße waren teils von Eisen und teils von Ton. Das sahst Du, bis ein Stein herunter kam, ohne Zutun von Menschenhand; der traf das Bild an seinen Füßen, die von Eisen und Ton waren, und zermalmte sie.«

»Vorposten der Tyrannei«

Der 11. September 2001, kurz»Nine Eleven« genannt, sei die historische Schicksalswende, der Beginn eines neuen Zeitalters, so tönte es aus zahllosen Medienberichten, als es ein paar arabischen Terroristen gelang, zwei Symbole amerikanischer Macht – das World Trade Center und einen Flügel des Pentagon – in einem wahnwitzigen Selbstmordanschlag zu vernichten. Mit der Zeit relativiert sich die Bedeutung und sogar der Horror dieses Anschlags auf die Unverwundbarkeit Amerikas. Wenn es um Katastrophen geht, kann die Natur mit ganz anderer Zerstörungskraft aufwarten als die blinde Wut der Menschen. Der ungeheuerlichen Flutwelle in Südostasien, dem Tsunami, fielen nach derzeitigen Schätzungen hundertmal mehr Menschen zum Opfer als der Tragödie von Manhattan. Nur gelegentlich wird in den reichen Industriestaaten der Tatsache gedacht, daß unter skandalöser Indifferenz der sonst so aufgeregten Öffentlichkeit drei Millionen Menschen im afrikanischen Kongo-Becken nicht nur Opfer urzeitlicher Stammesfehden, sondern auch skrupelloser Manipulationen des im Namen der Globalisierung enthemmten »Raubtier-Kapitalismus« wurden.

Hatte man 2001 noch damit gerechnet, die Katastrophe von »Nine Eleven« sei Auftakt zu einer ganzen Serie ähnlicher Mordanschläge religiöser Fanatiker, so erweist sich heute – zumindest was Amerika betrifft –, daß sie bislang ein Ausnahmefall blieb. Dem Zugriff von El Qaida sind offenbar engere Grenzen gesetzt, als in der ersten Stunde der Panik angenommen wurde, wenn auch weitere, möglicherweise noch schrecklichere Attentate nicht auszuschließen sind. Jedenfalls hat der Aufruf zum weltweiten »Kampf gegen den Terrorismus«, den Präsident Bush zur unerbittlichen Leitlinie seiner Außenpolitik und Strategie gemacht hatte, an Überzeugungskraft verloren. Dazu hat auch der erbärmliche Kriegsverlauf im Irak beigetragen, wo die eigenen US-Verluste relativ niedrig bleiben, die Opfer der irakischen Bevölkerung hingegen auf 100 000 geschätzt werden. Das Pentagon hat endlich begriffen, daß sich mit dem Begriff »Terrorismus« kein greifbarer Gegner, keine einheitliche Ideologie darstellen läßt, spiegeln sich doch in der von Bush definierten »Achse des Bösen« so konträre Weltanschauungen wider wie der fundamentalistische Islamismus der afghanischen Taleban oder die poststalinistische Juche-Philosophie der kommunistischen Volksrepublik Nordkorea. Der »Terrorismus« wird von allen halbwegs vernünftigen Beobachtern als Methode der Kriegführung, nicht aber als eindeutiges Feindbild erkannt.

Zu Beginn des Jahres 2005 wurde die Motivation der USA durch Präsident Bush und seine neue Außenministerin Condoleezza Rice diskret, aber nachhaltig verschoben. Inzwischen war auch den politisch angepaßten Kommentatoren klargeworden, daß Saddam Hussein kein international agierender Promotor des Terrorismus war und daß er entgegen allen Beteuerungen Colin Powells im Weltsicherheitsrat über keine Massenvernichtungswaffen mehr verfügte. Aber ein blutrünstiger Tyrann, ein Feind der Freiheit war er allemal, und so wurde der Hauptakzent der amerikanischen Argumentation zur Fortsetzung der Kampagnen »Enduring Freedom« und »Iraqi Freedom« auf die Verpflichtung Amerikas und seiner Verbündeten gelegt, die heiligen Güter von »Liberty« und »Democracy« zu verteidigen und zu verbreiten. Die Beseitigung der »Tyrannei« wurde zum Leitmotiv. In der Inaugurationsrede des wiedergewählten Präsidenten wurden die Worte »Freedom« und »Liberty« fast fünfzigmal wiederholt.

Bei dieser Gelegenheit fand auch eine bemerkenswerte Ausweitung der amerikanischen Kriegsziele statt. War bislang die »Achse des Bösen« auf den Irak, die Islamische Republik Iran und Nordkorea beschränkt gewesen, so wurden jetzt zusätzliche Staaten als »Vorposten der Tyrannei« in Acht und Bann getan und kurzfristig mit Destabilisierung, notfalls mit gewaltsamem Zugriff bedroht. Eine seltsame Kollektion ist da zusammengestellt worden. Der Name Irak war aus der Riege der »Schurkenstaaten« ausgeschieden, weil dort – allen militärischen und politischen Rückschlägen der US-Besatzung zum Trotz – mit der Berufung des Interim-Regierungschefs Ayad Allawi ein gefügiger Quisling in der »green zone« von Bagdad installiert war. Die Mullahkratie von Teheran, die im Verdacht stand, an Nuklearwaffen zu arbeiten, wurde als vorrangiges Objekt ins Visier genommen. Die Demokratische Volksrepublik Nordkorea, die nach eigenen Angaben bereits Atombomben besitzt, blieb weiterhin ein gräßlicher »rogue state«.

Dazu gesellt sich die kubanische Zuckerinsel Fidel Castros, in deren Küstengewässern angeblich reiche Erdölvorkommen entdeckt wurden. Die Feindseligkeit der USA gegen dieses Überbleibsel einer gescheiterten Weltrevolution in ihrer unmittelbaren Nachbarschaft hat eine lange Geschichte und bedarf keiner ausführlichen Kommentierung. Wenn jedoch Weißrußland, Simbabwe und Burma, Myanmar genannt, als »Vorposten der Tyrannei« hinzugezählt und somit der gewaltsamen Bekehrung zur Demokratie »à l'américaine« ausgesetzt werden, entsteht eine völlig neue Situation. Selbst unter den amerikanischen Ultrakonservativen, darunter der Kolumnist William Safire, hatte man an einer Passage der Freiheitspredigt Anstoß genommen, in der George W. Bush sich selbst als rettenden Brandstifter darstellte: »Mit unseren Anstrengungen«, so verkündete er, »haben wir ein Feuer entzündet und eine Flamme in den Köpfen der Menschen zum Lodern gebracht. Das Feuer wärmt die, die seine Macht annehmen, und verbrennt all jene, die seine Ausbreitung bekämpfen … Eines Tages wird das Feuer der Freiheit auch die dunkelsten Ecken unserer Welt erreichen.«

Werfen wir also einen Blick auf diese aufgelisteten »Feindstaaten«, denen sich die »flammende« Aufmerksamkeit des Präsidenten zuwendet. Die afrikanische Republik Simbabwe, das frühere Südrhodesien, ist mir noch aus der Zeit der britischen Kolonisation, dann des schwarzen Aufstandes gegen die weiße Regierung des Premierministers Ian Smith wohlbekannt. Robert Mugabe, der afrikanische Präsident, der dort seine Diktatur ausübt, hatte den Stamm der Ndbele, der unter Joshua Nkomo den Anstoß zur Lösung vom britischen Empire gegeben hatte, mit Hilfe nordkoreanischer Spezialtruppen grausam niedergeworfen. Mugabe ist für London zur »bête noire« geworden, wird besonders verabscheut, weil er die britischen Pflanzer zwangsenteignete und sich nicht mit einem postkolonialen Zustand abfand, in dem etwa 5000 weiße Siedler über 70 Prozent des landwirtschaftlich wertvollen Boden Südrhodesiens verfügten. Der Tyrann von Harare hat damit sein blühendes Land in den Ruin getrieben, denn die riesigen Tabakplantagen warfen nach der Aufteilung unter den eingeborenen Neubesitzern keinen Profit mehr ab.

Vor allem aber befürchten die westlichen Interessenten, darunter viele Deutsche, daß das nationalistische Experiment dieser radikalen Agrarreform Schule machen könnte. In Namibia ist eine ähnliche Aktion bereits in Gange, doch die wirklichen Bedenken richten sich auf die Republik Südafrika, wo nicht nur eine Neuverteilung des Bodenbesitzes zugunsten der Schwarzen bevorsteht, sondern eventuell auch die Enteignung und Nationalisierung der bislang allmächtigen angelsächsischen Grubenkonsortien. Robert Mugabe hatte sich in Washington zusätzlich in Verruf gebracht, als er mit erstaunlichem Truppenpotential in der auseinanderbrechenden Kongo-Republik von Kinshasa intervenierte und sich den amerikanischen Ansprüchen auf Ausbeutung der dortigen Diamanten- und Erzgruben von Kasai und Katanga in den Weg stellte.

Gewiß tritt dieser eigenwillige Despot mit unerträglichen Häuptlingsallüren auf und spart nicht mit Provokationen der ehemaligen Kolonialherren. Die amerikanische Frontstellung gegen Zimbabwe ist deshalb auch als freundschaftliche Geste gegenüber dem allzeit gefügigen Verbündeten in London zu werten. Aber im schwarzen Erdteil haben wir es anderenorts mit weit schlimmeren Erscheinungen zu tun, die sich der Staatsgewalt bemächtigten und im Blut der eigenen Untertanen waten.

Wie gelangten Burma und Weißrußland in die Kategorie der Ausgestoßenen, der Vogelfreien? Die Generalsjunta, die in wechselnder Besetzung die Union von Burma durch brutale Repression zusammenhält, ist gewiß kein empfehlenswertes Regierungsgremium. Seit der Unabhängigkeitserklärung nach dem Zweiten Weltkrieg befindet sich dieser Vielvölkerstaat in einem endlosen Bürgerkrieg. Persönlich habe ich höchst unerfreuliche Erfahrungen mit dem dortigen Polizeiapparat gemacht, der mich einmal verhaftete und zweimal des Landes verwies. Das war in den Jahren 1952 und 1973. Seitdem hat sich Burma, von dem die britischen Kolonialherren einst schwärmten, dem internationalen Tourismus schrittweise geöffnet, aber liberaler ist das Land dadurch nicht geworden.

Wenn der Name Myanmar in der westlichen Presse auftaucht, geschieht das meist in bezug auf die Oppositionspolitikerin Aung San Suu Kyi, die seit Jahren unter Hausarrest steht und mit dem Friedensnobelpreis ausgezeichnet wurde. Die trotz fortgeschrittenen Alters immer noch schöne, zierliche Frau genießt zu Recht die Aufmerksamkeit der Medien. Es ist durchaus publikumswirksam, diese asiatische Jeanne d'Arc zum Symbol eines Freiheitskampfes zu erheben, den Washington jetzt durch die Verdammung der herrschenden Generalsclique nachdrücklich unterstützt.

Weniger bekannt ist die Tatsache, daß Myanmar auf Grund seiner internationalen Isolation und der selbstverschuldeten Wirtschaftsmisere in der Volksrepublik China einen mächtigen Protektor gesucht hat. In der Hauptstadt Rangun ist auf jeden Schritt und Tritt zu spüren, daß Burma eine Wirtschaftsdependenz des Reiches der Mitte geworden ist. Über das Irrawadi-Tal wäre Peking sogar in der Lage, seinen Streitkräften einen direkten Zugang zum Indischen Ozean zu verschaffen, eine Perspektive, die die Regierung von Delhi mit wachsender Sorge erfüllt. Die Anprangerung burmesischer Willkür verschafft der amerikanischen Diplomatie zweifellos gesteigerte Sympathie bei den indischen Nachbarn dieser labilen Föderation. Die Volksrepublik China wiederum muß sich durch die Verurteilung ihres Klientelstaates herausgefordert fühlen, und das ohnehin schwelende Mißtrauen Pekings gegenüber der Bush-Administration wird zusätzlich geschürt. Die Verhandlungen über eine Entnuklearisierung Nordkoreas, die auf das Wohlwollen Pekings angewiesen sind, dürften dadurch nicht erleichtert werden.

Kommen wir zum Fall Weißrußland. Der dortige Staatschef Lukaschenko, der sich wie ein Autokrat stalinistischer Schule aufführt, ist eine Schande für das sich in Freiheit konstituierende Europa. Jedermann wünscht sich seine Ablösung durch eine demokratisch gewählte Regierung. Wladimir Putin müßte dennoch mit Zorn quittiert haben, daß dieser ostslawische Staat, der immer noch mit der Rußländischen Föderation eng verknüpft ist, zum »Vorposten der Tyrannei« deklariert wurde. Der Ukraine ist dank der Orange-Revolution Viktor Juschtschenkos der Durchbruch zu einer prowestlichen, besser gesagt proamerikanischen Umorientierung gelungen, obwohl die Hauptstadt Kiew als Gründungsort der Rurikiden-Dynastie und als »Mutter der russischen Städte« für das nationale Selbstverständnis eines jeden russischen Patrioten unverzichtbar bleibt. Der ehemalige »Tschekist« Wladimir Putin weiß allzugut, daß die Frau des neuen Präsidenten von Kiew zwar aus der Ukraine stammt, aber die amerikanische Staatsbürgerschaft besitzt und für gewisse Dienste gearbeitet hat. Die ukrainische Regierungschefin Julia Timoschenko, die Probleme mit der russischen Justiz hat, ist für den Kreml ohnehin schwer erträglich. Ihr traut man zu, daß sie die Ukraine, die bereits heimlich mit der Aufnahme in die Europäische Union liebäugelt, zusätzlich in die Atlantische Allianz einbringen möchte, zwei Mitgliedschaften, die bislang in Osteuropa stets Hand in Hand gegangen sind.

Nicht nur die Kremlführung, auch die breite russische Bevölkerung muß es als demütigend empfinden, daß die westliche Grenze ihres Vaterlandes mehr und mehr auf die Wolga und auf den Ural zurückgedrängt wird. Die Vorrangstellung Moskaus im kaukasischen Georgien und im zentralasiatischen Usbekistan wurde bereits durch amerikanische Einflußnahme weitgehend ausgehöhlt, die Erdöl- und Erdgasproduktion dieser Region dem Moskauer Zugriff entzogen.

Was ist aus der Freundschaft zwischen Bush und Putin geworden, die der US-Präsident doch so lyrisch gepriesen hatte? Erkennt man in Washington, daß die realen, die existentiellen Interessen der beiden einstigen Kontrahenten des Kalten Krieges aufs engste miteinander verwoben wären, wenn nicht im intimsten Machtgefüge der USA die Perspektive ökonomischer Bereicherung durch Erwerb immer neuer Energiequellen offenbar den Vorrang besäße vor den Erfordernissen langfristiger Selbstbehauptung und gemeinsamer Sicherheit? Moskau und Washington sehen sich dem Aufkommen zweier gewaltiger Gefährdungen ausgesetzt: Sie stehen heute in vorderster Front gegen die weitverstreuten Brandherde des militanten Islamismus und sollten sich gleichzeitig ihrer Unfähigkeit bewußt sein, den Aufstieg Chinas zu einer Weltmacht, die den Russen in ihren Fernostprovinzen, den Amerikanern im Westpazifik Paroli bieten wird, zu zügeln oder gar zu verhindern. Das forsche Auftreten des US-Präsidenten auf der internationalen Bühne könnte die Deutschen an die Sprunghaftigkeit, an die Kraftmeierei Wilhelms II. erinnern, der unter der Losung »viel Feind, viel Ehr« in den Ersten Weltkrieg zog.

Als ob es nicht weltweit zahllose andere Zwangsregime gäbe, die eine mindestens ebenso schroffe Verurteilung verdienten wie die hier aufgezählten Staaten! Insbesondere unter den engen Freunden der USA und den Günstlingen der dortigen Monopolkonzerne befinden sich Diktaturen, deren Unterdrückungs- und Foltermethoden zum Himmel schreien. Saudi-Arabien ist da nur ein besonders krasses Beispiel.

In seiner programmatischen Rede hatte Bush zwar versichert, daß Amerika nicht die Absicht hege, den eigenen Regierungsstil den Widerspenstigen, den »Unwilligen«, aufzuerlegen, und daß die Ausmerzung der Tyrannei nicht unbedingt mit Waffengewalt erzwungen werde. Aber die Mahnung ist eindeutig, wenn er hinzufügt: »Das Überleben der Freiheit in unserem Land hängt immer mehr vom Erfolg der Freiheit in anderen Ländern ab. Die beste Hoffnung auf Frieden in unserer Welt ist die Ausbreitung der Freiheit in aller Welt.«

In Ermangelung deutlicher Aussagen deutscher Parlamentarier, die gegenüber dem Weißen Haus in verbaler Unterwürfigkeit verharren, hat der Botschafter der Bundesrepublik in Washington, Wolfgang Ischinger, in einem Interview mit dem amerikanischen Publizisten Roger Cohen in eleganter Formulierung den europäischen Standpunkt dargelegt: »Wir sollten etwas präziser sein«, mahnte Ischinger. »Für die Freiheit kämpfen ist nicht genug, falls das bedeuten soll, daß wir hinausgehen und uns als Missionare betätigen. Die Europäer werden da nicht mitmachen. Aber wenn es darum geht, Ressourcen freizustellen, um mit Regierungen und Gesellschaften zu kooperieren, die diesen Wunsch äußern, dann stehen wir bereit. Der Drang nach Freiheit muß von innen kommen.«

Roger Cohen, der an der Ehrlichkeit seines Präsidenten nicht den geringsten Zweifel hegt, fügt aus amerikanischer Sicht hinzu: »Der Krieg gegen den Terror war ein Begriff, der tiefe Spaltungen im Bündnis verursachte. Es besteht keine Garantie, daß der Krieg gegen die Tyrannei sich positiver auswirken wird. Es stellt sich heute klar heraus, daß die globale Verwirklichung der Freiheit das Konzept ist, mit dem Bush seiner Reaktion auf den Anschlag des 11. September 2001 einen neuen Auftrieb verleihen möchte. Von Bin Laden und den Massenvernichtungswaffen Saddam Husseins ist kaum noch die Rede. Das Wort ›Liberty‹ beherrscht heute die Bühne. Die Zielsetzung einer solchen Politik klingt nobel, aber ihre Verwirklichung dürfte mit der Sicherheit Amerikas kaum zu vereinbaren sein.«

*

Im vorliegenden Buch habe ich nicht die Absicht, das gesamte Konfliktpotential, alle schwärenden Reibungspunkte, die uns in den kommenden Jahren beschäftigen werden, unter die Lupe zu nehmen. Unter Berücksichtigung der akuten Bedrängnis Amerikas im Nahen und Mittleren Osten, denen ich meine beiden letzten Bücher widmete, an denen ich keine Zeile zu ändern brauche und die ich durch eine nicht ganz alltägliche Autoreise von Bagdad nach Basra aktualisiere, wende ich mich dieses Mal überwiegend den ostasiatischen Herausforderungen zu, denen sich unser kolossaler Verbündeter unter anderem in Korea ausgesetzt sieht. Der Alptraum der nordkoreanischen Nuklearrüstung hat endlich die Erinnerung an jenen »vergessenen Krieg« wachgerufen, der 1953 mit einem strategischen Patt am 38. Breitengrad endete. Dem Abenteuer Vietnam, auf das Amerika sich einließ – ungeachtet des französischen Debakels in Indochina, das als Warnung hätte dienen sollen –, werde ich ebenfalls ausführlich Rechnung tragen, zumal dieses kollektive Trauma andauert und der Vergleich Saigon-Bagdad so beharrlich und oft irreführend angestellt wird. Ein paar persönliche Impressionen, die ich im vergangenen Sommer in Washington und Dallas sammelte, schicke ich diesen fernöstlichen Betrachtungen voraus.

IN GOTTES EIGENEM LAND
Safety first?

In Washington habe ich mich stets wohl gefühlt. Der warme Wochenendabend umfängt den Ankommenden mit einer Atmosphäre aus Behaglichkeit und Entspannung. Dazu trägt das Tempolimit bei, das den umfangreichen Limousinen auf den breiten Highways geboten ist. Die Landschaft Virginias, in die die Bundeshauptstadt eingebettet liegt, dehnt sich in sattem Grün. Ein Schwenker zum Potomac erlaubt mir, den Blick auf die weiße Kuppel des Capitols und die wuchtigen Amtsgebäude zu richten. Die großzügige Anlage dieser Machtzentrale, die auf den Entwurf des Architekten Lenfant zurückgeht, wird dem imperialen Anspruch der Vereinigten Staaten von Amerika durchaus gerecht.

Vor der Abreise aus Europa war ich vor den Schikanen der Einreisebehörden gewarnt worden. Aber ich kann mich wirklich nicht beklagen. Das Visum, das für Journalisten obligatorisch ist, wurde mir vom US-Konsulat in Zehlendorf gleich für die Dauer von fünf Jahren höflich und unkompliziert ausgestellt. Es stört mich nicht im geringsten, wenn eine Behörde meine Fingerabdrücke verlangt. Die Konsularbeamten verzichteten sogar auf das kurze Interview, dem sich die Antragsteller normalerweise unterziehen müssen. Dabei, so erfahre ich, stellt ein schwarzer FBI-Agent ein paar Fragen, während der neben ihm sitzende weiße Psychologe die Reaktionen des Einreisekandidaten registriert. Nach der Landung in Dulles Airport blieb mir jede Kofferkontrolle erspart, und der Immigration-Officer erkundigte sich lediglich: »How old are you?« Dabei bin ich mir durchaus bewußt, daß manche Kollegen nicht so glimpflich davongekommen sind. Sogar englische Journalisten wurden ohne Angabe triftiger Gründe nach Anlegen von Handschellen in einem fensterlosen Raum festgehalten, bis die nächste Maschine sie zu ihrem Ausgangspunkt zurückflog. Im Umkreis meines zentral gelegenen Hotels haben sich viele Menschen ins Freie begeben und genießen die Stunde des Sonnenuntergangs. Sie bewegen sich locker, ungeniert und verkehren stets freundlich miteinander. Auch dieser Wesenszug war Tocqueville bereits aufgefallen.»In Amerika«, so schrieb er, »tut man sich gegenseitig keine großen Wohltaten an, aber man leistet sich gute Dienste. Selten zeigt sich ein Mensch dort hingebungsvoll, aber alle sind hilfsbereit.« Wenn man Ähnliches doch von den europäischen Umgangssitten sagen könnte!

Es ist höchste Zeit, meinen unmittelbaren Kontakt zu den Vereinigten Staaten zu erneuern, den ich ein paar Jahre lang vernachlässigt hatte. Das Zusammentreffen mit amerikanischen Soldaten im Irak ist dafür kein Ersatz, denn die stets gefährdeten GIs schotten sich zwischen Bagdad und Mossul gegen alles Fremde argwöhnisch ab, und an ihre Offiziere erging wohl der Befehl, »die Schnauze zu halten«. Auch die zahlreichen amerikanischen Freunde und Bekannten, die ich regelmäßig in Südfrankreich treffe und die sehr dezidierte politische Meinungen vortragen, wiegen nicht die Erkundung der Stimmung im Mutterland auf.

Bei meinem Flanieren durch den »District of Columbia« fällt mir auf, dass sich große Sicherheit eingestellt hat im Vergleich zu früheren Zeiten, als man in unmittelbarer Nachbarschaft des Weißen Hauses von Drogendealern bedrängt wurde und es für eine Frau nicht ratsam war, am hellichten Tag eine Abkürzung durch irgendeine Parkanlage einzuschlagen. Ich stelle auch fest, daß der Regierungssitz der USA endgültig zu einer überwiegend afroamerikanischen Stadt geworden ist und daß sich dort zudem eine Vielzahl anderer Rassen tummelt. Eine vergleichbare ethnische Umschichtung vollzieht sich ja auch in zahlreichen Staaten Europas.

Zum Dinner habe ich mich im Restaurant »Occidental« mit einem deutschen Offizier verabredet, der in Washington eine Verbindungsfunktion für die NATO wahrnimmt. In dem gepflegten Lokal hatten angeblich im Januar 1963 vertrauliche Kontakte stattgefunden, die zur Beilegung der Kubakrise beitrugen. Das Gespräch mit Oberst W. wendet sich unweigerlich der Situation im Irak zu. Wieder einmal erweise sich dort, daß die Macht Amerikas sich auf dem Wasser am erfolgreichsten entfaltet, zu Lande jedoch leicht in Bedrängnis gerät. Das gleiche galt einst für Großbritannien und – wenn man so weit zurückgreifen will – für Karthago. Als »Thalassokratie« hatten die USA auch im Zweiten Weltkrieg ihre größten Triumphe gefeiert, beim »Insel-Hüpfen« mit den Schwerpunkten Guadalcanal und Iwojima bis zur Niederwerfung Japans. Selbst an der europäischen Westfront wurde die Wehrmacht in unmittelbarer Meeresnähe am Atlantikwall durch Schiffsartillerie und Air Force zerrieben, ehe die US-Heeresdivisionen durch Frankreich und Belgien wie durch ein Vakuum bis an die alte Reichsgrenze vorstoßen konnten. In langwierige, zermürbende Kontinentalkonflikte, so lautet die Meinung vieler Experten, solle sich die »einzig verbleibende Supermacht« besser nicht verwickeln lassen.

Ich erkundige mich, wie die Bevölkerung des District of Columbia auf den Anschlag von Nine Eleven reagiert habe, und erfahre, daß sich eine jähe, beklemmende Lähmung eingestellt hatte. Viele Straßen wurden durch das Militär gesperrt, und der Verkehr kam zum Erliegen. Während überall zahllose Sternenbanner gehißt wurden, drängten sich die Gläubigen – welcher Konfession auch immer – vor den Kirchenportalen, als stände der »doomsday« bevor. Das wundert mich denn doch, denn völlig überraschend war die Gefährdung durch islamische Extremisten nicht über die Bevölkerung der USA hereingebrochen, ebensowenig, wie die kriegerische Rhetorik der Bush-Administration und deren Aufruf zur Bekämpfung des Terrorismus einen wirklich originären Klang hatte.

Schon im Frühjahr 1993 war ein Sprengstoffattentat auf das World Trade Center in New York verübt worden. Die Schäden und die menschlichen Verluste waren damals gering. Als Urheber wurde am Ende eines langen juristischen Possenspiels der blinde ägyptische Prediger Omar Abdul Rahman verurteilt, der sich im Dienste der CIA als Anwerber muslimischer Freiwilliger für den afghanischen »Jihad« gegen die Sowjetunion bewährt hatte und mit der Ausstellung einer »green card« belohnt worden war.

Während meines Aufenthalts in Minnesota im Sommer des gleichen Jahres 1993 hatte ich dazu folgenden Kommentar verfaßt: »Die Großmacht USA bedarf offenbar eines neuen Feindbildes, und sie bereitet es auch schon systematisch auf. Nicht nur in Teheran und Kairo ist ein Artikel der ›Washington Post‹ aufmerksam gelesen worden, der die Islamische Republik Iran als ›Zentrum einer neuen Komintern‹ bezeichnet. Diese Bedrohung, so hieß es dort, sei ebenso schlimm wie das inzwischen zerbrochene, alte ›Empire of Evil‹.« Der islamische Fundamentalismus trete – ähnlich wie einst der Kommunismus – »messianisch und ideologisch, rücksichtslos und diszipliniert« gegen den westlichen Liberalismus an. »Präsident Clinton«, argumentierte ich damals, »sieht sich plötzlich mit einer theologisch fundierten Herausforderung konfrontiert, der er – wie manche befürchten – nicht gewachsen ist und auf die dieser ehemalige Wehrdienstverweigerer mit schlecht kalkulierten kriegerischen Gesten reagieren könnte.« Wie konnte sich Amerika bis zur tragischen Heimsuchung des 11. September 2001 in der Vorstellung wiegen, daß ein global operierendes Imperium nicht eines Tages auch in den eigenen Mauern durch seine deklarierten Gegner angefallen würde?

Was überwiegt in der heutigen Mentalität der amerikanischen Wählermassen, die sich Anfang November 2004 zwischen den beiden Anwärtern auf das Weiße Haus, dem Republikaner George W. Bush und dem Demokraten John F. Kerry, entscheiden sollen? Würde der religiös anmutende Bellizismus gegen die weltweiten Auswüchse des »Bösen« den Ausschlag geben oder der geheime, uneingestandene Wunsch nach Sicherheit und Geborgenheit, der einem neuen Isolationismus am Ende Auftrieb geben könnte? Auch diese Problematik ist nicht neu.

Leopold von Ranke hatte geschrieben, daß »der Historiker – oder sagen wir, der Chronist – alt werden muß, da man große Veränderungen nur verstehen kann, wenn man persönlich welche erlebt hat«. Heute würde ich die Notwendigkeit hinzufügen, eine intime Kenntnis fremder Kulturen erworben zu haben. In meinen Amerika-Reportagen aus dem Sommer 1950 finde ich fol-

34

gende Zeilen wieder: »Das Wort ›Sicherheit‹ muß neuerdings groß geschrieben werden. Das Sicherheitsbedürfnis ist ein Kennzeichen der sich wandelnden Gesinnung Amerikas. Vielleicht haben die letzten Einwanderungswellen der Jahrhundertwende den alten amerikanischen Pionierstamm zersetzt, der den Wilden Westen urbar machte. Vielleicht hat der Strom der Flüchtlinge aus dem verarmten Europa, die in Amerika nicht wie die frühen Pilgerväter und Abenteurer das Wagnis und die Prüfung suchten, sondern höhere Löhne und ein besseres Leben, den alten, strengen und tüchtigen Anspruch, den puritanischen Charakter seines Kerns beraubt. Jedenfalls ist der Frontier-Geist nur noch die Ausnahme. Bis zum Ausbruch des Koreakrieges warben sogar die Streitkräfte auf ihren Plakaten mit dem Versprechen ›Safety‹ um die Meldung junger Freiwilliger.«

So lautete damals die vielleicht vorwitzige Aussage eines 26jährigen. Oberst W. bewertet den heutigen Mangel an tauglichem Personal als gravierendstes Problem der US-Streitkräfte. Das Wehrkonzept drohe aus dem Ruder zu laufen. Im Irak und in Afghanistan muß das Pentagon auf Reservisten und die Nationalgarde zurückgreifen, um die Lücken zu füllen. Sollte Präsident Bush sich auf zusätzliche Truppenverstärkung kaprizieren, käme unweigerlich die Diskussion über die Wiedereinführung der Wehrpflicht auf. Seit geraumer Zeit greift die US Army auf »Contract Worker«, mit anderen Worten, auf »Söldner« zurück, die ihr professionelle und offiziell operierende Mercenary-Firmen zu exorbitanten Preisen anbieten. 20 000 solcher »Reisläufer«, das stärkste bewaffnete Kontingent nach der US Army, sind heute zwischen Mossul und Basra eingesetzt, manche nur als Fahrer der gefährdeten Petroleum-Tankwagen, aber viele als hochqualifizierte Profis des Krieges. Es handelt sich dabei um ehemalige Angehörige des britischen »Special Air Service«, um amerikanische »Green Berets« oder um altgediente Südafrikaner, die – wenn sie den Schutz des irakischen Statthalters Allawi oder des Präsidenten Karsai von »Kabulistan« garantieren – bis zu 1500 US-Dollar pro Tag verdienen.

Diese Entartung der Kriegführung, der Rückfall in Landsknechtsmentalität, erscheint dem deutschen Colonel als eine der schlimmsten Begleiterscheinungen des Unternehmens »Iraqi Freedom«. Sie bestärkt ihn auch in seinem Plädoyer für die Beibehaltung der allgemeinen Wehrpflicht in Deutschland, obwohl er sich bewußt ist, daß für die Bundeswehr der Übergang zur Berufsarmee auf Dauer nicht aufzuhalten ist.

Zum Abschluß unseres Meinungsaustausches lese ich eine Passage aus dem Buch Tocquevilles vor, das ich als »vademecum« bei mir trage. »Eine große Armee«, so heißt es da, »stellt innerhalb eines demokratischen Volkes stets eine große Gefährdung dar. Das wirksamste Mittel, diese Gefahr zu reduzieren, wäre die drastische Verringerung der Streitkräfte. Aber nicht allen Völkern ist es vergönnt, auf diesen Ausweg zurückgreifen zu können.« Worauf mein Tafelgefährte zu Recht einwendet, daß die führenden Militärs der USA den kriegerischen Extravaganzen ihres Präsidenten von Anfang an mit Skepsis begegneten, während die ungedienten Zivilisten im Weißen Haus und im Pentagon zu immer neuen Waffengängen drängten. Dabei hatten die sich – wie George Bush selbst und sein Vizepräsident Dick Cheney, der angeblich »Wichtigeres zu tun hatte« – in der Stunde der Prüfung den Wehrdienst in Vietnam unter fadenscheinigen Vorwänden verweigert.

Die Erfindung des Glücks

In den folgenden Tagen suche ich verschiedene Zeitungsredaktionen auf. Die Gespräche mit den Kollegen sind wenig ergiebig. Natürlich steht die Wahl des Präsidenten im Vordergrund, aber keiner wagt eine Prognose, wer das Rennen machen wird. 1990 hatte Clinton gegen Bush senior mit wirtschaftlichen Argumenten gewonnen. »It's the economy, stupid«, hieß es damals. Davon ist dieses Mal nur am Rande die Rede trotz des enormen Haushaltsdefizits, in dem die USA versacken. So schlecht geht es den kleinen Leuten offenbar nicht. Vielleicht sind sie sich ihrer zunehmenden Misere auch nicht bewußt. Der deutsche Filmproduzent Wim Wenders, der sich in den USA zu Hause fühlt, hatte

mir vor meiner Abreise von seinem jüngsten Film über den derzeitigen Verarmungsprozeß weiter Landesteile erzählt, der unter
dem ironischen Titel »Land of plenty – Land des Überflusses«
erscheinen würde. Er dokumentiert darin schonungslos das erbärmliche Schicksal der »Underdogs«, und wiederum ist es typisch
amerikanisch, daß über den schäbigsten Hütten und Wohnwagen
stets die Fahne mit den »Stars and Stripes« weht.

Aus diesem tristen Milieu stammt wohl auch jene Militärpo-
lizistin Lynndie England, die im Kerker von Abu Ghraib einen
nackten gefangenen Iraker wie einen Hund an der Leine führte
und die von den Bibel-bezogenen Medien als »Jezabel aus den
Appalaches« vorgestellt wurde. Ist der »American dream«, die Zuversicht, daß jedem die Chance zu Reichtum und Glück offensteht,
doch nicht erloschen? Was hat die Gründungsväter überhaupt
dazu bewogen, den Begriff »pursuit of happiness« als Elementar-
forderung in ihrer Verfassung zu verankern? Ist damit wirklich jene
Vorstellung von Glück gemeint, die in Europa geläufig ist und zumindest bei den Katholiken der Alten Welt stets ein bißchen an-
rüchig klingt? Oder handelt es sich lediglich um den Erwerb von
Reichtum, um materielles Wohlergehen, das mit dem strengen
calvinistischen Selbstverständnis durchaus zu vereinbaren wäre?

Da drängt sich der Nietzsche-Satz auf: »Wir haben das Glück
erfunden, sagen die letzten Menschen und blinzeln.« Doch die
Verachtung des Zarathustra bezöge sich weit treffender auf die in
Deutschland beheimatete und hochgefeierte »Spaßgesellschaft«.
Der Philosoph Peter Sloterdijk hat seinerseits für die »pursuit of
happiness« eine prägnante Formel gefunden: »Man darf nicht
vergessen, daß die USA eine rein eskapistische Nation darstellen.
Die Bevölkerung des Landes besteht überwiegend aus Menschen,
die unerfreulichen Verhältnissen entronnen sind, um anderswo
neu anzufangen. Das Land selbst beruht auf der Flucht ins Glück.«

Ich will hier nicht die Gründe aufzählen, warum John F. Kerry
trotz des ständigen Hinweises auf seinen wackeren Kampfeinsatz
in Vietnam beinahe zwangsläufig unterliegen mußte gegen einen
Mann, der – obwohl er der plutokratischen Oberschicht ent-
stammt – bodenständig wirkte und an die einfachsten Instinkte des
Durchschnittsamerikaners zu appellieren verstand. Sein verhäng-

nisvoller Feldzug in Irak hat ihm bei seinen Landsleuten nicht wirklich schaden können. Im Sommer 2004 waren 70 Prozent von ihnen noch davon überzeugt, daß Saddam Hussein der eigentliche Anstifter für den Anschlag auf New York war. Wie ein liberaler Kollege mir achselzuckend versicherte: »Der normale US Citizen ist der staatlich gesteuerten Desinformation ebenso hilflos ausgeliefert wie unsere Indianer früher dem ›Feuerwasser‹ genannten Alkohol. Man hat das Volk mit Falschmeldungen besoffen gemacht.«

Ohne große Erwartungen habe ich eines der Hauptquartiere der Neokonservativen aufgesucht. »The American Enterprise Institute for Public Policy Research« ist in einer eleganten Bürosuite untergebracht. Die farbigen Sekretärinnen sind hilfreich und liebenswürdig. Von dem großen Bildschirm im Empfangsraum, in dem das US-Banner einen Ehrenplatz einnimmt, wird das Programm von »Fox News« pausenlos ausgestrahlt. Die Nachrichten dieses Propagandasenders überschlagen sich in ultrapatriotischem Pathos. Das Gespräch mit Thomas Donnelly, der den Titel eines »Resident Fellow« trägt, verläuft nüchtern und ohne Polemik. Ich sitze einem Mann gegenüber, der genauso aussieht, wie man sich einen angelsächsischen Intellektuellen, einen »egghead«, vorstellt. Das schüttere graue Haar ist zerzaust. Er hat sich sogar den Bart wachsen lassen, und hinter den Brillengläsern begegnet mir ein freudloser Blick. Donnelly ist gut informiert über die Ereignisse im Mittleren Osten. Er sieht den Erfolg des Ayatollah Sistani voraus, der seine schiitische Gefolgschaft vom Kampf gegen die US-Truppen abgehalten und die Forderung nach demokratischen Wahlen gegen das ursprüngliche Zögern des amerikanischen Prokonsuls Paul Bremer durchgesetzt hat. Ob er auch die Konsequenzen eines politischen Durchbruchs der »Schiat Ali« einkalkuliert? Große Mühe, mich zu überzeugen, gibt sich der »Resident Fellow« nicht. Vielleicht hat er gleich gewittert, daß ich für die neokonservative Meinungsmache ein untaugliches Objekt bin. Wir trennen uns ohne jeden Eklat, denn in Amerika verständigt man sich darauf, »to agree to disagree«.

Ob die recht widersprüchlichen Thesen der Neokonservativen, die sie angeblich aus der Philosophie des deutschen Emigranten

Leo Strauss ableiten, wirklich zur Leitschnur der regierenden Republikaner geworden sind, muß bezweifelt werden. Mit Plato und Nietzsche, die bei der Ausarbeitung dieser Staatsdoktrin Pate gestanden haben sollen und manche ihrer Jünger dazu verleiten, einer »heidnischen Unerbittlichkeit« der imperialen Außenpolitik Amerikas das Wort zu reden, kann der recht simpel strukturierte Charakter George W. Bush vermutlich nicht viel anfangen. Dafür gibt sich der »wiedergeborene« Präsident viel zu nachhaltig seinem Glauben an den Schöpfergott der Bibel, wohlgemerkt an den »Herrn der Heerscharen«, hin. Manche neokonservative Denker hatten in ihrer Jugend der extremen Linken nahegestanden, was vielleicht erklärt, daß ihre globalen Expansionsgelüste gelegentlich als »kapitalistisch-imperialer Trotzkismus« definiert werden.

Irgendwie enttäuschend ist mein Erkundungsgang zu einem »think tank« der Kerry-Anhänger. Im »Washington Institute for Near East Policy« treffe ich auf einen Orientexperten, der mich schon mit der kategorischen Voraussage irritiert, der Wahlsieg des demokratischen Kandidaten sei absolut sicher. Patrick C., ein typisches Produkt des Ostküsten-Establishment, könnte sich mit seinem elitären, schlaksigen Auftreten John Kerry zum Vorbild genommen haben. Das macht ihn nicht unbedingt sympathischer, denn seine Prognose, der Irakkrieg trage entscheidend dazu bei, die Wahl zugunsten des Demokraten zu entscheiden, widerspricht allen Erkenntnissen der Meinungsforscher. Über die wahren Verhältnisse an Euphrat und Tigris und das weitere islamische Umfeld scheint dieser Experte sehr einseitig informiert zu sein. Dabei fällt mir ein, daß der demokratische Präsidentschaftsanwärter, der sich seinerzeit für die Operation »Iraqi Freedom« ausgesprochen hatte, während seiner Kampagne nicht ein einziges Mal versucht hat, eigene politische Konzepte zur Überwindung der Orientkrisen – im Irak, in Iran, in Palästina – vorzuschlagen.

Wenn es nach Patrick C. ginge, hätten die Europäer von Kerry die gleichen überheblichen Zumutungen zu erwarten wie von Donald Rumsfeld und Condoleezza Rice. Nur würde es der deutschen und der französischen Diplomatie, die von der Bush-Administration brüskiert, ja beleidigt wurden, viel schwerer fallen, einem Präsidenten Kerry ein deutliches »Nein« entgegenzusetzen. Über Bush vertritt man im »Nahost-Institut« eine nuancierte Meinung. Es handele sich keineswegs um einen dummen Menschen, aber der Mann sei mental blockiert. Bush suche stets das Wagnis und verfüge über ein beachtliches Durchsetzungsvermögen. Im Grunde sei er ein Spieler. Unser Abschied ist kurz. Zum Glück treffe ich tags darauf mit dem engsten Mitarbeiter des demokratischen Senators, Joseph Biden, zusammen, der als eventueller Secretary of State eines Präsidenten Kerry gehandelt wird. In seinem Büro ist die Atmosphäre so europäisch, ja beinahe französisch geprägt – eine schlimme Unterstellung im Amerika dieser Tage –, daß unter uns eine Art Galgenhumor im Hinblick auf den 2. November aufkommt. Hier ist Alexis de Tocqueville kein Unbekannter. Folgende Buchpassage könnte zu beiden hochbegüterten Anwärtern auf das Weiße Haus passen:

»In den Vereinigten Staaten achten die reichsten Bürger darauf, daß sie sich nicht vom Volk isolieren. Im Gegenteil, sie nähern sich ihm ständig an, sie hören auf das Volk und sprechen täglich zu ihm. Sie wissen, daß in einer Demokratie die Reichen stets der Armen bedürfen und daß man die Armen eher durch freundliche Umgangsformen als durch Wohltaten an sich bindet. Das einfache Auftreten übt einen fast unwiderstehlichen Reiz auf das Volk aus. Der ungezwungene Umgang bringt Sympathie, und selbst grobe Auftritte können gefallen.«

Die Armee als Schmelztiegel

In Mußestunden sitze ich vor dem Fernsehapparat meines Hotelzimmers. Das ist nun mal eine Berufskrankheit, »une déformation professionnelle«. Die Programme sind miserabel, nehmen eine Entwicklung der kollektiven Verblödung vorweg, auf die manche europäischen Kanäle unvermeidlich zusteuern. An den sexuellen Exhibitionen gewisser deutscher Sendungen gemessen, herrscht in den USA jedoch eine an Prüderie grenzende Bravheit vor. Dagegen mehren sich die Verherrlichungen kriegerischer Stärke. »Fit to kill – zum Töten tauglich«, heißt ein Film, der ein Loblied auf die harten Ausbildungsmethoden von Elitetruppen anstimmt. Die Quälereien und Demütigungen, denen sich die Rekruten des US Marine Corps unterziehen müssen, werden nicht etwa, wie in Francis Coppolas »Full Metal Jacket«, angeprangert, sondern sie werden glorifiziert. Ein guter Marine, so heißt es, soll mehr Angst vor dem Drill Sergeant haben als vor dem Feind. Ob diese systematische Entwürdigung der Soldaten, ihre Erziehung zu perfekten Robotern – »Sir, yes, Sir« – die Tauglichkeit im wirklichen Einsatz steigert, ist höchst fragwürdig. Gerade im modernen asymmetrischen Krieg, dem alle Armeen der Welt in Zukunft ausgesetzt sein werden, kommt es auf die unabhängige Entscheidungsfähigkeit des Zugführers, ja des Einzelkämpfers an.

In Zukunft sollte man der Bedeutung der Armee in den USA eine gesteigerte Aufmerksamkeit widmen. Bei der Anhörung hoher Militärs durch Kongreßangehörige, etwa zu den Folterexzessen von Abu Ghraib, aber auch bei anderen Begegnungen zwischen Politikern und Generalen, fällt immer wieder auf, mit welchem an Unterwürfigkeit grenzenden Respekt diese »Heroes« mit den martialisch starren Gesichtern und der ordengeschmückten Brust behandelt werden. Wie lange die barsche Autorität des Verteidigungsministers Donald Rumsfeld, der inzwischen seine strategischen Fehlentscheidungen offen eingestehen muß, oder die byzantinisch anmutenden Winkelzüge seines Under Secretary Paul Wolfowitz unwidersprochen bleiben, ist ungewiß. Aber in den Kampfzonen des Nahen und Fernen Ostens könnte sich eine Stimmung anstauen, die man im Alten Rom »den Zorn der Centurionen« nannte. Die Ergebnisbilanz des US-Einsatzes seit dem Zweiten Weltkrieg – selbst wenn man Korea und Vietnam ausklammert – ist extrem dürftig. Man hat mir vorgeworfen, daß ich in einer früheren Veröffentlichung die Liste dieser Fehlschläge aufzeichnete, ob es sich um die Schweinebucht-Landung von Kuba im Jahr 1961, um die Evakuierung von Beirut 1984, von Somalia 1994 oder um die Operation »Blue Strike« in der persischen Wüste von Tabas im Jahr 1980 handelte. Dazu gesellten sich der schleichende Drogenkrieg in Kolumbien, die Pannen in Haiti und einige andere, weniger bekannte Unternehmen. Die Operationen gegen mittelamerikanische Zwergstaaten wie El Salvador, Panama oder die Insel Grenada, die zudem mit unangemessener Theatralik hochgespielt wurden, können die Bilanz keineswegs schönen. Im August 2003 engagierten sich die USA widerwillig in der von blutigen Wirren geplagten Republik Liberia, die einst von heimgekehrten Negersklaven gegründet worden war. Dabei begnügten sie sich mit der Landung von 225 Soldaten, von denen fünfzig Mann der Malaria erlagen.

Mit den Widersprüchen amerikanischen Machtgehabes beschäftigt sich der britische Wirtschaftswissenschaftler Niall Ferguson, der an der New York University unterrichtet. Vor allem die Kurzatmigkeit der amerikanischen Militärunternehmen ist ihm aufgefallen. »Bei einem ›verleugneten Imperium‹«, so lautet die These, »entsteht das Problem, daß es bei der Intervention in weniger bedeutenden Staaten zu zwei Fehlern neigt: Unzureichende Mittel für den militärischen Aspekt des Unternehmens bereitzustellen und in unrealistisch kurzer Zeit einen wirtschaftlichen und politischen Wandel erreichen zu wollen, wobei der zweite Fehler schwerer wiegt als der erste. Während ich dies schreibe«, fährt Ferguson fort, »scheinen die Vereinigten Staaten sowohl im Irak als auch in Afghanistan den zweiten Fehler zu begehen. Indem sie irrtümlich in gutem Glauben darauf beharren, daß sie nur so lange im Irak bleiben, bis eine demokratische Regierung etabliert sei, ›und keinen Tag länger‹, bestärken die Amerikaner die Völker dieser Länder unabsichtlich darin, nicht mit ihnen zusammenzuarbeiten. Denn welcher Einheimische könnte sicher sein, daß ihm die Unterstützung amerikanischer Initiativen nach dem Abzug der Amerikaner nicht den Vorwurf der Kollaboration einbringen wird? Aber der GI muß aus politischen Gründen nach Hause geholt werden, und zwar möglichst bald.«

Mir ist im Irak aufgefallen, wie hoch unter den dort kämpfenden US-Soldaten der Prozentsatz von Neueinwanderern und ethnisch disparaten Elementen ist. Für die »Immigrants« bietet der freiwillige Wehrdienst die Möglichkeit des schnellen Erwerbs der US-Staatsangehörigkeit und sogar die Chancen sozialen Aufstiegs. Die Streitkräfte sind heute der wirksamste Integrationsfaktor in einer zunehmend »multikulturellen« Gesellschaft. Sie sind das bewährte Instrument einer realen Egalisierung der Hautfarben. Das ist um so bemerkenswerter, als es im Ersten Weltkrieg noch streng rassisch getrennte »Neger-Regimenter« unter weißem Kommando gab. In Vietnam war ich 1966 mit einem schwarzen Captain im Einsatz, dem ein weißer Rassenfanatiker bei seinem Familienbesuch im heimischen Alabama heimtückisch in den Rücken geschossen hatte.

Daran gemessen ist es bewundernswert, daß der Sohn eines aus Jamaika eingewanderten farbigen Plantagenarbeiters, gemeint ist der spätere Außenminister Colin Powell, unter George Bush senior zum höchsten Soldaten der USA, zum Joint Chief of Staff, avancieren konnte. Ihm war John Shalikashvili, ein frisch naturalisierter Georgier, gefolgt, dessen Vater auf deutscher Seite gegen die Sowjetunion gekämpft hatte. Den Oberbefehl im Irak führte der »Latino« Ricardo Sanchez, und zu seinem Nachfolger wurde der christliche Araber John Abizeid berufen. Die Liste ließe sich beliebig verlängern.

Für jemanden, der die Vereinigten Staaten von Amerika vor mehr als einem halben Jahrhundert zum ersten Mal kreuz und quer durchreiste, hat auf dem Gebiet der Rassenpolitik ein Wunder stattgefunden. Die Segregation war damals in den Südstaaten ungebrochen. Im Sommer 1950 wurden die Afroamerikaner, die seinerzeit politisch korrekt als »Negroes« bezeichnet wurden, bei Erreichen der Staatsgrenze von Oklahoma auf die hintersten Sitze des Greyhound-Busses verwiesen. Die Toiletten der Raststätten waren für Weiße und Schwarze strikt getrennt. Noch in den sechziger Jahren hatte ich in Atlanta, Georgia, einen ehemaligen Gouverneur kennengelernt, der – zu seinem Beruf als Restaurantbesitzer zurückgekehrt – jeden Farbigen mit der Axt bedrohte, der sein exklusives Lokal zu betreten wagte.

Vor fünfzig Jahren waren in San Antonio und den übrigen Ortschaften nördlich des Rio Grande nur ganz wenig »Hispanics« – spanisch sprechende Einwanderer – oder Mestizen anzutreffen, während heute die diversen Grenzstädte am Rande Mexikos von legal oder illegal immigrierten Latinos überflutet sind und der

US-Staat New Mexico bereits mehr bronzehäutige Zuwanderer aus dem Süden zählt als weiße US-Bürger. Die »Reconquista« sei in vollem Gange, hört man immer wieder, und der Harvard-Professor Samuel Huntington, der seine Landsleute vor ein paar Jahren mit der längst fälligen Studie »The clash of Civilizations« aufrüttelte und verschreckte, hat in seiner jüngsten Untersuchung »Who are we? – Wer sind wir?« eine düstere Wesensveränderung der USA und ihrer anglo-protestantischen Kultur durch die »wetbacks« aus der unmittelbaren Nachbarschaft entworfen.

Wer erinnert sich schließlich daran, daß noch vor wenigen Jahrzehnten neben der Rezeption zahlreicher Hotels in New York der Hinweis »Church nearby« dem Gast bedeutete, daß jüdische Kundschaft unerwünscht sei? Allen Unkenrufen zum Trotz haben die USA die tektonischen Verschiebungen ihrer Bevölkerungsstruktur mit bewundernswerter Flexibilität aufgefangen. Die Präsidenten Eisenhower und Kennedy hatten sich nicht sonderlich um die Abschaffung der Segregation bemüht. Es blieb dem Texaner Lyndon B. Johnson vorbehalten, die rassische Gleichberechtigung unter Einsatz der Nationalgarde und – wo das nicht ausreiche – der regulären Armee zu erzwingen.

Von Bill Clinton, der ein echter weißer Südstaatler aus kleinen Verhältnissen ist, heißt es, daß er – völlig untypisch für seine Gesellschaftsschicht – gegenüber seinen dunkelhäutigen Mitbürgern »farbenblind« und daß ihm jede Form der Diskriminierung fremd sei. Was man in Europa auch gegen den jetzigen Präsidenten George W. Bush einwenden mag, so hat er mächtig dazu beigetragen, daß die United States sich als »Schmelztiegel« ihrer unterschiedlichsten ethnischen Elemente oder zumindest – wie es heute etwas weniger euphorisch formuliert wird – als »Salad Bowl«, als Salatschüssel, bewähren. Seine engste Vertraute, die Afroamerikanerin Condoleezza Rice, hat er als Secretary of State zum Chef der amerikanischen Diplomatie befördert, und als Justizminister wurde der Immigrantensohn aus Mexiko Alberto Gonzales ernannt, der dem Aussehen nach ein typischer Hispanic mit Indio-Einschlag ist.

Was nun die »Jewish community« betrifft, die nur zwei Prozent der Gesamtbevölkerung ausmacht, so ist sie zu einem ökonomischen, politischen und kulturellen Einfluß gelangt, der alle Sektoren des öffentlichen und privaten Lebens durchdringt. Galt noch vor einer Generation das ungeschriebene Gesetz, daß die entscheidenden Führungskräfte Nordamerikas aus den Reihen der WASPs, »White Anglo-Saxon Protestants«, zu stammen hatten, so ist dieser Anspruch gründlich revidiert worden. Welche Konsequenzen sich aus den mutierenden Strukturen, vor allem aus der zunehmenden Hispanisierung auf die kollektive Psyche der USA ergeben, welche unterschwelligen Mentalitätsveränderungen sich auf Dauer vollziehen, ist heute noch gar nicht abzusehen. Schon wird der Zeitpunkt errechnet, an dem die Amerikaner rein europäischen Ursprungs in die Minderheit geraten. Jedenfalls stellt sich im Wahlsommer 2004 heraus, daß die schwarzen Wähler, die Hispanics, die Juden und all jene ethnischen Gruppen, die bislang für die Demokraten zu stimmen pflegten, mehrheitlich in den Sog jener patriotisch-religiösen Stimmungsmache geraten sind, die George W. Bush so meisterhaft beherrscht.

Der Erfolg des republikanischen Predigers im Weißen Haus, so sollte sein engster Public-Relations-Berater Karl Rove mit sicherem Instinkt herausfinden, müßte sich auf die Beschwörung tradierter Werte, der »moral values«, sowie auf die Betonung von »safety« berufen. Ist es abenteuernde Kühnheit oder Sehnsucht nach Geborgenheit, die im nationalistischen Überschwang Amerikas den Ausschlag gibt? Es fällt weiterhin schwer, ein endgültiges Urteil über dieses riesige, immer noch kraftstrotzende Land zu fällen.

Im Sommer 1993 hatte ich mich wieder einmal in Minnesota aufgehalten. Der Vietnamkrieg war längst zu Ende gegangen. Aber verkraftet war er nicht. In den unteren Etagen meines Hotels hatte sich eine lärmende »Convention« versammelt und gab sich so ausgelassen, daß ich den Rückzug auf mein Zimmer im obersten Stock antrat. Ich war lange am Fenster stehengeblieben und hatte in den rötlich gefärbten Abendhimmel und über jene unendliche grüne Weite geblickt, die sich platt wie ein Tisch bis zum Nordpol zu verlängern schien. Dann schaltete ich den Fernsehapparat ein und »zappte« quer durch die Programme. Beim Hinundherschalten bin ich bei einer der zahllosen Seriensendungen über den Vietnamkrieg hängengeblieben. Offenbar war das Thema unerschöpflich, bedurfte das Trauma der Niederlage ständig neuer Bildschirm-Kompensation. Die Darstellung dieser nationalen Tragödie schwankte zwischen unerträglichem Rambo-Gehabe und penetranter Rührseligkeit.

Warum mußte ich plötzlich an John Steinbeck denken, der sich in seinen alten Tagen unerwartet und vehement für die GIs in den Dschungeln Südostasien engagiert hatte, der ihnen den unverblümten Rat erteilte, den verfluchten VCs, den teuflischen Vietcong, an die Gurgel zu gehen und sie in ihren Verstecken wie Ratten auszuräuchern? Ich hatte mich damals verwundert und ein wenig entrüstet über diesen scheinbaren Gesinnungswandel des Autors von »Früchte des Zorns«, der sich in seiner großen, schöpferischen Phase stets mit den »underdogs«, den aus ihrer Heimat vertriebenen »Okies«, mit den vom Agrarkapitalismus geschundenen Obstpflückern solidarisiert hatte.

Erst sehr viel später sollte ich begreifen, daß dem wütenden Greis der kalifornischen Westküste der militante Pazifismus einer privilegierten College- und Universitätsjugend auf die Nerven gegangen war, daß er instinktiv spürte, daß die Anti-Vietnam-Kampagne der amerikanischen Intellektuellen auf dem Boden satten sozialen Besitzstandes und elitärer Überheblichkeit gediehen war. In der Stunde der Prüfung und des Todes stand John Steinbeck wieder auf seiten seiner plumpen, einfältigen Helden, die er einst in »Of Mice and Men« oder »Cannery Row« porträtiert hatte und die nun als brave »draftees« ihren Dienst im Reisfeld mit patriotischer Selbstverständlichkeit versahen.

Ich gab mich einer ungeordneten Assoziationsfolge hin. Wie hatte ich mich seinerzeit über die schamlose Verfälschung der Vietnam-Realität durch den Film »Deer Hunter« abgestoßen gefühlt. Auf deutsch trug er den unsäglichen Titel »Die durch die Hölle gehen«. Die Begeisterung so vieler Kritiker für dieses Kinoprodukt wurde wohl nur durch ihre Unkenntnis übertroffen. Denn von den Hirschen in den Alleghenies, die es in dieser Größe gar nicht gibt, bis zu den Partisanen des Vietcong, die als sadistische Psychopathen dargestellt wurden, von dem Russisch-Roulette-Spiel der geschockten US-Soldaten, das nirgendwo stattfand, bis zur Feuersbrunst im untergehenden Saigon, die nur in der Phantasie des Regisseurs existierte – alles war erlogen und erfunden. Blieb nur die hervorragende Leistung der Hauptdarsteller und jene Endszene, die mich zutiefst bewegte. Da saßen die Überlebenden der »Hölle von Vietnam« am heimischen Herd von Pennsylvania. Diese Stahlarbeiter ukrainischer Abstammung waren als Krüppel heimgekehrt oder litten unter unheilbaren Psychosen. Aber dann fanden sie sich in einer pathetischen Runde zusammen, und einträchtig stimmten die menschlichen Wracks die Hymne an: »God Bless America!«

Neubeginn der Geschichte

»Das Ende der Geschichte« hatte Francis Fukuyama im Jahr 1992 verkündet. Etwa gleichzeitig mit dem Erscheinen des Buchs »Kampf der Kulturen« von Samuel Huntington hatte er eine diametral entgegengesetzte These vertreten, die bei gewissen Europäern, die mit dem Ende des Ost-West-Konfliktes ihre »Friedensdividende« kassieren wollten, starken Anklang gefunden hatte. Dabei war die Aussage dieses Professors der Johns Hopkins University in Washington von Anfang an absurd. Die weltweite Ausbreitung der parlamentarischen Demokratie amerikanischen Modells und einer ungehemmten Marktwirtschaft würden der Menschheit einen endgültigen Zustand des Wohlergehens und der Harmonie bescheren. Damit würde der Schlußstrich gezogen unter die veralteten Antagonismen. So etwa läßt sich Fukuyamas Vorstellung vom »End of History« resümieren. Es paßte in diese euphorische Stimmung, daß kurz danach die Utopie einer unbegrenzten und permanenten Gewinnsteigerung für die »Shareholder« der »New Economy« selbst die angesehensten Gurus der Nationalökonomie in einen Begeisterungsrausch versetzte. Die Blütenträume sind inzwischen verwelkt.

In der Zwischenpause meiner Verabredungen mit Experten des Hudson-Instituts, der Rand Corporation und weniger bekann-

ter »think tanks« sowie mit Vertretern orientalischer Exilorgani-
sationen habe ich das neueste Buch Francis Fukuyamas zur Hand
genommen, das 2003 unter dem Titel »State Building« erschienen ist. Man muß diesem Wirtschaftswissenschaftler zugestehen,
daß er den Mut hatte, über den eigenen Schatten zu springen, und
mit seiner letzten Veröffentlichung nicht das Ende, sondern den
notwendigen Neubeginn der Geschichte zu skizzieren sucht.

Mit Interesse nehme ich bei der Lektüre zur Kenntnis, wie Fukuyama die Vorstellungen eines der einflußreichsten Vordenker
der Neokonservativen, Robert Kagan, beurteilt. Da heißt es: »Robert Kagan beschreibt die Sachlage folgendermaßen: Die Europäer sind diejenigen, die wirklich glauben, daß sie am Ende der
Geschichte leben, das heißt, in einer größtenteils friedlichen Welt,
die in zunehmendem Maß mit Gesetzen, Normen und internationalen Vereinbarungen regiert werden kann. In dieser Welt sind
Macht, Politik und klassische Realpolitik obsolet. Amerikaner hingegen meinen, sie leben noch immer in der Geschichte und müssen traditionelle, machtpolitische Mittel einsetzen, um mit den
Bedrohungen durch den Irak, durch el-Qaida, Nordkorea und andere Kräfte des Bösen fertig zu werden. Kagan zufolge haben die
Europäer zur Hälfte recht: Innerhalb der EU haben sie sich in der
Tat eine Welt am Ende der Geschichte geschaffen, in der die Souveränität einer supranationalen Organisation gewichen ist. Sie begreifen jedoch nicht, daß der Frieden und die Sicherheit ihrer
europäischen Seifenblase letztlich von amerikanischer Militär-
macht garantiert werden.«

Das klingt unausgegoren. Welcher halbwegs seriöse Politiker
des alten Kontinents sieht heute in der extrem problematischen
Schaffung der Europäischen Union die Verheißung eines »Endes
der Geschichte«, und wer möchte sich nach dem ernüchternden
Spektakel von »Iraqi Freedom« noch einer »Pax Americana« an-
vertrauen? Der Nachfahre japanischer Einwanderer offenbart sich
plötzlich als schärfster Kritiker jenes amerikanischen Konzepts
des »Nation Building«, auf das sich die Bush-Administration recht
widerwillig unter dem Zwang der wirren Zustände in Afghanistan,
im Irak, in Palästina einlassen muß. Fukuyama hatte als junger Experte im November 1946 vergeblich versucht, den US-Besat-

zungsbehörden in Japan ein realistisches Bild seines Ursprungslandes zu vermitteln.

»Als ich zu erklären versuchte, daß in Japan das Verhältnis zwischen Arbeitgeber und Arbeitnehmer als ein Tauschgeschäft von Schutz gegen Loyalität, nicht von Geld gegen Arbeit verstanden wird, bekamen sie glasige Augen. Als ich vom Netzwerk der Patron-Klienten-Beziehungen (oyabun-kobun) sprach, das alle großen japanischen Organisationen einschließlich der Regierungsbürokratie durchzog, wurde nicht weiter nachgefragt. Für mich bestand das zentrale Problem darin, die kanbatsu-Bürokratie zu ›entfeudalisieren‹ … Aber die Männer der amerikanischen Gesandtschaft interessierten sich mehr für einen Vergleich der Lohntabellen des öffentlichen Dienstes mit denen der Privatwirtschaft. In ihrem mentalen Gepäck war kein Platz für die Psychologie und die Einstellung von Menschen, denen sie ein modernes, wissenschaftliches, nicht feudales Verwaltungssystem verpassen sollten. Statt dessen wandten sie rein amerikanische Konzepte an, etwa Fairneß und gleiche Aufstiegschancen für Mitarbeiter des öffentlichen Dienstes oder die hehre Idee des Dienstes an der Öffentlichkeit … Manchmal dachte ich, wenn man diese Leute an den Polarkreis geschickt hätte, würden sie für Eskimos, Seehunde und Möwen dieselben Verbesserungsvorschläge ausarbeiten.«

Francis Fukuyama hat zu Recht den geläufigen Begriff »Nation Building« durch »State Building« ersetzt. Im amerikanischen Sprachgebrauch herrscht von jeher in diesem Punkt eine gewisse Konfusion vor. So sprach man in Saigon von einer »Nation of South Vietnam«, wo doch allenfalls das wiedervereinigte Vietnam eine solche Benennung verdiente. Wer hätte denn in Europa von einer »Westdeutschen Nation« gefaselt? Im Hinblick auf Afghanistan räumt Fukuyama ebenfalls mit den gängigen Illusionen auf: »Die afghanische Regierung Karsai, wesentlich anständiger und weitsichtiger als das Taleban-Regime, das sie ablöste, wurde von den Vereinigten Staaten eingesetzt und hält sich größtenteils nur mit amerikanischer Unterstützung. Ihre Macht wird ihr von verschiedenen Warlords überall im Land streitig gemacht, und ihre Legitimität wird von den übriggebliebenen Taleban-Kämpfern in Frage gestellt.«

Bis zur letzten Konsequenz wagt sich der Autor des »Endes der Geschichte« jedoch nicht vor. Jenen Schritt sollte zu meiner Überraschung Peter Sloterdijk vollziehen, als er den Satz prägte: »Durch Nation Building bekommt man bestenfalls demokratisch kaschierte Diktaturen mit Marktwirtschaft.« Ich hätte hinzugefügt: im Dienste der Marktwirtschaft.

*

Es gibt sehr idyllische Orte in Washington. Das Restaurant »Sea Catch« gehört dazu. Es öffnet sich auf einen Kanal, der sich durch eine Galerie dichten Laubes auf das offene Meer verlängert. Der Fisch ist vorzüglich zubereitet. Mein Freund Günter K. erwartet mich bereits. Wir haben gemeinsam in Paris studiert. Später hat er eine erfolgreiche Karriere an der Weltbank durchlaufen. Soweit er nicht auf Reisen in sämtlichen Erdteilen war, wo er die Kreditwürdigkeit unterentwickelter Länder prüfte, hat er den größten Teil seines Lebens in den USA, in seiner Wohnung in Arlington, verbracht. Günter besitzt die beneidenswerte Eigenschaft, seine Umgebung mit freundlicher Skepsis zu betrachten. Er verfolgt die jüngste Entwicklung der USA mit großer Nachsicht. Einem langjährigen Beamten der World Bank liegt es fern, antikapitalistische Gemeinplätze vorzutragen oder die Schattenseiten der Globalisierung zu übertreiben.

Auch er hat das Buch Niall Fergusons gelesen und hält ebensowenig wie dieser Historiker von dem Streit um »Monopolarität« oder »Multipolarität«. Er hat genügend Erfahrungen in der Dritten Welt gesammelt, um ebenfalls vor der »Apolarität«, vor der allgemeinen Machtlosigkeit, zu warnen. Auf Grund seines Werdegangs interessiert er sich mehr für ökonomische Fakten als für strategische Spekulationen. Da wir beide eine französische Ausbildung genossen haben, erwähnen wir André Malraux, dem zufolge die amerikanische Gesellschaft zu »bourgeois« sei, um einen »imperialen Stil« zu entwickeln. Vielleicht ist es das fatale Manko dieses Weltreiches, daß es durch und durch »imperialistisch« auftritt, ohne »imperiale« Tugenden entwickelt zu haben.

Den langjährigen »field worker« eines global agierenden Geldverleih-Instituts irritieren die jüngsten Proklamationen Washingtons zugunsten einer weltweiten Ausbreitung von Freiheit und Demokratie. Das westliche Regierungssystem, darin sind wir uns einig, diskreditiert sich selbst, wenn es seine Ideale durch manipulierte Urnengänge in exotischen Stammes- und Religionsgesellschaften zu verwirklichen sucht und sie dort nur karikiert. Bei der Erörterung des Sozialgefälles in den USA, das George W. Bush mit Hilfe eines »umgekehrten New Deal« in einer Gemeinschaft von »Besitzern« und »Vorbesitzern« begradigen möchte – jeder Arbeitnehmer soll durch eigene Beteiligung am Börsengeschäft seine Alters- und Krankenversorgung absichern –, komme ich nicht umhin, die Äußerung Heiner Geißlers zu erwähnen, der sich darüber entrüstet, daß Massenentlassungen von Arbeitern und Angestellten neuerdings dazu beitragen, die Dividenden der Aktionäre hochzutreiben. Eine ohnehin durch die Mediendespotie strapazierte repräsentative Demokratie scheint auf dem besten Wege zu sein, den Begriff des »Citoyen« durch den des »Shareholders« zu ersetzen. Die Politik gerät auch in Europa zunehmend in das Schlepptau der Finanzinteressen. Profitbesessene und untaugliche Manager haben das Sagen. Wie schnell haben sich die optimistischen Perspektiven verflüchtigt, die James Burnham seinerzeit unter dem Titel »Revolution der Manager« vortrug und die während meines ersten Amerika-Aufenthaltes 1950 in den wissenschaftlichen Instituten Furore machten.

»Alles, was französisch klingt, ist heute beim Durchschnittsamerikaner verpönt«, stellt mein alter Freund bedauernd fest. Der schlimmste Vorwurf, der John F. Kerry treffen konnte, war die Behauptung, er sähe »French« aus. Wir erinnern uns an unsere gemeinsame Zeit auf den Bänken von Sciences Po und entdecken, daß gewisse Grundprinzipien der Bush-Administration den sozialen Vorstellungen des französischen Regierungschefs François Guizot nahekommen. Guizot, ein südfranzösischer Calvinist, hatte als Regierungschef des Bürgerkönigs Louis-Philippe im neunzehnten Jahrhundert die Lehre der Prädestination in seine Tagespolitik übertragen. Er war ein engagierter Verfechter des zensitären Systems, das nur begüterten Bürgern erlaubte, sich an Wahlen zu beteiligen. Im Namen seiner radikalkapitalistischen

Doktrin wachte er darüber, daß Eisenbahn- und Grubenkonzessionen dem Privatbesitz der Bourgeoisie zugute kamen. Den Protesten seiner politischen Gegner trat er mit der Aufforderung entgegen: »Enrichissez-vous – Bereichert Euch doch!«

Der Abend senkt sich über dem Kanal, der zur Chesapeake Bay führt. Die antifranzösische Entrüstung, die sich so vieler Amerikaner bemächtigt hat, illustriert die Widersprüchlichkeit der Historie. An dieser Bucht von Chesapeake hatte nämlich die französische Flotte der erlöschenden Bourbonen-Dynastie eine wesentliche Rolle bei der Geburt der Vereinigten Staaten gespielt. Ich erzähle Günter von dem Denkmal des Admiral de Grasse im mittelalterlichen Dorf Bar-sur-Loup, das sich in unmittelbarer Nachbarschaft meines südfranzösischen Wohnsitzes befindet. Jedesmal wenn ich den Marktplatz von Bar-sur-Loup sowie sein Bistro »L'amiral« aufsuche, verharre ich einen Moment vor der Bronzestatue des Feldherrn und lese den in Bronze gegossenen Text verflossener »Gloire«: »Durch den Seesieg, den er am 5. September 1781 bei Chesapeake über die Engländer errang, hat der Admiral de Grasse die Kapitulation der Festung Yorktown ermöglicht, die durch die franko-amerikanische Armee – unter Befehl des Generals Washington und des Generalleutnants Comte de Rochambeau – belagert wurde. Damit hat Admiral de Grasse den unsterblichen Ruhm erworben – im Verbund mit den beiden Generalen –, entscheidend zur Unabhängigkeit der Vereinigten Staaten von Amerika beigetragen zu haben.«

Another country

DALLAS, TEXAS, IM SOMMER 2004

Weekend in Dallas. Die Temperatur ist ungewöhnlich niedrig für die Jahreszeit. Es geht strömender Regen nieder. Beim Anflug waren die Stürme so heftig, daß wir in Nashville, Tennessee, zwischenlanden mußten. Ich musterte das Publikum am Airport.

Wie kommt es eigentlich, daß die Engländer – wenn sie Kritik an ihren amerikanischen »Vettern« üben – viel bissiger sind als andere Europäer? Niall Ferguson reiht sich in eine Serie von Autoren ein, deren Distanz gegenüber den USA nicht nur auf Graham Greene und Evelyn Waugh beschränkt ist. Er entdeckt physische Entartungen als Vorboten des Niedergangs. »Auf Kredit zu konsumieren, nur widerstrebend an die Front zu gehen, rasch das Interesse an langwierigen Unternehmen zu verlieren«, so lautet die Schmähung, »all dieses ergibt das Bild von Amerika als einem trägen Koloß – oder anders gesagt, eines strategischen Sesselhockers. Gemäß dem in Amerika üblichen Maßstab für Fettleibigkeit, dem Body-Mass-Index (BMI), hat sich der Anteil der schwergewichtigen Amerikaner an der Gesamtbevölkerung zwischen 1991 und 2001 von 12 auf 21 Prozent nahezu verdoppelt. Im internationalen Vergleich sind nur noch die Bewohner von Westsamoa und Kuweit dicker. Heute scheint die ›Bürde des Weißen Mannes‹ an seinen Hüften zu hängen«, so bemerkt Ferguson bissig.

Das Bild, das sich mir bietet, bestätigt leider diese statistische Erhebung. Schon in Minnesota war mir in früheren Jahren die Vielzahl von Männern und Frauen im besten Alter aufgefallen, die ihre unförmigen Schenkel kaum noch nach vorn schieben konnten, deren Hinterteile sich zu Fettsteißen wölbten und deren Arme das Ausmaß von Schinken erreichten. Der Autor Michael Moore, der an seinem Haß auf George W. Bush zu platzen scheint, gehört übrigens in diese Kategorie. In der überfüllten Durchgangshalle des Flugplatzes Nashville, später auch in Dallas, drängt sich eine Menschheit, die ständig damit beschäftigt ist, »junk food« in sich hineinzustopfen. Kein Wunder, daß die Toiletten stets überfüllt sind. Die meisten tragen sackähnliche Shorts, die bis über die Knie reichen und oft bizarre Tätowierungen freigeben. Auf dem Kopf hat der Durchschnittsreisende die landesübliche Baseballkappe.

Es wäre ungerecht, wenn man nicht jene erwähnen würde, die sich durch fanatisches Fitneß-Training zu Athleten entwickelt haben. Die wenigsten jedoch entsprechen den riesigen Plakaten, die für eine freiwillige Meldung zur Nationalgarde werben. Diese ursprünglich für innere Noteinsätze konzipierte Truppe, in der George W. Bush diente, um dem Vietnameinsatz zu entgehen, hat neuerdings auch auswärtige Kriegsschauplätze in Afghanistan und Irak zugewiesen bekommen. Die sechs Nationalgardisten, die mit strahlendem Lächeln und in selbstbewußter Pose auf die wenig wehrtaugliche Menge herabblicken, spiegeln die gesellschaftliche Umschichtung, die sich jenseits des Atlantiks vollzieht. Drei Männer und drei Frauen sind auf dem Poster extrem vorteilhaft dargestellt, und darunter befinden sich Afroamerikaner und Latinos.

Der Samstagabend in Dallas ist trostlos. Das Luxushotel, in dem ich abgestiegen bin, zeichnet sich nicht durch Gastlichkeit aus. Vom Fenster blicke ich auf die Skyline der City, die seit der erfolgreichen Fernsehserie »Dallas« mächtig an Breite und Höhe gewonnen hat. Durch den Regenflor schimmern die Wolkenkratzer in bizarren Farbvariationen: silbern, grün, rosa, lila. Die breiten Avenuen sind wie ausgestorben. Ein paar riesige Limousinen, lang wie Eisenbahnwaggons, schieben sich über die Kreuzungen. Nur ein paar Jogger drehen im Regen ihre Runden. Ansonsten scheint der Fußgänger einer ausgestorbenen Gattung anzugehören. Die Betonkulisse der Skyscraper, die im feuchten Dunst verblassen, würden sich vorzüglich für den Auftritt von »blade runners« eignen. Die Lounge des Hotels ist trist. Das mechanische Klavier, das dort aufgestellt ist, trägt nicht zur Erheiterung bei. In meinem Zimmer suche ich vergeblich nach einer Minibar. Wieder drängt sich eine Feststellung Alexis de Tocquevilles auf:

»Wenn in den Vereinigten Staaten der siebte Tag der Woche hereinbricht, scheint das kommerzielle und industrielle Leben zu erstarren. Jeder Lärm verstummt. Eine tiefe Ruhe, besser gesagt, eine Art feierlicher Einkehr, stellt sich ein. Die Seele ergreift endlich von sich selbst Besitz. Jeder Bürger begibt sich in Begleitung seiner Kinder in eine Kirche. Durch ihr Verhalten zeigen die Amerikaner, daß sie von der Notwendigkeit durchdrungen sind, der Demokratie mit Hilfe der Religion eine Moral zu verleihen. Was sie in dieser Beziehung von sich selbst denken, entspricht einer Wahrheit, die für jede demokratische Nation gelten sollte.«

Am Sonntagmorgen scheint eine blasse Sonne durch die Wolken. Ich lasse mich in die Vorstadt Plano fahren, die etwa zehn Kilometer von der City entfernt liegt. Dabei durchquert man eine grüne Ebene und einheitlich gebaute Häuserreihen, die recht behaglich wirken. Die unumzäunten Gärten in dieser »Suburbia« sind ebenso peinlich gemäht und gepflegt wie die Golfplätze, die hier wohl nirgendwo fehlen dürfen. Die Siedlung Plano wird durch die »Megachurch« von Prestonwood beherrscht. Deren dynamische Baptisten-Gemeinde hat im Umkreis ihres Gotteshauses, dessen Stahlkonstruktion wie eine riesige Raffinerie aufragt, 56 Hektar Land erworben. Dort verfügen die Gläubigen über Sportplätze, Fitneß-Center, Versammlungssäle, Bibliotheken, Schulen, eine Cafeteria und sogar eine Einrichtung für tugendhafte Ehevermittlung. Der Wert der Gesamteinrichtung wird auf 145 Millionen Dollar geschätzt.

In Prestonwood sind mir nur lächelnde, freundliche Menschen begegnet. Junge Leute bemühen sich um mich, drücken mir mit strahlendem Lächeln ein Werbeblatt und gleich drei Beitrittserklärungen in die Hand. Bei näherem Hinsehen lese ich, daß ich mich auf den Formularen entscheiden kann, ob die erhoffte Spende für die Seelsorge, den lebenden Glauben – »living faith« – oder für die Missionsarbeit auszugeben sei. Mit ausgesuchter Höflichkeit werde ich von einem weißen und einem asiatisch wirkenden Betreuer zu meinem Platz in der Megakirche geführt. Der Gottesdienst hat bereits begonnen, und die endlosen Bankreihen sind dicht gefüllt. Ein wenig komme ich mir vor, als sei ich in die besitzergreifenden Hände der Scientology-Sekte geraten.

Warum habe ich diesen Abstecher nach Dallas gemacht? Zwei zentrale Punkte der jüngsten Veröffentlichung Samuel Huntingtons, »Wer sind wir?«, will ich an Ort und Stelle überprüfen. Einerseits geht es dem Künder des »Clash of civilizations« um die schwindende nationale Identität der USA unter dem Einfluß einer massiven und nicht mehr integrierbaren mexikanischen Einwanderung; andererseits untersucht der Harvard-Professor das Überhandnehmen des fundamentalistischen Christentums, dessen evangelikale Bigotterie längst nicht mehr auf die Staaten des »Bible Belt« beschränkt ist.

Was die Mexikaner betrifft, so ist mir längst aufgefallen, daß fast überall die öffentlichen Anschriften und Hinweise auf englisch und spanisch vorgenommen sind. Die Zahl der Latinos befindet sich im ganzen Land in ständiger Aufwärtsentwicklung. Die seit dem Zweiten Weltkrieg stark gestiegene Bevölkerungsmasse der USA auf annähernd dreihundert Millionen Menschen ließe sich ohne diesen Zustrom nicht erklären. Die Hispanics sind wohl inzwischen mit etwa vierzig Millionen weit vor den Afroamerikanern die bei weitem stärkste allogene Gruppe. Deshalb sollten die Vereinigten Staaten – wenn wir Samuel Huntington folgen – unabhängig von ihrer realen ethnischen Zusammensetzung jenen Idealen, jener Mentalität treu bleiben, die ihnen von den Pilgervätern überliefert wurden. Dem Anspruch eines spanisch artikulierten »sueño Americano« entgegnet Huntington bissig, daß ein solcher Begriff nicht existiere. Es gibt nur den »American dream«, der von einer anglo-protestantischen Gesellschaft ins Leben gerufen wurde. »Die mexikanischen Amerikaner werden an ihm und an dieser Gesellschaft nur teilhaben, wenn sie auf englisch träumen.«

Trauert er insgeheim jenen rassistisch inspirierten Einwanderungsgesetzen nach, die Ende des neunzehnten Jahrhunderts den sogenannten »Kaukasiern« den Vorrang gewährten? Angeblich kontrastierte die Fortschrittlichkeit, die Energie von Angelsachsen, Deutschen und Skandinaviern mit der trägen Stagnation, der historischen Belastung von Slawen, Mediterranen und Asiaten. Hatten sich Italiener, Juden, Osteuropäer dennoch in erstaunlich kurzer Zeit dem »American way of life« angepaßt, ihre Namen oft anglisiert und sich als wackere Patrioten bewährt, so befürchtet Huntington nunmehr, daß die mexikanische Einwanderungswelle – auf Grund der unmittelbaren Nachbarschaft ihrer Heimat und den weiter bestehenden familiären Bindungen – eine homogene Parallelgesellschaft bilden könnte, die nicht integrierbar oder gar assimilierbar sei. In der dritten Generation – ein Phänomen, das sich durchaus mit der türkischen Präsenz in Deutschland vergleichen läßt – würden die »Chicanos« sich nachdrücklicher als ihre Eltern auf die unterschiedliche Kultur, den Lebensstil und die katholische Konfession ihres Ursprungslands besinnen.

Es gibt soziologische Studien, die zu ganz anderen Ergebnissen kommen. Demnach würden sich die Mexikaner linguistisch sehr wohl ihrer angelsächsischen Umgebung angleichen, auch wenn in Florida, in New Mexico und weiten Teilen Kaliforniens der iberische Sprachgebrauch vorherrscht. Vor allem scheint der Identifizierungsdrang mit der amerikanischen Gastnation ungebrochen. Die Einbürgerungszeremonien spiegeln die Begeisterung, endlich als US-Citizens anerkannt zu sein, deutlich wider. Eine Vielzahl Katholiken mittel- und südamerikanischer Herkunft haben sich zudem den protestantischen Kirchen angeschlossen, die mit Nachdruck um sie werben und dafür ihre unbeschränkten finanziellen Mittel einsetzen. Selbst die traditionelle katholische Kirche der USA, die sich auf den irischen und italienischen Bevölkerungsblock stützte, hat ja gewisse protestantische Grundvorstellungen unbewußt übernommen. In ihrem US-Nationalismus ist sie nicht zu übertreffen. Kardinal Spellman, der bei seinen Predigten im Vietnamkrieg wie ein Regierungssprecher auftrat, hätte ohne seine priesterliche Kleidung wie ein erfolgreicher Businessman ausgesehen. Allerdings ist das Prestige der römisch-katholischen Hierarchie als Folge der jüngsten Sexskandale, zumal des Vorwurfs der Päderastie, aufs schwerste belastet worden.

Huntington stellt fest, daß die Masse der amerikanischen Katholiken die Hinwendung zum religiösen Fundamentalismus auf ihre Weise mitgemacht hat. In den neunziger Jahren ist die Zahl der Diözesen, die die lateinische Liturgie wieder zulassen, von sechs auf 131 angestiegen. Was den Harvard-Professor an den mexikanischen Neubürgern am meisten stört, ist jene angestammte katholische Denkweise, wonach materielle Armut als heilsame Prüfung, möglicherweise sogar als eine Form göttlicher Bevorzugung gedeutet wird. Die Aussage des Neuen Testaments, daß eher ein Kamel durch ein Nadelöhr ginge, als ein Reicher in den Himmel komme, klingt zutiefst unamerikanisch. Die Überflutung der USA durch die mexikanischen Nachbarn wird voraussichtlich anhalten. Sie sind als Hilfsarbeiter, als Niedriglohn-Empfänger unentbehrlich geworden. Im Gegensatz zu so vielen Zuwanderern in Deutschland sind sie gezwungen, sich mit allen Mitteln ein Auskommen zu erschuften, denn ein soziales Netz, eine Amtsfürsorge, steht ihnen nicht zur Verfügung. Latinos und

Asiaten bilden die großen Immigrationskontingente der Gegenwart und der Zukunft. Selbst im Falle einer gelungenen Eingliederung dürften sich ihre atavistischen Veranlagungen erhalten und bewirken, daß die Vereinigten Staaten in fünfzig Jahren »another country« sein werden.

Jesus oder Zarathustra?

In Prestonwood fällt mein Blick auf zwei durchsichtige gläserne Becken, in denen ein halbes Dutzend Taufen vorgenommen werden. Die neuen Baptisten, in weiße Gewänder gehüllt, tauchen mit dem ganzen Körper in das geweihte Wasser ein. Dazu jubelt ein mächtiger Chor von fünfhundert männlichen und weiblichen Sängern. Auch ein paar Farbige sind darunter. Ich bin an diesem Sonntag in einen recht nüchternen Gottesdienst geraten. Bei besonderen Anlässen werden auf der Bühne – unter großer Statistenbeteiligung in biblischen Kostümen – Szenen aus dem Leben Jesu dargestellt, und der Erlöser schwebt magisch segnend über dem Raum. Irgendwie glaube ich den tieferen Sinn dieses »Awakening« zu spüren: »Amerika ist eine Nation mit der Seele einer Kirche – with the soul of a church.«

Wer bei den modernen Massenveranstaltungen, die alle Register des Marketing beherrschen, nach dem intoleranten, blindwütigen Religionsbegriff der weißen Rassisten von einst forscht, kommt nicht auf seine Kosten. In den kleinen Ortschaften des »deep South« mögen noch Nostalgiker des Ku Klux Klan leben und die alten Vorurteile verwurzelt bleiben. Am Rande von Dallas hat sich hingegen eine Gemeinde zusammengefunden, die Distanz hält zu den »rednecks«, zu dem »white trash«, der die eigene soziale Deklassierung durch das Lynchen von »Niggern« zu kompensieren suchte. In Plano findet eine Versammlung des bigotten Mittelstandes statt. Der dröhnende Refrain wiederholt immer wieder: »O the wonderful Cross«. Auf einem Bildschirm leuchtet das Sternenbanner der USA auf. Die Flagge ist zum quasireligiösen Symbol geworden. Ich sehe mir die Gesichter der Gläubigen aufmerksam an. Da ist viel Verzückung vorhanden, aber keine Hysterie.

Das zentrale Ereignis ist die Predigt des Pastors Jack Graham. Der Baptisten-Geistliche mag fünfzig Jahre alt sein. Er sieht blendend aus wie ein Filmstar und beherrscht alle Register der klerikalen Rhetorik. Eindeutig findet hier eine Wahlkundgebung für den Bruder in Christo, George W. Bush, statt, dessen Antlitz immer wieder auf dem riesigen Screen auftaucht. Der Reverend Graham scheut sich nicht, die Kriege zu erwähnen in Vietnam und im Irak, die im offiziellen Wahljargon der Republikaner gemieden werden. Der gerechte Kampf Amerikas, der Opfergeist seiner Helden werden in Prestonwood wie in einem Feldgottesdienst gepriesen. Zur Illustration der Ansprache werden Bilder projiziert, deren Bedeutung sich mir nicht ganz erschließt. Da werden nämlich die Markenzeichen von Coca-Cola und McDonald's gezeigt, die olympischen Ringe, die Taube des Heiligen Geistes und – wohl zur Abschreckung – ein Hakenkreuz. Das Fisch-Symbol der frühen Christen weicht dann wieder der überdimensionalen Darstellung des Dr. Jack Graham, der über ein ungewöhnliches Charisma zu verfügen scheint. Hier wird der Text der Bibel, vor allem des Alten Testaments, wörtlich genommen. Der Darwinismus ist eine Negation der Schöpfungstheologie. Jede Form der Libertinage wird verflucht. Die Homosexuellen sind Verdammte, und die hartnäckige Geburtenverhütung ist eine schwere Sünde vor dem Herrn.

Jack Graham läßt sich zu keinen verbalen Exzessen hinreißen, und er verzichtet auf jene circensischen Darbietungen, in denen sich manche Nachfahren der Romanfigur Elmar Gantrys heute im Bible Belt gelegentlich noch gefallen. Auf einen neuen Choral folgt die Kollekte, und ich erfahre, daß an einem einzigen Weekend die Summe von 360 000 Dollar gespendet wurde. Das Jahresbudget von Prestonwood beziffert sich auf 22 Millionen Dollar. Davon werden 500 Angestellte und Animateure, darunter 33 Pastoren, besoldet. Die Zeremonie endet mit der Kommunion. Jedem Anwesenden wird ein kleiner Brocken ungesäuerten Brotes gereicht und dazu ein Fingerhut mit süßem Wein. Ähnliches hatte ich schon einmal bei dem protestantischen Agitator Ian Paisley im nordirischen Belfast erlebt.

Eines ist mir am Rande von Dallas bewußt geworden: Diese Baptisten von Texas verkörpern eine gewaltige Kraft. Hier entsteht ein kämpferisches, unduldsames Selbstbewußtsein, dem sich zur Stunde in den Vereinigten Staaten keine gleichwertige Strömung entgegenstemmt. Instinktiv haben diese geistigen Hinterwäldler gespürt, daß ein Siegeszug der »permissive society«, wie er zum Beispiel von dem Schriftsteller Tom Wolfe, dem Autor des »Bonfire of the Vanities«, akklamiert wurde, ihre moralischen Werte, ihren Lebensstil und vor allem ihre national-religiöse Substanz unterminieren würde. Tom Wolfe hatte noch vor zehn Jahren »von der Befreiung des amerikanischen Menschen aus den Fesseln sittlicher Gängelung und ausgehöhlter Normen« geschwärmt. Die neugewonnene Selbstbezogenheit verschaffe dem Durchschnittsamerikaner die Chance, eine intellektuelle und sexuelle Freizügigkeit auszuleben, wie sie in früheren Zeiten nur der herrschenden Elite oder vereinzelten, den Konventionen trotzenden Charakteren vorbehalten blieb.

Die drohende »Dekonstruktion« jener anglo-protestantischen Gewißheiten, auf die Amerika gegründet ist und denen er selbst innig anhängt, hat Samuel Huntington analysiert. Dabei kommen erstaunliche Statistiken zu Tage. »Die Eigenart des amerikanischen Protestantismus«, so schreibt er in »Wer sind wir?«, »äußerte sich zuerst im Puritanismus und im ›congregationalism‹ der Pilgerväter, griff jedoch in den folgenden Jahrhunderten auf die Baptisten, Methodisten, Pietisten, Fundamentalisten, Evangelikalen, Pentecostalen und andere Formen des Protestantismus über. Diese Bewegungen unterscheiden sich erheblich. Aber sie waren sich einig in der Bedeutung, die sie der unmittelbaren Beziehung des Individuums zu Gott, dem Vorrang der Bibel als einziger Offenbarung Gottes, der Errettung durch den Glauben beimessen. Für viele kam der Umwandlungsprozeß der ›Wiedergeburt‹ hinzu, ein persönlicher Auftrag zu missionieren, Zeugnis zu geben, sowie die demokratische Teilnahme an der Kirchenorganisation. Im Laufe des neunzehnten Jahrhunderts wurde der amerikanische Protestantismus zunehmend populistisch, weniger hierarchisch, zunehmend emotional und weniger intellektuell. Die Lehre wurde zur Leidenschaft.«

Ob Huntington sich bewußt ist, daß diese Wucherung der Bekenntnisse die strenge Gläubigkeit der »founding fathers« längst korrumpiert hat? Es ist bezeichnend, daß die mystischen Hymnen der weißen Südstaatler den »Negroe Spirituals« ihrer einstigen afrikanischen Sklaven eng verwandt sind, daß auch die ekstatische Hysterie gewisser Gottesdienste im tiefen Süden von den Voodoo-Bräuchen der verachteten Neger, der »Söhne des Ham«, beeinflußt wurde. Die frühen Kolonisten Neuenglands würden vermutlich mit Abscheu auf diese exotischen Auswüchse reagieren. Zwischen 1990 und 2000 hat die bislang angesehenste Konfession der USA, die Kirche der Presbyterianer oder der Calvinisten, zwölf Prozent ihrer Mitglieder verloren. Die Episkopalier genannten Anglikaner haben ähnliche Verluste zu verzeichnen. Hingegen konnten die Mormonen zwanzig Prozent zulegen, die Baptisten verzeichnen ähnlichen Zuwachs, so daß heute ein Drittel der US Citizens einer fundamentalistischen Form des Christentums zuneigt. Die Katholiken haben ebenfalls sechzehn Prozent gewonnen, aber das ist eine Folge der andauernden Immigration von Mexikanern und anderen Latinos.

Das Phänomen der »Wiedergeburt in Gott«, zu dem George W. Bush sich bekennt, hat wie ein Präriebrand um sich gegriffen. Diese Tendenz soll sogar Zugang zu hochintellektuellen Kreisen von Harvard gefunden haben. Die Masse der »born-agains« bildet die Kerntruppe bei der Wiederwahl des derzeitigen Präsidenten. Zu erwähnen ist ebenfalls das Überhandnehmen von Endzeitstimmung, von Millenarismus bei einer wachsenden Zahl amerikanischer Christen aller Schattierungen. Diese chiliastische Heilserwartung hatte zur Folge, daß die Ultrakonservativen, die sich stets als Antisemiten aufführten, plötzlich ihre Liebe zu Israel entdeckten. In der Gründung des Judenstaates erblicken sie die Voraussetzung für die Ankunft des Messias Jesus Christus und für die Gründung des Reiches Gottes auf Erden. Nach den Attentaten von Nine Eleven vertraten angeblich 59 Prozent der Amerikaner die Überzeugung, daß die Prophezeiungen der Apokalypse sich in Bälde bewahrheiten würden.

Glücklicherweise ist Amerika – bei aller Abhängigkeit vom großen Kapital – ein Land der freien Presse geblieben. Also kann sich ein dezidierter Kolumnist wie Nicholas D. Kristof dieser seltsamen Sehnsucht nach Weltuntergang und Jüngstem Gericht mit ätzender Kritik widmen. Er verweist auf eine religiöse Erbauungsliteratur, die in Millionenauflage vertrieben wird und unter Androhung fürchterlicher Strafen im Jenseits die Bekehrung der Nichtchristen betreibt. Die Israeli, die sich in der jetzigen Phase amerikanischer Orientpolitik auf die fast bedingungslose Unterstützung des Weißen Hauses und der Evangelikalen verlassen, müßten bei der Ankündigung ihrer Zwangskonversion von schrecklichen Assoziationen heimgesucht werden. So schildert die Erfolgsserie »Left behind« das Schicksal all jener, die keine wiedergeborenen Christen sind. Da wird mit frommer Begeisterung ein rächender Jesus beschrieben, der alle Ungläubigen – zumal Muslime, Juden, Hindus, Agnostiker und viele Katholiken – ins ewige Feuer stürzt. Dieses neu interpretierte und heißersehnte »Ende der Geschichte«, so heißt es in der Werbung für »Left behind«, werde bereits über die heute lebende Generation hereinbrechen.

Zum Trost mag erwähnt werden, daß diese primitive Form des Messianismus in sukzessiven Wahnsinnswellen die Geschichte der Vereinigten Staaten durchzieht. Der letzte Weltuntergang war für das Jahr 1988 angesagt. Ein gewisser William Miller hatte die Wiederkehr Jesu Christi zum Jüngsten Gericht schon auf den 22. Oktober 1844 terminiert. Er fand damals Gehör bei zahlreichen Narren, die – im Hinblick auf dieses »Event« – ihren gesamten Besitz veräußerten. Was nun den versöhnlichen Diskurs der Kulturen und Religionen betrifft, der im Zeichen des gemeinsamen Monotheismus in Europa, aber auch in Amerika zahlreiche Befürworter hat, so berichtete mir ein deutscher Geistlicher, der an einem solchen Annäherungsexperiment in New York teilnahm, daß sich zwischen Christen, Juden und Muslimen bereits eine euphorische Stimmung der Gemeinsamkeit im Glauben eingestellt hatte, als ein zornbebender Baptistenprediger alle Illusionen mit der Drohung vom Tisch fegte: »If you do not believe in Jesus Christ, you'll go to hell – Wenn ihr nicht an Jesus Christus glaubt, dann fahrt ihr zur Hölle!«

In der Megachurch von Texas habe ich mir manche Fragen gestellt. Vor allem eine Erinnerung stellte sich ein, der Rückblick auf jene streng calvinistischen Gottesdienste der südafrikanischen Buren, die damals noch ihre weiße Hautfarbe als Zeichen göttlicher Erwähltheit, als Prädestination werteten und einer grotesken »Pigmentokratie« anhingen. Diese sturen, bibelfesten Buren, die tausendmal geschworen hatten, sie würden sich im Falle einer schwarzen Machtergreifung in ihren Wagenburgen verschanzen und dort notfalls untergehen, haben sich – ohne einen Schuß abzufeuern – der unerwarteten Milde Nelson Mandelas und seiner »black majority rule« unterworfen, obwohl sie hätten wissen müssen, daß sie am Ende von den Rachegeistern der Apartheid eingeholt würden.

Unter den Evangelikalen Amerikas scheint die Bergpredigt aus der Heiligen Schrift gestrichen zu sein. Die Tröstung des Jesus von Nazareth, »Selig die Mühseligen und Beladenen, denn ich werde sie erquicken«, kommt bei den Baptisten wohl selten vor. Da wird, wie im politischen Jargon des Präsidenten Bush, eine erbarmungslose Trennlinie zwischen Gut und Böse gezogen und somit einer manichäischen Weltsicht gehuldigt, die mit der wahren Verheißung des Neuen Testaments nicht zu vereinbaren ist. Wer weiß schon, daß die mesopotamische Häresie des Propheten Mani am Anfang einer Irrlehre stand, die sich über die Paulikianer Anatoliens, die Bogumilen des Balkans, die Albigenser Südfrankreichs ausbreitete und erst durch den Bannfluch des Papstes Innozenz III. und seine Inquisition eingedämmt wurde? Im Calvinismus, so heißt es, fand sie einen Avatar, eine späte Wiedergeburt.

In letzter Analyse geht der Manichäismus auf die mythische Gestalt Zarathustras zurück, der, aus Zentralasien stammend, die Welt in ein Reich des Lichtes und ein Reich der Finsternis unterteilte. Ich habe den Tempel der letzten Zarathustra-Gläubigen des Iran, »Zarduschti« genannt, in der persischen Stadt Yazd aufgesucht und am Altar der Heiligen Flamme gestanden. Dabei fiel mir auf, daß diese kleine Gemeinde von »Feueranbetern« einem orientalischen Typus angehört, der in keiner Weise den nordischen Rasseidealen Adolf Hitlers und Alfred Rosenbergs entspricht. Aber auf ihren Devotionsbildern wird der Künder Zara-

thustra, der in weißem Gewand zwischen Adler und Schlange ein-
herschreitet, stets als blonder, blauäugiger Held dargestellt. Die
Frage könnte sich stellen, wer in den frömmelnden Gemeinden
des amerikanischen Bible Belt tatsächlich verehrt wird: der jüdische Rabbi aus Nazareth, der von sich sagte, daß sein Reich nicht
von dieser Welt sei und daß, wer zum Schwerte greift, durch das
Schwert umkommen wird, oder eine Mythenfigur aus Baktrien,
deren dualistische Verkündung die Höllenvision der Juden, Christen und Muslime nachdrücklich beeinflussen sollte? Im Dritten
Reich hatten protestantische Pfarrer, die sich dem Naziregime an-
biederten, doch tatsächlich behauptet, Christus sei Arier gewesen.

Kehren wir noch einmal zu Samuel Huntington zurück. »Der
11. September 2001 symbolisierte auf dramatische Weise das
Ende des zwanzigsten Jahrhunderts und seiner ideologischen
Konflikte«, lautet seine Conclusio. »Von nun an setzt eine neue
Ära ein, in der die Menschen sich überwiegend gemäß ihren Vorstellungen von Kultur und Religion definieren. Die wirklichen
potentiellen Feinde der Vereinigten Staaten sind nunmehr der Islam mit seiner militanten Religiosität einerseits, der chinesische
Nationalismus, der sich von jeder Ideologie gelöst hat, andererseits. In diesem Umfeld gewinnt die religiöse Komponente der
amerikanischen Identität eine herausragende Bedeutung.«

Veteranen der Niederlage

Washington, im Sommer 2004

»America alone«, lautet eine Neuerscheinung, die auf dem Book
Forum des Cato Institute vorgestellt wird. In intellektuellem Kon-
formismus ist dieses Land nicht erstarrt. Den Akademikern,
Publizisten und Politikern, die sich unter der Patronage des ehemaligen Staatssekretärs Eagleburger in diesem Debattierclub versammeln, ist allerdings bewußt, daß ihre Argumente nur noch bei
den Wählern der »Blauen« Staaten im Nordosten der USA, par-

tiell auch an der pazifischen Westküste Widerhall finden. Um einen Meinungsumschwung in den »Roten«, den konservativen Staaten zu bewirken, die die Franzosen als »l'Amérique profonde« bezeichnen würden, bedarf es wohl eines kritischen Einschnitts, der die begrenzten und sorgfältig kaschierten Verluste der US Army im Irak bei weitem überstiege. Selbst dann, so versichert mir mein Tischnachbar beim frugalen Lunch des Cato Institute, könnte das Pendel sogar in die falsche Richtung, zum extremen Chauvinismus, ausschlagen.

Ich erwähne meinen Ausflug nach Dallas. Dort hatte ich die Stelle aufgesucht, wo John F. Kennedy im November 1963 erschossen wurde. Bei der Besichtigung des Büchereigebäudes, aus dem Lee Harvey Oswald seine Schüsse abgab, habe ich – wie so viele vor mir – zu erraten versucht, ob die vom Warren-Report vertretene These des Einzeltäters Bestand haben könnte. In Dallas herrscht weiterhin die Überzeugung vor, es habe ein Komplott stattgefunden. Ein detailliertes »Historical Journal« wird den Touristen angeboten. Es schildert in allen Einzelheiten, daß ein zusätzlicher Todesschütze hinter dem sogenannten »knoll« verborgen sein mußte und wie er entkam. Ich war seinerzeit zur Bestattung Kennedys nach Washington gereist, und vor dem Fernsehgerät war mir aufgefallen, wie der gefesselte Oswald bei seinem Gang durch den unterirdischen Gefängniskorridor von den beiden Security Agents, die ihn begleiteten, geradezu in das Mündungsfeuer des »Rächers« Jack Ruby hineingeschoben wurde.

Ein scheußliches Mahnmal erinnert an das tragische Ereignis. In Texas hat man von Kennedy nie viel gehalten, und man hat ihm keine Träne nachgeweint. Aber auch die aufgeklärte Elite der Ostküste sieht in ihm längst nicht mehr den strahlenden »Camelot«. »Der Kennedy-Clan war drauf und dran, eine Art dynastische Erbfolge einzuleiten«, bemerkt mein Gesprächspartner, der als Lektor an der Columbia University in New York tätig ist. »Wäre der Bruder Robert Kennedy nicht ebenfalls ermordet worden und hätte Ted nach seinem Unfall am Chappaquiddick-Fluß nicht jede Glaubwürdigkeit verloren, wäre zumindest der Versuch unternommen worden, das Weiße Haus auf Dauer zu pachten.« Mit weit größerem Argwohn betrachten manche Auguren das Aufkommen der »Bush Dynasty«, wie ein Buchtitel bereits ankündigt. Auf George Bush senior sei – mit der untypischen Unterbrechungsphase Bill Clintons – Bush junior gefolgt. Schon rede man davon, daß dessen Bruder Jeb, der jetzige Gouverneur von Florida, als »Bush III.« seinerseits das höchste Amt anstreben werde. Es fände in den plutokratischen Führungskreisen Amerikas eine höchst bedenkliche Konzentration der Macht zugunsten einer eng begrenzten Oligarchie statt.

Selbst über eine solche Perspektive hatte Tocqueville vor mehr als hundertfünfzig Jahren bereits orakelt. Als Adeliger war er – im Gegensatz zu seinem Zeitgenossen Guizot, der der Bourgeoisie angehörte – kein Verfechter eines gnadenlosen Kapitalismus. »Ich denke, daß die neue Oberschicht (die Industrie- und Finanzelite), die unter unseren Augen entsteht, eine der härtesten ist, die je auf Erden bestand. Noch ist sie zahlenmäßig begrenzt und relativ ungefährlich. Dennoch sollten die Freunde der Demokratie ihre ängstlichen Blicke stets auf diese Gesellschaftsschicht richten. Falls nämlich eine dauerhafte Ungleichheit der Lebensbedingungen, eine Art neue Aristokratie sich wieder in der Welt etablieren sollte, kann man voraussagen, daß sie durch diese Pforte eindringen wird.«

In diesem Sommer stehen die Deutschen nicht hoch im Kurs bei den Behörden von Washington. Ewald von Kleist, der sich auf seinen authentischen Widerstand gegen Hitler berufen kann und die Münchner Wehrkundetagung zu einem internationalen Ereignis machte, bildet da eine Ausnahme. Zu seinen Ehren sind hochgestellte Politiker, Banker und Publizisten der Dinner-Einladung des deutschen Botschafters gefolgt. Paul Wolfowitz, der Unterstaatssekretär im Verteidigungsministerium, hat sich jedoch entschuldigen lassen. »Der einzige deutsche Minister, der von der Bush-Administration willkommen geheißen und gehätschelt wird, ist Innenminister Otto Schily«, wird mir verraten. Seltsame Wandlung! Der Mann, der 1983 versuchte, den Zugang zu den amerikanischen Kasernen in der Bundesrepublik zu blockieren, um die Nachrüstung, die Dislozierung der Pershing II-Raketen zu verhindern, ist zum engen Vertrauten des schlimmsten Hardliners geworden, des Justizministers Ashcroft. Wer erinnert sich heute noch daran, welch absolut entscheidende Rolle das Beharren Helmut Schmidts, dann Helmut Kohls auf ein atlantisches Gegenpotential zum sowjetischen SS-20-Arsenal vor zwanzig Jahren gespielt hatte? Als Chefredakteur des »Stern« war ich von dieser Krisensituation – eine halbe Million Pazifisten hatten sich im Bonner Hofgarten zum Protest versammelt – unter unmittelbaren russischen Druck geraten. Kein Geringerer als der sowjetische Propagandachef Leonid Samjatin, der Befehlshaber der Raketenstreitkräfte der UdSSR, General Tscherwow, und der Sohn Andrej Gromykos hatten sich persönlich in meinem Hamburger Büro eingefunden, um Stimmung gegen die Pershing II zu machen. Ohne das Festhalten des Atlantischen Bündnisses an der Nachrüstung wären vermutlich die Bereinigung des Kalten Krieges wie auch die deutsche Wiedervereinigung »ad calendas graecas« vertagt worden, so bin ich heute noch überzeugt.

Zu den prominentesten Gästen dieses Abends zählen der demokratische Senator Joe Liebermann, der als orthodoxer Jude besonders willkommen ist, und der republikanische Senator John McCain, der sich vergeblich um die Präsidentschaftskandidatur seiner Partei bemüht hatte. McCain gehört zu den eindrucksvollsten Veteranen des Vietnamkrieges. Relativ früh war seine Maschine durch die vietnamesische Luftabwehr über Tonking abgeschossen worden, und er geriet in endlose Gefangenschaft. Im »Hilton Hanoi«, wie das berüchtigte Gefängnis hieß, verbrachte er mehrere Jahre in Einzelhaft. Weder Mißhandlungen noch psychische Zermürbung wurden ihm erspart, aber McCain ließ sich nicht zu irreführenden Schuldbekenntnissen erpressen. Noch heute sieht man dem blassen Gesicht, den müden Augen des Senators die Spuren seines langen Leidens an.

Botschafter Ischinger hat uns zum Gespräch angeregt. Es kommt zu einem ausführlichen Erfahrungsaustausch über die sukzessiven Konflikte in Vietnam. Die Tatsache, daß ich während des amerikanischen Feldzuges mehr Felderfahrung in vorderster Linie gesammelt hatte als die meisten GIs, verleiht mir bei meinen Kontakten in Washington, gerade auch bei den Ultrakonservativen, eine gewisse Unangreifbarkeit. Im Falle McCain kommt hinzu, daß dieser »war hero« – was bei amerikanischen Militärs

67

extrem selten ist – intensives Interesse an meinen Erkenntnissen aus dem französischen Indochina-Feldzug äußert. »Wir hätten diesen Präzedenzfall sorgfältig studieren müssen«, bedauert er. »Welcher unserer Generalstäbler hatte schon ›The street without joy‹ oder andere Veröffentlichungen aus jener Zeit gelesen, die für unsere Kriegführung sehr hilfreich gewesen wären und uns manche Illusionen erspart hätten?«

John McCain ist seit seiner Entlassung aus der Gefangenschaft und der allmählichen Normalisierung der Beziehungen zwischen Washington und Hanoi mehrfach nach Vietnam zurückgekehrt. Er hat dieses Land und seine Menschen – trotz aller schlimmen Erinnerungen – liebgewonnen. Das ist ihm sehr hoch anzurechnen. Er wurde beauftragt, nach vermißten amerikanischen Soldaten zu forschen. In der Öffentlichkeit der Vereinigten Staaten hatte sich auf Grund der Rambo-Filme Silvester Stallones, die wahnwitzige Befreiungsszenen eingekerkerter GIs vorgaukelten, eine feindselige Stimmung gegenüber Hanoi erhalten. »Was sollen wir machen?«, hatten mich nordvietnamesische Offiziere schon im Jahr 1976 verzweifelt gefragt. »Gefangene Amerikaner gibt es bei uns nicht mehr, und die im Dschungel verstreuten Gebeine der ›Missed in action‹ können wir bei bestem Willen nicht identifizieren. Wir selbst müßten ja nach den Skeletten von mehr als 200 000 unserer eigenen Soldaten suchen.«

Senator McCain hatte bald erkannt, daß es sich bei dem Streitfall um die »MIA« in den meisten Fällen um finanzielle Begehrlichkeit der Hinterbliebenen und vor allem ihrer Anwälte handelte. Das gibt er ganz offen zu. Dann wenden wir uns anderen Aspekten dieser faszinierenden südostasiatischen Region zu. Er erwähnt die legendäre goldene Schildkröte, die im Kleinen See von Hanoi das magische Schwert der siegreichen Feldherren bewacht. »Wir haben wohl fatale Fehler bei der Auswahl unserer südvietnamesischen Verbündeten gemacht. Wir haben in Saigon, wie in so vielen anderen Staaten, die falschen Regierungschefs in den Sattel gehoben«, fährt er fort. Wir beide sind der Meinung, daß der katholische Mandarin Ngo Dinh Diem, den Kennedy seinen Mördern auslieferte, wohl die ehrenwerteste Figur in diesem Spiel gewesen sei, und daß der letzte Präsident Nguyen Van

Thieu, den Nixon und Kissinger im Stich ließen, immerhin über gewisse Qualitäten verfügte. »Wann sind Sie sich bewußt geworden, daß der Krieg in Indochina für Frankreich verloren war?« fragt er unvermittelt. »Solange ich dort als Soldat war, habe ich mir – wie das im Einsatz üblich ist – keine ernsthaften Fragen gestellt«, antworte ich. »Aber als ich 1951 als Reporter nach Hanoi zurückkehrte und die Volksbefreiungsarmee Mao Zedongs an der Nordgrenze Tonkings stand, da wußte ich, daß dieses verspätete Kolonialunternehmen tragisch enden würde.« Unvermeidlich kommen wir auf die Situation im Irak zu sprechen. Unsere Meinungen differieren nur unwesentlich. Kann eine Supermacht im Zeitalter des »asymmetrischen Krieges« überhaupt noch dauerhaft Stabilität garantieren? Ich erwähne den drohenden »overstretch«, dem das globale amerikanische Engagement ausgesetzt ist. Selbst Kaiser Augustus hatte auf dem Höhepunkt römischer Herrschaft seine imperiale Expansion zu begrenzen gewußt. Im Orient hielt er am Euphrat, an der Grenze des Parther-Reiches inne, und in Germanien verharrten seine Legionen am Rhein, nachdem Quintilius Varus dem Hinterhalt der Cherusker erlegen war.

Ob die Islamische Revolution mit ihren grausamen Begleiterscheinungen wirklich die schicksalhafte Herausforderung amerikanischer Weltgeltung darstellt? Im Nahen und Mittleren Osten ist gewiß eine Intensivierung diverser Regionalkonflikte zu befürchten, auf deren Bekämpfung die USA zur Wahrung ihrer immensen Erdölinteressen und zum Schutz des israelischen Vorzugsverbündeten eingeschworen sind. »Die großen Ereignisse finden im Orient statt«, hatte der junge Konsul Napoleon Bonaparte geschwärmt, als er nach Ägypten aufbrach. Aber das ist Vergangenheit. Die profunde Umschichtung historischen Ausmaßes, so meinen wenigstens die greisen Überlebenden fernöstlicher Niederlagen, würde sich voraussichtlich in einer ganz anderen geographischen Zone vollziehen, an jenem kritischen Schnittpunkt, wo China und Amerika, Japan und Rußland aufeinanderstoßen.

Ich teile dem Senator mit, daß ich in Bälde eine Reise nach Nordkorea antreten werde. Die Geheimnisse dieses kommunistischen Zwangs-Staates werde ich gewiß nicht ergründen. Aber vielleicht werde ich ein wenig Gespür entwickeln für das einzigartige Phänomen dieser ausgepowerten, bizarren, ja grotesken Volksrepublik, deren poststalinistisches Regime sich vermutlich im Besitz von ein paar Atombomben befindet. Nordkorea bietet sich als bedrohliches Instrument ja geradezu an, um den prekären strategischen Status quo an den westlichen Gestaden des Pazifik auszuhebeln. Andererseits scheint es die unheimliche Generalität von Pjöngjang darauf anzulegen, dem amerikanischen Koloß einen irreparablen Gesichtsverlust beizufügen.

NORDKOREA
Atombombe und Götzenkult

Der heilige Berg der Revolution

PAEKTU-BERG, IM AUGUST 2004

Mit 2750 Metern ist der Paektu-Berg eine recht bescheidene tektonische Erhebung unter den gigantischen Gesteinsmassen, die Asien in anderen Regionen zum Himmel türmt. Aber dieser erloschene Vulkan an der äußersten Nordspitze der koreanischen Halbinsel ist von uralten Mythen umwoben und – was viel wichtiger ist – von den Politmärchen der Gegenwart. Paektu ist symbolisch für die undurchdringlichen Geheimnisse, in die die Demokratische Volksrepublik Korea sich so beharrlich hüllt. Der Berg besitzt überdies eine hervorragende strategische Bedeutung im Spannungsfeld des Fernen Ostens. Aus diesem Massiv ergießen sich die beiden Flüsse, Yalu und Tuman, die das Land nach Norden gegen das chinesische Reich der Mitte und – auf einer kurzen Strecke – gegen die russische Föderation abschirmen. Von dem kahlen Felsgipfel schweift der Blick auf die unendliche Weite der Mandschurei. China ist zum Greifen nah. Die Grenze verläuft präzis durch die Mitte des smaragdgrünen Chonji-Sees, der bis zu 380 Meter Tiefe den Trichter des Kraters ausfüllt. Selbst mit dem Fernglas ist keiner der überall verstreuten Vorposten der chinesischen Volksbefreiungsarmee zu erkennen. Im Winter sinkt hier die Temperatur auf minus vierzig Grad ab, und auf dem Chonji entsteht eine vier Meter dicke Eisschicht. Dennoch sollen sich in diesen Fluten mächtige Drachen aufhalten, die in Ostasien ja nirgendwo fehlen dürfen, und riesige schwarze Bären, die über die Heiligkeit des Ortes wachen.
    In Paektu, so besagt eine Legende, die auch in den Schulen

Südkoreas gelehrt wird, hat sich etwa zweitausend Jahre vor unserer Zeitrechnung die Entstehung der koreanischen Rasse vollzogen, als der Halbgott Tangu sich mit einer Bärin paarte. Zu den Mysterien der Uranfänge gesellen sich die Heldensagen der Neuzeit. Im Umkreis dieses Vulkans, dessen schroffe Lavaklippen eindrucksvoll über der dicht-grünen Taiga-Landschaft schweben, hatte der »Große Führer« Kim Il Sung, lange bevor er als »Sonne der Nation« verehrt und nach seinem Tod im Jahr 1994 mit dem Titel eines »Staatspräsidenten auf Ewigkeit« geehrt wurde, seine ersten Schritte auf dem Weg zum Ruhm angetreten. Hier hatte er in den späten dreißiger Jahren den Partisanenkampf gegen die Japaner aufgenommen, die seine koreanische Heimat seit 1908 wie eine Kolonie verwalteten und im Jahr 1932 in den nahen chinesischen Nordostprovinzen das künstliche Kaiserreich Mandschukuo als Vasallenstaat ins Leben riefen.

In die Steilwand jenseits des Chonji ist in riesiger koreanischer Kalligraphie, die der »Große Führer« persönlich entworfen haben soll, der Titel aufgepinselt, den er dem Paektu verlieh: »Heiliger Berg der Revolution«. Lange Prozessionen sind dort unterwegs. Es entspricht dem wirtschaftlichen Zustand Nordkoreas, daß die Seilbahn auf Grund eines Materialschadens unbenutzbar ist, so daß die Menschen, die sich auf dem Kamm wie Ameisen von den Federwolken abzeichnen, mühsam zu Fuß nach oben streben. Ich entdecke eine straff gegliederte Kolonne von Soldaten in Bataillonsstärke, denen voran die rot-blaue Fahne mit dem roten Stern flattert. Das Bild erinnert mich an einen riesigen Jade-Block von unschätzbarem Wert, der zur Zeit der Kulturrevolution in der chinesischen Palast- und Seenstadt Hangzhou ausgestellt war. An den Kanten dieses kunstvoll behauenen Propagandawerks bewegte sich der Heerwurm der Partisanen Mao Zedongs auf seinem »Großen Marsch« über abschüssige Schluchten. Auch ihnen flatterte als einziger roter Farbklecks die Fahne der Revolution voran.

Mit dem Besuch des Paektu genießen wir ein seltenes Privileg. Westlichen Ausländern bleibt diese Grenzzone in der Regel verschlossen. Noch erstaunlicher ist, daß wir nach Belieben fotografieren und filmen dürfen. Wir begegnen auf dem Steilpfad unbewaffneten Soldaten in erdbrauner Uniform, die uns ungezwungen

zulächeln oder militärisch grüßen. Zahlreiche weibliche Armee-
angehörige sind darunter, und sie formieren sich zu artigen Foto-
gruppen.

Die patriotische Chronik besagt, daß Kim Il Sung, dessen Eltern aus bescheidenen bäuerlichen Verhältnissen stammten und
dem protestantischen Christentum nahestanden, sich schon in
jungen Jahren an die Spitze eines Trupps koreanischer Widerstandskämpfer setzte. Mit sowjetischer Unterstützung und in Zusammenarbeit mit den chinesischen Maoisten, die von ihrem
Höhlen-Hauptquartier in Yenan aus operierten, setzte er der japanischen Besatzung hart zu. Vor allem im klirrenden Frost der
Wintermonate verzeichnete diese »Vereinigte Antijapanische
Nordostarmee« einige nennenswerte Waffenerfolge, die die heutige Hagiographie des Regimes samt und sonders dem heldischen
Mut und der genialen Strategie Kim Il Sungs zuschreibt. Dieser
für asiatische Verhältnisse mächtig und kraftvoll gewachsene Mann
war zweifellos ein gefürchteter Kämpfer. Offenbar fühlte er sich
mehr zu den Russen hingezogen als zu den Chinesen. Er wurde in
eine Sondereinheit der Roten Armee aufgenommen, wo er es bis
zum Rang eines Hauptmanns brachte.

Für die koreanischen Widerstandskämpfer verschlechterte sich
die Lage dramatisch, als die Sowjetunion einen Nichtangriffspakt
mit Japan schloß. Es ging Stalin darum, sich angesichts der töd-
lichen Bedrohung durch die auf Moskau vorstürmende deutsche
Wehrmacht in Fernost den Rücken freizuhalten. Damit wurde
den verbündeten Partisanen, die im japanischen Herrschaftsbe-
reich tätig waren und jenseits von Amur und Ussuri über diskrete
Ausweichmöglichkeiten verfügten, die Unterstützung aufgekün-
digt. Spätestens 1943 dürfte Kim Il Sung gezwungen gewesen sein,
endgültig auf sowjetisches Territorium auszuweichen und sich
in Chabarowsk niederzulassen. Dort müßte auch sein Sohn Kim
Jong Il, der heute als »Lieber Führer« über Nordkorea herrscht,
das Licht der Welt erblickt haben. Diese Geburt im Ausland
paßt jedoch schlecht zur grandiosen patriotischen Familiensaga.
Also hat man ihm eine andere Wiege zugewiesen, eine massive
Blockhütte, die sich etwa dreißig Kilometer südlich des Paektu
malerisch in die dortige Wildnis fügt. Überragt wird die Stätte

dieser mythischen Menschwerdung, die am 16. Februar 1942 statt-
fand, vom »Jong Il Peak«. Dort sollen bei der Niederkunft flie-
gende weiße Pferde wie ein Komet am Himmel erschienen sein.
Eine Inschrift, die angeblich von den roten »Freiheitskämpfern«
auf das Gestein gemalt wurde, verkündet: »Unsere Nation ist die
größte der Welt, denn aus ihr ist hervorgegangen General Kim Il
Sung sowie dessen Sohn und Nachfolger Kim Jong Il, der an den
Hängen des Paektu-Berges zur Welt kam.«
   Die Besichtigung dieser Weihestätte steht natürlich auf unserem
Programm. Im Dickicht von Birken und Nadelhölzern wurde ein
von Blumen umrankter Freiplatz geschaffen. Vater, Mutter und
Sohn – die koreanische Dreifaltigkeit, wie die ausländischen Diplomaten spotten – sind auf einer riesigen, bunten Mosaikfläche
dargestellt, und schon das Kleinkind Kim Jong Il trägt die Uniform der Heldenarmee. Von der Türschwelle aus blicke ich in das
Geburtshaus und erkenne eine Fotografie, die den jungen Kim Il
Sung und seine Frau zeigt, eine recht anmutige Person, die kurz
nach der Geburt starb. Der Verlust soll den künftigen Diktator
sehr geschmerzt haben. Als Wächterin dieses Ortes der Erinnerung waltet eine junge, hübsche Offizierin, deren Uniform ungewöhnlich elegant geschnitten ist. Sogar die hohe Schirmmütze
mit dem roten Stern steht ihr gut. Sie führt ihre kleine Tochter an
der Hand und bewegt sich geschmeidig auf halbhohen Absätzen.
Nach Aufforderung unserer koreanischen Begleiter schmiegt sie
sich zum gemeinsamen Foto eng an meine Schulter.
   Diese äußerste Nordregion lebt wohl nach ihren eigenen Gesetzen. Pflichtgemäß wird uns erklärt, daß die rauhe Klimazone
neuerdings zum intensiven Kartoffelanbau genutzt wird. Aber der
taigaähnliche Urwald wird zum wirklichen Erlebnis unseres Aus-
fluges. Jenseits der schmalen Asphaltstraße, deren Trasse noch von
den Japanern stammt, scheint die Natur noch so unberührt zu
verharren wie vor dem Eindringen der ersten Menschen. Daß hier
noch Tiger und Leoparden hausen, klingt durchaus glaubhaft. Bei
den wenigen Schritten, die ich in dieses Gehölz vordringe, ver-
sinke ich fast bis zum Knie in Moos und Urgrund. Für Partisanen
haben sich hier zweifellos perfekte Möglichkeiten der Tarnung
und geheimen Sammlung geboten.

An der Lichtung neben einem glasklar sprudelnden Bach lagern wir zum Picknick. Mit unseren koreanischen Gefährten hat sich längst eine entspannte, fast kameradschaftliche Atmosphäre eingestellt. Für meine Dreharbeiten in diesem abgekapselten, zutiefst argwöhnischen Staatswesen hatte ich von Anfang an darauf verzichtet, ein deutsches Team akkreditieren zu lassen. Statt dessen hatte ich die Behörden von Pjöngjang wissen lassen, daß ich am liebsten mit einem einheimischen Kameramann arbeiten würde, der über gute berufliche Qualifikation verfüge. Das war zweifellos die richtige Entscheidung, denn dieser freundliche, wohlerzogene Kollege weiß ja am besten, wie weit er bei der bildlichen Darstellung der koreanischen Wirklichkeit gehen darf. Sein Assistent, so scheint mir, übt bei aller Bescheidenheit des Auftretens die heimliche Rolle des staatlichen Aufpassers aus. Jedenfalls verfügt er bei den wenigen Straßenkontrollen, die unseren Minibus gelegentlich anhalten, über den Ausweis, der unsere Weiterfahrt umgehend ermöglicht. Zu meiner persönlichen Betreuung hat der koreanische Schriftstellerverband noch einen jovialen, stets fröhlichen Literaten namens Kim abgestellt, der wie ein Sohn darüber wacht, daß ich im Geröll nicht stolpere oder auf andere Weise zu Schaden komme. Dazu gesellt sich der Chauffeur, ein einfacher, schweigsamer Mann, den die Funktionäre als Gleichgestellten behandeln.

Mit all diesen netten Menschen wären wir nicht in der Lage gewesen, auch nur ein einziges Wort zu wechseln, hätte nicht Herr O Jin Myong, Generalsekretär der Koreanisch-Deutschen Freundschaftsgesellschaft, die Regie unserer Expedition übernommen. O hatte zwei Jahre in der DDR verbracht und spricht vorzüglich Deutsch. Mit seiner dicken Hornbrille, der mageren Gestalt, den etwas nervösen Bewegungen und dem nie versiegenden Redeschwall entspricht er wohl der Vorstellung, die man sich von asiatischen Intellektuellen macht. Dabei erweist er sich als kompetenter und gar nicht verklemmter Reiseleiter. Das Brunchpaket, das uns vom Hotel Koryo in Pjöngjang für die Reise zum Paektu-Berg geschnürt wurde, ist reichhaltiger und schmackhafter als die magere Kost, die im dortigen Restaurant normalerweise serviert wird. Vor allem sind wir reichlich mit Alkohol – Bier und koreanischem Wodka – versorgt worden. Die Koreaner, so habe ich längst festgestellt, wissen den Alkohol zu schätzen. Vielleicht haben sie das von den Russen gelernt.

Zur Auflockerung trägt auch die Präsenz unserer Produzentin Cornelia Laqua bei, die sich in exotischen, ungewohnten Situationen schnell zurechtfindet und bei ihren Recherchen im Filmarchiv des nordkoreanischen Fernsehens auf freundliches Entgegenkommen stoßen wird. Last but not least hat sich die deutsche Botschafterin Doris Hertrampf unserer Expedition angeschlossen. Sie hatte sich unermüdlich um die unentbehrlichen Genehmigungen meiner Einreise bemüht und nutzt die Gelegenheit, die weihevolle Paektu-Höhe zu besuchen, die ihr bislang verschlossen war. Bei unseren Dreharbeiten sind uns drei Beschränkungen auferlegt: Wir dürfen Soldaten und Militärmaterial nur in Ausnahmefällen filmen. Bilder von ärmlichen Szenen des koreanischen Alltags sind verpönt, und – was mich stutzig macht – auch die bescheidenen »freien Märkte«, auf denen die Bauern der Kollektivfarmen neuerdings die spärlichen Überschüsse ihrer kleinen Privatparzellen zum Kauf anbieten, sind tabu.

Unsere Rundfahrt im äußersten Norden der Provinz Ryanggang beschreibt ein Dreieck von etwa 150 Kilometern, eine Strecke immerhin, die uns erlaubt, ein paar interessante Erkenntnisse zu gewinnen. Das Wetter, das auch zu dieser hochsommerlichen Jahreszeit mit plötzlichen Kälteeinbrüchen droht, meint es gut mit uns. Die endlos grüne Landschaft, von rauhen Klippen unterbrochen, umfängt den Fremden wie ein Zauberwald, würde aber auch zum mörderischen Labyrinth für jede Invasionsarmee. In den Tälern fallen mir immer wieder Gruppen von recht stattlichen Villen auf, die sich von den landesüblichen Behausungen durch anspruchsvolle Architektur und beachtlichen Komfort abheben. In der Hauptstadt Pjöngjang hatte ich bereits erfahren, daß die hohe Nomenklatura der Einheitspartei und der Streitkräfte sich in dieser abgelegenen Region eine Art exklusive Domäne geschaffen hat, für extreme Fälle auch ein sicheres Refugium. Dafür nehme man sogar die arktischen Temperaturen des Winters in Kauf. Im »verbotenen Dreieck«, das angeblich bis in die Provinz Süd-Hangyang ausgreift, befinde sich – so munkelt man – der

Schwerpunkt der nordkoreanischen Rüstungsindustrie, deren Tunnel und abgrundtiefe Gewölbe noch von keinem Außenstehenden geortet, geschweige denn besichtigt wurden. Ist es ein Zufall, daß gar nicht weit von Paektu entfernt jene ungeheuerliche Sprengung stattfand, die laut offiziellen Angaben der Ausschachtung eines Stausees diente? Entgegen ersten Vermutungen konnten nach dieser Explosion keinerlei radioaktive Elemente analysiert werden, und dennoch bleibt dabei manches im dunkeln. Auf meine Frage, wer denn in diesen prächtigen Behausungen wohne, reagiert Herr O mit Ausflüchten. Es sei doch eine Kampagne zum forcierten Kartoffelanbau im Gange, und man müsse für die Agronomen die nötigen Unterkünfte erstellen. Bemerkenswert ist übrigens, daß unsere koreanischen Gefährten, wenn sie von Kim Il Sung reden, nicht etwa vom »Großen Führer«, sondern vom »Präsidenten« sprechen. Sein Nachfolger wird uns gegenüber auch nicht als »Lieber Führer«, sondern ganz schlicht als »Genosse« Kim Jong Il erwähnt. Wir haben festgestellt, daß jeder Nordkoreaner zum Tragen einer Anstecknadel mit dem Porträt Kim Il Sungs – manchmal ergänzt durch das Bild seines Sohnes – verpflichtet ist, gewissermaßen durch dieses Abzeichen seine Staatsangehörigkeit zu erkennen gibt. Es soll verschiedene Rangstufen in der Hierarchie der Arbeitspartei geben, die durch Ausführung und Tönung dieser Abzeichen zu erkennen seien, vergleichbar mit den unterschiedlichen Knöpfen des konfuzianischen Mandarinats. Doch diese Nuancen sind für einen Fremden kaum durchschaubar. Auf die Frage eines Reporters, wie denn dieses permanente Bekenntnis zum Regime erzwungen werde, soll ein Beamter in Pjöngjang geantwortet haben: »Das Problem stellt sich gar nicht. Jeder Koreaner ist so tief von der Liebe zum ›Großen Führer‹ und dessen Sohn durchdrungen, daß er niemals vergessen würde, diese Nadel zu tragen.«

Unsere Begleiter verschonen uns glücklicherweise mit solchen frommen Sprüchen. Inmitten dichtester Bewaldung öffnet sich plötzlich ein riesiger, aufwendig mit Steinplatten ausgelegter Paradeplatz. An dieser Stelle hat Kim Il Sung im Jahr 1939, so wird berichtet, den japanischen Unterdrückern die blutige Niederlage von Musan beigebracht. Das Denkmal, das ihm hier errichtet wurde, versperrt den Horizont. Rund um diesen Giganten sind 73 muskulöse Bronzegestalten aufgereiht, die in kriegerischer Begeisterung posieren. Ein fünfzig Meter hoher Fackelturm soll die »Juche«-Philosophie des Regimes verherrlichen, auf die wir noch ausführlich zu sprechen kommen. Ein Trompeter aus weißem Marmor bläst zum Sieg, und in sein überdimensionales Horn sind die Parolen »Ehrfurcht« und »Fortschritt« gemeißelt. Die zyklopische Anlage muß Unsummen verschlungen haben.

Am Flugplatz von Samjiyon wartet bereits die Antonow 24 auf uns, die uns am frühen Morgen über vierhundert Kilometer nach Paektu transportiert hatte. Im Schein der Abendsonne sind vor der Maschine zwei Dutzend koreanische Teenager versammelt, alle in rote Anoraks gekleidet und mit dem Kim-Il-Sung-Abzeichen ausgewiesen. Die Mädchen gehören der starken koreanischen Minderheit von etwa 600 000 Menschen an, die seit hundert Jahren in Japan lebt und von den wahren Söhnen Nippons stets mit Mißtrauen und Geringschätzung behandelt wurde. Kein Wunder, daß ein großer Teil dieser ethnischen Minderheit sich in der Organisation Chongryun auf das Regime Nordkoreas ausrichtet und sich auch ideologisch mit dem dortigen Kommunismus identifiziert. Jedenfalls scheinen unsere jungen Zufallsbegleiterinnen von ihrer kurzen Reise in die Heimat der Vorfahren und zum heiligen Berg Paektu hellauf begeistert zu sein. Sie hantieren unaufhörlich mit ihren Kameras und spreizen immer wieder zwei Finger zum Siegeszeichen »Victory«. Ansonsten benehmen sich diese niedlichen jungen Damen mit ihrer kichernden Ausgelassenheit recht töricht.

Eine ganz andere Erscheinung, die mit höfischer Eskorte zur Antonow geleitet wird, läßt sich auf einem bevorzugten Platz nieder und erregt meine Neugier. Offensichtlich handelt es sich um eine Dame des höchsten Führungskreises. Sie trägt die koreanische Tracht, Zogori genannt, in blaßblauer Seide. Das starre Gesicht ist wie auf alten japanischen Gemälden hell, fast weiß geschminkt. Das Profil wirkt edel, verglichen mit den überwiegend bäuerlichen Typen der Durchschnittsbevölkerung. Die Herrin schenkt ihrer Umgebung keinen Blick. Bei unserer Ankunft in der Hauptstadt wird sie von einem schwarzen Mercedes erwartet.

Chauffeur und Leibwächter verbeugen sich devot, während sie auf ihrem Rücksitz wie auf einem Thron davonfährt. Die gesellschaftliche Rangordnung Nordkoreas entzieht sich zweifellos einer flüchtigen Analyse.

Die Maschine war in Samjiyon in steiler Kurve nach oben gekreist. Es galt, das Überfliegen chinesischen Territoriums zu vermeiden. Ganz unerwartet entdecke ich am Ende der Piste ein verblüffendes Bild. Ein Dutzend Militärflugzeuge sind dort ohne jede Tarnung unter offenem Himmel in zwei Reihen geparkt. Sie sind erdbraun angestrichen. Auf die Schnelle kann ich nicht erkennen, um welchen Typ MIG es sich handelt. Die Tatsache, daß diese Abfangjäger nicht einmal durch die üblichen Betonwaben geschützt sind, läßt den Verdacht aufkommen, hier seien lediglich Attrappen aufgestellt worden, um indiskrete Beobachter zu täuschen.

In der Ferne glaube ich das Flußbett des Yalu glitzern zu sehen, der sich, am Paektu entspringend, fünfhundert Kilometer westlich ins Gelbe Meer ergießt. Bis zu dieser Grenzlinie der chinesischen Mandschurei waren die Divisionen des General MacArthur bei ihrer Offensive gegen die nordkoreanischen Aggressoren im November 1950 vorgestoßen. Das kommunistische Regime von Pjöngjang, so schien es damals, lag am Boden, war fast ausgelöscht. Da geschah das Unerwartete, das Ungeheuerliche. Bei klirrendem Frost von minus dreißig Grad wälzten sich in tiefer Nacht die kaum bewaffneten Heeresmassen Mao Zedongs wie eine menschliche Sturmflut über den vereisten Strom. Der Überraschungseffekt wurde durch das unheimliche Dröhnen von Büffelhörnern verstärkt. Bei den Amerikanern, die sich seit der Kapitulation Japans im Zustand der Unbesiegbarkeit wähnten, brach Panik aus. Ihr fluchtartiger Rückzug konnte erst südlich von Seoul aufgefangen und an einer neuen Frontlinie mühsam stabilisiert werden. Der Rote Drache, der sich der Verbotenen Stadt von Peking bemächtigt hatte und das Reich der Mitte in seinen Klauen hielt, konnte es nicht dulden, daß sich eine feindliche Macht in seiner unmittelbaren Nachbarschaft entfaltete und konsolidierte. Ob Präsident Harry S. Truman im Weißen Haus von Washington damals schon erkannte, welche historische Schicksalswende sich an den vereisten Ufern des Yalu vollzogen hatte?

Die erloschene »Sonne« des Großen Führers

Pjöngjang, im August 2004

Der Schock dauert nur ein paar Sekunden, aber urplötzlich überkommt mich ein Anflug von Grauen vor dem Koloß aus weißem Marmor. Das Götzenbild wirkt bedrückend, und ich fühle mich an die Kultstätte einer fernen, barbarischen Idolatrie versetzt. Die Inszenierung ist perfekt. Die Tempelhalle liegt in bläuliches Licht getaucht. Eine weihevolle Sphärenmusik klingt wie Schamanen-Beschwörung in den Ohren. Die Rückwand ist durch Spezialeffekte zu einer endlosen paradiesischen Landschaft vertieft. Auf pharaonische Weise hat sich der »Große Führer« Kim Il Sung am Eingang seiner Gruft göttergleich darstellen lassen. Er war ja die »Sonne«, die über Korea strahlte und die immer noch nicht untergegangen ist, wenn man den frommen Lobpreisungen seiner Gefolgsleute glaubt.

Zu dem Mausoleum am Rand der Hauptstadt führt eine breite, blumengesäumte Allee. In dem quadratischen Kumsusan-Palast, der von hundert Hektar Parkgelände umgeben ist, hatte der Staatschef einst residiert und die Geschicke seines Landes geleitet. Der Zutritt zur Gruft ist streng überwacht. Es sind nicht nur bewaffnete Soldaten, deren steinerne Züge die Pilgerprozession einheimischer Verehrer einschüchtern. Weit mehr beeindrucken mich die schönen jungen Frauen, die in prachtvoll schwarzen Zogori-Gewändern aus silberbestickter Seide den Zugang zum Allerheiligsten wie erstarrte Priesterinnen säumen. Sie sehen sich alle zum Verwechseln ähnlich. Die Gesichter dieser Todesengel sind weiß geschminkt. Das lange schwarze Haar ist zu einem kunstvollen Schweif gebunden. Schon am Eingang des Kumsusan ist der Besucher durch den technischen Aufwand verblüfft. Fließbänder aus Kautschuk beschleunigen die Fortbewegung durch die Röntgenschleusen. Bevor man den zentralen Ort der Verehrung erreicht, werden die Schuhe durch motorische Bürsten, die Kleidung durch Preßluft gesäubert und desinfiziert. Die Masse der Adoranten gibt keinen einzigen Laut von sich.

Die Marmorwände der eigentlichen Grabkammer sind rötlich angestrahlt. Der einbalsamierte Leichnam Kim Il Sungs ruht in schwarzem Anzug auf rotem Samt. In einem gläsernen Sarkophag ist er der öffentlichen Besichtigung freigegeben. Da liegt also der »Große Führer« wie eine Figur aus Wachs, und die rosa Schminke der Wangen kann ihm auch nicht den Ausdruck eines Schlafenden verleihen. Die steife Figur wirkt wie eine geschrumpfte Puppe. Die Ägypter wußten wohl, warum sie die Mumien ihrer verstorbenen Herrscher kunstvoll verpackten und unter Pyramiden oder in tiefen Bergstollen dem Blick der Sterblichen entzogen. Der weiße Marmorriese im Vorraum war erdrückend. Die Exposition der artifiziell präparierten Leiche vermittelt den Eindruck menschlicher Vergänglichkeit. Das makabre Spektakel ist für mich nicht neu. Ähnlich präsentierten sich die sterblichen Überreste Lenins am Roten Platz – damals war Stalin noch neben ihm aufgebahrt – und auch der tote Ho Tschi Minh am Gialam-Platz von Hanoi. Selbst der erstarrte Mao Zedong in seinem seltsamen Tempel mitten auf dem Tien An Men wirkt zutiefst ernüchternd.

Im Kumsusan vollführen wir den vorgeschriebenen Rundgang um die Ruhestätte Kim Il Sungs in Gesellschaft einer chinesischen und einer japanischen Delegation. Die Vorschrift verlangt, daß sich jedermann dreimal – zweimal seitlich, einmal am Fußende – verbeugt. Der Kotau vor dem erloschenen Herrscher hält sich in erträglichen Grenzen. Das anfängliche Staunen ist schnell verflogen. Der Tod bewährt sich als unerbittlicher Gleichmacher. Ganz andere Gefühle mögen jedoch die Scharen koreanischer Fabrikarbeiter, Kollektivbauern, Staatsangestellter und Soldaten empfinden, die für diesen weihevollen Tag ihre beste Kleidung und Uniform angelegt haben. Ein halbes Jahrhundert haben sie im Banne dieses Dämons gelebt und gezittert. Sie wurden unermüdlich dazu erzogen, ihn zu lieben und ihm zu gehorchen. Sie sind wohl immer noch von seinem unheimlichen Zauber betäubt.

*

81

Nirgendwo habe ich eine vergleichbare Entfremdung verspürt wie in den menschenleeren Steinschluchten von Pjöngjang. Die Hauptstadt ist häufig beschrieben, auch in zahlreichen Dokumentarfilmen dargestellt worden. Aber das persönliche Erlebnis, der unmittelbare Kontakt mit dieser gespenstischen Kolossalkonstruktion sind unersetzlich. Die exakt geplante Aufreihung riesiger Wohnblocks und Repräsentationsbauten ist eindrucksvoll und beklemmend zugleich. Die weißuniformierten Polizistinnen mit den großen Tellermützen, die an den viel zu breiten Alleen mit Roboterbewegungen einen Verkehr regeln, der bislang gar nicht existierte und sich erst ganz allmählich belebt, mußten sich unlängst noch über jeden brüchigen Lastwagen freuen, der an ihnen vorbeiratterte. Selbst Fahrräder sind selten und meist in erbärmlichem Zustand. Die Fußgänger, deren Gesichter oft von Mangel und Sorge gezeichnet sind, bewegen sich wie Gnome vor der gigantischen Kulisse dieses »Alphaville«.

Zu Füßen der Monsterstatue des Staatsgründers, die wie Gold glänzt, sammeln sich immer neue Wallfahrtsgruppen unter roten Fahnen, verneigen sich in tiefer Frömmigkeit und bringen ihre Blumengebinde wie Opfergaben dar. Wörtlich heißt es in der eingravierten Huldigung: »Präsident Kim Il Sung hat mit dem sozialistischen Korea eine neue Welt geschaffen, in der das Volk erstmals als das Größte angesehen wird. Er erhellte die Zukunft der Revolution, so wie die Sonne scheint und der ganzen Erde Licht und Wärme schenkt.« Etwas muß sich immerhin geändert haben. In den Reiseführern heißt es noch, daß ausländische Besucher angehalten sind, vor dem »Mansudae Grand Monument« für zehn US-Dollar einen Blumenstrauß zu erwerben und auf den Stufen der Bildsäule niederzulegen. Uns bleibt eine solche Geste erspart.

Häßlich ist Pjöngjang, dieses Produkt eines urbanistischen Gewaltaktes, dennoch nicht. Mehr als zwei Millionen Menschen leben hier. Die Metropole wurde aus dem Nichts geschaffen. Der alte Königssitz, dessen Name mit »flaches Land« übersetzt wird, war zur japanischen Besatzungszeit ein unansehnliches Provinzzentrum. Viele Häuser waren noch mit Stroh gedeckt. Im Koreakrieg wurde Pjöngjang dem Erdboden gleichgemacht, geradezu ausradiert. Danach hatte es eines titanischen Kraftaktes bedurft, um die abstrakte Hauptstadt in Rekordzeit aus dem Boden zu stampfen. Gewiß, da gibt es manches zu bemängeln. Viele Balkone sind brüchig, die Plattenbauten weisen Risse auf. Mancherorts bröckelt der Putz ab. Aber für den koreanischen Untertan von heute ist es ein Privileg, in der Hauptstadt leben zu dürfen. Nur erprobten Anhängern des Regimes wird diese Gunst zuteil. Die Polizeikontrollen am Stadtrand verhindern jeden illegalen Zuzug. Sehr freudvoll kann das Leben in diesen anonymen Wohnsilos dennoch nicht sein. Wenn im Winter bei minus dreißig Grad Kälte die Elektrizität ausfällt, die Fahrstühle stillstehen, das Wasser in den Rohren gefriert und keine Heizung mehr funktioniert, muß der Aufenthalt im dreißigsten oder gar vierzigsten Stockwerk vollends unerträglich werden.

Die Demokratische Volksrepublik tut sich durch ihre geradezu krankhafte Neigung zum Bombastischen hervor. Dreißigtausend Darstellungen Kim Il Sungs sind über die diversen Provinzen verteilt. Als Modell dient allen das zwanzig Meter hohe Götzenbild, das die Hauptstadt überragt. Sein gebieterisch erhobener Arm verweist dort auf eine siebzig Quadratmeter große Mosaikdarstellung des Paektu-Berges. Umgeben ist der »Große Führer« von 228 Bronzegestalten, jede fünf Meter hoch, die den Kampf gegen die Japaner, den Triumph der sozialistischen Revolution versinnbildlichen. In den Granit sind Inschriften eingelassen, wie: »Ewiges Leben für Kim Il Sung« oder »Laßt uns den US-Imperialismus vertreiben und unser Land wiedervereinigen!« – »Das koreanische Volk«, so liest man auch, »hat das Denkmal auf einhelligen Wunsch der Massen errichtet, um die unsterblichen, revolutionären Taten des Großen Führers und Genossen Kim Il Sung zu verewigen und um die revolutionären Gebote der Juche-Philosophie, die er entwarf, zu verwirklichen und zu vollenden.«

Erwähnt werden sollte die Verherrlichung des heroischen »Chollima«-Geistes auf der Moran-Höhe, der durch ein weißes, geflügeltes Pferd, einen koreanischen Pegasus, zelebriert wird. Auf dem Fabeltier reitet ein Arbeiter, treuer Sohn der proletarischen Klasse, und befördert eine Botschaft des Zentralkomitees der Kommunistischen Arbeitspartei in himmlische Höhen. Insgeheim kommt bei mir die Hoffnung auf, daß am Tage des unvermeidlichen Regimewechsels diese monströsen Denkmäler, Auswüchse einer paranoiden Phantasie, zumindest als Kuriosum menschlicher Verirrung erhalten bleiben und nicht alle der Wut der Bilderstürmer zum Opfer fallen. Als idealer Aussichtspunkt bietet sich der Juche-Turm auf dem Ostufer des Taedong-Flusses an. Über diesem Fanal aus 22 000 Granitblöcken, der 150 Meter hoch ragt, leuchtet eine rote Metallflamme, die ihrerseits zwanzig Meter mißt und 45 Tonnen wiegt. Mit Herrn O bin ich im Lift zur obersten Plattform gefahren. Hier entfaltet sich das ganze Panorama dieser bizarren und irgendwie imponierenden Skyline. Gleich gegenüber zeichnen sich mit 45 Etagen die beiden Kolossaltürme des Koryo-Hotels ab, die mit rötlich glasierten Ziegeln verkleidet sind. Ich entdecke den Triumphbogen, der natürlich ein paar Meter höher sein muß als der Pariser Arc de Triomphe. Die offiziellen Bauten von Partei und Staat sprengen alle Dimensionen. Sie sind teilweise – wie das Chollima-Kulturhaus – im ostasiatischen Stil errichtet oder bemühen sich – wie das Internationale Kulturhaus oder das Große Theater – um ausgefallene Modernität. Irgendwo befindet sich die Bibliothek, wo neben den zehntausend Büchern, die Kim Il Sung verfaßt haben soll – rechnerisch entspräche das einer schriftstellerischen Leistung von 122 Werken pro Lebensjahr –, eine Vielzahl ideologischer Abhandlungen, aber auch technologisch wertvolle Studien gespeichert sind. Für die Auslieferung an die Studenten ist ein faszinierendes elektronisches System erfunden worden.

Wenig rühmlich hingegen ist es um die unförmige Pyramide des Ryungyong-Hotels bestellt, das 105 Stockwerke aufschichtet und an seiner Spitze durch fünf rotierende Restaurants gekrönt werden sollte. Dieses Projekt wurde nie vollendet, geriet zum »Turm von Babel«, zum Wahrzeichen menschlicher Hybris im »Land des stillen Morgens«. Bezeichnenderweise dürfen wir diese Fehlkonstruktion nicht filmen.

Aber man täte Pjöngjang unrecht, wenn man die Stadt als Steinwüste schilderte. Überall wurden Parkanlagen und leuchtende Blumenrabatten gepflanzt. Geradezu idyllisch muten die Ufer des Taedong-Flusses an, die den Einheimischen als Freizeit- und Pick-

nickplätze dienen. Der alles beherrschende Baum ist die Trauer-
weide. Ganze Haine dieser »saules pleureurs«, wie die Franzosen
sagen, spiegeln sich in den Wassern des Taedong. Sie bilden inmitten soviel revolutionären Eifers besinnliche Inseln von elegi-
scher Harmonie und melancholischer Schönheit.

»Wer hat das architektonische Konzept, die urbanistische Ausrichtung dieses gewaltigen Ensembles entworfen?« frage ich
Herrn O. »Die Stadt wurde ausschließlich gemäß den Vorstellungen und Anordnungen des Präsidenten Kim Il Sung gebaut«,
lautet die Antwort. Es fällt meinem Begleiter nicht ganz leicht,
mir den tiefen Sinn der Juche-Philosophie – das Wort spricht sich
»Dschutze« aus – zu erklären, die als imperative Leitlinie die Führung der Staatsgeschäfte, aber auch den individuellen Lebensstil
diktieren soll. Wenn sich mir zumindest eine vage Vorstellung
dieser konfusen und bizarren Weltanschauung erschlossen hat, so
verdanke ich das dem Studium einer schmalen Broschüre, deren
linientreuer Text von einem gewissen Kim Chung Ha redigiert
wurde. Das Büchlein hatte ich am Eingang des Juche-Turms erstanden. Nach Beendigung meiner Besichtigungstournee habe ich
im Koryo-Hotel mit seiner Lektüre begonnen.

Also sprach Kim Il Sung. Die Offenbarung des »Juche« – die
beiden koreanischen Silben bedeuten »Herr seiner selbst sein« –
werden folgendermaßen von dem getreuen Interpreten Kim
Chung Ha resümiert: »Obwohl der Begriff erst 1955 allgemein
bekannt wurde, führen die Historiker der Demokratischen Volksrepublik Korea den Juche-Gedanken bereits auf Juni 1930 zurück,
als der junge Kim Il Sung der koreanischen Revolution einen
neuen Pfad wies. Die Ideen des Marxismus waren wichtige Quellen für die Juche-Philosophie, die auch als ›Kimilsungismus‹ bezeichnet wird. In der Verfassung von 1998 wurde diese sozio-
philosophische Doktrin, die von dem Nachfolger Kim Jong Il
vertieft wurde, in Artikel 3 verankert ... Juche stellt fest, daß der
Mensch Herr über sein Schicksal ist. Der Mensch unterscheidet
sich von allen anderen Lebewesen durch seine Verfügung über die
drei Eigenschaften der Kreativität, des Bewußtseins und des ›Chajusong‹, womit ›Unabhängigkeit‹ in einem umfassenden, vertief-
ten Sinne gemeint ist. ›Chajusong‹ beinhaltet, daß der Mensch die

Natur für seine eigenen Zwecke nutzbar macht. Der Mensch kann über seine Instinkte hinauswachsen durch Erziehung, Diskussion und die Praxis seines ›Chajusong‹.«

An anderer Stelle heißt es:»Es gibt keinen Schöpfungsplan für das Universum. Der Mensch ist das einzige Wesen, das die Welt verändern kann. Im Kapitalismus werden alle Werte finanziell definiert, und die materielle Gier verhindert in einer solchen Gesellschaft, daß der wissenschaftliche Fortschritt der Allgemeinheit zugute kommt. Juche lehrt, daß die Geschichte in einem Prozeß abläuft, der es den Massen erlaubt, ihr spezielles ›Chajusong‹ zu entwickeln. Auf dem Gebiet der internationalen Beziehungen verlangt Juche, daß jede Nation auf ihrem eigenen Grund steht und ihr kollektives Chajusong (Unabhängigkeitsbewußtsein) verteidigt. Die Demokratische Volksrepublik Korea hat diese politische Linie praktiziert, indem sie eine strikte Neutralität während der schwierigen Jahre des chinesisch-sowjetischen Konflikts bewahrte. Die Demokratische Volksrepublik Korea hat sich geweigert, dem Comecon (der sowjetisch beherrschten Wirtschaftsunion) beizutreten. Mitte der siebziger Jahre wurde sie Mitglied der bündnisfreien Bewegung und unterhielt gute Beziehungen zu vielen Ländern der Dritten Welt. Immer wieder hat sie sich gegen die Pressionen der USA zur Wehr gesetzt. Das Leben und die Seele unseres Staates wird durch seinen Unabhängigkeitswillen geprägt. Das bedeutet, daß der wahre ›Chajusong‹ einer Nation nur durch wirtschaftliche Selbstversorgung, durch Selbstgenügsamkeit erreicht werden kann, denn jede Abhängigkeit vom Ausland würde fremden Mächten unzulässigen Einfluß verschaffen. In der Innenpolitik gilt ähnliches: Um eine falsche Gesellschaftsklasse daran zu hindern, die Macht des Staates zu mißbrauchen, müssen die Massen die Kontrolle des Staates über die wirtschaftlichen Produktionsmittel an sich reißen.«

»Alte und falsche Ideen haben ein zähes Leben«, so geht es weiter,»und die Imperialisten fahren fort, revolutionäre Vorstellungen zu verfälschen. Selbst die befreiten Massen bedürfen deshalb einer ständigen Reorientierung im Sinne von Chajusong und der Ausrichtung auf die Gebote von Unabhängigkeit und Kreativität. Das ist eine harte Arbeit. Das Volk muß nämlich ähnlich umgestaltet werden wie die Natur. Im Jahr 1975 wurden die Richtlinien der ›drei Revolutionen‹ festgelegt, die ideologische, die technische und die kulturelle Revolution. Im Zuge der kulturellen Revolution soll jedermann das Niveau eines Intellektuellen erreichen. Der Gedanke entscheidet über den Wert und die Qualifizierung des Menschen. Kenntnis ist nicht mit Achtbarkeit gleichzusetzen. Falsch orientierte Kenntnis und schlechte Ideologie können sich sogar verhängnisvoll auswirken. Nur eine gesunde Ideologie und eine gute ideologische Umerziehung können die Kenntnis zum Wohl der Gesellschaft nutzen. Die Massen müssen ›Juche‹ erlernen. Ein überzeugender Wortführer von Juche ist in der Lage, zehn Arbeiter mit revolutionärem Eifer anzufeuern.«

Aufschlußreich klingt folgender Absatz:»Der Führer verhält sich zur Masse wie das Gehirn zum Körper. Er ist der höchste Repräsentant, die höchste Verkörperung der Interessen der Massen. Die Handlungen des Führers drücken den Willen der Massen aus. Er führt sie zum Sieg, und deshalb ist die Verehrung des Führers oberster Ausdruck echter revolutionärer Gesinnung.«

*

Der Text des Juche-Traktats wird immer verworrener, und ich lege ihn beiseite, um mich meinen täglichen Notizen zu widmen. Im Koryo hat man mir eine geräumige Suite angewiesen, deren Stil noch stalinistischen Luxusgeschmack verrät, aber in der ich mich wohl fühle. Was stört es mich schon, wenn eine Vielzahl von Abhörgeräten irgendwo versteckt sein muß. Es lohnt sich, auf die Besonderheiten dieser Unterbringung einzugehen. Die Bedienung ist vorbildlich und stets höflich. Keiner spricht ein Wort einer uns geläufigen Sprache, so daß ein verbaler Austausch nicht möglich ist. Die Rolltreppen und Fahrstühle funktionieren tadellos. Von dem im Land herrschenden dramatischen Energiemangel ist hier nichts zu spüren.

Im Fernsehapparat läuft natürlich das koreanische Programm mit eintöniger Nachrichtenverlesung, strenger Ausrichtung auf Juche und der Verehrung der beiden Kims. Auch erbauliche Filme mit sieghaften Soldaten und tapferen Müttern werden gezeigt oder Heldenopern, die selbst die Produktionen der chinesischen Kulturrevolution in den Schatten stellen. Doch plötzlich macht man die Entdeckung, daß auch BBC zu empfangen ist. So kann sich der ausländische Gast über das internationale Geschehen uneingeschränkt auf dem laufenden halten. Dazu gesellt sich noch das chinesische Nachrichtenprogramm CHTV in englischer Sprache, das überwiegend auf asiatische Zuschauer ausgerichtet ist. Daß die amerikanischen Kanäle wie CNN, CBS – von Fox ganz zu schweigen – nicht übertragen werden, kann man den hiesigen Behörden schwerlich zum Vorwurf machen.

Noch freizügiger ist der Telefonverkehr. Vom Zimmer aus läßt sich unter Umgehung der Zentrale direkt das Ausland anwählen, und die Verbindung ist hervorragend. Viel schwieriger, fast unmöglich ist es hingegen, aus der Fremde selbst angerufen zu werden. Das liegt jedoch nicht an irgendeiner Zensur oder Schikane, sondern an der Unfähigkeit des Empfangspersonals, bei dem die Kommunikation ankommt. Die Angabe der Zimmernummer wird von dem zuständigen Operator nur in den seltensten Fällen verstanden. Schon bei der Anmeldung, die problemlos vor sich ging, stellten wir fest, daß wir ohne die Übersetzungskünste unseres Herrn O nicht die geringsten Chancen hatten, Auskunft über die recht simplen Formalitäten zu erhalten. Beim Einchecken muß die annähernde Summe des Zimmerpreises für den geplanten Aufenthalt in bar und im voraus entrichtet werden. Dabei empfiehlt es sich, in Euro zu zahlen, da US-Dollars nur zögerlich und höchst widerwillig angenommen werden. Am Tag der Abreise wurde uns übrigens ein kleiner Betrag, der den Vorschuß übertroffen hatte, mit großer Korrektheit zurückgezahlt.

Das Essen im Restaurant des Koryo ist spärlich und von minderer Qualität. Das ärmliche Frühstück, wo man sich die Toasts selber rösten muß, erinnert an das Hotel Raschid von Bagdad in den ersten schlimmen Jahren der UNO-Sanktionen, als der Irak noch unter akutem Mangel an Nahrungsmitteln litt. In der Stadt gibt es jedoch eine Anzahl von Speiselokalen, die – gegen harte Euros natürlich – ein recht gutes koreanisches Essen bieten, obwohl der vielgerühmte »Feuertopf« meist zu wünschen übrigläßt. Vorzüglich hingegen läßt sich im Kellergeschoß des neu und ultramodern ausgestatteten Yanggakdo-Hotels speisen, das auf einer Insel des Taedong erbaut wurde. Hier wird Chinesisch gegessen, das Personal ist chinesisch, der ganze Betrieb, inklusive Nachtclub und Spielbank, ist in chinesischem Besitz. Für normale Koreaner bleiben diese exklusiven Räume bis auf weiteres verboten.

Sehr schnell lebe ich in einem Zwiespalt. Natürlich erfahre ich, daß die Bevölkerung einer permanenten propagandistischen Berieselung, ja einer Gehirnwäsche unterworfen ist. Das beginnt zu sehr früher Stunde um fünf Uhr, wenn – anstelle des Muezzin der islamischen Welt, der die Größe Allahs preist – über Lautsprecher Hymnen zum Lob des Großen Führers Kim Il Sung und des Lieben Führers Kim Jong Il den Tagesrhythmus vorgeben. Jeder Koreaner soll dazu seine morgendlichen Leibesübungen praktizieren. Für die Sauberkeit von Wohnhäusern, Amtsgebäuden und Denkmälern sind die Beamten und Angestellten selber verantwortlich. Man beobachtet sie immer wieder, wie sie jede Spur von Schmutz und Staub von den Wänden und Fenstern entfernen, so daß Pjöngjang sich rühmen kann, eine extrem saubere Stadt zu sein. Die Blockwarte der Einheitspartei wachen darüber, daß in jeder Wohnung die Bilder von Kim Vater und Sohn einen Ehrenplatz einnehmen. Die Schulen sind zwangsläufig intensive Brutstätten des »Kimilsungismus«, und die zahlreichen Jungen Pioniere sind am roten Halstuch zu erkennen. Jeder Betrieb, jedes Kollektiv, jede Landwirtschaftskommune ist total auf die Zwangsideologie und den Kult der beiden großen Vorbilder ausgerichtet. Das schließt jedoch nicht aus, daß in gewissen Bereichen sich ein beachtliches intellektuelles Niveau erhalten hat, daß die Kim-Il-Sung-Universität mit Computern sehr großzügig ausgestattet ist und die gigantische Nationalbibliothek durch elektronische Erfassung der vorhandenen Fachliteratur für vorbildliche Arbeitsbedingungen sorgt.

Westliche Ausländer, die in diesem Land nur in geringer Zahl anzutreffen sind, lösen bei den einheimischen Passanten keine sichtbare Neugier oder Überraschung aus. Das Volk begegnet ihnen höflich, aber hält sich auf Abstand, ja vermeidet meist sogar einen Blickkontakt. Besonders deutlich wird das in der U-Bahn von Pjöngjang, die mich stärker beeindruckt als so manche heldische Monster-Konstruktion. Nach dem Modell der Moskauer

Metro sind die Bahnhöfe der Untergrundbahn von Pjöngjang luxuriös, ja prunkvoll mit Marmor, Chromleuchtern und riesigen Gemälden oder Mosaikflächen dekoriert, auf denen das Bild der beiden Kim natürlich nicht fehlen darf. Jede Station trägt einen erbaulichen Namen. So fuhren wir die Strecke von »Blühendes Gedeihen« bis »Strahlender Ruhm« in Waggons, die von irgendwelchen Ostblockstaaten – darunter wohl auch die DDR – einst angeliefert wurden.

Das stärkste Erlebnis steht gleich am Anfang. Mehrere Rolltreppen befördern die Passagiere mit einer für unsere Begriffe schwindelerregenden und nicht ganz ungefährlichen Geschwindigkeit in die Tiefe. Hier darf man weder ängstlich noch klaustrophob sein, denn die beschleunigte Talfahrt schießt bis auf 150 Meter hinab. Ganz offensichtlich ist dieses Tunnelsystem auch im Hinblick auf kriegerische Verwicklungen, auf massive Bombardierungen und – wer weiß – zum Schutz der Bevölkerung gegen nukleare »preemptive strikes« angelegt worden. Hier erweist sich auch, zu welchen gigantischen Maulwurfarbeiten das Regime fähig ist, wenn es einem solchen Projekt die Priorität einräumt. An diesen relativ harmlosen Verkehrsanlagen der Hauptstadt läßt sich halbwegs ermessen, welche abgründigen Stollen und Gewölbe in die nördlichen Felsgebirge gesprengt wurden, um die geheimen Rüstungsanlagen vor der Durchschlagskraft amerikanischer »Bunker-Buster« zu schützen.

Über meine offiziellen Kontakte mit den koreanischen Behörden – private Ansprechpartner gibt es ja nicht – kann ich mich nicht beschweren. Ich habe sogar das Gefühl, daß mir besonderes Entgegenkommen gewährt wird, aus welchen Gründen auch immer. Gleich von Anfang an stand fest, daß es keine Fernseh-Interviews mit hochgestellten Persönlichkeiten gäbe. Ich hatte da auch keine großen Hoffnungen gehegt. Der Erste Mann im Staat, Kim Jong Il, der seinem Vater zwar den Titel des »Präsidenten auf Ewigkeit« überlassen mußte, der aber immerhin als Generalsekretär der Kommunistischen Arbeitspartei und, was wohl wichtiger ist, als Vorsitzender des Militärausschusses fungiert, ist für Ausländer fast unnahbar. Obwohl inzwischen eine ganze Reihe westlicher Staaten, darunter Deutschland, Großbritannien, Schweden, die Schweiz, diplomatische Beziehungen zu Pjöngjang aufgenommen haben, werden lediglich die Botschafter der Volksrepublik China und der Russischen Föderation vom »Lieben Führer« persönlich zur Überreichung ihrer Akkreditierung empfangen. Einen bevorzugten Zugang zu Kim Jong Il, wie zuvor zu dessen Vater, genoß Prinz Norodom Sihanuk, solange er noch Staatschef Kambodschas war. In den höchsten Gremien und der extrem komplizierten Hierarchie von Partei, Armee und Staat findet sich ohnehin niemand zurecht. Wer verfügt wirklich über Einfluß und Macht im Politbüro oder im Zentralkomitee der Einheitspartei? Welches ist die wahre Bedeutung des Vizemarschalls Li Ha Il im Militärkomitee, als dessen Vorsitzender sich Kim Jong Il durchgesetzt und bei dieser Gelegenheit den Rang eines Marschalls usurpiert hat? Es gibt überdies noch die Oberste Volksversammlung sowie – neben einer Reihe wichtiger Institutionen kultureller oder ökonomischer Natur – die eigentliche Regierung, deren Premierminister Pak Pong Ju ein für ausländische Beobachter unbeschriebenes Blatt ist. Der Million Soldaten der Volksarmee steht Vizemarschall Kim Il Chol vor, aber sein hohes Alter mindert wohl seinen aktiven Einfluß, wie überhaupt jene Generation von Armeeführern allmählich im Ruhestand verschwindet, die sich im Krieg gegen die Amerikaner zwischen 1950 und 1953 bewährt hatte.

Meine Kontakte finden nicht auf höchster Ebene statt, aber sie sind recht aufschlußreich und interessant. Es beginnt mit zwei Funktionären des nordkoreanischen Fernsehens KCCB. Der eine ist wenig gesprächig und scheint in tiefe Melancholie versunken. Der andere hingegen bewährt sich als kompetenter und cleverer Geschäftsmann. Die Entlohnung des koreanischen Teams, die Miete eines Minibusses und andere finanzielle Regelungen sind schnell vereinbart. Wir haben nicht das Gefühl, daß die Kollegen von KCCB uns irgendwie ausbeuten wollen. Auch über das Kopieren von koreanischem audiovisuellem Material – mir ist vor allem an den Bildsequenzen revolutionärer Opern und gewaltiger politischer Kundgebungen gelegen sowie an Schwarzweißaufnahmen aus den dramatischen Kriegsjahren – werden wir uns schnell einig. Cornelia Laqua, die lange Stunden beim Sichten des

Materials verbringen wird, stößt in den Vorführräumen bei der Sortierung der Themen auf freundliche Kollegialität, auch wenn die Verständigung sich als extrem schwierig erweist. Soviel Kooperation bringt mich in ein Dilemma. Wie gern möchte ich meinen koreanischen Kollegen durch eine halbwegs positive Wertung ihres staatlichen Systems entgegenkommen. Doch auch bei Verzicht auf jegliche Polemik kann die nicht positiv ausfallen. Jede Schönfärberei wäre deplaziert. Das gleiche Problem hatte sich mir im Sommer 1976 im wiedervereinigten Vietnam gestellt, wo der enge Kontakt zu meinen einheimischen Mitarbeitern und Aufpassern am Ende sogar einen bemerkenswerten Grad von Freundschaft erreichte. Meine Fernsehdokumentation »Bitterer Sieg« hat die Behörden von Hanoi, die offenbar hohes Lob für die Politik der Wiedervereinigung erwartet hatten, seinerzeit tief enttäuscht. Doch ich war in aller Ehrlichkeit entsetzt über die kleinliche Rachsucht der siegreichen Kommunisten des Nordens, die sie an ihren südlichen Landsleuten ausließen, und ihre Mißwirtschaft schrie zum Himmel. Aus Gründen der Selbstachtung mußte ich dabei in Kauf nehmen, daß meine vietnamesischen Gefährten nach Ausstrahlung von »Bitterer Sieg« offiziell getadelt würden, weil sie es angeblich an Wachsamkeit und ideologischem Eifer hatten fehlen lassen. Ich hoffe deshalb, daß die Obrigkeit von Pjöngjang sich nicht zu ähnlichen Fehlschlüssen gegenüber unseren nordkoreanischen Gefährten verleiten läßt.

Das Schweigen der Raketen

PJÖNGJANG, IM AUGUST 2004

Das Außenministerium von Pjöngjang ist ein stattliches Gebäude ohne jeden architektonischen Ehrgeiz. Die langen Flure wie auch die Besprechungszimmer sind von spartanischer Einfachheit. Als einzige Dekoration blicken Vater und Sohn Kim von der hellgrau getünchten Wand. Die Tatsache, daß ich Herrn Ham Son Hun bereits in der Botschaft Nordkoreas in Berlin kennengelernt und bei ihm einen Visumsantrag eingereicht hatte, erleichtert vielleicht seine Mitteilsamkeit. In Berlin hatte es nur zum Austausch von ein paar knappen Sätzen gereicht. In seinem koreanischen Amtsgebäude entfaltet Ham jedoch ein robustes Selbstbewußtsein und sogar einen unerwarteten Sinn für Humor. Als Vorsteher der Abteilung 12, wenn ich recht verstanden habe, bekleidet er eine Funktion, deren Bedeutung ohnehin nur Eingeweihten bekannt sein dürfte. Jedenfalls geht dieser massiv gewachsene Diplomat recht unbekümmert an eine Reihe von heiklen Themen heran. Neben ihm sitzt ein junger Attaché und bemüht sich gewissenhaft um die Niederschrift unserer Konversation.

Herr Ham ist offenbar über meine Berichterstattung im amerikanischen Irakkrieg gut informiert. Er wendet sich sehr bald dieser Frage zu. Bei Hintergrundgesprächen wie diesem habe ich mich daran gewöhnt, niemals Notizen zu machen. Das würde den Partner in seiner Aussagefreudigkeit, die in Pjöngjang äußerst gering ist, nur hemmen und sogar Argwohn auslösen. So gebe ich also meine Informationen, die sich mit den Mitteilungen anderer Informanten überlagern, aus dem Gedächtnis wieder. Das militärische Abenteuer der Bush-Administration in Mesopotamien scheint in der Demokratischen Volksrepublik Korea ähnliche Reaktionen, eine vergleichbare Erleichterung ausgelöst zu haben, wie ich sie seinerzeit in der Islamischen Republik Iran hatte feststellen können. Daß Amerika mit einem drittrangigen Gegner nicht fertig wird, dessen Armee sich aufgelöst hatte, dessen Waffenarsenale geplündert waren und dessen tellerflaches Terrain der Entfaltung von Panzerdivisionen nicht das geringste Hindernis in den Weg stellte, wird in Pjöngjang wie in Teheran nicht nur mit Häme, sondern mit gesteigerter Zuversicht in die eigene Abwehrfähigkeit zur Kenntnis genommen.

Nordkorea weiß, daß die Konfrontation mit den USA fast unvermeidbar sein wird, falls die Gespräche über die Nuklearrüstung in die Sackgasse gerieten. Ein grundlegender Unterschied besteht hier allerdings zu den Einschüchterungen und Drohungen Washingtons gegenüber dem verflossen Baath-Regime Saddam Husseins. Im Mittleren Osten hatte Donald Rumsfeld, bevor seine Bodentruppen in eine heillose Guerilla verstrickt wurden, stets den Unilateralismus der amerikanischen Diplomatie und Strategie unterstrichen. Der US-Verteidigungsminister agierte im Auftrage seines Präsidenten nach dem Schillerschen Diktum: »Am stärksten ist der Mächtige allein.« Er verhöhnte das »Alte Europa« und hatte, während seine Panzer fast ohne Widerstand auf Bagdad zurollten, sogar den extrem ergebenen britischen Verbündeten mit der Aussage brüskiert, im Notfall könne man auch ohne die Soldaten Ihrer Majestät auskommen. Die Vereinten Nationen wurden in Washington als untaugliches Instrument der Weltpolitik, als »irrelevant« deklariert, und das Pentagon behielt sich vor, ohne jede Konsultation mit den atlantischen Partnern zu »Vorbeuge-Schlägen«, zu »preemptive strikes« auszuholen, wobei eine Anwendung taktischer Nuklearwaffen nicht ausgeschlossen wurde.

Gegenüber Korea hatte man sich jedoch von Anfang an ganz anders verhalten müssen. Die dortige Umgebung ist viel zu brenzlig für bellizistische Gestikulationen und Alleingänge. Zweimal hatte sich Amerika seit dem Sieg über Japan in Feldzüge auf dem asiatischen Kontinent eingelassen, von 1950 bis 1953 in Korea, von 1965 bis 1975 in Vietnam. Die erste Kampagne hatte mit einem Patt, die zweite mit einer Niederlage geendet. Präsident Clinton hatte es mit Verhandlungen versucht. Den Kommunisten von Pjöngjang, die sich in abgrundtiefer wirtschaftlicher Not befanden, hatte er großzügige Wirtschaftshilfe versprochen und als Gegenleistung für den Verzicht auf Atomwaffen die Belieferung mit amerikanischer Nukleartechnologie für zivile Zwecke in Aussicht gestellt. Seine Außenministerin Madeleine Albright hatte er nach Pjöngjang geschickt, wo diese Dame, die, wenn sie will, bei aller diplomatischen Strenge über altösterreichischen Charme verfügt, mit großen Ehren empfangen wurde und eine revolutionäre Massenveranstaltung über sich ergehen ließ. Sogar ein Staatsbesuch Bill Clintons wurde bei dieser Gelegenheit vereinbart. Vielleicht schwebte dem demokratischen Präsidenten ein Überraschungscoup vor – sehr viel bescheideneren Ausmaßes allerdings –, wie ihn sein Vorgänger Richard Nixon im Jahr 1972 vorexerziert hatte, als er nach Peking reiste, um diplomatische Beziehungen mit Mao Zedong aufzunehmen. Die Affäre Monica Lewinski, die den Staatschef Amerikas zwang, endlosen Untersuchungsausschüssen Rede und Antwort zu stehen, hatte dieses kühne Projekt durchkreuzt.

Clintons Nachfolger steht der Sinn nicht nach irgendwelchen Kompensationsgeschäften mit den »Zwergen« von Pjöngjang. Nach »Nine Eleven« reihte er Nordkorea in die Achse des Bösen ein. Wie gern hätte er unverzüglich ein Totalembargo über die Demokratische Volksrepublik verhängt und ihre Kernenergieanlage von Yongbyang, die der internationalen Atomenergiebehörde wohlbekannt war, in Schutt und Asche verwandelt. Doch an dieser Stelle wurde die ganze Inkonsequenz des Texaners ersichtlich. Von Unilateralismus konnte in Fernost nicht die Rede sein. Da hätte die Volksrepublik China nicht mitgespielt, und so ließ sich denn die US-Hypermacht auf einen Multilateralismus ein, den sie andernorts strikt abgelehnt hatte. Direkte Gespräche mit Pjöngjang wurden vermieden und das Schicksal der Region einer Verhandlungsrunde überantwortet, in der neben China und den USA auch Japan, Rußland und Südkorea vertreten sind. Am liebsten wäre es Bush wohl gewesen, wenn er den ansonsten verpönten Weltsicherheitsrat der UNO auch noch ins Spiel gebracht hätte, um drakonische Sanktionen über Nordkorea zu verhängen. Daß diese Gespräche in Peking stattfinden, setzt zusätzliche Zeichen für die Machtverschiebungen im westpazifischen Raum und für die zunehmende strategische Lähmung Washingtons im ostasiatischen Umfeld.

Herr Ham gibt mir zu verstehen, daß es seine Regierung mit der Wiederaufnahme der Gespräche überhaupt nicht eilig habe. Er überreicht mir eine offizielle Deklaration zu den »Six Party Talks«, die ich in Auszügen zitiere. »Wie die Demokratische Volksrepublik bereits mehrfach versichert hat, ist ihr Ziel die Entnuklearisierung der koreanischen Halbinsel, und ihre Stellungnahme zugunsten einer friedlichen Verhandlungslösung der Atomfrage ist unverändert«, so beginnt der Text. Nordkorea habe ehrlich gehofft, daß der nukleare Streitfall positiv beigelegt werden könne, daß man Worte mit Worten und Taten mit Taten beantworten und daß Washington als Entgelt für die Einstellung (freeze) der nuklearen Anreicherung in Nordkorea die festvereinbarten Gegenleistungen erbringen würde. Genau das Gegenteil sei erfolgt. Alle bislang erreichten Absprachen seien durch die Bush-Administration verleugnet worden. »Die USA«, heißt es weiter, »sind nicht davor zurückgeschreckt, mit einer militärischen Option zu drohen. Auf sämtliche Atomprogramme solle Nordkorea verzichten, aber an eine Normalisierung der Beziehungen zu Washington sei erst zu denken, wenn auf dem Gebiet der Menschenrechte, der Raketenrüstung, der konventionellen Streitkräfte, der religiösen Zustände einseitige Vorleistungen aus Pjöngjang vorlägen.«

Ähnlich wie seinerzeit in Bagdad, ist die Umgebung Kim Jong Ils offenbar überzeugt, geht es Washington in Wirklichkeit um einen Regimewechsel in Pjöngjang. Auch im Hinblick auf Teheran besteht im Hintergrund und bei der CIA ja immer noch die Absicht, mit Hilfe »revolutionärer Kräfte« die dortige Mullahkratie zu untergraben. So verweist das Kommuniqué des nordkoreanischen Außenministeriums nachdrücklich auf die »Bill of Human Rights in North Korea«, die vom US-Repräsentantenhaus verabschiedet wurde. Daraus gehe eindeutig das Bestreben Washingtons hervor, durch finanzielle und materielle Zuwendungen an Dissidenten den Sturz des bestehenden politischen Systems herbeizuführen und sich dabei auf die Mitwirkung Dritter zu stützen. »Die Bush-Administration betreibt nachhaltig die massive ›Entführung‹ von Menschen aus dem Norden der Halbinsel«, besagt die Anklage. »Sie ordnet Marinemanöver vor der Küste an und verstärkt die Rüstungskapazität Südkoreas durch modernste Waffenlieferungen in Höhe von 13 Milliarden US-Dollar.« Diese feindseligen Handlungen würden die Demokratische Volksrepublik daran hindern, ihre nuklearen Kapazitäten »einzufrieren« oder ganz darauf zu verzichten.

Ich versuche gar nicht, mich bei Herrn Ham über den wirklichen Stand der atomaren Aufrüstung seines Landes zu informieren. Am Vortag war bereits in einem ebenso dürftig möblierten Raum des Ministeriums ein Gespräch anberaumt worden mit zwei Angehörigen des sogenannten »Komitees für Abrüstung und Frieden«. Die Sprache Orwells ist in Pjöngjang längst heimisch geworden. Am rechteckigen Tisch hatte mir ein älterer Zivilist in beigem Anzug gegenübergesessen, dem man die »déformation professionnelle« des Geheimdienstoffiziers anmerkte. Als Protokollführer nahm ein militärisch wirkender junger Mann an dem Treffen teil.

Ich habe den Unbekannten ganz direkt gefragt: »Besitzt Nordkorea einsatzfähige Atombomben?« Die Antwort lautete: »Über den Stand unserer Nuklearrüstung reden wir nicht.« Am Rande wurde erwähnt, daß der australische Außenminister Alexander Downer, dessen Regierungschef John Howard sich fast ebenso bedingungslos auf seiten der USA in die Operation »Iraqi Freedom« eingereiht hatte wie der britische Premier Tony Blair, auf ein paar Tage zur Stippvisite nach Pjöngjang gekommen war. Er sollte wohl im Auftrage Washingtons vertrauliche Erkundungen einholen. Offenbar hat Downer nicht viel mehr in Erfahrung bringen können als ich selbst bei meinem wortkargen Dialog mit dem Experten für »Abrüstung und Frieden«. Der Australier hat nach seiner Rückkehr geäußert, seine Regierung müsse sich darauf gefaßt machen, daß Sydney in absehbarer Zeit in die Reichweite nordkoreanischer Atomraketen geraten könne.

Westliche Diplomaten, die an Ort und Stelle akkreditiert sind, wurden seit Aufkündigung des Atomwaffensperrvertrages durch Pjöngjang im Jahr 2003 mit deutlicheren Hinweisen bedacht. Dem einen wurde mitgeteilt, daß ein »nuclear deterrent« vorhanden sei, einem anderen ganz kategorisch, daß Korea die Atombombe bereits besitze. Die Schwelle zur nuklearen Aufrüstung sei überschritten, hatte sogar der Vizeaußenminister Choe Su Hon im September 2003 vor den Vereinten Nationen kundgetan. Die amerikanische CIA schätzt neuerdings das mögliche Potential auf sechs bis acht Atomsprengköpfe. Weniger geheimnisvoll ist es um die Trägerwaffen, um die Raketen von Typ Taepodong I und II bestellt, deren Radius weit in den Pazifik reicht und deren Prototyp im Jahr 1998 mit großer Präzision jenseits von Japan im Stillen Ozean niederging.

Daß diese ausgepowerte Nation, der es im täglichen Bedarf an den einfachsten Instrumenten fehlt und der es nicht gelingt, industrielle Waren für den bescheidensten zivilen Gebrauch herzustellen, gleichzeitig fähig ist, perfektionierte Lenkwaffen zu produzieren, die als heißbegehrte Exportartikel an eine ganze Reihe von Staaten der Dritten Welt verkauft werden, bleibt ein Geheimnis mit sieben Siegeln. Auf meiner ausgedehnten Reiseroute, die von der mandschurischen Grenze bis zur Demarkationslinie am 38. Breitengrad führte, habe ich eine ganze Serie von rauhen Gebirgen und tiefen Felsschluchten gesehen, die sich vorzüglich zur Tarnung geheimer Arsenale eignen würden. Kim Jong Il dürfte wissen, daß Saddam Hussein, falls ihm auch nur ein halbes Dutzend Atombomben zur Verfügung gestanden hätten, heute noch Herr über den Erdölreichtum des Scheichtums Kuweit sein könnte. Ohne das heimlich entwickelte Nuklearpotential, das der mysteriöse Wissenschaftler Abdel Kadir Khan entwickelte, wäre die Islamische Republik Pakistan auf dem Höhepunkt der Kaschmirkrise im Jahr 2002 den weit überlegenen konventionellen Streitkräften der Indischen Union ziemlich hilflos ausgeliefert gewesen. Es gehörte wohl die Chuzpe eines israelischen Militärdozenten der Hebrew University von Jerusalem, des Professors Martin van Creveld, dazu, um unverblümt die Meinung zu äußern, die Erben des Ayatollah Khomeini in der Islamischen Republik Iran, die von allen Seiten durch nuklear gerüstete Staaten und Anrainer umringt sind, müßten »verrückt« sein, wenn sie nicht unter Anspannung aller Kräfte die Vollendung ihrer eigenen atomaren Abschreckung betrieben.

Noch konzentriert sich die Aufmerksamkeit des Ägypters Mohammed El Baradei und seiner internationalen Atomenergiebehörde auf die umfangreiche Kernenergieanlage im Umkreis von Yongbyang. Dort durften sogar ein paar Laboratorien gefilmt werden. Doch die wirkliche Brutstätte der nordkoreanischen Waffentechnik dürfte sich an ganz anderen, absolut geheimen Orten befinden. Ob der US-Nachrichtendienst CIA darüber Kenntnis hat? Die »spooks« von Langley hatten die nukleare Rüstung Pakistans verschlafen. Den Diktator Saddam Hussein hatten sie in ihrer Phantasie mit einem gewaltigen Arsenal an Massenvernichtungswaffen ausgestattet, das er überhaupt nicht besaß. Wie sollte Washington dann über den realen Rüstungsstand Nordkoreas informiert sein, wo sogar die einfachsten Aspekte der politischen Machtausübung unter der Bleidecke einer geradezu manischen Geheimniskrämerei verborgen sind?

*

Glücklicherweise verläuft das Gespräch mit Herrn Ham viel offener und ungezwungener als mit dem übervorsichtigen Abrüstungsexperten. Da der Diplomat sich in Deutschland gut auskennt und seine vorzüglichen Sprachkenntnisse wohl in der DDR erworben hat, berühren wir bald das Thema Wiedervereinigung, das die Deutschen bereits hinter sich gebracht haben und das die Koreaner seit der Spaltung der Halbinsel im Jahr 1945 durch die Konferenz von Potsdam weiterhin als ihr vordringlichstes nationales Anliegen bezeichnen. Doch nicht nur Herr Ham hat mir versichert, daß im Falle Koreas allenfalls eine extrem lockere Konföderation in Frage käme. Das deutsche Beispiel hat offenbar auf beide Landeshälften wie eine kalte Dusche gewirkt. Die Machthaber von Pjöngjang haben den Untergang Honeckers und das Ende der SED-Herrschaft vor Augen. Die Südkoreaner rechnen sich aus, daß eine Wiedervereinigung nach deutschem Modell sie in den finanziellen Bankrott treiben würde.

In Pjöngjang weiß man vielleicht relativ wenig von »Ostalgie« und der fortdauernden Entfremdung zwischen Ossis und Wessis. Aber in Korea sind die psychologischen Gräben, die zwischen dem spätstalinistischen System im Norden, dem turbokapitalistischen System im Süden aufgerissen sind, ja unendlich tiefer. Während der militärischen Konfrontation von 1950 bis 1953 haben sich die Soldaten der beiden koreanischen Republiken mit Erbitterung und Haß gegenübergestanden, wie sie wohl nur in Bürgerkriegen aufflammen. Selbst die Flüchtlinge aus dem Norden, denen irgendwelche Schlepperbanden zum Ausbruch aus der Zwangsherrschaft Kim Jong Ils verhelfen und die im Süden mit der stattlichen Geldsumme von 30 000 US-Dollar als Asylanten belohnt werden – ein Teil davon muß natürlich den Fluchthelfern zurückgezahlt werden –, genießen bei ihren Landsleuten von Seoul nur wenig Sympathie, und sie stehen im permanenten Verdacht, heimliche Agenten Pjöngjangs zu sein.

Über das Thema der »Republikflüchtigen«, der durch die Imperialisten heimtückisch »Entführten«, wie es offiziell heißt, habe ich mit Herrn Ham nicht offen sprechen können. Immerhin herrscht im Außenministerium Empörung darüber, daß – statt der drei oder fünf Dissidenten, denen in Peking der Sprung über die Mauer einer ausländischen Botschaft gelingt – unlängst eine massive Gruppe von 460 Nordkoreanern auf irgendwelchen Schleichwegen über China nach Vietnam gelangt ist und von dort nach Seoul »repatriiert« wurde. Da war eine internationale Verschwörung im Gange, so wird argumentiert.

Wie es denn um die »Sonnenscheinpolitik« bestellt sei und die im Westen mit hohem Lob begleitete Annäherung zwischen den beiden bislang tödlich verfeindeten Schwesterrepubliken, habe ich Ham gefragt. Der südkoreanische Präsident Kim Dae Jong war dafür sogar mit dem Friedensnobelpreis ausgezeichnet worden. Die Antwort klingt ernüchternd. Südkorea müsse weiterhin als eine Dependenz der USA angesehen werden. Auf Druck Washingtons seien der Verteidigungsminister Seouls und auch der Chef des dortigen Nachrichtendienstes entlassen worden, weil sie die Kontakte zu Pjöngjang angeblich zu weit getrieben hatten. Kim Dae Jong, dem nach langer Haft unter der Militärdiktatur des General Park Chung Hee aufgrund amerikanischer Pressionen die Ausreise gestattet wurde, sei doch von Anfang an ein Klient der USA gewesen, und die »Sonnenscheindiplomatie« sei seinerzeit durch Präsident Clinton mit hintergründigen Absichten abgesegnet worden. Der neue südkoreanische Präsident Roh Moo Hyun sei noch stärker auf Washington ausgerichtet und habe sich ja nicht einmal gescheut, ein südkoreanisches Militärkontingent für den imperialistischen Feldzug Washingtons im Irak zur Verfügung zu stellen.

Wirklich informativ wird der Gedankenaustausch, der sich nicht nur auf meine Unterhaltung mit Herrn Ham beschränkt, wenn die Sprache auf die ostasiatischen Umwälzungen kommt, die sich als Folge der neuen Koreakrise abzeichnen. Mögen die in Pjöngjang akkreditierten Diplomaten auch noch so heftig betonen, daß ohne die engbemessene Hilfe Pekings die Volksrepublik Korea dem Zusammenbruch, der ökonomischen Katastrophe ausgeliefert wäre, überall spüre ich gegenüber dem Reich der Mitte, das in den vergangenen Jahrhunderten Korea – ähnlich wie Vietnam – als einen unterwürfigen Vasallenstaat behandelte, ein Gefühl instinktiver Ablehnung und atavistischen Argwohns. Sogar bei den Sechser-Verhandlungen in Peking, so wird mir anvertraut, seien die Russen bessere Anwälte der nordkoreanischen Sache als die undurchsichtig taktierenden Chinesen. Die Selbstauflösung der Sowjetunion wurde in Pjöngjang wohl als eine Art Weltuntergang empfunden, zumal damit auch das für Nordkorea extrem vorteilhafte Barter-Geschäft mit Moskau durch eine strikte Abrechnung des Handelsdefizits in harten Devisen, das heißt in Euro, ersetzt wurde.

Mit den Chinesen Hu Jintaos ist offenbar alles heute viel komplizierter als seinerzeit mit den Sowjetexperten des Generalsekretärs der KPdSU Leonid Breschnew. Gewiß würden USA und China, die beiden Weltmächte westlich und östlich des Pazifik, langfristig auf eine schicksalhafte Kraftprobe zusteuern. Zur Zeit seien sie aber noch aufeinander angewiesen. Die wirtschaftliche Verflechtung zwischen Peking und Washington sei stärker als der unvermeidliche Antagonismus. Die finanzielle Symbiose wirke sich bis auf weiteres als strategische Lähmung aus.

Ob die atomare Aufrüstung Nordkoreas nicht zwangsläufig das Kaiserreich Japan dazu bringe, sich seinerseits mit nuklearen Waffen auszustatten, habe ich immer wieder gefragt. Stets erhielt ich die gleiche Erwiderung. Die japanischen Interkontinentalraketen seien längst im Weltall erprobt, und die Wissenschaftler im Land der Aufgehenden Sonne hätten Dank ihrer Spitzenposition in der High Technology alle Entwicklungen der Kernenergie erforscht. Sie seien mit sämtlichen Facetten der Uran- oder Plutonium-Anreicherung vertraut und hätten de facto die Schwelle zur Atomrüstung bereits überschritten. »Wenn die Japaner wollen, werden sie morgen schon über ein nukleares Arsenal verfügen«, wird mir in Pjöngjang mehrfach versichert. Ähnlich hatten sich ja auch die chinesischen Diplomaten geäußert, die ich zu diesem Thema in Peking befragte.

Von den politischen Gesprächspartnern, so verhalten sie sich auch gaben, bleibt mir vor allem der Abgeordnete Ri Jong Hyok in Erinnerung. Ich habe mich zwanglos bei einer Tasse Tee in der Lobby des Hotel Koryo mit ihm getroffen. Sein offizieller Rang als Mitglied der Volksversammlung klingt recht bescheiden, aber vermutlich ist er der wichtigste Repräsentant des Regimes, dem ich vorgestellt wurde. Ri war fünf Jahre lang als UNESCO-Botschafter in Paris akkreditiert und spricht fließend Französisch und Englisch. Er ist eher klein gewachsen, hat eine Urbanität des Auftretens, die in diesem Land selten ist. Was er mir mitteilt, entspricht ungefähr dem, was ich in diversen Amtsstuben bereits zu hören bekam, aber irgendwie wirkt er überzeugender mit seinem wissenden Lächeln. Er bestätigt nebenbei, daß der maoistische Leitsatz, »China und Korea seien so eng miteinander verbunden wie Lippen und Zähne«, heute nicht mehr zitiert wird. Diese Solidaritätsformel, die sich früher ja auch auf Vietnam bezog, ist in Hanoi längst außer Kurs.

Natürlich hat auch der Abgeordnete Ri den Schleier über die koreanische Atomrüstung nicht gelüftet, er beteuert jedoch die Unentbehrlichkeit der Nuklearwaffen als Mittel der Abschreckung gegen die Einschüchterungs- und Unterwerfungsgelüste übermächtiger Feinde. Im übrigen stellten ja nicht die sogenannten »Schurkenstaaten«, wie die Amerikaner sagen, eine wahre Bedrohung dar, falls sie tatsächlich über einen »deterrent« verfügten. Ein einziger Atomschlag von seiten dieser »rogue states« würde unverzüglich die totale Vernichtung durch das ungeheure Arsenal sowohl der Amerikaner als auch der Russen nach sich ziehen. Nuklearer Angriff käme für sie einem kollektiven Selbstmord gleich.

Die wirkliche Gefahr der Zukunft sei bei jenen fanatischen oder kriminellen Banden zu suchen, die auch ohne den Besitz eines ausgereiften Atomsprengsatzes radioaktives Abfallmaterial, die »schmutzige Bombe«, erworben hätten und damit jedes beliebige Land durch Verseuchung von U-Bahnschächten, Wasserversorgung oder Industrieanlagen terrorisieren und erpressen könnten. Ri Jong Hyok betont das Interesse Nordkoreas an einer Zusammenarbeit mit Europa, insbesondere mit Deutschland. Hier seien immerhin ein paar behutsame Schritte der Annäherung vollzogen worden. Das Verschwinden der DDR, die wirtschaft-

lich und kulturell in Nordkorea stark engagiert war, hat in Pjöngjang eine schmerzliche Lücke aufgerissen. Eine gewisse Kontinuität könne jedoch gewahrt bleiben. Schließlich sei die DDR heute
integrierender Bestandteil der Bundesrepublik, und das vertrau-
ensvolle Verhältnis, das einst mit Ost-Berlin gepflegt wurde, lasse
sich – so hoffe er – eines Tages auf Gesamtdeutschland übertragen.

Nach der Verabschiedung des Abgeordneten verharre ich in
Ratlosigkeit. Wie bringt es dieser gebildete Diplomat wohl fertig,
nachdem er in Paris jahrelang in einem Zentrum westlicher Kultur gelebt und alle Bereiche liberaler Lebensart kennengelernt
hat, den absurden Propagandaparolen seines Heimatregimes
weiterhin anzuhängen und sich auf dessen idolatrischen Führer-
kult einzulassen? Nach seinen Erfahrungen in Frankreich müßte
ihm doch Nordkorea – gelinde gesagt – als die Herrschaftsdomäne
eines fernöstlichen »Ubu Roi« erscheinen.

*

Herr O, der das Programm gestaltet, nimmt Rücksicht auf meine
Wünsche. Als ich ihm sage, daß ich auf die vorgesehene Besichtigung von Revolutions- und Kriegsmuseen gern verzichten würde,
erfolgt keinerlei Widerspruch. Es bleibt jedoch bei dem Besuch
des amerikanischen Spionageschiffes »Pueblo«, das im Januar
1968 von der nordkoreanischen Marine gekapert wurde. Heute
ist es am Ufer des Taedong-Flusses angetäut. Von wohlgeordne-
ten Besucherscharen wird es als Beweis amerikanischen Angriffs-
wahns vorgeführt. Angeblich sollen 80 US-Matrosen und Ra-
darexperten auf diesem bescheidenen Pott von 850 Tonnen
untergebracht gewesen sein. Jedenfalls war er mit elektronischem
Gerät vollgestopft. Die Freilassung der Gefangenen wurde erst
elf Monate später nach quälenden Verhören und einem offiziellen Entschuldigungsschreiben der US Navy verfügt. Die klein-
kalibrigen Einschüsse an der Bordwand deuten nicht auf einen
heftigen Seekampf hin. Jetzt liegt die »Pueblo« recht friedlich an-
gedockt und erinnert mich ein wenig an das historische Vorzei-
gestück der kommunistischen Weltrevolution am anderen Ende
der einstigen Sowjetunion, an das Kanonenboot »Aurora«, das in

Leningrad, in Sankt Petersburg, wie man heute wieder sagt, am Ufer der Newa vor Anker liegt.

Auch den Geburtsort des »Großen Führers« Kim Il Sung habe ich aufgesucht. Das Bauernhaus im altkoreanischen Stil ist von einem Park am Rande der Hauptstadt umgeben. Der Vater, nach offizieller Lesart ein bescheidener Kleinbauer, gehörte wohl dem unteren Mandarinat an und war als Lehrer tätig. Er zählte zu den überzeugten Gegnern der japanischen Fremdherrschaft. Es heißt, die Familie habe sich einer protestantischen Sekte angeschlossen. Die Hinwendung zum Christentum galt damals als direkte Absage an den kaiserlichen Tenno-Kult Japans. Auch an dieser Weihestelle wälzen sich andächtige Volksscharen. Dem Geburtshaus Mao Ze-dongs von Shaoshan in der chinesischen Hunan-Provinz ist dieses Gehöft nicht unähnlich. Auch dort handelt es sich um ein hölzernes Farmhaus, dessen Ausmaße und Ausstattung auf einen für jene Zeit durchaus erträglichen Lebensstandard verweisen.

Auf der Rückfahrt zum Hotel halten wir am Mangyondae-Kin-derpalast, ein kolossales Gebäude. Es ist von koreanischen Mär-chengestalten umringt, deren Legende der Große wie der Liebe Führer ihren kleinen Zuhörern gern erzählten. 690 Räume um-faßt diese Monsteranlage, in die eine riesige Bühne eingelassen ist. Auch Turnhallen sind hier zu finden, wo neben klassischem Ballett vor allem der Kampfsport Taekwondo geübt wird. Auf der Bühne wird gerade ein revolutionäres Kinderschauspiel aufge-führt. Mehrere hundert junge Tänzer bewegen sich dabei mit me-chanischer Präzision. Die Mädchen sind in knallbunte Zogori-Trachten gehüllt. Alle Gesichter sind im obligatorischen Lächeln der sozialistischen Glückseligkeit erstarrt. Am Ende verneigen sich die kleinen Marionetten zur liturgischen Anbetungsgeste vor dem alles überragenden Antlitz Kim Il Sungs.

Was wird aus diesen Kindern wohl werden, wenn dieses ab-sonderliche Zwangssystem eines Tages ins Wanken käme? Noch ist es nicht soweit. Den Aussagen von Flüchtlingen und Dissi-denten, die in Südkorea Asyl suchen oder neuerdings in den USA großzügige Aufnahme finden, ist selten zu trauen. Sie reden ihren neuen Protektoren nach dem Mund und tragen – wie die iraki-schen Exilanten, die das Pentagon und die CIA auf den Leim führten – zum Entstehen illusorischer Wunschbilder bei. Zur Stunde werden die leiseste Äußerung von Kritik an den beiden Führern, jeder Zweifel an ihrer unendlichen Weisheit im günstigsten Falle mit Einweisung in ein Arbeitslager, mit Verschickung in die mörderischen Stollen überfluteter Bergwerke, aber auch mit Hinrichtung bestraft. Das Überwachungs- und Spitzelnetz ist so dicht, daß jede kollektive Verweigerung im Keim erstickt würde. Deshalb sei man vorsichtig, wenn Tataren-Meldungen über angebliche Aufstände von verzweifelten Fabrikarbeitern oder verhungernden Bauern ausgestreut werden.

Ewig kann die totale Abschottung dieses »Landes der Ahnungslosen« jedoch nicht andauern. Dazu ist das gesamte Umfeld in einen allzu rasanten Veränderungsprozeß geraten. Der Wohlstand Südkoreas und Japans, vor allem aber der phänomenale Aufschwung der Volksrepublik China lassen sich nicht mehr lange verheimlichen. Noch ist die Disziplinierung des Volkes total und unerbittlich. Aber die brutalen Krawalle, die in der Republik von Seoul zwischen Studenten und anderen Opponenten gegen die wie Samurai bewaffneten Polizeistreitkräfte immer wieder aufflackern, geben Kunde von einer dem koreanischen Volkscharakter innewohnenden Neigung zu schonungsloser Gewalt. Es gibt kaum eine härtere Rasse in ganz Ostasien.

Als die Japaner in Ermangelung tauglicher Verbündeter im Pazifikkrieg gegen Amerika dazu übergingen, auch koreanische Regimenter aufzustellen, die an ihrer Seite kämpften, zeichneten sich diese Einheiten durch maßlose Härte aus, waren gefürchteter als die Soldaten des Tenno. Im Vietnamkrieg der Amerikaner stellte der südkoreanische Militärdiktator Park Chung Hee, der vor 1945 als Subalternoffizier auf seiten Tokios gekämpft hatte, zwei seiner Divisionen – »Tiger« und »White Horse« – zur Verfügung. In der ihnen zugewiesenen Kampfzone rund um Qui Nhon schufen diese Einheiten die einzige Region Südvietnams, wo der Vietcong nicht zum Zuge kam. Gefangene oder Verdächtige wurden nach den Regeln des Nationalsportes Taekwondo mit Karateschlägen zur Strecke gebracht.

Welches Schicksal steht diesen Kindern bevor, falls eines Tages der perverse Zauber der nationalkommunistischen Götzenverehrung zerbricht? Wird sich krimineller Nihilismus einstellen wie in Albanien nach dem Zusammenbruch des Enver-Hodscha-Regimes? Fände eine Übernahme der Gewalt und der Wirtschaft durch eine mafiöse Unterwelt statt, wie sich das in Rußland nach dem Zerfall der Sowjetunion unter Gorbatschow und Jelzin abzeichnete, bevor Wladimir Putin – unter Berufung auf den russischen Patriotismus und die prawo-slawische Orthodoxie – die ererbte Autokratie wiederherstellte und mit den »Oligarchen« ebenso schonungslos verfuhr wie einst Peter der Große mit den Bojaren? Könnte die Entwicklung der Volksrepublik China Pate stehen? Aber dafür sind die ethnischen Grundveranlagungen wohl zu gegensätzlich. Bricht ein blutiges, rächendes Chaos aus? Die letzte Entscheidung über die Zukunft Nordkoreas dürfte innerhalb der Streitkräfte gefällt werden.

Das Glück am Ende des Gewehrlaufs

Nur zögerlich habe ich die Einladung des koreanischen Schriftstellerverbandes angenommen, mit dessen Funktionären ein kollegiales Gespräch zu führen. Was sollte schon dabei herauskommen? Auf den ersten Blick scheinen sich meine negativen Ahnungen zu bestätigen. An dem üblichen Verhörtisch, unter den Fotografien von Kim Vater und Sohn sitzen mir zwei verdrießliche Männer von fünfzig oder sechzig Jahren gegenüber. Auch in Korea geht Kunst nach Brot, und ich habe es bestimmt mit eingefleischten Ideologen der Juche-Philosophie zu tun. In ihrem mürrisch zur Schau getragenen Weltschmerz und der krampfhaften Selbsttäuschung über die eigene literarische Bedeutung sind sie übrigens diversen Starautoren europäischer Intellektuellenzirkel gar nicht so unähnlich. Sie hätten recht gut in das Ambiente westlicher Pen-Clubs gepaßt.

Dennoch wird mir an dieser Stelle die vielleicht wichtigste Erleuchtung zuteil. Bei den Veröffentlichungen der Autoren Nordkoreas kann es sich nur um Auftragsarbeiten handeln. Ob Juche dabei die Richtlinie vorzeichne, frage ich naiv, was natürlich bestätigt wird. Man unterscheidet hier zwischen Ganzzeit-Schriftstellern und Amateuren. Für alle fände die Ausbildung in der Hochschule für Literatur, einer Sektion der Kim-Il-Sung-Universität, statt. Das Zentralkomitee des Schriftstellerverbandes treffe die Auslese und fälle die Bewertung. Jede Publikation müsse natürlich volksnah sein und eine gesunde Ideologie widerspiegeln. Pro Jahr bringe man es immerhin auf dreitausend Schriften, darunter etwa zwanzig erbauliche Romane. Meine Gesprächspartner nennen ein paar Buchtitel: »Unvergängliche Geschichte«, »Überragende Leitung«, »Der blaue Berg«, »Die Gewehre«, »Lied der Jungen«, »Sehnsucht«. Dreitausend Poeten stehen im Dienste der Revolution, darunter sechshundert fest Angestellte. Ein Bestseller wie »Waffen des Lebens« könne es angeblich zu einer Auflage von 30 000 Exemplaren bringen.

Ich erfahre, daß Genosse Kim Jong Il mit seinen eigenen Gedichten ein leuchtendes Beispiel gesetzt habe. Der »Liebe Führer« hat sich mit den Poemen »Korea, ich werde Dich glänzen lassen«, »Wo bist Du geblieben, geliebter General?« – damit ist Vater Kim Il Sung gemeint – oder »Umarmung des Vaterlandes« hervorgetan. Er lese mindestens hundert Bücher im Jahr.

Der Mißmutigere der beiden Zensoren hat mir offenbar eine wichtige Botschaft zu übermitteln. Gewiß gebe die Juche-Lehre weiterhin die große, quasireligiöse Ausrichtung vor, aber seit Januar 1995 sei eine zusätzliche imperative Staatsdoktrin hinzugekommen, die nicht nur der Politik und der Wirtschaft der Demokratischen Volksrepublik, sondern auch dem Alltag des einzelnen die strikte Ausrichtung vorschreibt. »Wir sind seit 1995 in die Songun-Epoche eingetreten«, erklärt er mir. »Die Hingabe an den Geist von ›Songun‹ beinhaltet das entscheidende Kriterium für die Beurteilung des literarischen Schaffens.« Und was bedeutet Songun? Der Begriff Songun verordnet die absolute Priorität der Streitkräfte in allen Bereichen des öffentlichen und privaten Lebens. Der Armee, ihren Bedürfnissen, ihrer Rüstung ist alles andere untergeordnet. Nordkorea ist im Zeichen von »Songun« zum perfekten, absolutistischen Militärstaat geworden. Die Partei hingegen – so erfahre ich später – werde seit 1995 auf den zweiten Platz verwiesen und versinkt allmählich in Bedeutungslosigkeit.

Es hat sich also wenige Monate nach dem Tod Kim Il Sungs ein fundamentaler Wandel vollzogen. Als der »Große Führer« starb, stand Nordkorea am Abgrund einer katastrophalen Wirtschaftskrise und einer mörderischen Hungersnot. Ob die hohe Generalität, die angeblich in widerstreitende Clans aufgespalten ist, das Verschwinden des Staatsgründers und seiner unbestreitbaren Autorität genutzt hat, um sämtliche Hebel der Macht an sich zu reißen? Es sollen ja eine Million Soldaten unter Waffen stehen, über sieben Millionen Reservisten mobilisiert sein. Der Wehrdienst kann bis zu zehn Jahren dauern. Mindestens dreißig Prozent des Staatshaushaltes ist den Militärausgaben zugeordnet. Das wirtschaftliche Desaster der neunziger Jahre hätte gemäß der konfuzianischen Sittenlehre, der Korea von alters her ja noch verhaftet bleibt, für den Kaiser – in diesem Falle für den Nachfolger Kim Jong Il – bedeutet, daß er den »Auftrag des Himmels« verloren hatte. Die Zeit wäre dann reif gewesen für einen radikalen dynastischen Neuanfang.

Wie stark die Songun-Doktrin sich durchgesetzt hat und sogar die Juche-Offenbarung verdrängt, geht aus dem Zeitungsartikel eines gewissen Kim Son Guk hervor, der vor ein paar Monaten in englischer Sprache veröffentlicht wurde. In der offiziellen Zeitschrift »Korea Today«, datiert auf das »Juche-Jahr 93« – das Geburtsjahr Kim Il Sungs wurde zum Beginn einer neuen Zeitrechnung erhoben –, anders gesagt, erschienen im August 2004, wird folgendes kundgetan:

»Songun ist die persönliche Methode des Führers Kim Jong Il, die Revolution durchzuführen, und die Nation ist überzeugt, daß es sich hier um eine siegreiche Waffe der koreanischen Revolution handelt. Die Songun-Politik belebt die wirtschaftliche Aktivität mit revolutionärem Geist und mit soldatischer Kampfkraft. Die vereinten Kräfte von Militär und Volk verleihen der ›Volksarmee‹ die Rolle einer zentralen Kraft. Diese einzigartige Politik schafft eine große nationale Macht, deren Kern durch die militärische Kraft gebildet wird. Kim Jong Il gab die originale Erklärung ab, daß die Volksarmee die wichtigste revolutionäre Kraft darstellt. Das betrifft die beherrschende Position der Armee in ihrer revolutionären Tugend und in ihrer Kampffähigkeit. Unter Führung Kim Jong Ils bewältigt die Volksarmee gemäß den Thesen der Songun-Lehre nicht nur heroische Taten an der antiimperialistischen Militärfront, sondern sie spielt auch eine bemerkenswerte revolutionäre Rolle beim sozialistischen Wirtschaftsaufbau. Kim Jong Il hat den revolutionären Geist der Soldaten als die wichtigste Kraft unserer Zeit herausgestellt, um die Revolution zu verwirklichen. Das einundzwanzigste Jahrhundert ist eine Epoche der Schöpfung und des Wandels, und daraus ergibt sich, daß dem Gewehr die absolute Priorität zukommt. Der Sieg wird sich einstellen an der Front von Wirtschaft und Wissenschaft, weil die unbesiegbare Volksarmee sich als Hauptkraft der Revolution bestätigt und das Volk unter der Songun-Führerschaft Kim Jong Ils in enger Einheit mit der Armee voranschreitet.«

Was Songun wirklich bedeutet, ist mir – so fällt mir plötzlich ein – im »Kinderpalast« vorgeführt worden. Da stand nach einer Reihe von Darbietungen von Schulmädchen, die an die chinesische Kulturrevolution erinnerten, ein einsamer Knabe vor dem endlos düsteren Hintergrund, der wie eine Todesverheißung anmutete. Mit dem anerzogenen Komödiantenlächeln und mit schriller Stimme trug das Kind einen unglaublichen Lobgesang vor. »General Kim Jong Il unterstützt uns mit Gewehren. Deshalb sind wir glücklich und können ohne Probleme lernen. General Kim Jong Il verwirklicht die Songun-Politik. Deshalb können wir glücklich leben.«

Mutmaßungen über Kim Jong Il

Die deutsche Botschafterin Doris Hertrampf hat ein Abendessen veranstaltet. Das Diner findet im Gebäude der ehemaligen DDR-Vertretung statt, die von der Bundesrepublik übernommen wurde. Es sind fast alle westlichen Diplomaten – darunter auch der polnische Botschafter –, die in Pjöngjang akkreditiert sind, der Einladung gefolgt. Darüber hinaus haben sich ein paar Vertreter humanitärer Organisationen eingefunden. Die ausländischen Vertretungen des Westens sind – wie das in kommunistischen Staaten üblich ist – in einem streng abgeschirmten Compound untergebracht, den kein Koreaner, mit Ausnahme des Personals, betreten darf. Sogar meine Begleiter O und Kim müssen draußen bleiben und im Auto verharren, bis die Veranstaltung zu Ende ist.

Sehr schnell kommt die Rede auf die Person und die Bedeutung des Mystery-Man Kim Jong Il. Der neue Herrscher gibt weit mehr Rätsel auf als sein gottähnlicher Vater. Kim Il Sung imponierte schon durch einen für Koreaner ungewöhnlich hohen Wuchs. Bei seinem Aufstieg zur Spitze hatte er alle Gegner und Rivalen mit eiserner Unerbittlichkeit ausgemerzt, befolgte strikt die ihm vertrauten Methoden Josef Stalins, der in dem Koreaner vielleicht eine verwandte Natur entdeckt hatte. Der »Große Führer« begegnete dem Volk mit huldvoller Jovialität. Bei seinen pausenlosen Reisen in die Provinz hatte er keine einzige Ortschaft ausgelassen. Im Gegensatz zu dem Nachfolger, der nur im Eisenbahnzug nach Moskau oder Peking fuhr, hatte Kim Il Sung umfangreiche Flugreisen unternommen, um bei seinen marxistischen Gesinnungsbrüdern der Dritten Welt, aber auch bei den Blockfreien für seine Volksrepublik zu werben. Er bemühte sich bis zuletzt, auch im elegant geschnittenen Zivilanzug, um die Statur des sieghaften Partisanenkommandeurs.

Welchen Verlauf hätte die Geschichte Koreas wohl genommen, wenn dieser Mann, der als Hauptmann einer Sondereinheit der Sowjetstreitkräfte angehört hatte und erst auf Weisung Moskaus seine Guerillatätigkeit gegen die Japaner einstellte, in eine westliche Garnison der Roten Armee versetzt worden wäre, statt im fernöstlichen Chabarowsk auf seine Stunde zu warten? Vermutlich hätte er seine Karriere im Rang eines Oberst beendet. Sein Sohn Kim Jong Il, der in Khabarowsk zur Welt gekommen war, hätte sich vielleicht in den dramatischen Umsturztagen des Jahres 1991 in Moskau unter die Demonstranten gemischt, die Jelzin zujubelten und die Perestroika hochleben ließen.

Nach dem Tod Kim Il Sungs hatte sich jedoch der scheinbar unbedarfte Sohn in die Nachfolge des nordkoreanischen »Sonnenkönigs« gedrängt, und fast niemand hätte anfangs gewettet, daß er diesem Erbe gewachsen wäre. »Tot capita tot mentes.« Ich werde mich hüten, die Diskutanten dieses Abends beim Namen zu nennen. Der eine vertritt die Überzeugung, daß dieser ganze faule Zauber eines unzeitgemäßen Kommunismus spätestens im Jahre 2006 zusammenbrechen würde. Chinesische Gewährsleute in Peking hatten mir hingegen versichert, man dürfe diesen seltsamen Erben nicht unterschätzen. Nach dem Ableben des Großen Führers war 1994 eine Machtvakanz von drei Jahren entstanden, was man auf die angeblichen Trauerrituale des Konfuzianismus zurückführte. Seitdem habe sich die Autorität Kim Jong Ils jedoch bemerkenswert gefestigt.

Die Chinesen zeigen sich allerdings irritiert über die Unberechenbarkeit dieses bizarren und verschrobenen Nachkommen, dem seltsame Gelüste auf glamouröse Filmdiven, kulinarische Delikatessen und extravagante Automobile nachgesagt werden. In der Öffentlichkeit tritt er hingegen in extrem bescheidener Kleidung auf, trägt ein zu kurz geschnittenes beiges Blouson, das den Spitzbauch des inzwischen Sechzigjährigen unvorteilhaft betont. Dazu kommt ein Froschgesicht, das durch die dicke Brille und eine hochtoupierte Frisur verunstaltet wird. Allenfalls Yassir Arafat hatte noch weniger attraktiv gewirkt, war als Redner ebenso unbegabt, verfügte jedoch bei seinen Palästinensern über ein unerklärliches Charisma.

Die Ansprachen des »Lieben Führers« sind von einer solch schwülstigen Trivialität, daß es sich nicht einmal lohnt, sie zu zitieren. So bleibt die Ungewißheit, in welchem Umfang es diesem bläßlichen, fast autistisch wirkenden Sohn und Nachfolger des zum Götzen der Nation stilisierten Übervaters gelingen kann, sich gegenüber den rivalisierenden Militärclans durchzusetzen. Das ist das unerschöpfliche Thema aller diplomatischen Spekulationen. Manche Experten neigen dazu, in Kim Jong Il nur den kleinsten gemeinsamen Nenner zu sehen, auf den sich die hohe Generalität – gestützt auf ihre Songun-Privilegien und einen ausgeprägten Selbsterhaltungsinstinkt – geeinigt hätte.

Irgend jemand beruft sich auf die Kim-Jong-Il-Biographie des Engländers Michael Breen: »Das Land ist auf eine Weise faszinierend, die zukünftige Generationen wohl kaum nachvollziehen könnten. Nordkorea ist Hitler-Deutschland und Stalins Sowjetunion inmitten des Wahnsinns der maoistischen Kulturrevolution«, behauptet dieser Autor. Das ist eine geistreiche, aber unzutreffende Formel. Der republikanische US-Senator John McCain, der zu den wenigen Asienkennern des »Capitol Hill« zählt, hat unlängst dem Nachrichtendienst CIA vorgeworfen: »Wir wissen nicht mehr über Nordkorea und Iran als vor zehn Jahren.« Damit hat er wohl den Nagel auf den Kopf getroffen.

Mit Grauen erinnert man sich der entsetzlichen Hungersnot, die über die Demokratische Volksrepublik in den neunziger Jahren hereingebrochen ist. Wie viele Menschen sind damals den Entbehrungen erlegen? Die Zahlen schwanken zwischen 200 000 und vier Millionen. Jedes zweite Kind habe damals an Unterernährung gelitten und weise heute noch Wachstumsstörungen auf, so heißt es. Andererseits versichert mir ein europäischer Kenner des Landes, der seit 22 Jahren in Pjöngjang lebt und die koreanische Sprache beherrscht, er habe auf seinen umfangreichen Reisen keine Hungerleichen entdecken können, und der Mann klingt durchaus glaubwürdig. Nach UNO-Angaben bleiben von den 22 Millionen Nordkoreanern heute noch 6,5 Millionen auf Nahrungslieferungen aus dem Ausland angewiesen.

Dabei hatte sich der Staat Kim Il Sungs nach den Verwüstungen des Krieges gegen die USA in den sechziger und siebziger Jahren erstaunlich zügig entwickelt. Mit Hilfe des Ostblocks wurden Stahlwerke gebaut, die von den Japanern zurückgelassene Industrie, soweit sie nicht durch Bomben vernichtet war, modernisiert. Die Bergwerke, wo neben Kohle und Eisen auch Edelmetalle geschürft wurden, arbeiteten auf vollen Touren. Auf der landwirtschaftlich nutzbaren Fläche von zwanzig Prozent – der Rest ist durch unwirtliches Gebirge verstellt – wurde die Produktion durch den Einsatz von 10 000 Traktoren aktiviert und wohl auch überstrapaziert.

All diese Errungenschaften, so wird heute behauptet, seien wie ein Kartenhaus zusammengefallen, als der Sowjetblock auseinanderbrach, die unentgeltliche Hilfe aus Moskau und dessen Satelliten jäh versiegte, als Naturkatastrophen – zwei Jahre Überschwemmung, ein Jahr extreme Trockenheit – die Felder überfluteten oder verdorren ließen. Die Bergwerke standen unter Wasser. Vor allem erwies sich, daß die vielgepriesene Schwerindustrie – unverzichtbares Symbol des proletarischen Fortschritts –, aber auch die Textilfabriken und Chemiewerke im weltoffenen Handel keinerlei Chance besaßen und zu neunzig Prozent Schrott waren. Der Ruin läßt sich allenfalls mit der totalen Wirtschaftskatastrophe vergleichen, der die Volksrepublik Albanien anheimfiel, nachdem sie von Enver Hodscha auf ähnliche Weise abgeschottet worden war.

Die überstürzte Hinwendung des postkommunistischen Regimes Tiranas zur freien Marktwirtschaft sollte dort in eine Orgie der Zerstörungswut und der Kriminalität einmünden. Im heutigen Nordkorea illustrieren pathetische Ruinen der Neuzeit – Hochöfen, Walzstraßen, Schmelzanlagen, Fördertürme – das Scheitern eines himmelstürmenden Kraftaktes. Die politische Ordnung blieb jedoch eisern aufrechterhalten. Ganz überraschend ist dieser Niedergang übrigens nicht gekommen. Zumindest die letzte Herrschaftsdekade des »Großen Führers« war durch die maßlosen Auswüchse einer krankhaften Paranoia gezeichnet. Bei seinen Provinzinspektionen ließ Kim Il Sung sich von den vor Angst schlotternden Funktionären durch die Vorführung Potemkinscher Dörfer täuschen. In Wirklichkeit wollte er wohl in seiner gottähnlichen Anmaßung die Realität gar nicht mehr wahrnehmen. Heute ist in Nordkorea offenbar der Punkt erreicht, wo niemand mehr in der Lage ist, einen einzigen Traktor oder ein Fahrrad, geschweige denn einen Lastwagen für den Zivilbedarf herzustellen. Die überfluteten Schächte können nicht leergepumpt und deren Stollen nicht abgestützt werden. Eine aufstrebende Industrienation ist in die ärmliche Existenz eines darbenden Agrarstaates zurückgefallen.

Wie sensationell hebt sich von dieser Tragödie der Demokratischen Volksrepublik der Höhenflug der südlichen Landeshälfte ab. Nach Abschluß des Waffenstillstandes von Panmunjom am 27. Juli 1953 stand die Republik von Seoul gegenüber Pjöngjang sehr unvorteilhaft da. Sie versackte in politischer Zerrissenheit, ökonomischer Inkompetenz und unbeschreiblicher Korruption. Um aus diesem verrotteten Staatswesen des proamerikanischen

Präsidenten Syngman Rhee einen ostasiatischen »Tiger« zu machen, um Südkorea auf Platz zwölf der größten Wirtschaftsmächte, auf Platz sechs der Erdölverbraucher zu befördern und eine moderne, rentable Stahlproduktion anzukurbeln, die die deutsche in den Schatten stellt, hat es nicht der freien Marktwirtschaft, des weltoffenen Wettbewerbs bedurft. Dieser Riesenerfolg war auch nicht der Unterwerfung unter die Anweisungen des Internationalen Währungsfonds zu verdanken oder den monopolkapitalistischen Manipulationen, die man heute als »Globalisierung« schönredet. Die eiserne Faust eines resoluten Militärdiktators hat das Wunder vollbracht.

General Park Chung Hee hat den Wirtschaftsboom Südkoreas in Gang gesetzt, indem er in einer ersten Phase des eifersüchtigen Protektionismus gewaltige Konzerne aus dem Boden stampfte, die mit der Disziplin von Kasernen funktionierten. An deren Spitze delegierte er hohe Offiziere, die ihm für Effizienz und Produktionswachstum persönlich verantwortlich waren. Der Vietnamkrieg, der Südkorea als Lieferant der US Army aufwertete, hat ebenfalls zu diesem phänomenalen Aufschwung beigetragen. Eines bleibt dabei festzuhalten: Nicht Parteienvielfalt, westliche Demokratie und strikte Respektierung der Menschenrechte haben Südkorea zum wirtschaftlichen Höhenflug verholfen, sondern die konfuzianisch fundierte Strenge eines soldatischen Patriarchen.

Den anwesenden Gästen der deutschen Botschaft erzähle ich von meiner einmaligen Begegnung mit Präsident Park Chung Hee, bei der ich ihn aus der Nähe beobachten konnte. Das war in Manila bei einem Gipfeltreffen aller Staatschefs, deren Streitkräfte auf seiten Amerikas in Vietnam engagiert waren. Das Diner fand zu einem Zeitpunkt statt, als Washington noch an seinen Sieg in Indochina glaubte. Präsident Johnson war in bester Laune, während er im Malacanang-Palast die attraktive Präsidentengattin Imelda Marcos zum Tanz aufforderte und an sich preßte. Es herrschte Zuversicht, Fröhlichkeit und ein Schuß Frivolität. Präsident Nguyen Cao Ky, der Fliegergeneral aus Südvietnam, strahlte über das ganze Gesicht. Nur ein einziger Teilnehmer saß wie zu Stein erstarrt, schweigsam, mit eisigem Ausdruck der Mißachtung an der Festtafel. General Park Chung Hee aus Südkorea hatte nichts übrig für solch schillernde Festivitäten am Rande eines höchst ungewissen Feldzuges.

Was nun das heutige Nordkorea betrifft, so stehen alle Experten vor einem undurchdringlichen Enigma. Wie konnten unter so widrigen Umständen die perfektionierten Mittelstreckenraketen vom Typ Taepodong konstruiert und eine Nuklearforschung entwickelt werden, die offenbar weit gediehen ist? Dafür finden die meisten nur eine plausible Erklärung: Es müssen zwei streng getrennte, absolut gegensätzliche Industriezweige existieren. Der eine, der öffentliche Sektor, ist der Vernachlässigung, dem Verfall, dem Erlöschen anheimgefallen, Folgen eines unvorstellbaren Schlendrians, eines psychopathischen Realitätsverlustes. Der andere hingegen bleibt hermetisch abgeschirmt, wurde mit zielstrebiger Energie auf den Stand modernster Technologie gebracht und verfügt über unbegrenzte Mittel. In der Lenkwaffen- und Nuklearbranche wurden vermutlich Experten aus der Sowjetunion mit riesigen Gehältern angelockt, während tief unter der Erdoberfläche eine ganze Armee von Troglodyten, die – beliebig in den Straflagern rekrutiert – als frei verfügbare Masse den Gefahren von Verschüttung und radioaktiver Verstrahlung rücksichtslos ausgesetzt sind. Ähnlich war das Dritte Reich beim Bau seiner V 2 in Peenemünde und im Harz verfahren.

Die flagrante Widersprüchlichkeit dieser doppelspurigen Industrieentwicklung ließe sich unter starken Vorbehalten mit der Sowjetunion vergleichen. Als ich im Winter 1958, wenige Jahre nach dem Tod Stalins, dieses Riesenimperium zum ersten Mal bereiste, hatte man in den neugebauten Hotels und sogar Amtsstuben das Gefühl, die russische Ingenieurkunst sei so weit auf den Hund gekommen, daß sie weder funktionierende Wasserhähne noch brauchbare Türklinken herzustellen vermochte. Zur gleichen Zeit wurde jedoch ein ungeheuerliches Arsenal hochperfektionierter Thermonuklearbomben mitsamt den dazugehörigen Interkontinentalraketen im Ural und anderenorts angehäuft. Ein Jahr zuvor hatte Moskau mit dem Start des ersten künstlichen Satelliten, Sputnik genannt, der piepsend um die Erde kreiste, den Amerikanern die Show gestohlen. Auch die menschliche Qualifizierung ist vorhanden. So wissen die in Peking akkreditierten deutschen Offiziere von Begegnungen mit nordkoreanischen Obristen zu berichten, die vorzüglich Englisch sprechen, sich selbstsicher und unbefangen auf dem internationalen Parkett bewegen und westlichen Militärstandards in jeder Beziehung zu entsprechen scheinen.

Die grauenhafte Hungersnot der neunziger Jahre hat Nordkorea recht und schlecht überstanden, so lautet die überwiegende Meinung in der Diskussionsrunde der deutschen Botschaft. Vor allem in den östlichen, schwer zugänglichen Provinzen soll weiterhin dramatischer Mangel herrschen. Aber Kim Jong Il sonnt sich neuerdings in dem bescheidenen Ruhm, dem himmelschreienden Elend Einhalt geboten zu haben. So sollen Reis und Getreide, wo immer das möglich ist, zweimal im Jahr geerntet werden. Der forcierte Anbau von Kartoffeln – vor allem in jenen rauhen Klimazonen, die sich für andere Bodenfrüchte nicht eignen – wird als besondere Leistung, ja als Heldentat des Genossen Kim II. gepriesen. Hatte nicht auch Friedrich der Große seine preußischen Untertanen und Leibeigenen durch diese importierte Knollenfrucht vor den schlimmsten Entbehrungen zu retten versucht? Wirkliche Kenner des Landes verweisen darauf, daß bereits die Japaner lange vor dem Zweiten Weltkrieg begonnen hatten, die Kartoffel in Korea heimisch zu machen.

Auch in normalen Zeiten wurde im »Land des stillen Morgens« der Viehzucht keine angemessene Bedeutung zugewiesen – ebensowenig übrigens wie im benachbarten Japan. Hier versucht Kim Jong Il Abhilfe zu schaffen. Ziegen- und Entenzucht werden gefördert. In der Umgebung von Kaesong sollten wir bei unserer Reise nach Süden eine aufwendige Musterfarm für Schweinefleisch-Produktion besichtigen, aber auch dort wurde gemunkelt, daß die Kühlanlagen wegen permanenter Elektrizitätspannen ausfallen und daß niemand daran gedacht habe, Evakuierungsanlagen für die Gülle zu bauen.

In seiner schöpferischen Phantasie ist Kim Jong Il sogar auf die Idee gekommen, Strauße aus Südafrika zu importieren. Dieser exotische Vogel soll dazu beitragen, den akuten Fleischmangel zu vermindern. Tatsächlich hat man uns ein solches extravagantes Menü im Hotel serviert. Den Einheimischen wird sogar die Fabel erzählt, der begabte Sohn eines genialen Vaters habe Aprikosenbäume und Rosen im Winter zum Blühen gebracht. Glücklicherweise werden wir selbst von der Schilderung solcher Wundertaten verschont. Es genügt ja, daß eine neue, besonders prächtige Begoniensorte den Namen »Kimjongilia« trägt. In der Ausgabe der »Pyongyang Times« vom 21. August 2004 – gemeint ist das Juche-Jahr 93 – wird allen Ernstes behauptet, der grandiose Sonnenaufgang über dem mythischen Paektu-Gebirge sei als zwingender Beweis für die Richtigkeit der »Songun-Doktrin« zu werten.

Ein Hauch von Liberalisierung ist immerhin zu spüren. Im äußersten Nordosten, dort, wo Nordkorea auf einer Breite von nur zwanzig Kilometern an die russische Fernostprovinz heranreicht, existiert seit geraumer Zeit eine streng überwachte Freihandelszone. Aufgrund der dürftigen Lebensverhältnisse in dieser abgelegenen Region des einstigen Zarenreiches hat diese Ausnahmeregelung jedoch nichts eingebracht. Bei einem ähnlichen Versuch an der Nordwestecke, die zur Volksrepublik China überleitet, der Sonderenklave von Sinuiju, war sogar der Bau von Spielcasinos und anderen Lasterhöhlen geplant. Das Projekt scheiterte an der energischen Absage Pekings, nachdem der von nordkoreanischer Seite vorgeschlagene Manager dieses Unternehmens, ein Macao-Chinese mit holländischem Paß, als höchst zwielichtige Figur entlarvt worden war.

Ein dritter Ansatz für freien Warenaustausch und »Jointventures« im Umkreis der Stadt Kaesong – unweit der Demarkationslinie – kommt nicht recht vom Fleck, seit die »Sonnenscheinpolitik« ihren Elan eingebüßt hat. Speziell für südkoreanische Touristen und Badegäste wurde an der Ostküste, zu Füßen des Diamanten- oder Kumgingsan-Bergs, wo die bezaubernde Landschaft eine Vielzahl buddhistischer Tempel und verlassener Mönchsklausen beherbergt, ein drakonisch abgeschirmtes Ferienparadies geschaffen. Auch dieses schüchterne Zugeständnis führt nicht weit. Bei ihren tastenden Liberalisierungsexperimenten muß sich die Volksrepublik Kim Jong Ils stets bewußt sein, daß sie einen außerordentlich riskanten Drahtseilakt unternimmt. Wie schnell könnte das kommunistische Regime die Kontrolle über eine auswuchernde Modernisierung verlieren.

Selbst der kluge Generalsekretär der chinesischen Kommunistischen Partei, Deng Xiaoping, der seinem Riesenreich eine sensationelle Kursänderung verordnete, war sich der Gefahr eines politischen Abgleitens wohlbewußt. »Korrupte Ideen sind gefährlicher als Atombomben«, soll er damals gepredigt haben, und eine übertriebene Hinwendung zum wirtschaftlichen Aufbau und zur Aufgabe der ideologischen Grundlinien käme einem selbstmörderischen Akt gleich, weil dadurch die Tür für imperialistische Gedanken und Einflüsse geöffnet würde. »Es ist notwendig, ein Moskitonetz aufzuspannen für alle Bereiche unseres gesellschaftlichen Lebens«, hieß es in Peking. Besagtes Moskitonetz sollte schädliche Insekten abhalten, aber dennoch eine belebende Durchlüftung ermöglichen.

Wirklich bemerkenswert ist das weite Areal, das die Stadt Pjöngjang für das Handelszentrum »Tongil« zur Verfügung gestellt hat. Hier wird dem freien Markt eine verblüffende Konzession eingeräumt. In den blitzsauberen Kaufhallen sitzen lange Reihen schlichter Bäuerinnen – sämtlich in die Landestracht gekleidet – wie Hühner auf einer Stange eng aneinandergereiht. Sie bieten die bescheidenen Lebensmittelüberschüsse an, die sie auf ihrer Privatparzelle von hundert Quadratmetern, die ihnen neuerdings zugestanden wird, erwirtschaften. Diese Agrarprodukte sind für den Normalverbraucher kaum erschwinglich. Aber daneben gibt es auch umfangreiche Baracken, wo alle erdenklichen Importgüter – Kühlschränke, Fernsehgeräte, Waschmaschinen meist chinesischer Fabrikation – für harte Euros zu erwerben sind. Vollends skandalös – gemessen an der Armut der Durchschnittsbevölkerung – wirkt das Angebot von Luxusgütern, von westlicher Modekleidung bis zu französischem Champagner, das bestenfalls für die dünne Schicht der Privilegierten des Regimes erschwinglich ist. Vielleicht ist diese soziale Diskrepanz der Grund dafür, daß uns auf dem Tongil-Markt jede Fernseharbeit und jedes Foto untersagt wurden.

Besonders gesucht, auch bei den bescheideneren Käufern, sind die aus tropischen Ländern importierten Bananen. In diesem Punkt zumindest erinnert die koreanische Volksrepublik an die verflossene Mangelgesellschaft der DDR. Völlig deplaziert wirkt da-

118

neben das große Plakat, das ein schnittiges Automobil darstellt. Um Reklame für dieses Modell »Huiparam«, ein Fiat-Produkt, dessen Fertigteile im koreanischen Hafen Nampo zusammengesetzt werden, kann es sich nicht handeln. Welcher Koreaner würde die astronomische Summe für den Erwerb eines solchen Fahrzeuges aufbringen? Aber der Bevölkerung soll vor Augen geführt werden, daß die Demokratische Volksrepublik begonnen hat, in einer eigenen Montageanlage neue Wirtschaftswege zu beschreiten. Mir persönlich jedenfalls ist kein einziges Huiparam-Exemplar im spärlichen Verkehr von Pjöngjang begegnet.

Bei unseren ausgedehnten Ausflügen über Land haben wir am Straßenrand häufig die winzigen freien Bauernmärkte und ihre meist kümmerlichen Produkte entdeckt. Die bescheidenen Gemüsegärten, die zur Eigennutzung freigegeben wurden, tragen offenbar dazu bei, die quälendste Ernährungsnot etwas zu lindern. In keiner Weise läßt sich jedoch die zögerliche Liberalisierung des »Lieben Führers« mit der plötzlichen Überflutung der Märkte mit Schweinefleisch, Früchten und Gemüse vergleichen, die mich in der chinesischen Yangtze-Provinz Szetchuan im Jahr 1981 verblüffte, als die erste Modernisierung Deng Xiaopings, die der Landwirtschaft, schlagartig in Kraft trat. Sie bewirkte eine Fülle von erschwinglichen Agrargütern, die allenfalls mit der Explosion von Angebot und Nachfrage vergleichbar war, die in Westdeutschland im Jahr 1949 nach Einführung der harten D-Mark-Währung stattgefunden hatte.

Bei den meisten Gästen der Botschaftsrunde überwiegt die Skepsis. Ein wirklicher Wandel zum Besseren werde durch die minimalen Lockerungen der Zwangswirtschaft längst nicht bewirkt. Es besteht bei der Nomenklatura von Armee und Partei wohl auch die Befürchtung, selbst minimale Zugeständnisse an den natürlichen Handels- und Besitzinstinkt des Volkes könnten verheerende politische Folgen nach sich ziehen. Das große Erwachen der »Ahnungslosen« ist nach Ansicht der meisten Diplomaten unendlich weit entfernt.

Vielleicht vermögen wieder einmal die Chinesen die hiesige Situation am besten zu beurteilen. Der autistische Realitätsverlust des Durchschnittskoreaners, der sich eine lockere und üppige Lebensform gar nicht mehr vorstellen kann, habe die Gehirne ein-gemauert, lähme jeden Ansatz des politischen Aufbegehrens, so hatte ich in Peking vernommen. Die Enkel Mao Zedongs sind in-zwischen soweit, daß sie die eigenen schlimmen Erfahrungen aus der Zeit des »Großen Sprungs nach vorn« oder der »Prole-tarischen Kulturrevolution« ohne Komplexe zum Vergleich her-anziehen, um die Verblendung, um das mangelnde Wahrneh-mungsvermögen des Durchschnittskoreaners zu deuten.

Bevor ich die Botschaft zu später Stunde verlasse, beglückwün-sche ich Doris Hertrampf, daß es ihr gelungen ist, eine winzige kulturelle Freistätte in dieser bleiernen Umgebung zu schaffen. Am Nachmittag hatte ich das Goethe-Institut von Pjöngjang be-sucht. Gewiß, es handelt sich da nur um eine bescheidene Etage, und die Bücherregale sind spärlich bestückt. Die Botschafterin, die vor ihrer Berufung nach Pjöngjang ein paar Jahre lang als Diplo-matin in Seoul tätig war – woran hier offenbar niemand Anstoß nimmt –, ist klug und erfahren genug, um die Propagandabroschü-ren des Berliner Auswärtigen Amtes über westliche Demokratie und obligatorische Respektierung der Menschenrechte in den ei-genen Amtsräumen zu verstecken. Die koreanischen Mitarbeiter des Goethe-Instituts betonten mir gegenüber, daß sie vor allem an Abhandlungen über moderne Technik und Wissenschaft inter-essiert seien, und ich äußerte die Hoffnung, daß die Belieferung mit solchem Lehrmaterial durch die zuständigen deutschen Be-hörden in Zukunft großzügiger gehandhabt werde. Ob einem nor-malen Koreaner überhaupt der Zugang zu dieser deutschen Kul-tureinrichtung erlaubt ist, bleibt fragwürdig. Doch hier besteht immerhin eine Chance kultureller Zusammenarbeit, die von Ost-Berlin einst mit großzügigen Mitteln und recht erfolgreich geför-dert wurde. Sie sollte so intensiv wie möglich genutzt werden.

Es ist Mitternacht, als ich auf unser parkendes Auto außerhalb der Absperrung zugehe. Unsere Begleiter O und Kim haben ge-duldig ausgeharrt. Die surrealistische Silhouette Pjöngjangs liegt wie ausgestorben im blassen Mondlicht. Jenseits der leeren Pracht- und Paradestraßen strahlt die goldene kolossale Statue Kim Il Sungs wie eine messianische Verheißung im Licht der Scheinwerfer.

120

»The forgotten war«

Wiedersehen mit Panmunjom

Der südliche Stadtrand von Pjöngjang wird durch monolithische Anhäufungen wuchtiger Wohnblocks markiert. Jenseits davon schweben zwei riesige Frauengestalten aus weißem Granit über der schnurgeraden Autobahn. Die beiden weiblichen Engel, die die koreanische Zogori-Tracht tragen, sind dreißig Meter hoch. Sie beugen sich über die sechsspurige Verkehrsader zu einem symbolischen Rundbogen der nationalen Einheit. In ihren ausgestreckten Händen halten sie eine Abbildung der ungeteilten koreanischen Halbinsel. Danach öffnet sich eine bukolische Landschaft. Auf fruchtbarem Boden dehnen sich vorbildlich gepflegte Reisfelder, die von Mais- und Gemüsepflanzungen unterbrochen sind. Alle zwanzig Kilometer sind Checkpoints postiert, aber das Nummernschild unseres Minibusses scheint uns besondere Privilegien zu verschaffen. Die seltenen Lastwagen, die sich samt und sonders in einem erbärmlichen Zustand befinden, sowie die Radfahrer und Fußgänger werden einer genauen Prüfung unterzogen.

Die zahllosen Propagandaschilder, die in den Reiseführern erwähnt werden, sind mehrheitlich entfernt worden. So genießen wir ungestört den feierlichen Sonnenaufgang über dem »Land des stillen Morgens«, eine Bezeichnung des koreanischen Vasallen-Staates, der aus der Pekinger Hofsprache stammt. Die Straßenränder sind oft mit Blumenbeeten geschmückt. Die Menschenleere auf dieser riesigen Asphaltbahn bei strahlendem Wetter erscheint bedrückender als in der Tiefe der Nacht. Es geht zügig nach Süden. Die Demarkationslinie mit Südkorea ist 160 Kilometer entfernt, und sollte man eines Tages nach Seoul weiterfahren dürfen, müßten siebzig Kilometer addiert werden. Die wenigen Menschen, die wir sichten, bewegen sich zu Fuß, auch die Soldaten in der erdbraunen Uniform nach sowjetischem Modell. Sie tragen allenfalls eine altertümliche Kalaschnikow am Gurt, und ihr Auftreten wirkt längst nicht so martialisch, wie die Songun-Doktrin das eigentlich erheischen würde. Die Zivilisten machen einen ärmlichen Eindruck, aber wirkliches Elend ist nicht zu entdecken.

Je näher die Demarkationslinie rückt, die in unregelmäßigem Verlauf dem 38. Breitengrad folgt, desto welliger wird das Gelände. Eine Parklandschaft aus Bambus und Trauerweiden nimmt uns auf. Angeblich sind hier unter jedem Hügel Artilleriestellungen und Waffenlager versteckt. Jede Erhebung sei von einem mächtig betonierten Bunkersystem unterhöhlt. Doch ich spähe vergeblich in die üppige Pflanzenwelt. Die alte Königsstadt Kaesong haben wir links liegenlassen, und jetzt befinden wir uns – nach Passieren eines Kontrollhäuschens und einer Schranke – im eigentlichen Sperrgebiet der DMZ, der »Demilitarized Zone«. Sie ist vier Kilometer breit und bildet die Waffenstillstandslinie. Beiderseits dieser Front hielten sich in den Jahrzehnten extrem feindseliger Anspannung 1,5 Millionen koreanische und 40 000 amerikanische Soldaten in Bereitschaft. Heute dürfte dieses Massenaufgebot reduziert worden sein. Ein Teil der US-Garnison, die unlängst in neue Unterkünfte nach Süden verlagert wurde, ist bereits zum realen Kriegseinsatz von »Iraqi Freedom« abkommandiert.

Wir haben unser Auto verlassen und gehen an erstarrten nordkoreanischen Wachposten vorbei auf eine Anreihung blauer Hütten zu. In deren Zentrum verläuft die exakte Demarkationslinie. Zwei riesige Masten überragen den historischen Ort, der mit seinen gestutzten Hecken und blühenden Beeten einem Ziergarten ähnlicher ist als einem Konfrontationspunkt grimmiger strategischer Entschlossenheit. Über uns weht die rot-blaue Fahne mit dem roten Stern, das Emblem der Demokratischen Volksrepublik. Jenseits der Abschirmung flattert die weiße Flagge der Republik von Seoul, auf der das blaue und das rote Symbol von Yin und Yang, die konfuzianischen Zeichen von Stärke und Nachgiebigkeit, miteinander eng verwoben sind. Auf beiden Seiten sind mehrstöckige Bauten hochgezogen worden. Vor allem die Südkoreaner protzen mit einer weißgetünchten Halle im ostasiatischen Stil. Davor sind vier Soldaten der »Republic of Korea« unter amerikanischen Helmen zu erkennen. Sie unterhalten sich lässig und wirken von fern wie amerikanische GIs.

Auf unserer Seite ist die Disziplin strikter. Die bewaffneten Kommunisten lösen sich selten aus ihrer Habtachtstellung. Panmunjom ist der einzige Ort Nordkoreas, wo wir Angehörige der Volksarmee nach Belieben filmen und fotografieren dürfen. Hauptsehenswürdigkeit ist natürlich die geschichtsträchtige Hütte in Blau, wo am 27. Juli 1953 ein Militärbevollmächtigter der USA im Namen der Vereinten Nationen, ein Nordkoreaner und ein Chinese die Feuereinstellung unterzeichneten. Südkorea hatte sich diesem Akt verweigert. Ich frage Herrn O, ob ich an dieser Stelle einen Aufsager, ein Statement, für den geplanten Koreafilm machen kann. Die Erlaubnis wird ohne Umstände gewährt. Ich setze mich also an den Verhandlungstisch, auf dem sich ein nordkoreanisches und ein blaues UNO-Fähnchen gegenüberstehen. Hinter mir haben sich zwei Soldaten der Volksarmee aufgebaut.

Ein Oberstleutnant der nordkoreanischen Armee ist uns zugeteilt. Er ist groß und schlank gewachsen. In seiner gutgeschnittenen Uniform mit den breiten goldenen Epauletten bewegt er sich mit ungezwungener Eleganz. Der Offizier gibt seinen Namen an, womit ich gar nicht gerechnet hatte. Oberstleutnant Kim Sang Jun behauptet, kein Wort Englisch zu sprechen, so daß wir weiterhin auf Herrn O als alleinigen Dolmetscher angewiesen sind. »Bleiben Sie in meiner Nähe«, sage ich dem Funktionär der Koreanisch-Deutschen Freundschaftsgesellschaft, »damit Sie auch hören, wie mein Kommentar lautet, und anschließend – so bitte ich Sie – übersetzen Sie den Text dem Oberstleutnant Kim San Jun.«

Ich wußte, daß ich ein Wagnis einging. Bei meinem Visumsantrag in Berlin hatte ich die Frage, ob ich jemals zuvor in Korea gewesen sei, negativ beantwortet. Ich tat so, als handle es sich bei der Auskunft lediglich um Nordkorea, und erwähnte nicht, daß mir die Republik von Seoul von mehreren Aufenthalten sehr wohl bekannt war. Die Demarkationslinie hatte ich bisher nur von Süden aus besichtigt und von den dortigen Stellungen über Minenfelder, Hochspannungsdrähte und Bunker auf die nördlichen Positionen gespäht.

Vor allem hatte ich verschwiegen, daß ich mich während des Koreakrieges, im Mai 1952, in vorderster Linie zwischen Amerikanern und Rotchinesen befunden hatte, als die Front nach mehrfachen dramatischen Schlachtenwenden im Umfeld des 38. Breitengrades allmählich erstarrte. Im Mai 1952 trafen sich trotz andauernder heftiger Kämpfe die verfeindeten Parteien bereits zu eisigen, haßerfüllten Kontakten in den Baracken und Zelten von Panmunjom. Ich hatte dieses verbissene Tauziehen aus unmittelbarer Nähe verfolgt. Ob der »Armistice« tatsächlich zustande käme oder ob plötzlich wieder eine Offensive großen Stils ausgelöst würde, erschien damals noch höchst ungewiß.

Ich war gespannt auf die Reaktion meiner nordkoreanischen Begleiter, als ich meinen Aufsager formulierte. »An dieser Stelle«, so begann ich, »habe ich mich vor mehr als fünfzig Jahren im Mai 1952 aufgehalten, allerdings auf der anderen, auf der südlichen Seite, wo das Sternenbanner der USA und die blaue Flagge der UNO wehten.« Ich streifte meine Frontbesuche im Mittelabschnitt, wo sich US Army und chinesische »Freiwillige« gegenüberlagen, sowie die dramatische Ungewißheit der damaligen Pattsituation. Unter Bezug auf das Vietnamdebakel, auf das die Vereinigten Staaten sich eine Dekade später einlassen sollten, aber auch auf die höchst aktuellen Drohungen Washingtons, man werde den »Schurkenstaat« Nordkorea durch einen Vorbeugungsschlag, einen »preemptive strike«, lahmlegen, endete ich mit dem Satz: »Spätestens nach dem Koreafeldzug von 1950 bis 1953 hätte das Pentagon begreifen müssen, daß auf dem asiatischen Kontinent für eine fremde Macht kein Krieg mehr zu gewinnen ist.«

Kim Il Sung bläst zum Angriff

Zum ersten Mal in meinem Leben betrat ich die Neue Welt. Auf dem Luxusdampfer »Ile de France«, auf dem ich mich von Le Havre nach New York eingeschifft hatte, bin ich in der bescheidensten Klasse gereist. Vier Tage zuvor, am 25. Juni 1950, war der Koreakrieg ausgebrochen. Die kommunistischen Divisionen des Diktators Kim Il Sung stürmten nach Süden, und die wenigen US-Veteranen an Bord ergingen sich in Spekulationen über die unerwartete Provokation Amerikas in Fernost. Ich konnte zu diesem Gespräch meine Erfahrungen aus Indochina beitragen.

Irgend etwas völlig Neues, Unberechenbares war in Gang gekommen. Die knappe versöhnliche Zwischenphase zwischen West- und Ostalliierten nach der Niederkämpfung des Dritten Reiches und des japanischen Imperiums war in die Konfrontation des Kalten Krieges umgeschlagen, der etwa vierzig Jahre dauern sollte. Die Berlin-Blockade durch die Sowjetunion, gefolgt von der kommunistischen Machtergreifung in Prag im Februar 1948, hatte bereits alarmierende Signale gesetzt. Aber jetzt wurde in Korea scharf geschossen. Im Kreml übte Josef Stalin seine totale Willkürherrschaft über das Sowjetimperium aus. Im Weißen Haus amtierte Präsident Harry S. Truman, der Nachfolger Roosevelts, und die politischen Gegner verspotteten den Neuankömmling als ehemaligen »Krawattenverkäufer« aus Kansas City.

Während der Taxifahrt zum Hotel Washington, das mir aufgrund seiner bescheidenen Preise von Freunden empfohlen war, erdrückt und fasziniert durch die gewaltigen Dimensionen dieser zum Himmel stürmenden Metropole, fragte ich den Chauffeur, was er denn von dem Konflikt in Korea halte. »I think this is a war«, lautete die knappe Antwort, die mir in ihrer Gelassenheit und der unterschwelligen Zuversicht in die unerschütterliche Kraft der USA imponierte.

An Bord der »Ile de France« hatte ich bei den Diskussionen über den eben ausgebrochenen Konflikt an die deutschen Fremdenlegionäre denken müssen, zu denen ich mich fünf Jahre zuvor auf dem britischen Truppentransporter gelegentlich gesellt hatte, als wir uns auf der Fahrt von Marseille nach Saigon befanden. Es waren viele Angehörige der Waffen-SS darunter. Die französische Indochina-Kampagne war in ihrer Vorstellung nur der Auftakt zum Dritten Weltkrieg gegen die Sowjetunion, und das wirkliche Ziel ihres Einsatzes würde nicht Saigon, sondern Wladiwostok heißen. So wurde damals schwadroniert. Falls diese Überlebenden des Dritten Reiches im Sommer 1950 noch am Leben waren und eventuell weiterhin in der »Légion Étrangère« dienten, haben sie vielleicht den Ausbruch des Koreakrieges als eine Bestätigung ihrer Ahnungen und geheimen Wunschvorstellungen begrüßt.

Aber Amerika war nüchterner als diese Nostalgiker germanischer Größe. Es ist später viel geschrieben worden über die Nervosität, die sich damals dieses riesigen Landes bemächtigt habe. Es mochte Enttäuschung darüber vorherrschen, daß die GIs – kaum aus Deutschland und Japan zurückgekehrt – sich in ein neues blutiges Unternehmen verstrickt sahen. Aber die Bitterkeit war gepaart mit dem grimmigen Willen, dieser neuen Form hinterhältiger asiatischer Aggression mit geballter Vernichtungskraft zu begegnen.

*

Ich habe mich nur ein paar Tage in New York aufgehalten und bin mit dem »Greyhound« nach Minneapolis weitergefahren, wo meine Schwester verheiratet war. Dort nahm ich in diesen Sommermonaten des Jahres 1950 die Chance wahr, mich an diversen Seminaren auf dem großzügigen Campus der University of Minnesota zu beteiligen und das Fach der »political science«, dem ich mich in Paris verschrieben hatte, auch aus dem Blickwinkel der Neuen Welt kennenzulernen. Dabei kam mir zugute, daß ich an der Sorbonne gerade ein »Certificat de littérature américaine« erworben hatte, das mir erlaubte, neben den Autoren Hemingway und Steinbeck, die damals in Europa helle Begeisterung auslösten, auch den früheren Schriften von Hawthorne oder Walt Whitman bei der Formierung meines Amerikabildes Rechnung zu tragen.

In den akademischen Debatten dieses Sommers stand zwangsläufig die Koreafrage im Vordergrund, zumal auch aus Minnesota eine Anzahl von Wehrpflichtigen oder »draftees« dorthin verschifft wurde. »Der Staat der zehntausend Seen«, so las man hier auf den Nummernschildern der Autos, war so provinziell und ganz auf sich selbst ausgerichtet, wie das im amerikanischen Mittelwesten nur sein kann. Unmittelbar an der Grenze Kanadas gelegen, waren die Winter von sibirischer Kälte, die Sommer meist heiß, schwül und von Moskitos schwirrend. Die Menschen – mehrheitlich skandinavischen oder deutschen Ursprungs – bekannten sich überwiegend zum lutherischen Protestantismus. Mich überraschten schon damals die riesigen Poster am Straßenrand: »Go to church – somewhere«, und ich ahnte nicht im geringsten, daß diese platte Wald- und Seenlandschaft, deren Einwohner traditionell demokratisch wählten und als »liberals« galten, ein halbes Jahrhundert später in den Sog der fundamentalistischen Erweckungstheologie und der robusten Welterlösungsvorstellung George W. Bushs geraten könnte.

An der University of Minnesota wurde sachlich und erstaunlich emotionslos über den neuen Krieg in Ostasien doziert. Bis dahin hatte der Durchschnittsbürger nicht die geringste Idee gehabt, wo sich diese asiatische Halbinsel überhaupt befand. In den Seminaren und Vorlesungen der Hochschule, wo zwischen Professoren und Studenten eine ungezwungene Kollegialität vorherrschte, wurde der Ausbruch der Feindseligkeiten in Fernost als überaus interessantes Studienobjekt behandelt. Die präzisen Umstände dieser sowjetisch inspirierten Provokation wie auch die radikale Wandlung des bestehenden Völkerrechts im Zeichen der Einordnung des Konflikts in die Kompetenz der damals noch jungen Organisation der Vereinten Nationen warfen eine ganze Serie grundsätzlicher Fragen auf.

Die volle Souveränität der Fürsten und Staaten, die vom Westfälischen Frieden zum obersten Prinzip der »jus gentium« erhoben und durch das mißlungene Experiment des Völkerbundes kaum angetastet worden war, sollte durch das Einmischungsrecht des Weltsicherheitsrates weitgehend reduziert werden. Die ohnehin recht nebulösen Verhaltensregeln der Mächte untereinander waren in der Euphorie des Sieges von 1945 im Rahmen einer fiktiven »internationalen Gemeinschaft« ergänzt und revidiert worden. Korea stellte gewissermaßen die erste Probe aufs Exempel für diese Neuordnung dar, und die Utopie moralischen Anspruchs zerplatzte bereits mit den ersten Artilleriesalven am 38. Breitengrad.

Erst mit großem zeitlichem Abstand sollte man erkennen, daß die blutigen Schlachten im »Land des stillen Morgens« auf die Nachkriegsgeschicke Asiens, aber auch Europas, weit gravierendere Auswirkungen nach sich ziehen würden als die medienwirksamen Kriegsereignisse, die sich fünfzehn Jahre später in Vietnam abspielen würden. Der Koreakrieg von 1950 bis 1953 gilt als der »vergessene Krieg«. Sehr zu Unrecht. Schon die Vorläufer dieses Zusammenpralls stimmen nachdenklich. Am Anfang stand wohl ein gründliches Mißverständnis, eine fatale Kommunikationspanne, die sich nur durch die jähe Entfremdung und Gegnerschaft zwischen Washington und Moskau erklären läßt. Die Kriegsallianz gegen Deutschland und Japan war einer unerbittlichen Rivalität gewichen. War wirklich der damalige US-Außenminister Dean Acheson für die Fehlkalkulation verantwortlich, die Stalin veranlaßte, den auf gewaltsame Wiedervereinigung Koreas drängenden Kommunisten des Nordens grünes Licht für ihre Großoffensive zu geben?

Am 12. Januar 1950 hatte Acheson tatsächlich den Sicherheitsbereich der Vereinigten Staaten in Ostasien, ihre offizielle Verteidigungslinie auf einen Bogen beschränkt, der sich von den Aleuten-Inseln über Japan und den Ryu-Kyu-Archipel bis zu den Philippinen erstreckte. Von einer Beistandspflicht für Südkorea war nicht die Rede. Vielleicht ging man in Washington davon aus, daß die Situation auf der Halbinsel eingefroren sei, nachdem in der Südhälfte Wahlen organisiert wurden, die mit dem proamerikanischen Präsidenten Syngman Rhee den Repräsentanten eines autoritären Regimes in den Sattel hoben. Syngman Rhee hatte lange Jahre im amerikanischen Exil verbracht, war mit einer Österreicherin verheiratet und galt als glühender Kommunistenhasser.

So sicher fühlte sich das Pazifikkommando der USA, daß im Juni 1949 die GIs aus Südkorea abgezogen wurden. Trotz der ersten Gewittersignale des Kalten Krieges – Berlin-Blockade, Einverleibung der Tschechoslowakei in den Ostblock, sowjetischer Versuch, in Persien marxistische Separat-Republiken in Aserbeidschan und Kurdistan zu errichten – waren die Gesamtstreitkräfte Amerikas auf eine halbe Million Soldaten geschrumpft. Im besetzten Japan verfügte der dortige Prokonsul Washingtons, General MacArthur, lediglich über 83 000 Mann. Aus den Memoiren des späteren Generalsekretärs der KPdSU, Nikita Chruschtschow, geht hervor, daß Kim Il Sung Ende 1949 Stalin aufgesucht hatte, um dessen Zustimmung für sein militärisches Abenteuer einzuholen. Der Kreml habe seine Einwilligung gegeben unter der Bedingung, daß die eben gegründete Volksrepublik China keine Einwände erhöbe.

Irgendwie erinnern diese Fehlkalkulationen an die konfusen Verhandlungen, die am Vorabend der Besetzung Kuweits durch Saddam Hussein im Jahr 1990 mit dem State Department geführt wurden. In Bagdad hatte die amerikanische Botschafterin April Glaspie die Iraker zwar vor jeder territorialen Expansion gewarnt. Zuverlässigen Quellen zufolge hatte sie jedoch die zu erwartende Reaktion der USA sehr stark heruntergespielt. In innerarabische Konflikte wolle Amerika sich nicht militärisch einmischen, hieß es damals in offiziellen Rundschreiben. In Korea hingegen waren die Dinge viel eindeutiger gewesen, und die Haltung der USA erscheint im Rückblick weniger zwielichtig.

Die Vereinigten Staaten waren durch den massiven Panzervorstoß der Volksarmee Kim Il Sungs überrumpelt worden. Am 25. Juni 1950 hatten die Streitkräfte der Demokratischen Volksrepublik Korea zum frontalen Angriff angesetzt. Drei Tage später konnten sie bereits die Eroberung von Seoul melden. Ende August durchbrachen die Nordkoreaner die Abwehrstellungen Syngman Rhees am Han-Fluß. Im Stil eines Blitzkrieges stießen sie auf die Hafenstadt Pusan zu, die letzte Bastion, in die sich das Regime Syngman Rhee geflüchtet hatte.

Die Armee der Republik Südkorea – in der Abkürzung ROK – war von Anfang an durch kommunistische Partisanentätigkeit gelähmt. Sie leistete dennoch verbissenen Widerstand. Aber die Kräfteverhältnisse ließen ihr keine Chance. Der Streitmacht Kim

Il Sungs von 125 000 Mann konnte die ROK nur 65 000 Kombattanten entgegenwerfen. Die Mehrzahl der Nordkoreaner, die an den Schlachten Mao Zedongs gegen die Kuomintang-Armee des chinesischen Generalissimo Tschiang Kai-schek teilgenommen hatten, verfügten zudem über vorzügliche Kampferfahrung. Ihre Bewaffnung und strategische Schulung war durch Sowjetoffiziere vorgenommen worden. Sie hatten neben schweren Granatwerfern auch mittlere Artillerie und vor allem ein »Corps de bataille« von 160 Panzern des Typs T-34. Dem hatte der Süden nichts Gleichwertiges entgegenzusetzen. Er besaß lediglich 27 gepanzerte Spähwagen.

In den Hörsälen der University of Minnesota wurden diese strategischen Aspekte relativ selten erwähnt. Hingegen richtete sich die Aufmerksamkeit der Dozenten für »political science« auf die völkerrechtlichen Konsequenzen und die Bewährungsprobe der Vereinten Nationen in dieser extremen Krisensituation. Präsident Harry S. Truman hatte keine Sekunde gezögert. Am 26. Juni 1950 konnte er sich bereits auf eine Resolution des Weltsicherheitsrates stützen, die die nordkoreanischen Aggressoren ultimativ zum sofortigen Rückzug hinter den 38. Breitengrad aufforderte. Da Pjöngjang diese Weisung ignorierte und den Vormarsch nach Süden beschleunigte, erhielten die verfügbaren amerikanischen Streitkräfte in Fernost den Befehl, unverzüglich in Aktion zu treten.

Im Pentagon kam die zusätzliche Befürchtung auf, die Chinesen Mao Zendongs könnten das Debakel Südkoreas nutzen, um ihre »abtrünnige Provinz Taiwan« – damals sprach man noch von der Insel Formosa – ihrem roten Imperium einzuverleiben. Truman gab deshalb der 7. US-Flotte die Weisung, in der Straße von Formosa darüber zu wachen, daß die Volksbefreiungsarmee nicht zur Invasion Taiwans ansetzte. Gleichzeitig wurde Tschiang-Kai-schek angehalten, keinerlei Attacke gegen das chinesische Festland zu unternehmen. In der feierlichen Erklärung des Weißen Hauses vom 27. Juni 1950 war zusätzlich folgender schicksalhafter Passus enthalten: »Ich habe den Befehl erteilt, daß die Rüstungslieferungen an die französischen Streitkräfte in Indochina beschleunigt und gesteigert werden. Eine amerikanische Militärmission wird dorthin entsandt, um aufs engste mit der französischen Armee zu kooperieren.«

Wie war es Truman gelungen, den Weltsicherheitsrat, dessen fünf ständige Mitglieder – USA, Sowjetunion, Großbritannien, Frankreich und China – über ein Vetorecht bei sämtlichen Resolutionen verfügen, auf seine Linie zu bringen? Hier waren die Experten des neuen »Droit des gens« gefragt. Der Sitz Chinas wurde in der UNO damals noch durch die Kuomintang-Regierung Tschiang Kai-scheks okkupiert. Eine Ablösung der Nationalisten durch die Kommunisten kam nicht in Frage. Aus Protest gegen diese Diskriminierung der Pekinger Volksrepublik und um eine Umbesetzung zu erzwingen, war der sowjetische Botschafter Malik den Sitzungen des Security Council ferngeblieben. Er glaubte, damit sämtliche Beschlüsse dieses Gremiums lähmen zu können. Das Gegenteil trat ein. Die sowjetische Abstinenz bewirkte, daß die UNO-Intervention in Korea durch das Veto Moskaus nicht verhindert wurde und daß in Abwesenheit des Botschafters Malik die vier übrigen permanenten Mitglieder das amerikanische Eingreifen guthießen, ja sehr schnell durch eigene Kräfte unterstützen würden.

Am 5. Juli 1950 behauptete sich nur noch der südkoreanische Brückenkopf Pusan gegen die scheinbar unwiderstehliche Sturmflut aus Norden. Für Amerika ging es jetzt um das ohnehin prekäre Gleichgewicht in Fernost und um seinen Ruf als Supermacht. Eine Niederlage in Korea, so wurde damals in den westlichen Gazetten geraunt, könnte Josef Stalin auch in Europa zu ähnlichen Übergriffen ermutigen. Zumindest wäre eine gefährliche Destabilisierung zu erwarten gewesen. In Fernost stand vieles auf der Kippe. Doch in dieser Stunde vollzog sich der Auftritt des General MacArthur als »deus ex machina«. Der vom Glanz seines Sieges im Pazifik verklärte Feldherr residierte als amerikanischer Statthalter in Tokio. Er hatte den Befehl über die dortigen US-Streitkräfte beibehalten.

In Westeuropa machte sich bei manchen Politikern Weltuntergangsstimmung breit. Die Kinder im Rheinland sangen zum Entsetzen ihrer Eltern, die die Verwüstungsorgien des Zweiten Weltkrieges noch in frischer Erinnerung hatten, den dümmlichen

Refrain: »Ei ei ei Korea, der Krieg kommt immer näher …« In Minnesota hingegen, so konnte ich feststellen, war keinerlei Panik ausgebrochen. Selbst als das Pentagon den Einsatz von Atombomben zur Rettung der letzten US-Position ernsthaft erwog, bewahrten die »Babbitts« des amerikanischen Mittelwestens eine verblüffende Gelassenheit und Zuversicht.

Hoch erstaunt war ich, als ich in der Bibliothek der University of Minnesota, wo die großen internationalen Zeitungen mit einigen Tagen Verspätung eintrafen, einen Artikel in »Le Monde« entdeckte, der am 14. Juli 1950 erschienen war. Ich stand damals – durch die Kriegsjahre in meinem Studium zurückgeworfen – vor Abschluß meines Diploms an der »École Nationale des Sciences Politiques« von Paris. »Le Monde« war zu jener Zeit noch nicht der Überbetonung der Innenpolitik erlegen. In unserer gehobenen Lehranstalt trug man das Blatt als Symbol elitärer, weltoffener Bildung ostentativ unter dem Arm. Die Kolumne stammte von Maurice Duverger, der zu unseren angesehensten Professoren zählte. Dieser ansonsten moderate Intellektuelle hatte recht seltsame Gedanken zu Papier gebracht:

»Ein amerikanischer Senator verlangte am ersten Tag des Koreakonfliktes, daß man die Atombombe einsetze«, so begann Duverger. »Man hat ihn für verrückt erklärt; doch dieser Mann folgte nur der schrecklichen Logik der Weisen. Ein feierliches Ultimatum der Vereinten Nationen, das den Angreifern befohlen hätte, sich binnen kurzer Frist unter Androhung eines Atomschlages hinter den 38. Breitengrad zurückzuziehen, würde vermutlich ausreichen, um die Kämpfe durch die in Nordkorea ausbrechende Panik zu beenden. Man vergißt nämlich allzuleicht den quasi-mystischen Terror, der von dieser neuen Vernichtungswaffe ausgeht. Wenn es wirklich zu dieser äußersten Konsequenz käme, könnte man sich doch ausrechnen, daß am Ende die Zahl der Opfer des Nuklearschlages geringer wäre als die eines langen Abnutzungsfeldzuges. Die Gefahr für den Weltfrieden wäre geringer. Die Dummköpfe, die den ›Appell von Stockholm‹ unterzeichneten« – gemeint war der pazifistische Aufruf gegen die Entwicklung und den Einsatz von Atomwaffen –, »haben die Atmosphäre vergiftet und das Urteil getrübt: Das wahre Übel ist nicht die Bombe, sondern der Krieg. Die wahren Schuldigen sind diejenigen, die einen Krieg auslösen, und nicht diejenigen, die die Bombe einsetzen. Die Atombombe wäre sogar ein Segen, wenn sie – gleichzeitig mit der Vernichtung des Aggressors – die Gefahren künftiger Aggressionen ausschalten könnte.«

*

Die sukzessiven Phasen des Koreakrieges sind heute nur noch wenigen bekannt, obwohl sie für die ostasiatische Strategie der Zukunft wohl aufschlußreicher sein dürften als die endlosen Dispute über die amerikanische Vietnamexpedition. Der Ablauf sei hier summarisch erwähnt. Mit der Belagerung des Hafens Pusan hatte Kim Il Sung seinen Feldzug fast gewonnen, da ging seiner Armee allmählich der Atem aus. Die langen Nachschubwege über vierhundert Kilometer waren den Bombenteppichen und Napalm-Verwüstungen durch die US Air Force wehrlos ausgeliefert. Massive Kontingente der US Marines waren in aller Eile an Land gegangen. Schritt um Schritt wurden die erschöpften nordkoreanischen Divisionen auf ihre Ausgangspositionen zurückgedrängt. General MacArthur stellte seine strategische Begabung unter Beweis, als er Mitte September 1950 weit im Rücken des Feindes den Hafen Inchon sturmreif schießen und durch die Erste Division der Marines erobern ließ. Um nicht völlig umklammert und aufgerieben zu werden, sahen sich die nordkoreanischen Befehlshaber zum überstürzten Rückzug gezwungen.

Am 28. September konnte MacArthur verkünden: »Seoul ist wieder in unserer Hand.« In der Hauptstadt Südkoreas holte der amerikanische Oberbefehlshaber zu einer jener theatralischen Gesten aus, für die er berühmt war. Er nahm den Präsidenten Südkoreas in seinen Arm, führte ihn gönnerhaft zur Rednertribüne des rußgeschwärzten Parlamentgebäudes. Von dieser Kanzel entrichtete Douglas MacArthur seine Danksagung an den »Gott der Siege« und betete das Vaterunser. Die Feierlichkeit wurde durch das ferne Grollen der Artillerie dramatisch untermalt. Syngman Rhee war von seiner Emotion so überwältigt, daß er sich mit einer ungewöhnlichen Huldigung an den amerikanischen General wandte: »Wir bewundern Sie. Wir lieben in Ihrer Erscheinung die Rasse der Retter unseres Vaterlands. Wie soll ich mit Worten die ewige Dankbarkeit ausdrücken, die ich und das koreanische Volk Ihnen schulden?«

All das klingt sehr modern. Die profunde Überzeugung, im Auftrag des Schöpfers zu handeln, ist ja weit mehr als nur der flüchtige Ausdruck jenes überschwenglich motivierten Patriotismus, den der »wiedergeborene« Präsident George W. Bush heute zelebriert. Die selbstherrliche Frömmigkeit war schon viel früher in der kollektiven Psyche Amerikas verankert.

Würde die amerikanische Gegenoffensive an der Demarkationslinie des 38. Breitengrades haltmachen, oder würde MacArthur, wie das seinem Eroberertemperament entsprach, die Gelegenheit nutzen, auch den Norden der Halbinsel dem US-Protektorat einzuverleiben, um die Einheit des zerrissenen Landes wiederherzustellen? Die amerikanische Rückeroberung gipfelte in der Einnahme von Pjöngjang und dem schier unwiderstehlichen Vorrücken auf die chinesische Grenze am Yalu. Diese Entwicklung konnte ich nicht mehr aus Minneapolis verfolgen. Ende September packte ich den Koffer, um mein Studium in Paris abzuschließen.

Der Sturz des Shogun

Von meinem ersten Aufenthalt in den Vereinigten Staaten bleibt mir ein Gespräch mit unserer Nachbarin im Stadtteil Edina in lebhafter Erinnerung. Mrs. Knudsen – etwa sechzig Jahre alt, eine gepflegte Dame mit lila Schimmer im weißen Haar – stammte, wie ihr Name besagte, von skandinavischen Einwanderern ab. Sie war eine herzensgute Frau, die meine Heimreise nach Europa überhaupt nicht begreifen wollte. Ich solle doch Amerikaner werden, insistierte sie, was auf Grund der Ansässigkeit meiner Schwester kein Problem gewesen wäre. »This is the most beautiful and the most democratic country of the world«, versuchte Mrs. Knudsen mich zu überzeugen und sah mich etwas tadelnd an, weil ich nicht gewillt war, den Rest meines Lebens in diesem gesegneten Land zu verbringen. Gewiß, so gestand sie ein, litten die USA zur Zeit darunter, daß sie »such a bad President« hätten, diesen Harry S. Truman, der seinem Amt nicht gewachsen sei. Mrs. Knudsen war eingefleischte Republikanerin und konnte mit diesem »Schmieren-Politiker« aus Missouri nichts anfangen. Damit erbrachte sie immerhin den Beweis für die streitbare Meinungsfreiheit, die in ihrem Land herrschte. Angeblich hat Altbundeskanzler Helmut Schmidt bei seinem ersten längeren Besuch in den USA – ich glaube, es war sogar auch in Minnesota und ein Jahr später – ein ähnliches Erlebnis mit seinen liebenswerten amerikanischen Gastgebern gehabt. Meiner Schwester konnte ich seinerzeit im Spaß erzählen, daß ich beinahe US Citizen geworden wäre, um ihre Nachbarin nicht allzu bitter zu enttäuschen.

Auch in diesem Zusammenhang lohnt es sich, Alexis de Tocqueville zu erwähnen. »Im Umgang mit Ausländern«, so stellt der Franzose fest, »ertragen die Amerikaner keine Kritik an ihrem Land. Und fordern unersättlich seine Lobpreisung an … Wenn ich zu einem Amerikaner sage, daß er ein schönes Land bewohnt, wird er antworten, daß Amerika seinesgleichen auf der Welt nicht besitzt. Wenn ich die Freiheit bewundere, die seine Bürger genießen, wird er mit der Bemerkung auftrumpfen, daß nur wenige Völker einen ähnlichen Vorzug verdienen … Man kann sich kaum einen unbequemeren, geschwätzigeren Patriotismus vorstellen. Er ermüdet selbst diejenigen, die ihm ja so gern huldigen möchten.«

Was nun Harry S. Truman betrifft, so war die Beurteilung durch Mrs. Knudsen ungerecht. Er sollte sich als einer der bedeutendsten US-Präsidenten bewähren. Sein Zusammenprall mit der total anders gearteten Heldengestalt MacArthur war von Anfang an vorprogrammiert. Wieder war es der bereits erwähnte Professor Maurice Duverger, der auf einer »Conférence« in der Rue Saint-Guillaume ein ungewöhnliches Porträt des amtierenden amerikanischen Staatschefs entwarf. Er begann mit einem Zitat Trumans über sich selbst: »Ich habe nie behauptet, ein großer Präsident der Vereinigten Staaten zu sein, aber der Versuch, einer zu werden, hat mir viel Spaß bereitet.« Dieser aus Missouri gebürtige US-Bürger war nacheinander Buchhalter, Kolonial-warenhändler, Hauptmann der Artillerie während des Ersten Weltkrieges und Landwirt gewesen, bevor er als Richter in die Politik eintrat und im Alter von 51 Jahren Senator wurde. Truman war diese Würde auf Grund obskurer Intrigen der eigenen Par-teimaschine zugefallen, und damit schien sein höchster Ehrgeiz erfüllt. Noch im Herbst 1944, als er von Franklin D. Roosevelt völlig überraschend für das Amt des Vizepräsidenten aufgestellt wurde, hatte Truman vor Journalisten geäußert, daß man sich wohl über ihn habe lustig machen wollen.

Schon 82 Tage nach seinem offiziellen Amtsantritt teilte ihm Eleonore Roosevelt den plötzlichen Tod ihres Mannes mit. »Seit Wochen«, so berichtete Truman in seinen Memoiren, »lebte ich in der Furcht, daß dem großen Präsidenten Roosevelt ein Unheil zustoße. Im Moment dieser Katastrophe war ich überhaupt nicht darauf vorbereitet, seine Nachfolge anzutreten.« Der Mann aus Missouri sollte jedoch als Präsident zwei Eigenschaften vereinen, die in der politischen Klasse selten koexistieren: Bescheidenheit und zupackende Entschlußkraft.

Im Gegensatz zu Roosevelt, der seinen sowjetischen Partner »Uncle Joe« auf sträfliche Weise verharmloste, hatte Harry S. Tru-man den wahren Charakter Josef Stalins schon wenige Wochen nach der Konferenz von Potsdam gründlich durchschaut. Seinem Außenminister James Byrnes schrieb er damals: »Ich bin es leid, die Sowjets zu streicheln. Wenn man Rußland nicht mit eiserner Faust angeht, droht ein neuer Krieg auszubrechen. Die verstehen nur eine Sprache: Über wieviel Divisionen verfügt Ihr?« In Ost-asien hatte dieser Zufallspräsident versucht, die Eindämmungs-theorie des diplomatischen Experten George Kennan anzuwenden. Aber weder die Vermittlungsmission, mit der General Marshall zwischen Mao Zedong und Tschiang Kai-schek beauftragt wurde, noch die massive Militärhilfe, die Amerika den Nationalisten des Kuomintang zukommen ließ, konnte den Triumph der roten Volksbefreiungsarmee und die Ausrufung der Chinesischen Volks-republik im Peking des Jahres 1949 verhindern.

Die Europäer ihrerseits haben allen Grund, dem unscheinbar wirkenden Mann im Weißen Haus bis auf den heutigen Tag dankbar zu sein. Instinktiv begriff Truman die Gebote der Zeit. Er lancierte den Marshallplan und förderte – zur Konsolidierung Westeuropas – die deutsch-französische Aussöhnung. Er schuf den Nordatlantikpakt. Nach Ausbruch des Koreakrieges hatte er die Hände frei, um Westdeutschland als souveränen Staat in den Club der »Freien Nationen« einzuladen und sogar die Aufstellung der Bundeswehr energisch voranzutreiben. Als Kim Il Sung im Sommer 1950 zu seinem Überraschungsschlag ausholte, hatte Truman keine Sekunde gezögert, den Fehdehandschuh aufzunehmen und alle verfügbaren US-Streitkräfte im Brückenkopf von Pusan zu engagieren.

Zwischen dem amerikanischen »Caesar« MacArthur und dem »Krämer« aus Kansas City standen von Anfang an die Zeichen auf Sturm. Nach seinem glorreichen Auftritt auf dem Deck des Schlachtschiffes Missouri, wo er die Kapitulation Japans entgegengenommen hatte, war der US-Oberkommandierende in Fernost in die Rolle eines »Shogun« geschlüpft. Seine Selbstherrlichkeit kannte keine Grenzen. Im September 1950 hatte er durch das Umklammerungsmanöver bei Inchon die schwer angeschlagenen Nordkoreaner ins Abseits gedrängt. Jetzt brannte er darauf, mit seiner Achten US-Armee, den britischen Verbündeten und einer Vielzahl internationaler Kontingente, die sich nach der Interventionsresolution des Weltsicherheitsrates unter der blauen Fahne der UNO sammelten, in Eilmärschen auf die mandschurische Grenze der Volksrepublik China vorzurücken.

Diese Ausweitung des Konflikts beobachtete Truman mit bösen Ahnungen. Der chinesische Außenminister Zhou Enlai hatte Washington eine geharnischte Warnung zukommen lassen. Am 21. Oktober 1950 war die Volksbefreiungsarmee in Tibet eingedrungen, und die Spannung zwischen Amerika und China eskalierte. Am 1. August hatte die sowjetische UN-Delegation ihren Schmollwinkel endlich verlassen. Ihr Chefdelegierter Jakob Malik legte einen für Washington inakzeptablen Friedensplan für Korea vor. Zwischen den beiden amerikanischen Hauptakteuren MacArthur und Truman kam es zu einem dramatischen Dialog auf der kleinen Pazifikinsel Wake. Was sich dort wirklich abspielte, unterlag absoluter Diskretion. Jedenfalls war das Tischtuch zwischen den beiden Männern zerschnitten. Das Mißverständnis muß total gewesen sein, denn nun fühlte sich MacArthur offenbar frei, auf eigene Faust zu handeln.

*

Am 1. Oktober 1950 setzte sich die amerikanische Kriegsmaschine in Bewegung. Schon nach 18 Tagen fiel die nordkoreanische Hauptstadt Pjöngjang, und von nun an gab es kein Halten mehr. Die GIs bewältigten Etappen von zwanzig Kilometern pro Tag. Die Streitkräfte Kim Il Sungs fielen der Vernichtung anheim. Das kommunistische Regime verschanzte sich in einem Réduit am Rande der Volksrepublik China. Ende Oktober 1950 erreichten die Streitkräfte der Vereinten Nationen, darunter die britische 27. Brigade, ihre maximale Expansion. Mit starken Elementen standen sie am Südufer des Yalu, an der mandschurischen Grenze. Am 25. November 1950 verkündete ein Kommuniqué des amerikanischen »Shogun«, daß der Krieg gewonnen sei und er seine »Boys« zum Weihnachtsfest nach Hause schicken könne.

Witterte er nicht die Katastrophe, die sich in den eisigen Weiten der Mandschurei vorbereitete? Ganz überraschend waren die Chinesen Mao Zedongs ja nicht auf den Plan getreten. Es war bereits zu Geplänkeln mit sogenannten chinesischen »Freiwilligen« gekommen. Peking hatte diese Präsenz seiner »Voluntary forces« schon am 11. November publik gemacht. »Der Entschluß des chinesischen Volkes, Korea bei der Abwehr der amerikanischen Aggression zur Seite zu stehen, kann sich auf historische Präzedenzfälle berufen, und niemand sollte daran Anstoß nehmen«, ließ Zhou Enlai verlauten. »Wie jeder weiß, haben die französischen Revolutionäre, inspiriert und angeleitet durch Lafayette, dem amerikanischen Volk in seinem Unabhängigkeitskampf durch die Entsendung von Freiwilligen geholfen. Vor dem Zweiten Weltkrieg haben die demokratischen Völker der ganzen Welt, darunter Briten und Amerikaner, dem spanischen Volk mit der Entsendung von Freiwilligen und Lieferungen von Material gegen General Franco beigestanden. Die Regierung der Volksrepublik China sieht also keinen Grund, den Aufbruch eigener Freiwilliger irgendwie zu behindern.« In Wirklichkeit waren es natürlich reguläre Divisionen der Volksbefreiungsarmee, die sich jenseits des Yalu zusammenballten. Die Truppenkonzentration in Stärke von mindestens dreihunderttausend Mann, die General Peng Tehuai – derselbe übrigens, der vier Jahre später den vietnamesischen Feldherrn Vo Nguyen Giap in Dien Bien Phu »beraten« sollte – aus seinem Hauptquartier in Shenyang systematisch vornahm, konnte der amerikanischen Aufklärung nicht entgangen sein.

Dennoch brach der Sturm der Volksbefreiungsarmee völlig unerwartet über die UNO-Truppen im äußersten Norden Koreas herein. Die Angriffe der Chinesen wurden in tiefer Nacht bei dreißig Grad Frost »in menschlichen Flutwellen«, in »human waves«, zum schaurigen Klang von Büffelhörnern gegen die kaum befestigten Stellungen der Amerikaner vorgetragen. Die schlecht bewaffneten »Freiwilligen«, die Mao Zedong in das massive Sperrfeuer der US Army jagte, nahmen keine Rücksicht auf eigene Verluste. Ein französischer Korrespondent, der diese schaurigen Szenen in vorderster Front miterlebte und knapp der eigenen Gefangennahme entkam, hat mir später die Panik geschildert, die sich der GIs bemächtigte. Da nutzte keine technische Überlegenheit, und da half es auch wenig, daß die US Air Force beim ersten Aufklaren des Himmels in hemmungsloser Vernichtungswut Unmengen von Sprengstoff und Napalm über den qualmenden Ortschaften abschüttete. Wie eine Dampfwalze bewegte sich der unheimliche asiatische Feind nach Süden. Auf seinen Gewaltmärschen legte er lediglich kurze Pausen ein, um die Lücken zu schließen und den nötigsten Nachschub in die vorderste Linie zu schaffen.

Amerika, so argumentieren heute gewisse Experten, sei im wesentlichen eine »Thalassokratie«, eine auf die absolute Überlegenheit ihrer immensen Flottenverbände gestützte Weltmacht. Was sich im Winter 1950 in Korea abspielte, war jedoch eine überwiegend terrestrische Konfrontation. Ein paar Wochen lang erwies sich die chinesische Infanterie als »Königin des Schlachtfeldes«. Das schluchtenreiche, felsige Terrain der Halbinsel eignete sich perfekt für die Aufwertung der Fußtruppen, während die schwerfälligen Panzerrudel nicht zum Zuge kamen.

Vierhundert Kilometer wurden die alliierten Streitkräfte nach Süden zurückgetrieben. Anfang Dezember 1950 eroberten die »Freiwilligen« Pjöngjang zurück. Im Januar 1951 besetzten sie sogar die Hauptstadt Seoul, die sie allerdings zwei Monate später wieder preisgeben mußten. Der überstürzte amerikanische Rückzug wäre vollends zum Desaster geworden, wenn das bereits eingekreiste Zehnte US-Armeekorps nicht dank eines geballten Kraftaktes der Navy den Hafen Hungnam so lange gehalten hätte, bis 105 000 Soldaten, 90 000 Flüchtlinge, 17 500 Fahrzeuge, 350 000 Tonnen Material an Bord zahlloser Transportschiffe binnen zwölf Tagen verfrachtet waren. Sieben Flugzeugträger und dreizehn schwere Kriegsschiffe standen Admiral Doyle zur Verfügung, um diese logistische Leistung, die die Evakuierung der britischen Frankreich-Armee aus Dunkerque im Mai 1940 weit übertraf, mit gewaltiger Feuerkraft abzudecken. Am 15. Januar kam der chinesische Vormarsch zum Stillstand. Die unter der UNO-Flagge kämpfenden Alliierten holten in den folgenden drei Monaten zu wuchtigen Gegenoffensiven aus, die den »Freiwilligen« nicht nur Seoul, sondern auch breite Gebietsstreifen beiderseits des 38. Breitengrades entrissen.

*

General MacArthur reagierte mit der ihm eigenen herrischen Art auf die Rückschläge seiner Achten Armee. Auf Anfrage des Weißen Hauses und des Pentagons, wie er der chinesischen Bedrohung entgegenzutreten gedenke, entwickelte er einen grandiosen Plan, der auf nichts Geringeres hinauslief als den Sturz des kommunistischen Regimes, das Mao Zedong in Peking gerade etabliert hatte. Die Rückeroberung des Reiches der Mitte durch Tschiang Kai-schek wurde ernsthaft erwogen. Eine Blockade der chinesischen Küste müßte verhängt werden, so forderte der Oberbefehlshaber in Tokio. Durch massive Bombardierungen würden die Zentren der chinesischen Rüstungsindustrie vernichtet. Die Nationalarmee Taiwans solle den Auftrag erhalten, Landungsoperationen längs der nahen Kontinentalküste vorzunehmen und die dortigen Brückenköpfe auszuweiten.

Inzwischen war der Blitzkrieg der Amerikaner, dann der Chinesen zu Beginn des Jahres 1951 nach und nach in einen Stellungskrieg übergegangen. Beide Seiten waren jedoch weiterhin auf das Schlimmste gefaßt, die Amerikaner auf einen unaufhaltsamen chinesischen Durchbruch, die Chinesen auf den Einsatz von taktischen Atomwaffen. Das Oberkommando der UNO-Allianz an der koreanischen Front wurde von dem Fallschirmjäger-General Matthew Ridgway übernommen, der sich mit seiner 82. Airborne Division bei der Landung in der Normandie hervorgetan hatte. Dank immenser materieller Überlegenheit und der absoluten Lufthoheit besaß er – in Ermangelung der »stärkeren Bataillone« – eine erdrückende Feuerkraft. Doch immer wieder, wenn er gemäß seiner neuen Methode des »Sweep« zu einem Einkreisungsmanöver ausholte, stieß er ins Leere. Die Chinesen befolgten die Lehren Mao Zedongs und des alten Meisters Sun Tzu, wonach einem stärkeren Gegner durch Ausweichen, durch Räumung der eigenen Stellungen beizukommen sei. Die Gegenaktion würde erst einsetzen, wenn die erdrückende Übermacht des Feindes sich verzettelt hätte. Zu Beginn des chinesischen Eingreifens war es übrigens zu den ersten Luftkämpfen zwischen Düsenflugzeugen gekommen. Die sowjetischen MIG-15, über die Peking verfügte, waren den amerikanischen Jets weit unterlegen. Ein Sohn Mao Zedongs soll dabei als Kampfpilot den Tod gefunden haben.

Die allmähliche Erstarrung der Front in der Nähe des 38. Breitengrades, die Anwendung infanteristischer Eindämmungsmethoden, die Ridgway entworfen hatte und die ihm hohes Ansehen verschafften, führten zu einem Stimmungswandel in Washington. Für Präsident Truman war die Eigenwilligkeit MacArthurs längst unerträglich geworden, und er war in keiner Weise gewillt, sich auf dem ostasiatischen Festland in einen Dritten Weltkrieg einzulassen. Ein letzter Vorschlag des »Shogun«, an der nordkoreanischen Grenze durch Abwurf von Atommüll einen radioaktiven Sperrgürtel zu schaffen, löste Kopfschütteln aus.

Am 11. April 1951 platzte die Nachricht von der Absetzung des Generals MacArthur von seinen sämtlichen Kommandoposten wie eine Bombe in die amerikanische Öffentlichkeit. Für diese Entscheidung hatte der Präsident aus Missouri ungewöhnlichen

Mut und bissige Härte aufbringen müssen. Truman stellte sich frontal gegen die in den amerikanischen Stäben von Tokio vorherrschende Meinung und gegen die einflußreiche Taiwan-Lobby im US Congress. Einer der seriösesten Ostasienkenner, Robert Guillain, berichtete am 11. April 1951 aus Tokio: »Es war Zeit, daß MacArthur abgesetzt wurde. Der General stand im Begriff, den Wahnsinnskrieg gegen China auszulösen. In jenen hektischen Tagen gingen bei den in Japan stationierten US-Militärs absurde Sprüche um: ›Der Dritte Weltkrieg? Der hat für uns doch längst begonnen. Warum sollten wir ihn dann nicht in aller Konsequenz führen?‹ Für die atlantischen Partner der USA wäre ein Krieg gegen China einer Katastrophe gleichgekommen. Die These ›Asia first‹ hätte sich auf Kosten der These ›Europe first‹ durchgesetzt. Dieses aberwitzige Unternehmen hätte den ganzen Erdball in Brand stecken können. Die Absetzung MacArthurs hat den Frieden gerettet. Der Kriegsheld mußte auf seine heroischen Visionen verzichten, und der Koreakonflikt fand zu seiner einzig vernünftigen Lösungsperspektive zurück, zur diplomatischen Verhandlung.«

Erstaunliches vollzog sich unterdessen in Tokio. Die japanischen Massen legten eine für Europäer völlig unverständliche Reaktion an den Tag, als ihr »Shogun« das Land der Aufgehenden Sonne verlassen mußte. Die Söhne Nippons waren zutiefst geschockt und versanken in Trauer. Vor dem Parlament hat Ministerpräsident Yoshida MacArthur als »Wunder der Geschichte« gepriesen. Sogar Kaiser Hirohito ließ sich zur Residenz des Prokonsuls fahren, um ihn ein letztes Mal zu grüßen. 250 000 Japaner versammelten sich am 16. April 1951 am Flugplatz, um dem scheidenden Feldherrn, der sie in einem überaus grausamen Krieg unterworfen hatte, ihre Huldigung darzubringen. MacArthur selbst hat sich mit Bitterkeit und Groll über seine Abberufung geäußert: »Kein Büroangestellter, keine Putzfrau, kein Knecht ist je auf so schändliche Weise davongejagt worden.«

General Ridgway, dessen Sweep-Strategie sich weiterhin an der Kampflinie bewährte, hatte inzwischen die Nachfolge MacArthurs angetreten. Zur gleichen Zeit wurde in den Wandelgängen der Vereinten Nationen unter größter Diskretion zwischen Ame-

rikanern und Russen über die Aufnahme von Waffenstillstands-
gesprächen gefeilscht, wobei die Volksrepublik China – trotz ihrer
offiziellen Ächtung – eine zunehmend wichtige Rolle einnahm.
Am 10. Juli 1951 trafen sich zum ersten Mal Emissäre der feindlichen Parteien in der alten koreanischen Königsstadt Kaesong,
die sich – obwohl etwas südlich des 38. Breitengrades gelegen –
unter chinesischer beziehungsweise nordkoreanischer Kontrolle
befand. Ab 25. Oktober des gleichen Jahres verlagerten sich die
Begegnungen in das Dorf Panmunjom, das am präzisen Berüh-
rungspunkt der beiden Koalitionen lag. Auf kommunistischer
Seite stand ein nordkoreanischer General in enger Abstimmung
mit einem hohen chinesischen Offizier seinem amerikanischen
Counterpart gegenüber, der sein Mandat im Auftrag der UNO
ausübte. Südkorea hatte seine Teilnahme verweigert. Von Anfang
an gestaltete sich der heikle Kontakt extrem schwierig und wurde
immer wieder durch Wutausbrüche und maßlose Beleidigungen
unterbrochen.

Kriegstagebuch

Koreas Stunde Null

Mit Verspätung bin ich im Mai 1952 in Korea eingetroffen. Die großen Schlachten waren geschlagen. In Panmunjom traten die Verhandlungen auf der Stelle, und immer wieder kam es zu erbitterten Gefechten. Doch die atemberaubende Spannung war weg. Unmittelbar nach meiner Ankunft im »Land des stillen Morgens« an Bord einer US-Transportmaschine notierte ich meine ersten Eindrücke:

Die Stadt ist zu siebzig Prozent zerstört. Längs der breiten Paradestraßen ziehen sich lange, ausgebrannte Fassaden hin. Andere Viertel sind ganz dem Erdboden gleichgemacht. Anstelle ehemaliger Geschäfte und Kaufhäuser sind kleine Buden getreten, in denen man Schund und Haushaltsgegenstände aus dritter Hand verkauft. Die Währung ist ins Bodenlose gestürzt und durch amerikanische Zigaretten ersetzt worden. Über den Ruinen und den für die fremden Truppen eilig hergerichteten Kommandostellen wehen die Fahnen ferner Nationen. Fast sämtliche Wohnviertel der Einheimischen sind mit ›off limits‹-Schildern gekennzeichnet. Die männlichen Zivilisten tragen amerikanischen Drillich, den sie auf dem Schwarzmarkt erstanden. An den wenig belebten Straßenkreuzungen regeln Militärpolizisten unter weißen Helmen den Verkehr. Die Bevölkerung trifft sich abends in den spärlich erleuchteten Kellern ehemaliger Teestuben und Tanzlokale an wackeligen Tischen und trennt sich eilig, bevor um neun Uhr die Sperrstunde hereinbricht.

Gemeint ist nicht eine deutsche Stadt im Jahr 1945. Gemeint ist die koreanische Hauptstadt Seoul im Jahr 1952. Der moderne Krieg hat das Wunder vollbracht, daß ein Nachkriegsdeutscher sich im fernöstlichen Seoul beinahe heimisch fühlen könnte. Hinzu kommt, daß das Ministerienviertel mit den nüchternen Zweckbauten im preußischen Verwaltungsstil errichtet wurde, und zwar von japanischen Architekten, die ihr Handwerk an deutschen Hochschulen gelernt hatten. Rings um das sogenannte Capitol, ein Gemisch von Berliner Reichstag und Washingtoner Congress-Halle, mit dem die Japaner den alten, verträumten koreanischen Königspalast verdeckten, könnte man sich im Beamtenviertel von Hannover oder Magdeburg wähnen, und dieser Eindruck verstärkt sich bis zur Halluzination, wenn aus einer nahen Konditorei eine deutsche Schallplatte aufklingt, wie das in Seoul häufig passiert.

Hier hört allerdings der Vergleich auf. Die Berge, die die Stadt auf allen Seiten umschließen, haben seltsam zackige Formen, wie sie auf chinesischen Malereien zu finden sind. Die stämmigen Koreaner haben mongolische Gesichter. Die Frauen tragen weiße oder bunte Kostüme, die hoch unter der Brust gegürtet sind, so daß der Rock sich unförmig bauscht und man meinen könnte, sie seien samt und sonders schwanger. Die zahllosen Kinder wirken trotz aller Entbehrungen kerngesund und haben zinnoberrote Backen unter lustigen Schlitzaugen.

Das Quartier war schnell gefunden. Gleich neben dem »Capitol«, das heute den Namen »Blaues Haus« trägt, hatte ein Schulgebäude dem Bombenhagel widerstanden. Dort war die beachtliche Zahl von Kriegsberichterstattern spartanisch untergebracht. Deutsche Journalisten gab es zu diesem Zeitpunkt nicht in Korea. So schloß ich mich dem kleinen Rudel französischer Reporter an, die der AFP-Korrespondent Max Olivier-Lacamp, ein mächtig gewachsener Calvinist aus den Cévennen, mit fröhlicher Autorität überragte. Die französischen Kollegen hatten die hochdramatische Phase des amerikanischen Vordringens bis zum Yalu und auch die Gegenoffensive der chinesischen »Freiwilligen« intensiv miterlebt und empfanden jetzt die Waffenstillstandsverhandlungen, die sich im nahen Panmunjom hinzogen, als gähnend langweilig.

Die US-Streitkräfte hatten inzwischen das ganze Aufgebot, den Überfluß ihres militärischen Equipments entfaltet. Die Konvois, die zur Front fuhren, wirbelten auf den unasphaltierten Straßen dicke rote Staubfahnen hoch, die das Atmen erschwerten und die Motoren verschmutzten. Also ließ man Tankwagen kommen, die jeden Morgen die ganze Strecke mit Dieselöl besprühten, eine unglaubliche Verschwendung in den Augen der Europäer, die immer noch unter der eigenen Nachkriegsmisere litten. Die Chinesen Mao Zedongs standen nicht sonderlich weit entfernt. Der Stellungskrieg erhitzte sich im Zentralabschnitt zu heftigen Artillerieduellen. Es fanden ja auch noch begrenzte, für die Nordarmee höchst verlustreiche Teiloffensiven statt. Aber in Seoul herrschte – bei lauem Frühlingswetter – eine entspannte Ferienstimmung bei den GIs und auch bei den sie begleitenden Journalisten.

Gleich am zweiten Tag unternahm ich im Jeep einen Ausflug jenseits der wuchtigen Stadttore und einer im chinesischen Stil errichteten Mauer, die sich mehrere Kilometer lang über die Bergkämme zog. Der Krieg hatte ein paar buddhistische Tempel verschont, deren geschwungene Dächer sich in rosa leuchtenden Lotos-Teichen spiegelten. In diesem Landschaftsidyll paarte sich bereits die Anmut der japanischen Inselwelt mit der erhabenen Weite der interkontinentalen Räume. In der Talsohle zwischen schroffen Felswänden duckten sich strohgedeckte Bauernhäuser. Auf deren Schwelle saßen Greise mit schütteren Ziegenbärten. Sie trugen weite, weiße Gewänder und den damals noch üblichen zylinderförmigen, schwarzen Hut. Während sie an langen, dünnen Pfeifen saugten, blickten sie auf ihre stämmigen Söhne, die mit dem Ochsengespann durch den schwarzen Schlamm der Reisfelder wateten. Die Frauen bewegten sich oft unter schweren Lasten. Schulklassen in schwarzer Uniform marschierten in strammer Ordnung zum Unterricht. Das Leben schien – vom unsäglichen Unheil kaum beeindruckt – seinem ewigen Kreislauf zu folgen. Im Bambusgrün meditierte ein dickbäuchiger, weißer Buddha. Beim feierlichen Sonnenaufgang wurde Korea seinem Namen »Land des stillen Morgens« gerecht.

146

Jacques Guimaud, ein gleichaltriger französischer Stringer, der für die englische Agentur Reuters arbeitete und den ich schon in Tokio kennengelernt hatte, verschaffte mir am Abend Zugang zu einem koreanischen Gastmahl. Das ansehnliche Holzhaus, das einem lokalen Feudalherrn gehörte, war nach Landessitte nur spärlich mit ein paar Lacktruhen zwischen den Papierwänden möbliert. Es wurde eine für Kriegszeiten üppige Mahlzeit serviert. Dazu wurde unablässig ein duftender Branntwein eingeschenkt, vor dessen Genuß die Maueranschläge des amerikanischen Oberkommandos die GIs eindringlich warnten. Außer uns war auch ein amerikanischer Kollege aus Chicago zugegen, der sich – im Gegensatz zu uns – strikt an das offizielle Alkoholverbot hielt. Zu allem Überfluß trug er einen Revolver am Gürtel, was die Einheimischen mit Heiterkeit quittierten.

Die Bedienung oblag jungen Frauen, die man hier »Gischan« nennt und die kostbar bestickte Zogoris trugen. Ihr bäuerlicher Reiz wurde durch lächelnde Bescheidenheit geschmückt. Der Hausherr, ein Mann mittleren Alters, war von seiner eigenen Bedeutung durchdrungen. Nach längerem Austausch von Höflichkeiten und kräftigem Schnapsgenuß holte er sogar – was sonst nicht üblich war – zu einem kurzen politischen Diskurs aus. »Wir sind die Polen des Fernen Ostens«, beklagte er sich; »wir werden seit Menschengedenken wie Marionetten zwischen den Mächten des Kontinents und denen des Meeres hin- und hergeschoben.« Immer wieder seien die Königreiche Koreas durch den Drachensohn von Peking unterjocht worden, aber unsäglich schlimmer seien die Überfälle der Japaner im sechzehnten und siebzehnten Jahrhundert gewesen. Die Samurai machten sich einen Spaß daraus, möglichst vielen Koreanern die Nasen und Ohren abzuschneiden. Diese Trophäen pökelten sie ein, bewahrten sie als Opfergabe und Siegessymbole in ihren heimischen Shinto-Tempeln auf. Mindestens 50 000 koreanische Nasen sollen dort noch lagern, und die Regierung Syngman Rhee habe deren Rückgabe angefordert. Die Zukunftsvision des Hausherrn war düster. »Was Kommunismus und Revolution bedeuten, das wissen wir nur schlecht, aber wir wollen es auch gar nicht wissen«, fuhr er fort. »Wir wissen jedoch, daß es weder Südkorea noch Nordkorea gibt, sondern nur

Koreaner, und wir wollen geeint sein.« Der Amerikaner aus Chicago fing an, von Demokratie und freier Welt zu reden, doch der Gastgeber ignorierte ihn und schwieg mit starrem Blick.

Die Stimmung unter den einheimischen Gästen – es handelte sich wohl um Verwandte und Lehnsleute – war inzwischen recht munter geworden. Sie schäkerten mit den Mädchen, die ihrerseits ihre züchtige Zurückhaltung aufgaben. Jacques, der bei so mancher Japanerin mit seinen blauen Augen und dem blonden gallischen Schopf unwiderstehlich gewirkt hatte, versuchte vergeblich, sich an dem sich anbahnenden erotischen Spiel zu beteiligen. Doch die koreanische Gastfreundschaft hat präzise Grenzen. Mit einem Schwall von Komplimenten und Verbeugungen wurden die Ausländer und Barbaren zum Aufbruch gedrängt.

Vor dem geschlossenen, schweren Tor des Gehöfts, aus dem man uns vertrieben hatte, ließ Guimaud seiner Enttäuschung und Wut freien Lauf. »Dann gehen wir eben in den Puff – on va au boxon!« beschloß er und fuhr mit dem Jeep zu einer Art Gaststätte, deren rote Lampions tatsächlich hielten, was sie versprachen. Ein sehr gehobenes Etablissement war das nicht, und die Liebesmädchen, die kichernd im Hintergrund standen, wirkten noch weit ländlicher als die Gischan, die uns vorenthalten wurden.

Ein junger Asiate – auffällig wie ein Geck gekleidet – stellte sich uns in den Weg. »Who are you?« fragte mein französischer Begleiter ungehalten. »I am the pimp – ich bin der Zuhälter«, lautete die entwaffnende Auskunft. »Und wer seid ihr?« Jacques antwortete: »We are French journalists.« Da trat wie mit einem Zauberschlag eine völlige Veränderung bei unserem Luden ein. Strahlend freundlich blinzelte uns der junge Pimp an. »Franzosen seid ihr? Ihr kommt aus dem Land Victor Hugos, des Schriftstellers, der ›Les Misérables‹ geschrieben hat und den bei uns jeder Gebildete verehrt?« An seinem Geschäft schien der junge Mann überhaupt nicht mehr interessiert zu sein. Statt dessen verwickelte er uns in ein langes Gespräch über das traurige Schicksal des Galeerensträflings Jean Valjean, die Verfolgung durch den bösen Polizisten Javert, das Elend der Cosette und das Happy-End, das der edle Verbrecher schließlich doch noch seiner Ziehtochter verschaffen konnte.

Nachdem wir dem Bordell den Rücken gekehrt hatten, erzählte ich Guimaud von jener seltsamen Cao-Dai-Sekte im fernen Cochinchina, deren kriegerische Reisbauern den gleichen Victor Hugo – mit weißem Vollbart und Dreispitz, in seiner grün und silbern schamarierten Uniform der Académie Française dargestellt – als heilbringenden Mittler zwischen den frommen Gläubigen des Cao Dai und den himmlischen Kräften verehrten. Der Spruch »omne animal post coitum triste« fiel mir ein, als der französische Kollege in patriotische Melancholie verfiel und sich darüber entrüstete, daß die literarische und kulturelle Ausstrahlung Frankreichs, der wir am Ende der Welt auf so bizarre Weise begegneten, zum Erlöschen verurteilt sei, daß die Prototypen amerikanischer Verflachung mit ihren Wildwestheroen und ihren Comics sehr bald an deren Stelle treten würden.

Es gab nicht nur Sodom und Gomorrha in Seoul. Am folgenden Sonntag lud Max Olivier mich ein, ihn zum protestantischen Gottesdienst zu begleiten. Eine starke christliche Gemeinde diverser Konfessionen lebt in Korea. Sie wird auf ein Fünftel der Bevölkerung geschätzt und ist vor allem in den gehobenen Ständen vertreten. In der Kirche von Seoul waren zahlreiche amerikanische Soldaten und Offiziere zugegen. Nach dem Schlußgebet sammelte sich eine stattliche koreanische Sippe um den AFP-Korrespondenten. Ihr Oberhaupt, ein angesehener Universitätsprofessor, drückte sich in vorzüglichem Englisch aus. Ich bemerkte eine junge Frau, die dem edlen, etwas strengen Kanon ostasiatischer Schönheit entsprach, und ich erfuhr, daß Max sich vor ein paar Tagen mit ihr verlobt hatte. Ein paar Jahre später sollte ich den beiden als glückliches Ehepaar auf den Champs-Élysées in Paris begegnen.

Die Chinesen am Verhandlungstisch

Jeden Morgen, wenige Minuten vor elf Uhr, näherten sich drei Hubschrauber aus Süden der neutralen Zone von Panmunjom. Hoch in der Luft war das Verhandlungsgebiet durch Fesselballons abgesichert, die wie die silbernen Fische des japanischen Knabenfestes in der Frühlingssonne glänzten. Die Hubschrauber landeten mit spielerischer Präzision neben den Verhandlungsbaracken. Ein US-Militärpolizist riß die Tür auf, und der Chefdelegierte der UN-Streitkräfte ging mit angespannter Miene auf die amerikanische Unterkunft zu.

Gleichzeitig wehten auf der langen gelben Straße, die von Panmunjom in nördlicher Richtung nach Kaesong und Pjöngjang führte, lange Staubfahnen hoch. Zuerst tauchten ein paar niedrige Jeeps russischer Bauart vom Typ »GAZ« an der Wegbiegung auf. Ihnen entstiegen nordkoreanische Offiziere, die man ohne die breiten Mongolengesichter für Russen halten konnte. Bis in die letzten Einzelheiten waren ihre Uniformen mit denen der Roten Armee identisch. Gleichzeitig waren die Delegierten der rotchinesischen Freiwilligen angekommen. Die hochgewachsenen Offiziere waren in schlichtes grünes Tuch gekleidet. Sie trugen auf ihrer einfachen, merkwürdig zivil wirkenden Uniform weder Rangabzeichen, Aufschläge noch Orden. Die Kopfbedeckung war eine flache Schirmmütze mit rotem Stern.

Am Ende erschien die riesige dunkelblaue Luxuslimousine des nordkoreanischen Chefdelegierten. Das Auto, ein amerikanischer Chrysler, war von den Kommunisten erbeutet worden. Während General Nam Il mit breiten goldenen Schulterstücken und rotgestreiften Stiefelhosen den kleinen Hügel zum Verhandlungsplatz erklomm, präsentierten die nordkoreanischen Militärpolizisten das Gewehr.

Im Grunde fand in Panmunjom ein doppeltes Ost-West-Gespräch statt. Das eine, von dem alle Welt sprach, spielte sich in der dumpfen Atmosphäre des Zeltes ab, wo auf dem grünen Tisch das blaue Symbol der Vereinten Nationen und der rote Stern der nordkoreanischen Fahne sich wie zwei feindliche Figuren eines Schachspiels gegenüberstanden. Von Zeit zu Zeit drangen die Stimmen der Gesprächspartner bis auf die Straße, und die baumlangen amerikanischen MPs schauten sich dann vielsagend an.

Das andere Gespräch war aufschlußreicher. Auf der Straße von Panmunjom, vor einer halb zerstörten Hütte trafen sich die Journalisten aus aller Welt, jene Statisten der Konferenz, deren Berichterstattung die offiziellen Gespräche oft nachhaltig beeinflußte. Kurz vor Ankunft der Delegationen wurden die Vertreter der westlichen Presse in einer Jeep-Kolonne herangekarrt. Längs der staubigen Piste, neben den parkenden Wagen der Kommunisten, die nach synthetischem Benzin rochen, neben den chinesischen und koreanischen Chauffeuren, die sie mißtrauisch musterten, begegneten zwanzig bis vierzig Berichterstatter aus den USA, dem Commonwealth, aus Frankreich und Japan den Kollegen von der anderen Seite.

Je nach Stimmung der Lage waren die Beziehungen locker oder reserviert. An günstigen Tagen sah man dichte Gruppen amerikanischer Journalisten in vorgeschriebener Khakiuniform mit dem blau-weißen Schild der Vereinten Nationen auf dem Ärmel um das Sprachrohr der kommunistischen Presse, den Engländer Winnington vom »Daily Worker«, stehen. Außer ihm – abgesehen von den Koreanern und Chinesen – waren ein ungarischer und ein polnischer Journalist zugegen. Aber auch im besten Fall blieb die Unterhaltung zwischen den beiden Welten entmutigend und steril. Wenn die englischen Berichterstatter der Vereinten Nationen mit ihrem Landsmann Winnington ins Gespräch kamen, der dem gleichen Milieu entstammte wie sie selbst und der in ihren Augen als Verräter dastand, kam häufig Feindschaft und Verachtung auf. Etwas höheres Ansehen genoß der Australier Burchett, der gelegentlich auftauchte und als überzeugter Altkommunist und Gewerkschafter bekannt war. Ihm konnte man immerhin eine ehrliche ideologische Gemeinsamkeit mit den Rotchinesen unterstellen.

An diesem Tag stand das Barometer wieder auf Sturm. Die Amerikaner vermieden jeden Kontakt, und nur ein paar Franzosen suchten die Kommunisten auf. Sobald jedoch Winnington in chinesischer Uniform die Propagandaplatte vom Bakterienkrieg und den amerikanischen Atomversuchen an Gefangenen auflegte, drehten ihm auch die Franzosen den Rücken und gingen mit verärgerten Gesichtern auf das Portal zu, wo die Delegationen sich gerade trennten. Der weißhaarige Admiral Joy gab mit verschlossener Miene eine kurze, entmutigende Erklärung ab. Die Reporter sprangen an ihre Schreibmaschinen. Nam Il rollte in seiner Limousine nach Norden. Die Konferenz hatte genau siebzehn Minuten gedauert.

Östlich von Panmunjom, unmittelbar außerhalb der neutralen Zone, waren inzwischen in regelmäßigen Abständen amerikanische Geschosse in den chinesischen Linien niedergegangen. Bomber und Aufklärer zogen ihre hellen Kondensstreifen nach Norden. Aus der Ferne gesehen waren die endlosen Verhandlungen von Panmunjom langweilig und verkrampft. Für den Augenzeugen hingegen ergaben sich interessante Aspekte. Es schien manchmal, als habe die Spielleidenschaft der Asiaten, die durch die strenge kommunistische Moral tabuisiert war, bei diesem diplomatischen Tauziehen eine Art Ersatz, ein Ventil gefunden. Es wurde gepokert in Panmunjom. Von den fünf »Items«, die zwischen den feindlichen Partnern zur Debatte standen – Festsetzung der Tagesordnung, Abgrenzung der Demarkationslinie, Überwachung der Waffenruhe, Austausch der Kriegsgefangenen, Einberufung einer Konferenz zur Einigung ganz Koreas – gaben nur zwei Anlaß zu Kontroversen.

In Wirklichkeit war die Festlegung der Trennungslinie kein unlösbares Problem mehr. Die normative Kraft des Faktischen setzte sich durch. Das Gleichgewicht der Kräfte, die beiderseitige Unfähigkeit, eine tiefgreifende Veränderung zu erzwingen, führten allmählich zur Identifizierung der bestehenden Front mit der künftigen Demarkationslinie. Die Perspektive umfassender militärischer Operationen wurde damit zumindest für die Dauer der Besprechungen reduziert. Wer hätte noch Interesse daran, einen Streifen feindlichen Terrains zu erobern, wenn er eventuell gezwungen wäre, im Falle einer Waffenruhe auf die Ausgangsstellung zurückzufallen?

Eine heftige Polemik war hingegen über das Schicksal der Kriegsgefangenen entbrannt. Die kommunistische Seite hatte mit äußerstem Nachdruck die Rückführung aller nordkoreanischen oder rotchinesischen Soldaten gefordert und berief sich dabei auf die Bestimmungen der Genfer Konvention. Die Amerikaner hingegen vertraten einen Standpunkt, der von den Normen des bestehenden Kriegsrechtes abwich und jedem Gefangenen die Entscheidung über sein Schicksal überließ. Der humanitären Rücksicht, dem Schutz vor Repressalien durch die heimischen Behörden wurde oberste Priorität zugewiesen. In Korea stand man vor einem ernsten Problem, dessen Lösung im Hinblick auf künftige Konflikte einen Präzedenzfall schaffen würde.

Von den rund 170 000 Kriegsgefangenen, darunter 20 000 Chinesen, die sich der UN-Armee ergeben mußten, sprachen sich laut amerikanischer Umfrage 60 000 gegen eine Zwangsrepatriierung aus. Die nordkoreanische Regierung wollte die Behauptung, mehr als ein Drittel ihrer Staatsangehörigen, die sich in feindlicher Hand befanden, hätten gegen das eigene System optiert, auf keinen Fall gelten lassen. Sie witterten Manipulationen des US-Geheimdienstes. Im PoW-Lager der Insel Koje war es tatsächlich zu einer Revolte gekommen, die in der Geiselnahme des US-Kommandanten gipfelte und die Degradierung zweier amerikanischer Generale zur Folge hatte. Das war Wasser auf die Propagandamühlen Pjöngjangs. Die verbündeten Regierungen hatten sich darauf geeinigt, daß aus Gründen der Menschlichkeit die obligatorische kollektive Rückführung der Gefangenen nicht stattfinden solle. Den amerikanischen »Prisoners of War« drohte unter diesen Umständen die Gefahr, ihrerseits von ihren nordkoreanischen Wächtern einem extremen Druck und schlimmen Schikanen ausgesetzt zu werden.

In Panmunjom wurde ein Leitartikel der Londoner »Times« stark beachtet, der sich ganz offen dazu bekannte, die bestehende Genfer Konvention nicht länger zu berücksichtigen, wenn die individuellen Menschenrechte in Frage gestellt würden. Wenn einen Kriegsgefangenen nach erzwungener Heimführung Tod oder Folter erwarte, stehe ihm das Asylrecht zu. Im konkreten Falle Koreas solle eine unparteiische Kommission beauftragt werden, jeden Kasus von angeblicher Rückkehrverweigerung sorgfältig zu prüfen. Peking und Pjöngjang sträubten sich gegen diesen Kompromiß. Schon kam bei manchen Beobachtern der Verdacht auf, die systematische Verschleppung einer Einigung in Panmunjom werde von der einen oder anderen Seite ganz bewußt betrieben, weil okkulte Kräfte auf den kontinentalen Zusammenprall noch nicht verzichtet hätten. Ganz aus der Luft gegriffen war dieser Argwohn wohl nicht. Die lange Wartezeit hatte die Chinesen in die Lage versetzt, die eigene Truppenpräsenz in Korea zu verstärken. Die Soldaten Mao Zedongs bauten zudem ein Bunker- und Tunnelsystem aus, das nur unter schwersten alliierten Verlusten zu überwinden wäre.

Dazu kamen globale Spekulationen. Der für Peking vorteilhafte Kriegsverlauf in Korea hatte das Ansehen des kommunistischen Regimes bei der eigenen Bevölkerung außerordentlich gesteigert. Peking könnte seine starke Position eventuell dazu benutzen, um in der Frage der Anerkennung durch die Vereinten Nationen sowie im Streit um Taiwan zusätzlich aufzutrumpfen. Doch die Führung des Zhongnanhai war auch für ihre diplomatische Umsicht bekannt. Sie war zudem mit der gesellschaftlichen und industriellen Umkrempelung Chinas vollauf beschäftigt. Die Sowjetunion wiederum witterte in der dauerhaften Fixierung westlicher Streitkräfte auf dem weit abgelegenen Schlachtfeld in Fernost eine Chance, die sich abzeichnende Bündelung der atlantischen Abwehrkräfte in Europa zu schwächen und zu lähmen.

In gewissen amerikanischen Stäben ging die Sorge um, eine vorzeitige Kampfeinstellung in Korea könne die öffentliche Meinung in den USA durch pazifistische Illusionen einlullen. Die kommunistische Aggression in Korea hatte bei der Mehrzahl der US-Bürger ein weltweites Verantwortungsgefühl für die Rettung der »Freien Welt« geweckt. Nachdem die auf Friedensmissionen reduzierte Verteidigungskraft der USA nach dem Zweiten Weltkrieg auf ein sehr bescheidenes Niveau gesunken war, hatte der Koreaeinsatz die rasante Rückorientierung der heimischen Industrie auf Kriegsproduktion bewirkt. Würde dieser nationale Elan durch einen voreiligen Kompromiß im »Land des stillen Morgens« beeinträchtigt werden? Zudem stand für die Vereinigten Staaten im November 1952 die Berufung eines neuen Prä-

154

sidenten an, und das ostasiatische Dilemma zählte bereits zu den großen Themen des Wahlkampfes.

Einer der Hauptgründe für die Verschleppung eines Waffenstillstandsabschlusses in Panmunjom war aus amerikanischer Sicht aus dem Weg geräumt, seit der Friedensvertrag mit Japan im September 1952 unterzeichnet und in Kraft getreten war. Angesichts der akuten kommunistischen Bedrohung in ihrer unmittelbaren Nachbarschaft hatte die Regierung des Ministerpräsidenten Yoshida sich bereitgefunden, die Stationierung starker US-Verbände in Japan unter großzügigen Bedingungen der Exterritorialität zu akzeptieren. Dabei war sie bei der eigenen Bevölkerung auf keinen nennenswerten Widerspruch gestoßen. Ganz aussichtslos war also das Gefeilsche in Panmunjom trotz aller Wutausbrüche und gegenseitiger Beschuldigungen nicht. Blieb lediglich die unergründliche Sphinx im Kreml. Die Absichten Josef Stalins entzogen sich jeder Voraussage.

CHORWON, IM MAI 1952

Es drängte mich, die Kampfzone aufzusuchen. Im Mittelabschnitt, südöstlich von Chorwon, hatten die Amerikaner chinesische Truppenmassierungen geortet. Ein südkoreanischer Unteroffizier wurde mir als Fahrer für die geschlungene Gebirgsstrecke zugeordnet. Der Mann wirkte derb und unbeholfen, aber schnell erwies er sich als sensibler Naturfreund.

In einem Flußbett lagen schwere amerikanische Geschütze in Bereitschaft. Nicht weit davon kampierten Infanteristen der südkoreanischen Armee. Mit diesen zu Beginn des Krieges fast kampfuntauglichen und schlecht bewaffneten Truppen hatte sich ein bemerkenswerter Wandel vollzogen. Die ROK Army war in zehn vorzüglichen Kampfdivisionen neu strukturiert. Die Disziplin war hervorragend, und die kriegerische Veranlagung – schon die Kleinkinder wurden im nationalen Kampfsport Taekwondo gestählt – lag den Koreanern wohl im Blut. In den Abwehrschlachten gegen die verhaßten Chinesen und gegen die verabscheuten koreanischen Brüder aus dem Norden, die über eine zumindest

ebenso spontane Bereitschaft zum Töten und zum Sterben verfügten, hatten sich die ROK-Soldaten immer wieder bewährt.
Das amerikanische Kommando war dazu übergegangen, seinen
einheimischen Alliierten die schwierigsten Frontabschnitte zu
übertragen. Die konsequente »Koreanisierung« des Krieges ver-
ringerte die amerikanischen Verluste. Sie nahm ähnliche Experi-
mente künftiger Feldzüge – die Vietnamisierung in Indochina, die
Irakisierung in Mesopotamien – um Jahrzehnte vorweg. In Korea
hat sich die Umschichtung voll bewährt.

Bei den GIs herrschte Zuversicht. Der Captain, der meine Führung übernahm, zeigte mir die angewinkelten Schützengräben,
die sich wie ein Spinnennetz verästelten. Sandsäcke schützten die
Stolleneingänge. Gar nicht weit von der vordersten Linie stand
eine Gruppe GIs vor der Feldküche an. Das Tragen des Stahl-
helms war ihnen befohlen, aber bei Tage – zumal bei so klarem
Wetter – hatten sie von der Gegenseite wenig zu befürchten. Die
totale Luftherrschaft der US Air Force zwang die Chinesen, deren
Späher jenseits der Talmulde durch das Fernrohr kaum zu erkennen waren, zu Passivität und Abwarten.

Wie unterschiedlich sich doch die beiden Seiten der Front dem
Auge präsentierten. Die Amerikaner konnten den dichten Wald-
wuchs und das Unterholz als zusätzliche Tarnung benutzen. Aus
Routine feuerten sie in unregelmäßigen Abständen ihre Granaten vom Kaliber 155 und 203 mm auf den Gegner ab. Dort bot
sich ein gespenstisches Bild. Jegliche Vegetation war durch die
schwere US-Artillerie plattgewalzt, die Felsbarriere durch Napalm pechschwarz gefärbt. An manchen Stellen dampfte die zähe
Masse noch. Die Hölle mußte bei den Chinesen gewütet haben,
ein erstickendes Flammenmeer, dem sich die Freiwilligen der
Volksbefreiungsarmee nur durch unermüdliche Maulwurfarbeit
entziehen konnten. Auf den Höhen uns gegenüber waren die Sappen so tief ins Gestein gesprengt wie die unterirdischen Gänge
der nahen Kupferbergwerke.

Dennoch herrschte eine Art Ferienstimmung. Die Schrecken
der Winterschlachten und das Entsetzen, das die unheimliche An-
griffsmasse aus dem Norden auslöste, schienen vergessen. Ein
paar GIs aalten sich in der Sonne. Andere planschten in seichten,

quellklaren Bächen. Die schweren Panzer klebten wie monströse Käfer am gelben Hang. »Die Ruhe ist trügerisch«, schärfte mir der Captain ein, als ich mich sträubte, den Helm aufzusetzen. »Spätestens bei Einbruch der Dämmerung beginnt die Gegenseite sich zu regen, und diese Chinesen sollte man nicht unterschätzen. Sie nehmen ihre schweren Mannschaftsverluste mit einer Teilnahmslosigkeit hin, die bei uns unvorstellbar wäre. Ihre Feldbatterien verfügen zwar höchstens über 7,6- oder 12,2-mm-Granaten, doch wir sollten uns keinen Illusionen hingeben. Aus dem Schlamassel sind wir längst nicht heraus.«

Statistik der Vernichtung

Der »vergessene Krieg« war keine zweitrangige Angelegenheit. Das Kräfteaufgebot war gewaltig. Vor allem sind in Korea weltpolitische Entscheidungen von globaler Wirkung gereift. An Korea gemessen, war Vietnam für Amerika – trotz der weit höheren Eigenverluste – eine exotische Episode, die schlimme psychologische Schäden und Neurosen hinterließ, aber ohne geostrategische oder gar historische Tragweite blieb.

Die Zahlen dieses Regionalkonfliktes sind gigantisch. Die anfangs schwachen südkoreanischen Streitkräfte wurden im Zuge der Gegenoffensive MacArthurs durch etwa 300 000 US-Soldaten verstärkt. Amerika führte diesen Feldzug im Auftrag der Vereinten Nationen. Es gelang Präsident Truman tatsächlich, neunzehn Staaten zu aktiver militärischer Teilnahme zu bewegen. Neben den traditionellen Verbündeten – eine britische Division, eine kanadische Brigade, ein französisches Bataillon, mehr ließ sich auf Grund des Engagements in Indochina nicht aufbieten – hatten sich Kontingente sehr unterschiedlicher Größenordnung aus Äthiopien, der Türkei, Belgien, Griechenland, Norwegen, Neuseeland, Holland, Schweden, Kolumbien, den Philippinen, Thailand, Südafrika unter der blauen UN-Fahne versammelt. Sogar ein Zug, eine »Section«, Soldaten aus dem Großherzogtum Luxemburg war zur Stelle. Insgesamt bezifferte sich diese Streitmacht – inklusive der ROK Army – auf 600 000 Mann. Im Norden wurde die dezimierte Armee Kim Il Sungs durch eine Masse von schätzungsweise 850 000 chinesischen Freiwilligen verstärkt, deren fürchterlicher Aderlaß durch neue Truppenentsendung ständig aufgefrischt wurde.

Die Bilanz menschlichen Leidens war verheerend. Die USA verloren etwa 29 500 Tote. Dazu kamen 100 000 verwundete oder vermißte GIs. Jedes Land hatte Ausfälle zu beklagen, an der Spitze die Türkei mit 720, Großbritannien mit 670, Kanada mit 309, Frankreich mit 288, Australien mit 265 Toten. Am schlimmsten hatte die Republik Südkorea gelitten mit schätzungsweise 415 000 Gefallenen und 430 000 Verletzten. Auf der anderen Seite, wo man auf grobe Schätzungen angewiesen war, büßte Nordkorea 520 000 Mann ein, während die chinesische Volksrepublik 900 000 ihrer Freiwilligen zu beklagen hatte. Zweieinhalb Millionen Soldaten sind zwischen 1950 und 1953 in Korea ums Leben gekommen. Dazu gesellten sich auf beiden Seiten Hunderttausende Leichen von Zivilisten – »Kollateralschäden«, wie man seit den skandalösen Pressekonferenzen des NATO-Sprechers Jamie Shea im Kosovokonflikt zu sagen pflegt –, so daß man die Gesamtzahl der Opfer auf drei bis vier Millionen beziffert. Die Halbinsel war in eine Ruinenlandschaft verwandelt worden.

Die Masse an Sprengstoff und Napalm, die über diesem unglücklichen Land niederging, ist nicht genau registriert worden. Aber wieder einmal bestätigte sich eine Grundregel der modernen Materialschlachten: Die systematische, schonungslose Bombardierung wirkt sich für die Zivilbevölkerung als Katastrophe aus; sie erweist sich jedoch als völlig untaugliches Siegesrezept. Was nun die Intervention Pekings betrifft, so kamen die Grundregeln des Strategen Li Hongzau aus dem neunzehnten Jahrhundert wieder zu Ehren, der angesichts der damaligen Expansionsgelüste Japans doziert hatte, Korea sei für das Reich der Mitte als Schutzwall der drei großen Ostprovinzen absolut unentbehrlich. Der heutige Präsident Hu Jintao griff unlängst noch auf jene klassische Definition zurück, wonach China und Korea so eng miteinander verbunden seien wie »Lippen und Zähne«. Die Lippen dienten dazu – wie es im Yi Qing, im »Buch des ewigen Werdens«, beschrieben ist –, warnende Töne von sich zu geben, die Zähne hingegen seien zum Zubeißen da. Vor dem Hintergrund der Krise, die zwischen Pjöngjang und Washington über die Urananreicherung Nordkoreas eskaliert, gewinnt diese symbolreiche Sprache akute Bedeutung.

*

Die Frage der Kriegsgefangenen hatte in der letzten Phase des Krieges zu wütenden Propagandaschlachten geführt. Ein vom Kominform patronierter Weltkongreß für den Frieden tagte Ende März 1952 in Oslo. Dort wurde der Vorwurf erhoben, die USA hätten bakteriologische Waffen eingesetzt. Diese Anklage wurde von dem sowjetischen Delegierten Jakob Malik vor dem Weltsicherheitsrat in aller Form wiederholt. Die Existenzbedingungen der amerikanischen Kriegsgefangenen in den primitiven Lagern des Nordens waren unerträglich. Viele PoWs, die an die sterilen Rationen der eigenen Armee gewöhnt waren, starben nicht so sehr an Hunger als an der unhygienischen Zubereitung ihrer spärlichen Mahlzeiten. Für die Piloten der US Air Force, die in die Hände der Nordkoreaner gefallen waren, kam ein zusätzliches, weit schlimmeres Martyrium hinzu. Obwohl die Behauptung, sie hätten sich an bakteriologischer Kriegführung beteiligt, jeder Grundlage entbehrte, wurden die abgeschossenen Flieger zwischen Februar 1952 und März 1953 einer pausenlosen Gehirnwäsche unterzogen. Die politischen Kommissare der Nordarmee versuchten, Geständnisse zu erpressen. Die Gefangenen sollten ihre »Untaten« niederschreiben und in aller Öffentlichkeit bereuen.

Die Verhörspezialisten hatten es immerhin erreicht, daß 38 Angeklagte sich »spontan« zu ihren angeblichen Verbrechen bekannten. Sie waren nicht so sehr durch körperliche Torturen als durch psychische Quälerei zermürbt worden. Vierzig andere Piloten hingegen haben dem grausamen Druck standgehalten. Sie verweigerten jede Aussage. In diesem Zusammenhang erscheint es angebracht, die Folterungen zu schildern, denen die Widerspenstigen unterzogen wurden. Sie wurden gefesselt in Erdlöcher geworfen. Eine Pistole wurde ihnen zum simulierten Genickschuß in den Nacken gedrückt. Ganze Nächte ließ man Wasser über sie fluten und verweigerte ihnen drei Tage lang jede Nahrung. Sie wurden an Händen und Füßen an Balken aufgehängt und schließlich zur extremen Einschüchterung vor ein Erschießungspeloton gestellt. Das Thema sollte die deutsche Bundeswehr sehr intensiv beschäftigen, seit im November 2004 die Debatte über harte Ausbildungsmethoden der »Bürger in Uniform« in deutschen Kasernen entbrannt ist. Am Rande sei vermerkt, daß sadistische Exzesse sexueller Erniedrigung, wie sie in Irak und Afghanistan von US-Gefangenenwächtern verübt wurden, nicht zum Ritual der nordkoreanischen Folterer gehörten.

Der wirkliche Nutznießer des Koreakrieges – das ist wohl den wenigsten Westdeutschen bewußt – war die Bundesrepublik. Von nun an war der Weltkommunismus der Erzfeind Amerikas und der »Freien Welt«. Der Horror des Naziregimes wurde darüber nicht vergessen, aber relativiert. Zwar wurde auch Frankreich ein zusätzlicher Finanzzuschuß von 2,4 Milliarden Dollar gewährt, damit das Expeditionscorps in Indochina dem Vietminh weiterhin gewachsen sei. Die Philippinen wurden mit großzügigen Waffenlieferungen bedacht. Wirklich sensationell wirkte jedoch der Vorschlag aus Washington, die bislang noch in mancher Hinsicht diskriminierte Bonner Republik aufzurüsten. Die NATO wurde ausgebaut und zu einer formidablen Allianz erweitert. Am 19. Dezember 1950 ernannte der Nordatlantikrat General Dwight D. Eisenhower zum Obersten Befehlshaber der Verteidigungsgemeinschaft in Europa, zum Chef von SACEUR, »Supreme Atlantic Command in Europe«. Bis zum heutigen Tag hat sich an dieser dominanten Kommandostruktur unter einem US-General wenig geändert. Griechenland und die Türkei sind im Februar 1952 dem Atlantikpakt beigetreten. Die »Globalisierung« des Kalten Krieges war in vollem Gange, auch wenn dieses Schlagwort erst viel später zur Zauberformel militärischer und wirtschaftlicher Roßtäuscher werden sollte. Konrad Adenauer konnte die europäische Rendite des Fernostkonfliktes in Form eines gewichtigen Souveränitätszuwachses seiner rheinischen Republik kassieren.

160

1 Hat Präsident George W. Bush, dessen Amtszeit im November 2008 zu Ende geht, Amerika eine weltweite imperiale Mission aufgegeben?

2 Die US Army tut sich schwer mit der unberechenbaren Strategie des »asymmetrischen Krieges«.

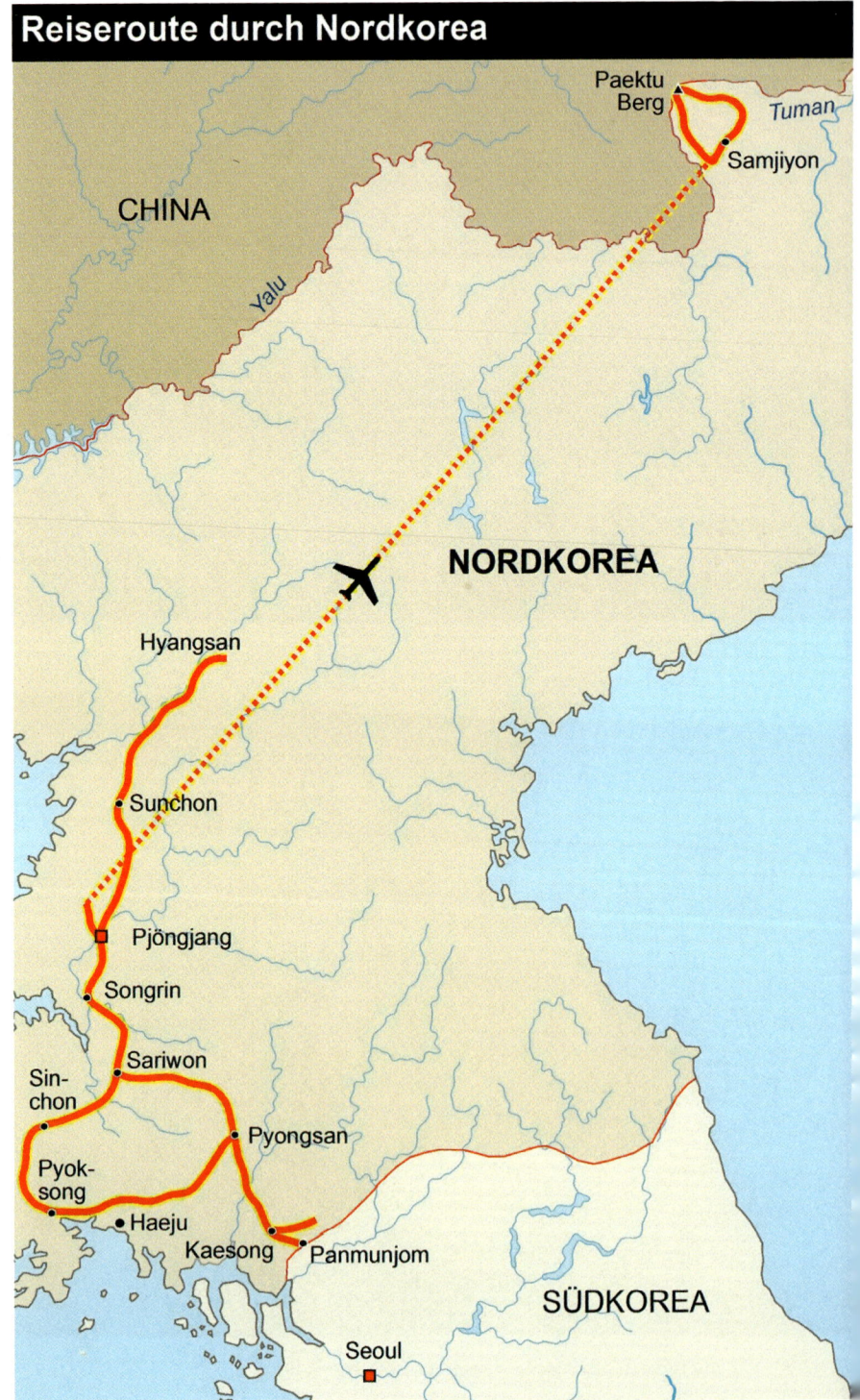

Reiseroute durch Nordkorea

3 Die Wächterin der Geburtsstätte des »Lieben Führers« Kim Jong Il.

4 Lagebesprechung mit Oberst Kim Sang Jun an der Demarkationslinie.

5   Der Berg Paektu mit dem Chonji-See bildet die Grenze zu China und wird als heiliger Hort der Revolution verehrt.

6   Auch nach seinem Tod wird dem »Großen Führer« Kim Il Sung wie einem Götzen gehuldigt.

7   Der Taedong-Fluß in Pjöngjang bietet idyllische Plätze der Entspannung.

8   Seit der Proklamation der Songun-Doktrin besitzt die Armee den Vorrang
in sämtlichen Bereichen des öffentlichen und auch des privaten Lebens.

Koreakrieg (25. Juni 1950 bis 27. Juli 1953)

UdSSR

VOLKSREPUBLIK
CHINA

Tuman

Mandschurei

Paektu
Berg

Chongjin

Hyesanjin

**weitestes Vordringen
amerikanischer
Truppen
(November 1950)**

Songjin

Sinuiju

Iwon

NORDKOREA

Anju

Hungnam

Japanisches Meer

Pjöngjang

Wonsan

**Frontlinie im Juli 1953.
Als Demarkationslinie
anerkannt.**

Chorwon

Panmunjom

Haeju

**weitestes
Vordringen
chinesischer und
nordkoreanischer
Truppen
(September 1951)**

Yangyang

Kaesong

Seoul

Inchon

Samchok

Gelbes Meer

SÜDKOREA

Chongju

Taejon

Kunsan

Pohang

**weitestes
Vordringen
nordkoreanischer
Truppen
(September 1950)**

Taegu

Kwangju

Pusan

Mokpo

Korea-Straße

9   Das Aufgebot von Hunderttausenden chinesischer »Freiwilliger« brachte die Wende im Koreakrieg und zwang die US Army zum Rückzug auf die heutige Demarkationslinie.

10   Schon in den Gebirgen Koreas hätte das amerikanische Oberkommando erkennen müssen, daß auf dem asiatischen Kontinent kein Krieg zu gewinnen ist.

11 Die Häuserschluchten der Hauptstadt Pjöngjang bieten zwar ein Bild
der Verlassenheit, imponieren dennoch durch ihren Gigantismus.

12 Welche Aufbauleistung binnen kürzester Frist durch Kim Il Sung befohlen wurde,
geht aus diesem Bild aus dem Jahr 1953 hervor.

13   Ein ungewöhnliches Bild: US-Außenministerin Madeleine Albright verhandelt im Jahr 2000 mit Kim Jong Il über den Verzicht Pjöngjangs auf Atomwaffen. Später wurde Nordkorea von Präsident Bush in die Achse des Bösen eingereiht.

온 민족의 단합된 힘으로

US

미국의 핵전쟁도발책동을 짓부시자!

14   Die Propagandaplakate in Pjöngjang lassen wenig Kompromißbereitschaft erkennen.

Französische Truppenpräsenz während des ersten Indochinakrieges (Stand 1952)

CHINA

Lai Tschau

Langson

Dien Bien Phu

Hanoi

Haiphong

Roter Fluß

LAOS

Golf von Tonking

Vientiane

Waffenstillstandslinie am 17. Breitengrad (22. Juli 1954)

THAILAND

Hue

Danang

Bangkok

VIETNAM

KAMBODSCHA

Mekong

Nhatrang

Phnom Penh

Dalat

Golf von Siam

Saigon

200 km

Südchinesisches Meer

Überwiegend französisch kontrollierte Gebiete in Vietnam um 1952

15 General Vo Nguyen Giap hat in dem endlosen Befreiungskrieg Vietnams sowohl die Franzosen als auch die Amerikaner besiegt.

16 Wer weiß heute schon, daß während des Krieges gegen Japan der US-Geheimdienst OSS mit den kommunistischen Partisanen Vietnams zusammenarbeitete? Die Majore Patti und Thomas in brüderlicher Eintracht mit Ho Tschi Minh (in kurzer Hose) und Vo Nguyen Giap (im weißen Anzug).

17   Das Lenin-Denkmal von Hanoi bleibt unangetastet, das Land hat dem Kommunismus nicht entsagt. Dennoch ist die gesellschaftliche Umgestaltung in vollem Gange.

18   Die Silhouette der südlichen Metropole Saigon, die offiziell Ho-Tschi-Minh-Stadt genannt wird, ist ein Symbol für den wirtschaftlichen Aufschwung nach dem Modell Singapurs.

Die Fäulnis des Südens

Auch Pusan ist Korea. Kurz vor diesem Hafen, der den japanischen Inseln zugewandt ist, war im Sommer 1950 der nordkoreanische Generalangriff mit äußerster Mühe zum Stehen gebracht worden. Kein Haus wurde hier zerstört. Doch diese südkoreanische Provinzstadt, in der die geflüchtete Regierung von Seoul ihren provisorischen Sitz aufgeschlagen hatte, wirkte deprimierender als die ausgelöschten Dörfer längs der Eisenbahnstrecke zwischen Taegu und Taejon. Pusan hielt dem Besucher eine häßlichere Fratze des Krieges entgegen als die Schützengräben an der Front von Chorwon oder am »Eisernen Dreieck« von Kumhwa.

In Pusan war alles Fäulnis. Hierhin drang nicht mehr der rauhe Wind der Steppen. In den feucht-schwülen Gassen, in den modrigen Amtsstuben gediehen alle Formen der Korruption wie giftige Pilze. Wie sollte es auch anders sein? Ein mittlerer Regierungsangestellter verdiente im Monat 50 000 Won, den Gegenwert von 4 US-Dollar. Der Reisverbrauch eines Erwachsenen wurde aber im Monat auf 200 000 Won geschätzt. Bestechlichkeit und Einflußhandel wurden unvermeidlich zu wahren Einnahmequellen der Beamten. Selbst ein Minister mußte offiziell mit einem Gehalt von 30 bis 40 Dollar auskommen. Ein Lehrer lebte nicht von seinem Salär, sondern von den Kollekten seiner Schüler. Die ROK Army war gezwungen, ihre minimale Entlohnung durch schwunghaften Handel aufzustocken. Ein Bataillon, das über zehn Lastwagen verfügte, verwendete allenfalls zwei davon für militärische Zwecke. Mit den anderen wurden Transportgeschäfte getätigt, und niemand konnte das den Soldaten übelnehmen.

Im Straßenbild Pusans war diese Misere überall präsent. Der Schwarzmarkt entfaltete sich hemmungslos. Die Prostitution nahm abscheuliche Formen an. Hinzu kam eine ekelhafte Verschmutzung. Der Fußgänger versank oft bis zum Knöchel im Schlamm. Die ursprüngliche Bevölkerungszahl von 400 000 Menschen war seit Kriegsausbruch auf eine Million hochgeschnellt. In diesem Umfeld bewegten sich die adrett gekleideten und gut genährten Soldaten der UNO-Armee wie in einem eroberten Land. Die Stationierung ausländischer Truppen führt in notleidenden Gegenden stets zum Auswuchern dunkler Geschäfte und zu sittlichem Verfall. Die verwöhnten, überfütterten GIs ließen bei den darbenden »Eingeborenen« eine xenophobe Stimmung aufkommen.

Dazu gesellten sich die Skandale der südkoreanischen Innenpolitik. Mit Präsident Syngman Rhee, einem protestantischen Christen, der viele Jahre in den USA verbracht hatte, glaubte Washington einen verläßlichen und loyalen Verbündeten gefunden zu haben, der nach und nach die zarte Pflanze der parlamentarischen Demokratie in der südlichen Republik heimisch machen würde. Sie haben sich bitter getäuscht und statt dessen – wie das ja immer wieder bei den außenpolitischen Manipulationen von CIA und Pentagon passiert – einen brutalen, verstockten Diktator an die Macht gehievt.

Zur Zeit meines Aufenthalts in Pusan trieb die Krise einem Höhepunkt zu. Syngman Rhee hatte 10 000 seiner Parteigänger aufgeboten, um das südkoreanische Parlament, das ihm nicht mehr gefügig war, unter Druck zu setzen. Auf Transparenten wurden die renitenten Abgeordneten der Korruption und des Landesverrats bezichtigt. In Wirklichkeit ging es um die Wiederwahl des Staatspräsidenten, der nach vergeblichen Versuchen, in der chaotischen Volksvertretung durch Bestechung und Drohung eine eigene Stimmenmehrheit zusammenzuwürfeln, die offene Terrorisierung der Opposition betrieb.

Da von den Deputierten kein günstiges Votum zu erhoffen war, versuchte der »strong man« durch Verfassungsänderung die Wahl des Staatsoberhauptes der Legislative zu entziehen und einer allgemeinen Volksabstimmung zu übertragen. Das Plebiszit – zumal wenn seine Auszählung verfälscht wird – diente auch in Ostasien als Steigbügel staatlicher Willkür. Um seinem Ehrgeiz Nachdruck zu verleihen, beschloß Syngman Rhee, mit rüden Polizeimethoden gegen seine Widersacher vorzugehen. Die Stadt Pusan schüttelte sich im politischen Fieber, als die Jagd auf zwanzig Abgeordnete wegen angeblich »kommunistischer Gesinnung« eröffnet wurde und eine Welle von Verhaftungen einsetzte. Kriegsrecht wurde verhängt. Die Sicherheitsorgane durchstöberten verdächtige Häuser. Syngman Rhee rief eine außerparlamentarische »Liberale Partei« ins Leben, deren brutale Methoden ihm volle Handlungsfreiheit verschaffen sollten.

Noch zögerte das Pentagon, diesen aufsässigen, machtbesessenen Greis fallenzulassen. Als fanatischer Feind des Kommunismus hatte er sich ja immerhin bewährt. Doch die US-Diplomatie begriff allmählich, daß sie im Zeichen von Meinungsfreiheit und Demokratie eine Art Frankenstein-Monster herangezüchtet hatte, wie das in den kommenden Jahrzehnten in den meisten Einflußgebieten der USA zur traurigen Regel werden sollte. Als Syngman Rhee sogar die Sendungen der »Stimme Amerikas« verbieten ließ, deren Redaktion sich durch objektive Berichterstattung und Liberalismus auszeichnete, wurde er von Präsident Truman persönlich zur Ordnung gerufen.

Unterdessen war in Panmunjom, wie ich dem täglichen Bulletin der UNO entnahm, die Waffenstillstandsverhandlung nach dreitägiger Unterbrechung wiederaufgenommen worden. Es wurden keinerlei Fortschritte erzielt, und den Kommunisten sei mitgeteilt worden, daß für die amerikanische Delegation – im Falle fortgesetzter Blockierung ihrer Vorschläge – kein Grund zu neuen Begegnungen bestünde. Die Militärsprecher von USA und UNO hatten folgendes Kommuniqué an die Presse verteilt: »Die seit sechs Tagen im Raum von Chorwon andauernden Kämpfe im koreanischen Mittelabschnitt haben auch am Donnerstag nicht nachgelassen. Im Ostsektor schlugen alliierte Truppen einen Aufklärungsvorstoß der Kommunisten zurück. Amerikanische Düsenjäger schossen an der mandschurischen Grenze drei kommunistische Kampfflugzeuge ab. Die US-Streitkräfte büßten in der vergangenen Woche 553 Gefallene, Verwundete und Vermißte ein, die höchste Verlustquote in diesem Jahr.«

Im Wahn des McCarthyismus

Der Herbst hat dem amerikanischen Nordosten einen wunderschönen »Indian Summer« beschert. Der Wahlkampf war in vollem Gange. Anfang November würde über den neuen Präsidenten entschieden, und die Beendigung des Koreafeldzuges gehörte zu den zentralen Themen in der Auseinandersetzung zwischen dem demokratischen Kandidaten Adlai Stevenson und dem Nationalhelden Dwight D. Eisenhower, den die Republikanische Partei bei ihrer »Convention« von Chicago auf den Schild gehoben hatte. Es herrschte eine gespannte, gehässige Atmosphäre in der Politik- und Medienwelt. Als Korrespondent spürte ich das in aller Deutlichkeit. In diesen fünf Monaten bin ich überwiegend zwischen New York und Washington hin- und hergependelt. Dabei kam mir zugute, daß mir zur Beratung und Kontaktaufnahme in den unterschiedlichsten Kreisen ein amerikanischer Freund zur Seite stand. Sandy Griffith, den ich regelmäßig in seiner kleinen, im Chaos von Büchern und Zeitschriftensammlungen versunkenen Wohnung von Greenwich Village aufsuchte, war ein alter Fuchs. Er war wohl im Zweiten Weltkrieg für den »Overseas Strategic Service« in Frankreich tätig und arbeitete jetzt mit seiner Einmannfirma als vielseitiger Lobbyist. Ich lernte viel von Sandy, der mit seinen siebzig Jahren eine emsige Vitalität bewahrt hatte.

Eisenhower hatte sich in der eigenen Partei gegen seinen Rivalen, den erzkonservativen Senator Robert Taft, durchsetzen können. Selbst der siegreiche US-Oberbefehlshaber in Europa sah sich infamen Verleumdungen ausgesetzt. Plötzlich tauchte ein Pamphlet des Panzergenerals Patton auf, das dem ehemaligen Supreme Commander schwere strategische Fehlbeurteilungen zur Last legte. Im giftigen Intrigenklima der »presidential campaign« mochte Ike, wie ihn seine Soldaten schon während des Krieges nannten, sich gelegentlich nach seinem recht geruhsamen Leben als höchster Offizier der Atlantischen Allianz, im Hauptquartier Rocquencourt bei Paris, zurückgesehnt haben.

Natürlich traute die Masse des amerikanischen Wahlvolkes dem erfahrenen Heerführer Ike am ehesten zu, den Koreakrieg, das endlose Palaver in Panmunjom, das sich seit mehr als einem Jahr hinschleppte, zu einem für Amerika honorigen Abschluß zu bringen. Der demokratische Kandidat Adlai Stevenson, ein kultivierter Intellektueller aus Illinois, wirkte dagegen recht blaß. Seine Gegner warfen ihm Nachgiebigkeit und mangelnde Härte vor. Zudem lebte er als Junggeselle, was sein Ansehen nicht förderte. Schon befand sich Stevenson in der Schußlinie jener selbsternannten Superpatrioten um Senator Joseph McCarthy, die eine hysterische Hetzjagd auf vermeintliche Kommunisten veranstalteten. Amerika sei durch seine vaterlandslosen »eggheads« und eingeschleuste Agenten an die Bolschewiken verraten worden, so hieß es damals. Zumal in Kalifornien, wo der republikanische Senator Richard Nixon die Trommel rührte, stand die öffentliche Meinung unter dem Schock der maoistischen Machtergreifung in Peking. Das »Chinasyndrom« würde Amerika noch lange belasten. Das Umkippen dieser gewaltigen asiatischen Landmasse ins feindliche Lager war ja tatsächlich für die Strategen und Diplomaten der USA ein fataler Rückschlag und verdüsterte sogar den strahlenden Sieg über das japanische Kaiserreich.

In New York frequentierte ich überwiegend liberale Kreise, Akademiker und Publizisten, die sich der Frontstellung Franklin D. Roosevelts gegen jede Form von »Faschismus« mit Begeisterung angeschlossen hatten. Jetzt liefen sie Gefahr, bei den fanatischen Spürhunden McCarthys als rote Sympathisanten angeprangert zu werden. Schon 1949 war es der Sowjetunion gelungen, ihre erste Atombombe zu zünden. Von nun an war Moskau der amerikanischen Nuklearrüstung dicht auf den Fersen. Die Kenntnis über die Fabrikation dieser apokalyptischen Waffe war tatsächlich durch Verrat aus den eigenen Reihen den Wissenschaftlern Stalins in die Hände gespielt worden. Das Ehepaar Rosenberg hatte daran mitgewirkt und vor allem der aus Deutschland emigrierte Atomphysiker Klaus Fuchs, der von England aus sein Wissen – nicht etwa für Geld, sondern aus pazifistischer Überzeugung und naiver Sympathie für die Weltrevolution – den Machthabern des Kreml zukommen ließ.

Wer heute die Ära Bush als eine Phase finsterer Spionitis und bedrohlicher Einschränkung bürgerlicher Freiheiten kritisiert, der hat keine Ahnung von dem bleiernen Klima der Verdächtigung und Verleumdung, das sich im Zeichen des McCarthyismus auf Amerika gelegt hatte. Zu jener Zeit verließ Thomas Mann fluchtartig die Neue Welt, um sich in die Schweiz zurückzuziehen. Viele jüdische Intellektuelle wurden der Neigung zum Marxismus-Leninismus bezichtigt. Es kam in New York zu zahlreichen Selbstmorden inkriminierter »Liberaler«, ein Wort, das – wie heute gelegentlich wieder – einen negativen Beigeschmack erhielt. Bei meinen Treffen mit unkonventionellen Kollegen in Bars oder Restaurants drehten sie sich immer wieder vorsichtig um. Sie überprüften, wer wohl am Nebentisch zuhören könnte. Im Dritten Reich hatte man das den »deutschen Blick« genannt. Die Schnüffler des FBI waren oft an Kleidung und Statur zu erkennen. Besonders bedroht fühlten sich jene Neueinwanderer, die bei der »Voice of America« beschäftigt waren. Die Stimmung meines Bekanntenkreises und auch meine unzureichende eigene Erfahrung hatten damals bewirkt, daß ich mich zu den Demokraten hingezogen fühlte und dem Kandidaten Stevenson den Vorzug gab, obwohl es gegen Eisenhower wirklich nichts einzuwenden gab.

Sandy Griffith stand außerhalb dieser politischen Aufgeregtheit. Dank seiner vielfältigen Beziehungen hatte ich Gelegenheit, die US-Medienwelt intensiv aus unmittelbarer Nähe zu erforschen. Sandy verdankte ich in Washington eine Einladung bei dem damaligen großen »Pundit« des amerikanischen Meinungsjournalismus, bei Walter Lippman, der gerade mit einem bewegenden Leitartikel »The American conscience« – Das amerikanische Gewissen – den Exzessen des McCarthyismus entgegentrat und die Überzeugung äußerte, die USA würden nach dieser Periode übler Verirrung zwangsläufig wieder zu den angestammten Idealen von Toleranz und politischem Anstand zurückfinden. In Chicago dinierte ich mit dem Dichter und Autor Carl Sandburg, der, in der Tradition Walt Whitmans schreibend, den Auswüchsen des MacCarthyismus fassungslos gegenüberstand.

In seinen Wahlkampfreden drohte Dwight D. Eisenhower ganz offen mit dem Einsatz von taktischen Atomwaffen, über die das

Pentagon bereits verfügte, um Kim Il Sung und seine chinesischen Protektoren zur Nachgiebigkeit in Korea zu zwingen. Dem konnte Adlai Stevenson, dessen Schlußauftritt im Madison Square Garden auch für meinen Geschmack sehr fade ausfiel, wenig entgegensetzen. Sandy Griffith lud mich gelegentlich am Wochenende in das ramponierte Strandhaus ein, das er auf Long Island besaß. Wir blickten dann auf die herbstlich grauen Wogen des Atlantik, und mein Mentor vermittelte mir präzise Kenntnisse über den Bündnisverrat, dessen sich hochgestellte Beamte der westlichen Koalition – vor allem Engländer – schuldig gemacht hatten. Diese Spionage hatte sich auf den Ablauf des Koreakrieges negativ ausgewirkt.

Auf Grund des Engagements ihrer 27. Infanteriebrigade in der frühesten Phase des Konflikts erhielt die britische Regierung Bevin in London Durchschläge sämtlicher Absprachen zwischen General MacArthur und dem Pentagon. Zu diesem Zeitpunkt befand sich Kim Philby, der erst dreizehn Jahre später entlarvt wurde und nach Moskau fliehen konnte, in einer Schlüsselposition der britischen Botschaft von Washington. Seine Komplizen MacLean und Burgess, die ebenfalls rechtzeitig in die Sowjetunion entkamen, nahmen an den geheimsten Beratungen des strategischen Gremiums teil, das die Entscheidungen in Fernost fällte. Der Gipfel des Schurkenspiels dieser »Maulwürfe«, die der feinsten englischen Oberschicht angehörten, war erreicht, als Kim Philby zum Verbindungsmann zwischen der »Central Intelligence Agency« in Langley und dem Intelligence Service, dem MI-6 in London, berufen wurde.

Die amerikanischen Generale mußten sich allzuoft darüber wundern, wie gut der chinesische oder nordkoreanische Feind über Absichten und Einsätze der UNO-Allianz im voraus unterrichtet war. Der engste Vertrauensmann Mao Zedongs, Marschall Lin Biao, der während der Großen Proletarischen Kulturrevolution vorübergehend zu dessen offiziellen Nachfolger ernannt wurde, ehe er sich mit dem »Großen Steuermann« überwarf und unter mysteriösen Umständen beim Flugzeugabsturz in der Mongolei umkam, soll in jenen Tagen geäußert haben: »Ich hätte niemals die Generaloffensive eingeleitet, das Leben meiner Soldaten und meinen militärischen Ruf aufs Spiel gesetzt, wenn ich nicht über geheime Kanäle gewußt hätte, daß Washington den General MacArthur daran hindern würde, mit Atomwaffen gegen meine Truppen und meine Versorgungswege vorzugehen.«

Sandy kannte sich aus in den Kongreß-Kulissen Washingtons. »Sie werden sehen, daß in einer solchen Situation der Unsicherheit und der nationalen Spaltung General Eisenhower über die besseren Chancen verfügt«, sagte er. Im übrigen könnten die Europäer mit einem solchen Wahlausgang höchst zufrieden sein. Schon aufgrund seiner militärischen Karriere und seiner Waffenerfolge an der Atlantikfront sei Ike ein resoluter Verfechter der strategischen These »Europe first«. Die ostasiatischen Winkelzüge hingegen erschienen ihm verwirrend und fremd.

Es kam, wie es kommen mußte. Dwight D. Eisenhower wurde am 2. November 1952 in einem »landslide« gewählt. Ich erlebte die Nacht der Entscheidung mit gemischten Gefühlen am Times Square. New York war zwar seinem Ruf, demokratisch abzustimmen, treu geblieben, aber der Jubel der republikanischen Sieger in den gesamten Vereinigten Staaten war unbeschreiblich. Sehr bald kam auch ich zu dem Schluß, daß Amerika sich instinktiv für den richtigen Mann entschieden hatte. Unter dem Kriegshelden Eisenhower gab es keinen Platz mehr für den blinden Chauvinismus, für die Hexenjagd der McCarthy-Clique. Der alte Soldat verfuhr nach dem Prinzip: »no nonsense«. An seinem Patriotismus konnte ja niemand zweifeln. In »God's Own Country« vollzog sich überraschend schnell die politische Normalisierung, die Rückkehr zur Vernunft. Blieb jedoch die Bereinigung der zunehmend irritierenden Patt-Situation in Korea, die Ungewißheit, der sich Washington in Fernost weiterhin durch das undurchdringliche Taktieren des Kreml ausgesetzt sah.

*

Nach der feierlichen Inauguration des neuen Präsidenten war ich im Februar 1953 zu einer mehrmonatigen Südamerika-Reportage aufgebrochen. Die Reise führte mich von Mexiko bis Argentinien. Eingeprägt hat sich mir vor allem der 5. März 1953, als ich durch das Geschäftsviertel von Lima, der Hauptstadt Perus, schlenderte. Zu jener Zeit waren dort weder Überfall noch Ausplünderung zu befürchten. Ich war am Korrespondentenbüro der Agence France Presse angelangt, da entdeckte ich an der Hausfront in riesigen Lettern die sensationelle Nachricht, die eben über den Ticker gelaufen war: »Stalin ha fallecido – Stalin ist gestorben.« Ich eilte zu den Kollegen und überflog die ersten Kommentare, die aus aller Welt einliefen. Mich interessierte in erster Linie, wie sich der Tod des unheimlichen Georgiers auf den weiteren Ablauf des Koreakrieges auswirken würde. Schon in den ersten Reaktionen aus Washington klang die Hoffnung auf, daß nunmehr das bislang unüberwindliche Hindernis für einen Abschluß in Panmunjom durch eine Fügung des Schicksals beseitigt sei. Angesichts der Unwägbarkeiten der ungewissen Nachfolge im Kreml mußte die Sowjetunion alles Interesse daran haben, die akute Konfliktsituation in Fernost zu entschärfen. Die Volksrepublik China war ihrerseits so sehr mit ihrer radikalen gesellschaftlichen Umwälzung beschäftigt, daß ihr die unbegrenzte Fixierung ihrer Streitkräfte auf der koreanischen Halbinsel lästig erscheinen mußte. Was Washington betraf, so verfügte Präsident Eisenhower über die unentbehrliche Autorität und die militärische Kompetenz, um eine Kompromißlösung auf der Basis des territorialen Status quo der Teilung in der Nähe des 38. Breitengrades auch bei den Scharfmachern seiner eigenen Partei durchzusetzen.

Es hat noch etwas mehr als ein Vierteljahr gedauert, bis die letzten Streitpunkte widerwillig geschlichtet waren. Die Unterzeichnung der Waffenstillstandskonvention, die heute noch in Kraft ist, fand am 17. Juli 1953 um zehn Uhr morgens in der Baracke von Panmunjom statt. Für Nordkoreaner und Chinesen unterschrieb General Nam Il, für die USA und die Vereinten Nationen der amerikanische General Harrison. Auf beiden Seiten der Demarkationslinie – jenseits des entmilitarisierten Streifens von vier Kilometern Tiefe – entstand eine tiefgestaffelte Sperrzone aus Minenfeldern, Stacheldrahtverhau, Betonbunkern und schwerer Artillerie.

Das verleugnete Erbe des Meister Kong

Da stehe ich also – ein halbes Jahrhundert später – wieder am koreanischen Tatort Panmunjom, dieses Mal allerdings auf der nördlichen Seite, die mir bislang verschlossen war. Weder Herr O noch Oberstleutnant Kim Sang Jun haben in irgendeiner Weise verärgert oder mißtrauisch auf die Enthüllung meiner damaligen Anwesenheit während des Krieges reagiert. Dabei hätte unser Betreuer von der Koreanisch-Deutschen Freundschaftsgesellschaft allen Grund gehabt, jedem, der sich in diesen grauenvollen Jahren auf seiten der Amerikaner befand, mit Feindseligkeit zu begegnen. Er hatte mir auf unseren langen Autofahrten berichtet, daß die nordkoreanischen Zivilisten, die ebenso rücksichtslos bombardiert wurden wie die stark gelichteten Reihen der Volksarmee, sich nach der Vernichtung ihrer Behausungen wie Troglodyten in den Boden eingegraben hatten, um zu überleben. Der Großvater O's war offenbar schon zu Zeiten der Japaner aktives Mitglied der Kommunistischen Partei. Er wurde als Funktionär bei der Besetzung seines Dorfes entlarvt und von einem amerikanischen Offizier, ohne daß er sich gewehrt hätte, kaltblütig erschossen. Angeblich lag auf seiten der CIA eine Art »Kommissarbefehl« zur Ausmerzung politischer Gegner vor.

Die Tatsache, daß ich ihrem Land unter widrigen Umständen schon so früh einen Besuch abgestattet hatte, kommt mir – so empfinde ich es wenigstens – sogar zugute. Ich war ja Zeuge des Horrors gewesen und wußte, daß im Juni 1950 zwar die Armee Kim Il Sungs die Offensive nach Süden gestartet hatte, aber die südliche Republik des Präsidenten Syngman Rhee ihrerseits für zahllose Zwischenfälle am 38. Breitengrad verantwortlich war und damals – in völliger Verkennung der eigenen Schwäche – darauf brannte, den Marsch nach Norden, in die entgegengesetzte Richtung, anzutreten.

Mit dem sympathischen Oberstleutnant tausche ich ein paar kurze Betrachtungen darüber aus, daß nach weltweitem Überhandnehmen des »asymmetrischen Krieges« die strategischen Vorstellungen sowohl der früheren Sowjetstäbe mit ihrem Überlegenheitsprinzip »Drei zu Eins« als auch der chinesischen Volksbefreiungsarmee mit der Erdrückung des Gegners durch »human waves« obsolet und unangepaßt erscheinen. Ich erkundige mich wohlweislich nicht nach der ungeheuren Konzentration schwerer Artillerie, die beiderseits von Panmumjom auf nördlicher Seite in einem befestigten, perfekt getarnten Stollensystem einbetoniert sein soll und – den westlichen Nachrichtendiensten zufolge – im Extremfall befähigt wäre, die nahe gelegene Zehn-Millionen-Hauptstadt Seoul in Schutt und Asche zu legen. Die US Air Force würde bei Auslösung einer solchen Feuerwalze immerhin zwei Stunden brauchen, um aktiv einzugreifen. Die geplante Verlagerung des Regierungssitzes von Seoul in eine weiter südlich gelegene Stadt steht wohl in Zusammenhang mit dieser Bedrohung, wie auch die bereits eingeleitete Umgruppierung der in Südkorea verbleibenden US-Truppen.

Bevor wir wieder unseren Minibus besteigen, hat sich ein kleingewachsener, strahlend lächelnder Major der nordkoreanischen Volksarmee zu uns gesellt. Nach ein paar Höflichkeitsfloskeln stellt er mir eine Frage, die mich aufhorchen läßt. »Sind Sie der Ansicht«, so sondiert der Major scheinbar beiläufig, »daß das Schicksal eines Landes in Krisenzeiten exklusiv in die Hände eines einzigen Mannes gelegt werden soll?« Ich habe ausweichend geantwortet. Es kann sich ja um eine gezielte Provokation handeln. Aber irgendwie spüre ich, daß ich drei Sekunden lang dem Kern meiner politischen Recherche nahe gekommen bin. Was da nämlich angezweifelt wurde, war die Fähigkeit des »Lieben Führers« Kim Jong Il, seine tyrannische Autokratie weiterhin ohne jede äußere Kontrolle auszuüben. Seit die Songun-Doktrin den Vorrang

171

der Volksarmee zum obligatorischen Staatsprinzip erhoben hat, drängt sich natürlich die Vermutung auf, daß irgendwann einmal die hohe Generalität den grotesken Personenkult der Kim-Dynastie leid wird und durch ein militärisches Führungskollektiv ersetzen möchte. Schließlich war im Süden der Diktator Park Chung Hee mit gutem Beispiel und bemerkenswertem wirtschaftlichem Erfolg vorangegangen.

Zum Programm gehört auch eine Fahrt von etwa zwanzig Kilometern nach Osten entlang der neutralen Zone. Ein anderer Offizier hat sich zu uns in den Bus gesetzt, ein Oberst, der uns zu einem speziell ausgebauten Beobachtungspunkt begleitet. Durch das Fernrohr kann man dort in vier Kilometer Entfernung die Umrisse einer mächtigen Betonmauer erkennen. Diese wuchtige Sperre ist durch die Südarmee errichtet worden. Den fremden Besuchern – auch den wenigen Touristen aus dem Westen – soll hier vorgeführt werden, daß Seoul und nicht Pjöngjang Methoden der Abschottung praktiziert, die in der ehemaligen DDR gang und gäbe waren.

Wir müssen den Oberst bei irgendeinem Gelage gestört haben, und er hat dem einheimischen Wodka, Insum-Ju genannt, der mit Ginsengwurzelextrakt angereichert wird, heftig zugesprochen. Er ist in glänzender Laune, redet ununterbrochen, ohne daß ich ein Wort verstehe, und umarmt mich immer wieder brüderlich. Diese Freundschaftsszenen werden auf mehreren Fotos verewigt. Herr O setzt eine leicht schockierte Miene auf, aber ich beruhige ihn, daß mir dieser unkonventionelle Offizier – eben weil er sich nicht an die sonst übliche Distanz hält – in bester Erinnerung bleiben wird. Der muntere Oberst zeigt jetzt auf einen konisch geformten Berg, der die übrigen Hügel überragt. »Woran erinnert Sie die Form dieser Höhe?« fragt er. Mir fällt beim besten Willen nichts ein. »Das sieht doch aus wie eine weibliche Brust«, beteuert er lachend. »Die Leute der Umgebung haben dem Berg den Namen ›Drachenbrust‹ gegeben, weil er üppig genug wäre, sieben Drachen gleichzeitig zu stillen.« Kurz vorher hatte er mir versichert, daß seine Soldaten gar nicht der Atombombe bedürften, um die Amerikaner im Ernstfall zu schlagen. Aber auch diese Prahlerei wird in aller Herzlichkeit vorgetragen.

Auf der ganzen Reise bin ich überrascht, wie wenig meine nordkoreanischen Gesprächspartner versuchen, mich mit plumpen Propagandasprüchen zu beeinflussen. Wenn an einem riesigen Kim-Il-Sung-Monument die amtliche Führerin zu langen Erklärungen und Lobpreisungen ausholt und Herr O merkt, daß mir das lästig wird, können wir den einstudierten Redeschwall abbrechen. Irgendwie muß man in Pjöngjang entdeckt haben, daß gegenüber westlichen Ausländern der übliche Götzenkult und die Schilderung der Wunder, die Kim Vater und Sohn vollbrachten, nicht den gewünschten Effekt erzielen. Vielleicht genieße ich auch ein speziell an die Person angepaßtes Treatment.

Kurz vor Kaesong bietet sich uns ein geradezu klassisches Bild sozialistischen Aufbaus. Kolonnen von Bauern, durch zahlreiche Soldaten unterstützt, ziehen die Mauern eines neuen Dorfs mit recht ansehnlichen Häusern hoch. Darüber wehen die roten Fahnen des Fortschritts. Die Felder ringsum tragen reife Frucht. Das Schauspiel ist mit Sicherheit nicht für uns arrangiert worden, denn ich muß den Kameramann mehrfach bedrängen, ehe er mit Zustimmung seines Assistenten mit dem Filmen beginnt.

Kaesong, im August 2004

Die mächtigen Baumstämme, die wie Pfeiler einer Kathedrale aufstreben, sollen tausend Jahre alt sein. Die stilvollen Holzgebäude, die japanischen Palastanlagen ähneln, sind zwar erst 1592 nach ihrer mutwilligen Zerstörung durch die Eroberer-Horden des Tenno wieder aus der Asche erstanden, aber die Gründung dieser konfuzianischen Akademie Songgyungwan geht auf das Jahr 992 zurück, auf die frühe Epoche der Koryo-Dynastie. Damals wurde die Hauptstadt des wiedervereinigten Königreichs Korea nach Kaesong verlagert. Die Sittenlehre des weisen Konfuzius, des »Meister Kong«, hat der koreanischen Halbinsel bis auf den heutigen Tag ihren Stempel aufgedrückt, sosehr die kommunistischen Ideologen von Pjöngjang sich auch dagegen sträuben. Irgendwie erinnert mich die krampfhafte Absage an Konfuzius und seine 2500 Jahre alte Kultur an das Aufbäumen Mao Zedongs gegen diese für ihn lähmende, verstaubte Überlieferung. Während der Großen Kulturrevolution gipfelte die Kampagne in dem Kampfschrei der Rotgardisten »Pi Lin – Pi Kong«. Aus propagandistischen Gründen hatte man den Kampf gegen Meister Kong eng mit der Verfluchung des Marschalls Lin Biao verquickt, des verräterischen Erben, der gegen Mao Zedong komplottiert hatte.

Heute, so scheint es, ist die Volksdemokratie von Pjöngjang nicht mehr so rigoros um Distanzierung von ihrer geistlichen und religiösen Vergangenheit bemüht wie zu Beginn der Juche-Revolution. Ohne Meister Kong ließen sich das Regime und die Lehren des »Großen Führers« Kim Il Sung auch schwer erklären. Vor tausend Jahren hatte die aus China importierte Gesellschaftsstruktur, die hierarchisch gegliederte Ethik des Konfuzianismus, den bislang auch in der Verwaltung vorherrschenden Buddhismus schrittweise zurückgedrängt. Korea – sei es nun unter der Silla-, der Koryo- oder der Yi-Dynastie, letztere erlosch erst mit der japanischen Eroberung des Jahres 1910 – hatte jedoch eine sehr spezielle Abweichung von der in Peking vorherrschenden Doktrin des Konfuzianismus entwickelt, die bis auf den heutigen Tag nachwirkt. Ohne uns in Einzelheiten und subtile Nuancen zu verlieren, wollen wir das abgewandelte Konzept des Mandarinats skizzieren.

Worauf hatte sich im achtzehnten Jahrhundert bei den europäischen Aufklärern die oft naive Bewunderung der höfischen Gesellschaft Pekings begründet, als sie sich der Mode der »Chinoiseries«, dem Bau von ostasiatischen Pagoden zuwandte, einer Idealisierung des Reichs der Mitte, die sich sogar im Park von Sanssouci oder im Schloß Charlottenburg wiederfindet? In China wurde laut der konfuzianischen Ordnung der Zugang zur höchsten Kategorie, zur Herrschaftskaste des Mandarinats, durch eine ganze Serie von Examen reguliert, unabhängig von Abstammung und Herkunft des Impetranten. Im Gegensatz zu dem erstarrten Erbfolge-Kodex des abendländischen Feudalsystems bewährte sich am Hof von Peking – so sahen es die westlichen Philosophen – eine Form der »Meritokratie«, eine Auslese, die der literarisch gebildeten, in den Riten des Konfuzianismus gefestigten Elite die höchste Verantwortung unter der alles überragenden Autorität des Kaisers anvertraute.

174

Zumindest in der Theorie konnte sich auch der geringste Untertan um diese Prüfungen bewerben und dank seiner intellektuellen Gaben, seines Fleißes und seiner Ausdauer den Aufstieg zu staatlichen Würden erreichen. Sogar der »Sohn des Himmels«, der, in der Verbotenen Stadt von Peking nach Süden blickend, die Kräfte des Yang auf sich einwirken ließ, war nur so lange als Kaiser anerkannt, wie er die Harmonie zwischen Himmel und Erde zu wahren verstand und das Wohl des Volkes mehrte. Ging er – aus welchen Gründen auch immer – des »Auftrags des Himmels« verlustig, stand der Weg frei für den Gründer einer neuen Dynastie, der nicht unbedingt der gehobenen »Gentry«, sondern auch den einfachen Volksschichten entstammen konnte. Dazu gesellte sich eine Gesellschaftsordnung, die dem Krieger, auch dem Feldherrn, der im Europa des ausgehenden Feudalismus noch als Idealbild gefeiert wurde, den untersten Rang zuwies.

In Korea verfiel die Lehre des Meister Kong einer merkwürdigen Mutation. Von Anfang an war dieses ethnisch homogene Volk, das seine geeinte Staatswerdung etwa zur Zeit Karls des Großen unter den Silla-Königen vollzog, in eine unerbittliche Kastenordnung gepreßt. Der Adel blieb von Anbeginn die alles überragende Elite. Mandarin, das heißt hoher Staatsdiener, konnte nur werden, wer diesem exklusiven Stand angehörte. Die Examen waren eine Formalität. Zwar wurde dabei auch die literarische Bildung geprüft, doch in Wirklichkeit gab die Zugehörigkeit zu einem der starken, meist widerstreitenden Clans den Ausschlag. Die erblichen Privilegien, mit dem Sammelbegriff »Golbun« bezeichnet, wurden ergänzt durch eine paramilitärische Organisation, »Hwarang« genannt, in der die jungen Adeligen ihre kriegerische Ausbildung durchliefen. Im Gegensatz zu China wurde der Soldat in Korea auf einen Sockel gestellt und ließ sich mit dem japanischen Samurai vergleichen.

Schlimm war das Los des einfachen Volkes, der bäuerlichen Masse, die wie Leibeigene, häufig wie Sklaven behandelt wurde. Noch schlechter erging es den unteren Kategorien, denen neben Schauspielern und Prostituierten seltsamerweise auch die Händler und Kaufleute angehörten. Zu allem Unglück gab es die Ausgestoßenen, die »Unberührbaren«, die allgemeiner Verachtung anheimfielen. Ihr Los besserte sich erst nach der Besetzung der Halbinsel durch die Japaner. Diese Strukturen haben unter den verschiedenen Königshäusern nur wenig variiert. Das Kastenbewußtsein war so ausgeprägt, daß den einfachen Untertanen die Gestaltung ihrer Behausung, der Zuschnitt und die Qualität ihrer Kleidung und die Formen des öffentlichen Auftretens vorgeschrieben wurden. Oberstes Gebot für alle war der Ahnenkult, die bedingungslose Unterwerfung unter die Willkür des Patriarchen und eine Entrechtung der Frau, die selbst für asiatische Verhältnisse unüblich war. Den Frauen war es meist verboten, ihr Gehöft zu verlassen. Beim Ausgang mußten sie das Gesicht mit einem Schleier verdecken. Für die Beziehungen zwischen Obrigkeit und Hörigen galt die imperiale chinesische Weisung: »Zittere und gehorche!«

Nach dem Zusammenschluß der sich befehdenden drei Königreiche der Frühzeit blieb das Gefälle zwischen dem relativ wohlhabenden, fruchtbaren Süden und dem rauhen, an häufiger Hungersnot und frostigem Klima leidenden Norden bis auf den heutigen Tag erhalten. Die regionalen Spannungen und Ressentiments sind seitdem nicht abgeklungen. Kein Wunder, daß im darbenden, vernachlässigten Norden französische Jesuiten im achtzehnten Jahrhundert überaus erfolgreich missionieren konnten. Ähnlich wie in Japan zu Beginn der Shogun-Ära fielen diese katholischen Gemeinden einem fremdenfeindlichen Massaker zum Opfer.

Was nun die staatliche Souveränität Koreas betraf, so entfaltete sie sich lediglich in Zeiten der chinesischen Machtvakanz. In der Regel war das »Land des stillen Morgens« ein Vasall des »Drachensohns« von Peking und zur Entrichtung von Tribut verpflichtet. Als im neunzehnten Jahrhundert die chinesische Mandschu-Dynastie in den Wirren der Taiping-Revolte unterzugehen drohte, kapselte sich die Yi-Dynastie Koreas – so weit sie nur konnte – von der Außenwelt ab. Korea erstarrte in Vereinsamung und Rückständigkeit. Damals kam der Ausdruck »Hermit State« oder »Einsiedlerstaat« auf, der heute oft von den angelsächsischen Medien auf die Volksrepublik Kim Jong Ils bezogen wird. In Japan hingegen brach sich zur gleichen Zeit die Meiji-Revolution Bahn und ermöglichte den Anschluß an die industrielle

Modernität des Westens. Beinahe zwangsläufig wurde die benachbarte, in steriler Isolation verharrende Halbinsel zur Einflußzone des sich erneuernden, expandierenden Kaiserreichs Nippon.

Die historischen Abläufe, die Sozialstrukturen der Vergangenheit vermitteln vermutlich die beste Erklärung für die abstruse ideologische Verirrung, in die die Demokratische Volksrepublik Nordkorea seit 1945 abgeglitten ist. So entspricht die soziale Schichtung von heute gewissermaßen einer umgekehrten Pyramide der früheren Epochen. Im Buddhismus sprach man vom »Karma«, das die Kaste der Edlen abgrenzt. In der Volksrepublik Kim Il Sungs ist der Begriff »Songbon« ausschlaggebend für die Bewertung des Individuums und die Vorzüge, die er von Geburt an genießt. Wichtig ist vor allem die Herkunft aus einer Arbeiteroder Bauernfamilie. Zusätzlich werden Beweise einer strammen Ausrichtung auf die Juche-Philosophie angefordert. Wer gar den Nachweis erbringt, von einem Gefährten Kim Il Sungs im Kampf gegen die Japaner abzustammen, dem steht der steile Aufstieg in Partei, Armee oder Staat offen.

*

Kaesong ist, obwohl die Demarkationslinie nur zehn Kilometer entfernt verläuft, wohl die einladendste Stadt Nordkoreas. Im Zentrum befindet sich zwar auch eine bombastische Siegesallee, die – von mehrstöckigen Plattenbauten gesäumt – zum glorreichen Denkmal des »Großen Führers« aufsteigt. Wie durch ein Wunder ist jedoch ein kleines, altes Viertel erhalten geblieben mit geschwungenen Ziegeldächern und einem massiven Stadttor. In der Akademie Songgyungwan habe ich vergeblich nach irgendwelchen Souvenirs des Meister Kong Ausschau gehalten. An seinem chinesischen Geburtsort der Shandong-Provinz, die von zahllosen einheimischen Besuchern überschwemmt wird, werden solche Andenken nämlich in vielfacher Ausführung feilgeboten. In Kaesong kann ich lediglich eine Flasche mit Ginseng-Essenz erwerben. Diese Heil- und Wunderpflanze Ostasiens soll dort in einmaliger Güte gedeihen. Die Ginsengwurzel spielt in Korea eine herausragende Rolle, nicht nur als Medizin. »It is good for man power«, hatten mir südkoreanische Offiziere einst eindringlich versichert. Während ich das Gefäß mit dem bizarr verkrümmten Gewächs kaufe, fällt mir jene typisch chinesische Anekdote ein, die mir vor zwanzig Jahren auf Taiwan erzählt wurde. Angeblich hat Mao Zedong seinem alten Erzfeind Tschiang Kai-schek, den er ein Leben lang bekämpft und am Ende besiegt hatte, dem er sich jedoch insgeheim verwandt fühlte, einen besonders wertvollen, lebenserhaltenden Ginseng-Extrakt zukommen lassen, als der Generalissimo der Kuomintang im Sterben lag.

Das National-Hotel von Kaesong zeichnet sich durch exotischen Reiz aus. Die niedrigen Pavillons reihen sich am Rande eines malerischen Baches, an dem wieder einmal die Trauerweiden wachsen. Unseren Begleitern zufolge handelt es sich um eine typisch koreanische Konstruktion, doch für mich ist diese Herberge in jeder Beziehung mit jener idyllischen Unterkunft vergleichbar, in der ich 1952 ein paar Tage in der japanischen Kaiserstadt Kyoto verbrachte. Die Wände sind aus Papier, der Boden ist mit Tatami-Matten ausgelegt. Die Schlafmatratze wird ausgerollt. Das Kopfkissen ist hart wie Holz. Das Ganze hat viel Atmosphäre. Hier hat ein Stück unverfälschtes Asien überlebt. Das Essen hingegen, zu dem wir uns auf den Tatami kauern, ist rein vegetarisch und knapp bemessen. Das Nationalgericht, der gesäuerte Kohl, Kim Chi genannt, und der Sojaquark Tofu reichen nicht aus, um fremde Barbaren zu sättigen. Das weibliche Personal in Nationaltracht bemüht sich redlich um die Gäste. Herr O schäkert ein wenig mit den Mädchen, aber in Nordkorea geht es sittenstreng, fast prüde zu, und ich erfahre, daß freie Liebe verpönt ist, daß man von einer Braut erwartet, daß sie als Jungfrau den Ehebund eingeht. Für das gemeine Volk ist das Heiratsalter bei Männern etwa auf 25 Jahre, bei Frauen auf 20 festgesetzt. In der hohen Nomenklatura sollen allerdings andere Sitten herrschen.

Während der spärlichen Mahlzeit sind unsere einheimischen Gefährten diskret verschwunden. »Sie sind in den Ort gegangen, um ein beliebtes koreanisches Gericht zu genießen, das Ihnen vermutlich nicht zusagen würde«, erklärt O. Er druckst ein wenig, bevor er mit der präzisen Antwort herausrückt: »Sie essen Hundefleisch.«

»Ich weiß nicht, was soll es bedeuten ...«

Zur Vermeidung einer militärischen Sperrzone müssen wir einen Bogen nach Norden über die Stadt Pyongsan schlagen. Die Küste mit dem Hafen Haeju sehen wir nur aus der Ferne. Zu meiner Überraschung entdecke ich zwei verlassene, halb verfallene Bunker auf dieser Wegstrecke. Die Umleitung unterscheidet sich von den großen Verkehrsachsen durch Schlaglöcher und miserable Instandhaltung. Uns fallen riesige Felder auf, wo Arbeitsbrigaden die üppige Kohlernte einbringen. In Haeju rauchen immerhin ein paar Schlote. Es soll sich um Metallschmelzen handeln. Die vorteilhafte Lage dieses Umschlagplatzes, wo selbst in strengsten Wintern das Meer eisfrei bleibt, prädestiniert ihn – weit mehr als Kaesong, das oft als aufstrebendes Zentrum für »joint ventures« genannt wird – für eine Zusammenarbeit mit ausländischen Investoren. Der mächtige Hyundai-Konzern aus Südkorea soll dort bereits am Werk sein. Aber all die Vermutungen, Nordkorea bewege sich unter Kim Jong Il auf eine vergleichbar blühende Wirtschaftsentwicklung zu wie etwa die Volksrepublik Vietnam unter ihrer kommunistischen Lao-Dong-Partei, greifen ihrer Zeit weit voraus.

Auf dem Programm steht der Besuch eines Projektes der Welthungerhilfe. Unter Anleitung von zwei deutschen Technikern sollen wenigstens ein paar Dutzend der von Kim Il Sung seinerzeit massierten Monster-Brigaden von 10 000 Landwirtschaftstraktoren repariert und einsatzfähig gemacht werden. Die Halle mit den Werkstätten ist bescheiden, aber die deutschen Experten sind des Lobes voll für den Fleiß und die technische Begabung ihrer koreanischen Mitarbeiter. Da die einheimische Werkzeugindustrie nicht in der Lage ist, die einfachsten Ersatzteile herzustellen, müssen sie aus China importiert werden. Nirgendwo wird deutlicher, daß der industrielle Aufschwung Nordkoreas am Juche-Gebot der strikten ökonomischen Autarkie scheitern mußte.

Bei Pyongsang rasten wir in der Nachbarschaft einer anderen historischen Lehrstätte des Konfuzianismus, die nach dem Dichter und Philosophen Sohyongsowon benannt ist. Die deutsche Botschafterin ist aus Pjöngjang angereist. Wir tafeln im Grünen mit diversen Provinzgrößen, darunter der Gouverneur. Die konfuzianischen Lehrmeister – ähnlich wie die abendländischen Mönche des Mittelalters – hatten wohl ein feines Gespür für die Schönheit der Natur, wenn sie ihre Klöster oder Akademien bauten. Ich benutze den Aufenthalt, um in einem »Aufsager« die Beziehung zwischen Konfuzianismus und Juche-Ideologie anzudeuten. Freund Kim, dem meine Aussage übersetzt wird, beglückwünscht mich, daß ich mich den geistigen Grundlagen der Demokratischen Volksrepublik so aufmerksam widme.

Wir übernachten in der Provinzhauptstadt Sariwon. Mit den allzu breiten, kaum belebten Alleen, mit der strikten Ausrichtung der Häuserreihen, die auf ein Riesenmosaik von Kim Vater und Sohn zulaufen, aber auch mit den gepflegten Parks, die die monotone Architektur auflockern, kommt mir Sariwon schon irgendwie vertraut vor. Wie schnell der Reisende sich doch an das Ungewöhnliche gewöhnt. Das Hotel »8. März« weist hier sogar moderne Eleganz auf. Mit der bescheidenen Qualität der Mahlzeiten hat man sich längst abgefunden. Die Tatsache, daß die Elektrizität funktioniert, tröstet darüber hinweg, daß aus den Hähnen des luxuriösen Badezimmers kein Tropfen Wasser fließt. Am späten Abend blicke ich auf die Bäume der verwaisten Avenue. Ein unerklärliches Gefühl von Entspannung und Ruhe überkommt mich.

Herr O erspart uns am folgenden Tage den Besuch des »Sinchon-Massaker-Museums«. Es beherbergt in allen Einzelheiten die Darstellung angeblicher amerikanischer Greueltaten. Die nahe Festung Jonbangsan war im siebzehnten Jahrhundert auf dem Höhepunkt interner Clan-Kämpfe errichtet worden. Sehr beeindruckend ist das Mauerwerk nicht. Um so erquickender ist die Entdeckung der buddhistischen Tempelanlage von Songhul. Sie ist von rosa blühenden Lotosteichen umgeben und in eine romantische Wald- und Felslandschaft eingebettet, ein idealer Rahmen für geistliche Erbauung und die von Gautama vorgegebenen Erleuchtungsexerzitien. Das Kloster ist in perfektem Zustand. Im Hintergrund leuchten ein paar goldene Boddhisatvas, und zu ihren Füßen kniet eine ganze Schar holzgeschnitzter, buntbemalter Jünger und Beter.

Das schwere Holzportal wird von grimmigen Tempelwächtern mit schreckenerregenden Gesichtern umrahmt. Aus ihm tritt ein Mönch hervor. Er trägt die graue Robe und darüber eine kunstvoll bestickte rote Stola. Seine Schulter ist entblößt und der Schädel glatt rasiert. Das Gesicht wirkt asketisch. Der Mann bewegt sich mit klerikaler Würde. Es handelt sich um den Abt dieser Kultstätte, die außer ihm noch drei Mönche beherbergt. Bekanntlich ist es mit der religiösen Toleranz nicht weit her im Reiche Kim Jong Ils. Der Verdacht einer Maskerade zur Täuschung ausländischer Touristen drängt sich auf. Meine Skepsis wird verstärkt durch die Unfähigkeit des »Abtes«, mir zu sagen, ob er der Mahayana- oder der Hinayana-Richtung des Buddhismus angehört. Dabei sollte jeder wissen, daß in Korea nur die Riten des »Großen Fahrzeuges« befolgt werden, war doch die ursprüngliche Lehre Gautamas auf dem Umweg über China hierhergelangt.

Immerhin ist das Bemühen der kommunistischen Behörden, mich auf die religiösen Überlieferungen zu verweisen, recht lobenswert. Der Buddhismus hatte – ähnlich wie später der Konfuzianismus – auf dieser abgelegenen Halbinsel eine kuriose Anpassung an den Eigencharakter des koreanischen Volkes vollzogen. Vor allem unter der Koryo-Dynastie verwandelte sich die weltabgewandte Heilslehre in ein Instrument politischer Machtausübung. Die Klöster erwarben riesige Ländereien, und die Bonzen behandelten ihre Leibeigenen nicht besser als die weltliche Feudalaristokratie. Im Kontakt mit Japan fand angeblich auch der Zen-Buddhismus beachtlichen Zulauf, und damit habe auch der »Bushido«, der ritterliche Ehrencodex der Samurai, Einfluß gewonnen.

Erst die lange Folge der Yi-Könige hatte den politischen Ambitionen des Buddhismus ein Ende gesetzt. Die Dynastie förderte resolut das Aufkommen eines intoleranten Neokonfuzianismus, der den entrechteten Massen zusätzliche Restriktionen auferlegte. In unseren Tagen wird vor allem bei der Jugend Südkoreas eine Rückwendung zur buddhistischen Mystik festgestellt.

Weiter nördlich unterbrechen wir die Rückfahrt nach Pjöngjang in der kleinen Ortschaft Songrim. Da öffnet sich plötzlich

181

eine grausame Szenerie ohne Beschaulichkeit und ohne Gnade. In ein paar bescheidenen Unterkünften hat das Internationale Komitee vom Roten Kreuz eine Rehabilitationsstation für Amputierte eingerichtet. Ein bärtiger Finne leitet die karitative Einrichtung, und ihm stehen ein Schweizer und eine Holländerin zur Seite. Man wundert sich immer wieder, am Ende der Welt auf Menschen zu stoßen, die in dieser Epoche einer ausgelaugten Spaßgesellschaft, eines zunehmend ruchlosen Spätkapitalismus als »gute Samariter« die Entbehrungen und Strapazen der Nächstenliebe auf sich nehmen. An Behinderten, an »Krüppeln« fehlt es nicht in Nordkorea. Da gibt es immer noch die Opfer der zahllosen Minen, die seit dem Kriegsende 1953 nie weggeräumt wurden. Die meisten Amputierten, die hier mühsam die ersten Schritte erlernen oder – in fortgeschrittenem Rehabilitationsstadium – durch Ballspiele den Gebrauch ihrer Glieder zurückgewinnen, sind an Baustellen und schadhaften Maschinen verunglückt. Etwa zehn Prozent der Patienten sind in Bergwerken zu Schaden gekommen.

Die IKRK-Klinik fertigt selbst die notwendigen Prothesen an, und die Geräte dazu stammen aus China. Diese Menschen ohne Arme und Beine geben Zeugnis von dem erbärmlichen sanitären Zustand, in dem die Volksrepublik Kim Jong Ils sich befindet. Den Hospitälern im Landesinnern fehlt es an Medikamenten und chirurgischem Gerät. Den hilflosen Ärzten bleibt die Amputation meist als einziger Ausweg, um Wundbrand zu verhindern und zumindest das Leben der Schwerverletzten zu retten. In Songrim wird uns bewußt, daß das schlimmste, dramatische Elend dieser Volksrepublik uns bisher verschlossen blieb, daß in den Ostregionen, die so schwer zu erreichen sind, die Misere unverändert andauert und eine Linderung dieser Not nicht in Sicht ist. Um so bemerkenswerter ist es, daß die IKRK-Station, die den tragischen Zustand des Landes und die Unentbehrlichkeit internationaler Hilfe verdeutlicht, in unser Programm aufgenommen wurde.

Am Hyangsan-Berg, den Kim Il Sung in einem unbeholfenen Gedicht besungen hat, werden wir vom Wahnwitz des Regimes wieder eingeholt. In dieser herrlichen Umgebung hatte der Große
Führer einen Palast errichtet, der der eigenen Erholung und Erbauung gewidmet war. Das grandiose Gebäude ist im klassisch-
koreanischen Stil der frühen Könige gehalten. Aber hier sind fünf
unterirdische Stockwerke in den Felsen wie Bunker eingelassen.
Das Portal aus Bronze, das vier Tonnen wiegt, läßt sich mit Hilfe
einer raffinierten Mechanik durch bloßen Fingerdruck bewegen.
Der Einlaß zu diesem Sanktuarium wird von Soldaten bewacht,
deren Sturmgewehre mit Silber beschlagen sind, wie jener Wun-
der-Stutzen Old Shatterhands, der mir aus der Kindheitslektüre
Karl Mays in Erinnerung bleibt.

Die Weihestätte, die von einem endlosen Strom ernst blicken-
der koreanischer Pilger, aber auch von ausländischen Touristen
besucht wird, trägt heute den Namen »Internationale Freund-
schaftsausstellung«. Das Anlegen von Filzpantoffeln ist Vorschrift.
In hundert Sälen sind 71 000 Geschenke gesammelt und sortiert,
die der »Große Führer« zu Lebzeiten huldvoll entgegennahm.
Die Gaben sind chronologisch und nach Ursprungsland geordn-
net. Hier fand ein Wettbewerb an Geschmacklosigkeit und Kitsch
statt. Da gibt es ausgestopfte Krokodile, Wodkaflaschen in Form
einer Kalaschnikow, kurzum jede Form von grotesker Scheuß-
lichkeit. Es lohnt sich immerhin, einen Moment vor dem ZIS-
Monstrum aus dem Jahr 1950 zu verharren, einer sechs Tonnen
schweren gepanzerten Limousine mit vier Zentimeter dicken
kugelsicheren Fenstern, die Josef Stalin seinem koreanischen
Günstling zur Verfügung stellte. Auch Malenkow und Bulganin
haben mächtige schwarze Karossen geliefert. Daneben gibt es be-
scheidenere Gaben. So hat Yassir Arafat eine vergoldete Miniatur
des Felsendoms und Erich Honecker ein Teeservice aus Meißner
Porzellan hinterlassen.

Von der Hauptstadt ist Hyangsan 105 Kilometer entfernt. Die
vierspurige Autobahn, die zu diesem kuriosen Heiligtum in Richtung Norden führt, wurde in Rekordzeit durch die Volksarmee

gebaut. Die extrem schwierige Konstruktion ruht über lange Stre-
cken auf Betonpfeilern an den Steilwänden. Immer wieder geht
es durch endlose Tunnel. Auf beiden Seiten ist der Asphalt ohne
Unterbrechung durch Blumenbeete geziert. In der Ortschaft
Hyangsan entdecken wir zufällig eine Kundgebung Junger Pioniere, eine Art Jugendweihe zur Einschwörung auf den Geist von
Juche und Songun. Vor den uniformierten Pimpfen, die stramm
ausgerichtet exerzieren, hat sich ein politischer Kommissar aufgebaut, der – wie ich annehme – Lobpreisungen auf die beiden Kims
ausbringt. Die Flagge mit dem roten Stern wird feierlich gehißt
und eine revolutionäre Hymne angestimmt. Welche Folgen die
pausenlose Indoktrinierung in den jungen Hirnen hinterlassen
wird, kann man heute noch nicht ermessen. Aber es ist durchaus
vorstellbar, daß diese Halbwüchsigen in ihrer fanatischen Verblendung einer kriegerischen Konfrontation ebenso verbissen und
todesmutig begegnen würden wie so mancher Hitlerjunge des
Volkssturms beim Untergang des »Tausendjährigen Reiches«.

Neben der »International Friendship Exibition« bietet der aufwendig restaurierte buddhistische Tempelbezirk von Pohyon eine
zusätzliche Sehenswürdigkeit. Von der andächtigen Sammlung,
mit der die abscheuliche Geschenksammlung bestaunt wurde, ist
hier nichts mehr zu spüren. Die ehrwürdige Stätte früherer buddhistischer Meditation wird wie ein Luna-Park besichtigt. Die
trügerische Rekonstruktion von Pohyon gefällt mir nicht, und ich
bin Herrn O dankbar, daß er uns zu einer rustikalen Mahlzeit mit
viel Bier und Ginseng-Wodka in die nahen Wälder entführt. Wir
lagern zwischen Felsbrocken an einem silbern schimmernden
Flüßchen.

Plötzlich entdecke ich etwas völlig Neues. Auf dem anderen
Ufer – knapp zweihundert Meter entfernt – haben sich koreanische Ausflügler ebenfalls zur Landpartie zusammengefunden, und
da herrscht fröhliche Ausgelassenheit. Männlein wie Weiblein
scherzen miteinander, singen Lieder und musizieren auf landesüblichen Instrumenten. Der Alkoholgenuß hat sich wohl beflü-
gelnd und enthemmend ausgewirkt. Schon bewegen sich die Paare
in althergebrachtem Volksreigen, und ein paar Tänzer ahmen sogar westliche Discorhythmen nach, die sie irgendwo und irgend-

184

wann aufgefangen haben. Wir haben es hier nicht mit privilegierten Parteibonzen zu tun und schon gar nicht mit aufmüpfigen Regimegegnern, sondern mit Menschen aus mittleren Verhältnissen, die sich endlich einmal amüsieren wollen.

Ich frage Herrn O ziemlich unvermittelt nach der Bedeutung des Schamanismus in seinem Land. Er antwortet ausweichend. Es gebe zwar noch Aberglauben in den ländlichen Gegenden, doch das seien Relikte der Vergangenheit. Von den wenigen ausländischen Kennern des »Einsiedlerstaates« habe ich jedoch anderes vernommen. Während der Buddhismus erloschen ist, das Christentum verdrängt und der Konfuzianismus in den offiziellen Obrigkeitswahn integriert wurde, sollen die Zauberbräuche der Schamanen eine starke okkulte Anhängerschaft bewahrt haben. Dieser urzeitliche Glaube an Naturgeister und Dämonen, diese magischen Beschwörungen, bei denen der Offiziant in Ekstase gerät, läßt sich offenbar auf die mythische Gründergestalt, auf den Vorvater Tangun und seine Bären-Frau zurückführen. Der Schamanismus scheint die tiefverankerte Mystik des einfachen Volkes geblieben zu sein.

Seltsamerweise wird in Korea die Funktion des Schamanen-Priesters, des »Mudang«, meist von Frauen ausgeübt, die sich als bessere Medien für den Kontakt mit den Naturelementen und den Verstorbenen eignen. Die weiblichen Mudang, die über heilende Kräfte und die Gabe der Weissagung verfügen, sind für die Eingeweihten an Kleidung und Auftreten zu erkennen. Im Schamanismus hat sich in aller Heimlichkeit die wirkliche Urreligion Koreas verewigt, und es wird erzählt, daß sogar Kim Il Sung – als er im Sterben lag – zwei besonders renommierte Priesterinnen dieses Kultes an sein Bett rufen ließ.

PJÖNGJANG, ENDE AUGUST 2004

Dichter, warmer Regen geht über der Hauptstadt nieder. In der Abenddämmerung tauchen die Trauerweiden, die grünlichen Teiche und der Park, durch den man zum Gästehaus Kubansang des nordkoreanischen Außenministeriums gelangt, besonders stimmungsvoll aus der dampfenden Feuchtigkeit auf. Die deutsche Botschafterin hat in dem festlichen Gebäude zu einem Abschiedsessen für unsere kleine Gruppe eingeladen. Wäre ich eben erst in Pjöngjang gelandet, wäre mir der riesige Saal, in dem sich die Lüster wie in einem Geisterfilm Jean Cocteaus spiegeln, als eine Art Dracula-Schloß erschienen. Unter den offiziellen koreanischen Gästen, die uns zu Ehren gekommen sind, erkenne ich die meisten Gesprächspartner meines fast zweiwöchigen Aufenthaltes. Es sind auch ein paar zusätzliche Persönlichkeiten des öffentlichen Lebens zugegen. Ihre wahre Funktion und ihre politische Bedeutung sind schwer einzuschätzen. Ich sitze neben einer distinguierten Dame in elegantem Zogori, die wohl ein wichtiges politisches Amt bekleiden muß. Das koreanische Essen besteht im wesentlichen aus einem Nudelgang, der zu einer kompakten Masse geknetet und für einen Ungeübten mit den Stäbchen schwer zu greifen ist. Ein Teil davon landet auf Hemd und Krawatte. Der Wein wurde von der deutschen Botschaft geliefert.

Die Veranstaltung verläuft sehr förmlich, den Riten asiatischer Höflichkeit angepaßt. In diesem Rahmen wäre es völlig deplaziert, Auskünfte über die Nuklearanlage Kum Chang Ri einzuholen, die – wie ich eben aus der BBC vernahm – die Amerikaner angeblich in irgendeinem unzugänglichen Winkel Nordkoreas erspäht haben wollen. Ebensowenig erwähne ich die gewaltigen Eisenerz-Reserven unmittelbar an der chinesischen Grenze, die unlängst entdeckt wurden und für die rohstoffhungrige Wirtschaft Pekings von großem Interesse wären. Die Reden, besser gesagt, die Toasts sind freundlich, fast herzlich. Bei aller politischen Linientreue enthalten sich unsere koreanischen Tafelgenossen jeder schwülstigen Verherrlichung ihres Regimes. Doris Hertrampf betont in ihrer kurzen Ansprache die Notwendigkeit des intellektuellen und kulturellen Kontaktes, zumal des Austausches von Studenten zwischen Pjöngjang und Berlin. Wie recht sie hat, auf diese Form der Annäherung zu verweisen!

Zwei Tage zuvor hatte ich nämlich an der Kim-Il-Sung-Universität das Institut für Germanistik aufgesucht. Professor Ri Kum Jin, der vorzüglich Deutsch spricht und einen überaus seriösen Eindruck machte, beklagte den Mangel an deutschen Büchern, unter dem seine Vorlesungen und Seminare litten. »Wir verfügen noch aus Zeiten der DDR über verschiedene Werke von Thomas und Heinrich Mann, darunter die ›Buddenbrooks‹. Wir lesen Heine, Heinrich Böll und auch Becher. Aber uns fehlt es an deutscher Klassik«, insistierte er. Es ist wirklich bedauerlich, daß das deutsche Außenministerium oder wer auch immer diesen fernen Außenposten deutscher Kultur nicht besser versorgen kann.

Dabei wäre darauf zu achten, daß die koreanischen Germanistikstudenten, die uns aufmerksam und diszipliniert lauschten, von den verquasten Veröffentlichungen moderner deutscher Autoren verschont bleiben und statt dessen mit klassischer Literatur, vor allem Goethe und Schiller, beliefert werden. Professor Ri forderte einen Studenten auf, ein deutsches Gedicht aufzusagen. Mit gutem Akzent rezitierte der junge Mann die Verse: »Ich weiß nicht, was soll es bedeuten, daß ich so traurig bin; ein Märchen aus uralten Zeiten, das kommt mir nicht aus dem Sinn …« Ich gestehe, daß mich in diesem schmucklosen Raum unter den Ikonen Kim Il Sungs und Kim Jong Ils ein Hauch von Rührung überkam.

In Kubansang erwartet man, daß auch ich einen Trinkspruch ausbringe. Das fällt mir nicht schwer, denn ich bin auf ungewöhnliche Bereitwilligkeit der Behörden gestoßen und kann meinen koreanischen Mitarbeitern nur höchstes Lob zollen. Dem koreanischen Volk wünsche ich die Einheit ihres Vaterlandes, ein Begehren, das den Deutschen ja erfüllt wurde. Unter Bezug auf die angespannte geostrategische Lage in Fernost äußere ich die stets willkommene Hoffnung, das koreanische Volk möge in Frieden und Wohlstand leben.

*

Den letzten Abend vor meinem Abflug nach Peking verbringe ich in Gesellschaft des britischen Botschafters David Slinn. Der relativ junge Diplomat hätte in Zeiten der imperialen Größe Britanniens vielleicht seinen Dienst am Khyber-Paß in der wildesten Grenzregion Afghanistans ausgeübt. Das Dinner findet gewissermaßen auf extraterritorialem Boden statt, in der chinesischen Enklave des Yanggakdo-Hotels auf der Yanggak-Insel im Taedong-

Fluß. Geheimnisse können wir nicht austauschen, und was das Reich der Mitte betrifft, dessen Töchter uns hier das Essen servieren – ohne Kim-Il-Sung-Abzeichen an der Bluse –, so bleiben mir ein paar Hinweise aus dem Außenministerium von Peking im Gedächtnis. Demnach würde die Volksrepublik China es nicht zulassen, daß zusätzliche Sanktionen gegen Pjöngjang im Weltsicherheitsrat beschlossen werden. Im extrem brisanten Streit über die Nuklearrüstung Nordkoreas weigert sich Peking kategorisch, dieses Thema auf dem öffentlichen Markt zu diskutieren oder gar auszuhandeln. Unweigerlich wendet sich unser Gespräch den Ereignissen im Nahen und Mittleren Osten zu. Ich erwähne, welch vorzüglichen Eindruck die Männer des Lancashire-Regiments bei gemeinsamen Patrouillen in Basra auf mich gemacht hatten und wie erleichtert ich war, als sich die Medienanklage gegen Angehörige dieser Einheit, sie hätten irakische Gefangene sadistisch gequält, als Verleumdung, als »fake«, erwies. Es bedarf in Pjöngjang keiner besonderen Erleuchtung, um festzustellen, daß die Fehlschläge der US Army in Mesopotamien die Position der Bush-Administration gegenüber dem »Schurkenstaat« Nordkorea erheblich geschwächt haben. Ein militärisches Vorgehen Washingtons, ein »preemptive strike« gegen die Kernenergie-Anlagen Kim Jong Ils erscheinen seit dem Überhandnehmen heilloser Wirren an Euphrat und Tigris recht unwahrscheinlich.

Welche Bilanz ich denn aus meiner Reportage im »Land des stillen Morgens« ziehen könne, fragt David Slinn. Da gestehe ich: »Ich wußte nicht viel über Nordkorea, als ich hier ankam, und – wenn ich ehrlich bin – ich habe jetzt das Gefühl, daß ich noch weniger weiß.« Der Brite lächelt und nickt zustimmend: »Damit beweisen Sie, daß Sie der Wirklichkeit dieses seltsamen Staates recht nahe gekommen sind.«

VIETNAM
Die unverheilte Wunde

Ein asiatischer Napoleon

HANOI, IM FEBRUAR 2004

Die vergilbte Fotografie hängt in einem billigen Holzrahmen an der Wand des altmodischen Salons. Aber sie beherrscht den Raum wie ein Altarbild. Die beiden Asiaten, die dort im Jahr 1946 von einem Amateur abgelichtet wurden, könnten unterschiedlicher nicht sein. Auf der rechten Seite steht jener vietnamesische Revolutionär und Staatsgründer, dessen Name Ho Tschi Minh in den turbulenten sechziger Jahren von jugendlichen deutschen Demonstranten wie ein Schlachtruf durch die Straßen von Frankfurt und West-Berlin gebrüllt wurde. Der ziegenbärtige, hagere Volksheld, dessen sehnige Beine in Sandalen stecken, trägt ein schlichtes Hemd und zerknautschte Shorts. Neben ihm, in Habtachtstellung, reckt sich sein jüngerer Landsmann und Gefährte Vo Nguyen Giap, der in weißem Kolonialanzug, dunklem Schlips und schwarzen Schuhen sichtlich auf Eleganz bedacht ist. Giap hatte es unter der französischen Kolonialverwaltung Indochinas zum Geschichtslehrer an einem Gymnasium Hanois gebracht, ehe er sich 1944 der kleinen kommunistischen Widerstandsgruppe Ho Tschi Minhs anschloß.

Giap war 33 Jahre alt, als er von dem »Übervater« Ho beauftragt wurde, die Streitkräfte eines noch gar nicht existierenden Staates Vietnam aus dem Nichts aufzubauen. Als »asiatischer Bonaparte« hat Vo Nguyen Giap Geschichte gemacht. Er hatte zuerst hinhaltend gegen Japaner und Kuomintang-Chinesen gekämpft. Er gelangte zu höchstem Ruhm, als seine Bauernkrieger nach der Erstürmung der Dschungelfestung Dien Bien Phu die französische

Republik im Juli 1954 zur Preisgabe ihrer fernöstlichen Besitzungen zwangen. Zwanzig Jahre später wurde Giap zum »stupor mundi«, er verblüffte die Weltöffentlichkeit, als seine »Bo Doi«, seine »Barfüßigen Soldaten«, nach zehnjährigem mörderischem Abnutzungskampf die Supermacht USA aus Indochina vertrieben.

Heute ist Vo Nguyen Giap 92 Jahre alt. Aus den Führungsgremien von Armee, Regierung und Partei – als Oberbefehlshaber, Verteidigungsminister und Mitglied des Politbüros – ist er ausgeschieden. Aber von seinen Landsleuten und den Veteranen wird er weiterhin als eine Art nationaler Kriegsgott verehrt. Wir sind an diesem warmen Februartag in seine ockerfarbene Villa der Hoang-Dieu-Straße bestellt worden. Das Haus war einst für hohe französische Kolonialbeamte gebaut worden. Seit deren Auszug hat sich wenig verändert. Die Möbel sind bescheiden, die Sofas und der Sessel durchgesessen. Ein mächtiger Ventilator ist immer noch nicht durch eine moderne Klimaanlage ersetzt worden. Im Vorhof halten sich ein paar Soldaten auf. Ein Mercedes älteren Jahrgangs ist dort geparkt. Die Anlage erinnert mich an jenen Gebäudekomplex, der – nur ein paar hundert Meter entfernt – während des französischen Indochinakrieges den »Camp de Presse« beherbergte. Dort hatte ich bei meinen Reportagen zwischen 1951 und 1954 mehrfach Quartier gefunden.

Der Anwesenden bemächtigt sich feierliche Erwartung, als Vo Nguyen Giap den Raum betritt. Ich bin mir des Vorzugs dieser Begegnung voll bewußt, denn um die Gesundheit des Feldherrn, der lange Jahre in Dschungel und Wildnis verbrachte, ist es nicht gut bestellt. Der kleingewachsene Mann, den Alter und Entbehrungen ausgezehrt haben, beeindruckt dennoch auf den ersten Blick. Er hat für unser Interview seine Uniform mit den breiten goldenen Epauletten angelegt, die noch in Schnitt und Farbe dem sowjetischen Modell entspricht. Ich begrüße Giap mit einer Anrede, deren ich mich in meinem Leben nur einmal zuvor bedient hatte, als ich Charles de Gaulle vorgestellt wurde: »Je vous présente mes respects, mon Général«, und diese Höflichkeit scheint Giap zu gefallen.

Das Gespräch kommt zwanglos in Gang. Der General formuliert seine Sätze in vorzüglichem Französisch, wenn seine brüchige Stimme auch schwer zu verstehen ist. Wir unterhalten uns über seinen Werdegang, und ich vergleiche den hochbetagten Greis mit dem Bild an der Wand. So sehr hat sich sein breites, energisches Gesicht gar nicht verändert. Vor allem die Augen haben jene amüsierte Lebhaftigkeit bewahrt, die schon in frühen Jahren den jovialen Oberkommandierenden von den puritanischen, bärbeißigen Mitgliedern des vietnamesischen Politbüros vorteilhaft unterschied.

Dem Treffen von Hanoi war ein merkwürdiges Ritual vorausgegangen. Unser Begleiter, Nguyen Huy Quang, der dem vietnamesischen Außenministerium angehört, hatte mich gefragt, welches Geschenk ich denn unserem illustren Gesprächspartner überreichen wolle. Der aufkeimende Verdacht, hier solle ein Interview gewissermaßen durch Bestechung erkauft werden – das wiedervereinigte Vietnam ist keineswegs frei von massiver Korruption –, verflüchtigte sich schnell, als Quang den Wunsch präzisierte. General Giap interessiere sich für die jüngsten Entwicklungen der globalisierten Wirtschaft, und ein paar Abhandlungen zu diesem Thema in französischer Sprache seien in einer Buchhandlung der Innenstadt zu finden. Es handelte sich also bei diesem Präsent um eine reine symbolische Geste respektvollen Tributs, um eine altasiatische Übung. Gleichzeitig sollte wohl damit bedeutet werden, daß der alte Stratege die modernsten Entwicklungen der Weltökonomie im Auge behält.

Giap wirft nur einen flüchtigen Blick auf unser Mitbringsel. Das Gespräch wendet sich schnell den militärischen Dingen zu. Mir geht es vor allem darum, seine Meinung zur amerikanischen Verstrickung in den Irakkonflikt zu vernehmen, der so oft und oberflächlich mit dem unglückseligen US-Engagement in Vietnam verglichen wird. Die Antwort kommt zögerlich und karg. In Mesopotamien fände ein ungerechter Aggressionskrieg statt, und dazu enthalte er sich überflüssiger Kommentare. Viel bereitwilliger als mit dieser problematischen Gegenwart beschäftigt sich Giap mit der glorreichen Vergangenheit. Die Feiern zum 50. Jahrestag der Schlacht von Dien Bien Phu stehen unmittelbar bevor. Im kolonialen Theatergebäude der Hauptstadt, das die Franzosen als Kopie der Garnier-Oper von Paris hinterließen, war ein paar Tage zuvor ein bescheidenes Ballett zu diesem Thema aufgeführt und im Fernsehen übertragen worden. Die unbeholfene Dürftigkeit der Inszenierung war mir aufgefallen, deren verstaubtes sozialistisches Pathos mit den grandiosen Opern der chinesischen Kulturrevolution, wie sie die Mao-Gattin Jiang Qing einst entworfen hatte, in keiner Weise rivalisieren konnte.

»Rückblickend muß ich immer wieder betonen«, so beginnt Giap seine Aussage, »daß allein unser Volk mit seinem unbändigen Freiheitswillen und seiner grenzenlosen Opferbereitschaft uns zum Triumph über die französische Kolonialmacht und über die Amerikaner verholfen hat.« Um die weit vorgeschobene französische Festung Dien Bien Phu unweit der Grenze von Laos niederzuringen, hatte er dem »Vietminh« – wie die Organisation Ho Tschi Minhs damals genannt wurde – unvorstellbare Strapazen zugemutet. Fünfzehn Jahre später, im Kampf gegen die übermächtigen Streitkräfte der USA, sollte er unter den unaufhörlichen Flächenbombardements der Air Force seinen Soldaten ähnliche Strapazen auf den endlosen Pisten des Ho-Tschi-Minh-Pfades auferlegen. »In Dien Bien Phu wollte uns der französische Oberkommandierende, General Navarre, zur Entscheidungsschlacht zwingen. Er wollte uns ausbluten. Er hatte sich zu weit vorgewagt, aber auch wir hatten uns damals auf fünfhundert Kilometern halsbrecherischer Fels- und Dschungelwege von unseren Versorgungsbasen entfernt. Um ein Kilo Reis für einen kämpfenden vietnamesischen Soldaten in die vorderste Belagerungslinie zu bringen, wurden vier Kilo allein von den Trägern während des endlosen Anmarsches verzehrt.«

Schon damals waren die Fahrräder – bis zu zweihundert Kilogramm mit Munition und Proviant beladen – das unentbehrliche Transportmittel. 200 000 davon waren im Einsatz neben 12 000 Flößen zur Bewältigung der reißenden Flüsse und Bäche. 200 000 Hilfskräfte, Männer und Frauen, wurden aufgeboten, um diese einzigartige logistische Leistung zu erbringen. Zur Kolonialzeit hätte man diese Träger als »Kulis« bezeichnet. Die schweren Geschütze wurden in qualvollem Hauruckverfahren Zentimeter um Zentimeter über die von den Regengüssen des Monsun aufgeweichten Steilhänge gehievt. Die französischen Stäbe hatten dem

Vietminh allenfalls zugetraut, ein paar Granatwerfer bis in die Umgebung ihres Réduits in Stellung zu befördern. Als die ersten schweren Artilleriegranaten auf dem Flugplatz von Dien Bien Phu explodierten und die Verschalungen der Bunker durchschlugen, war die Schlacht von Anfang an entschieden.

»Ich habe nie eine Offiziersschule oder gar eine Militärakademie aufgesucht«, berichtet Giap mit amüsiertem Lächeln. »Vielleicht bestand darin meine Überlegenheit gegenüber jenen Absolventen der ›École Militaire‹, die nicht fähig waren, sich aus den Routine-Vorstellungen ihrer strategischen Ausbildung zu lösen.« Der Geschichtslehrer präsentiert sich stolz als militärischer Autodidakt. In dieser Hinsicht könnte man ihn mit dem Heerführer der Bolschewiki, Leo Trotzki, vergleichen, der den zaristischen Weißgardisten zum Verhängnis wurde. Ho Tschi Minh hatte Giap die goldenen Epauletten des Oberbefehlshabers verliehen. Aber seinen militärischen Ruhm hat er als Meister der »revolutionären Kriegführung« erworben, und darin liegt seine immer noch beispielhafte Aktualität.

Das Studium der Geschichte hatte ihn inspiriert. Napoleon Bonaparte war sein oberstes Vorbild. Nicht etwa der Kaiser, der die strahlenden Siege von Wagram und Austerlitz errang, sondern der unbekannte Truppenführer Bonaparte, der ursprünglich den Jakobinern nahestand. Der frühe Italienfeldzug war richtungweisend, als der noch junge Korse seinen Soldaten die Bewältigung der steilen Gebirgspässe befahl: »Wo eine Ziege ihren Weg findet, kann auch ein Mensch durchkommen. Dort, wo nur ein einzelner Soldat seinen Weg findet, passiert auch ein Bataillon.« Eine seltsame Faszination hat der »Empereur des Français« auf den jungen Intellektuellen ausgeübt, der ansonsten viele Gründe hatte, die gallische Kolonialmacht zu verabscheuen, war doch seine erste Frau, eine glühende Patriotin, in deren Kerkern umgekommen.

Von Clausewitz ließ Giap sich angeblich in dem Maße leiten, wie dieser preußische Lehrmeister das Erreichen politischer Zwecke als Meßlatte für den militärischen Erfolg definierte. Er griff auch auf die Anweisungen des chinesischen Philosophen Sun Tzu zurück, der schon im vierten Jahrhundert vor unserer Zeitrechnung eine Partisanentaktik beschrieb, an der Mao Zedong in seinem Hauptquartier von Yenan sich orientieren sollte. »Der Feind rückt vor«, so heißt es bei Sun Tzu, »dann weichen wir zurück. Der Feind schlägt ein Lager auf, da setzen wir ihm zu. Der Feind ermattet, dann greifen wir an. Zieht der Feind sich zurück, verfolgen wir ihn.« Aber der alte Chinese fand keine Zustimmung bei seinem vietnamesischen Schüler, als er den Rat erteilte, bei zehnfacher Überlegenheit des Feindes den Kampf zu vermeiden. »Wenn wir uns daran gehalten hätten«, hat Giap gespottet, »säßen wir heute noch in unseren Dschungellöchern versteckt.«

An diesem Nachmittag in Hanoi hält sich Giap mit den diversen Facetten der Kriegskunst nicht länger auf. Als vietnamesischer Nationalist beruft er sich mir gegenüber ohnehin auf die Heerführer seines eigenen Volkes, insbesondere auf jenen Nationalhelden Tran Hung Dao, der den Horden des Mongolenkaisers Kublai Khan – obwohl der in Peking eine Macht sondergleichen ausübte – durch listige Gegenwehr am Bac-Dang-Fluß eine vernichtende Niederlage bereitet hatte. Gegenüber dem Reich der Mitte, das das heutige Vietnam jahrhundertelang als Vasallen verwaltet und diese Abhängigkeit durch die Namensgebung »Annam«, das heißt »befriedeter Süden«, verbrieft hatte, scheint Vo Nguyen Giap von Anfang an ein atavistisches Mißtrauen empfunden zu haben, was ihm später bei heftigen Auseinandersetzungen innerhalb des kommunistischen Politbüros von Hanoi die Vorwürfe seines Rivalen Truong Chinh einbrachte.

Der vietnamesische Autodidakt hatte bei seinem Studium auch auf ein Vorbild zurückgegriffen, das zwar in einem ganz anderen geographischen Umfeld agiert hatte, im Zeichen der Globalisierung jedoch als Parallele zitiert werden sollte. Dem Franzosen Raoul Salan gegenüber, der während der prekären Verhandlungspause von 1946 als Colonel des Expeditionscorps den Kontakt zu Giap hielt, hatte der kleine Vietnamese sich nachdrücklich auf den britischen Orienthelden T. E. Lawrence, den Organisator des arabischen Aufstandes gegen das Osmanische Reich, bezogen und auf dessen Buch »Die sieben Säulen der Weisheit«.

Die Chancen einer Volkserhebung gegen einen weit überlegenen Gegner werden dort wie folgt beschrieben: »In der Regel stehen die Freischärler einer konventionellen Armee gegenüber, einer disziplinierten Besatzungstruppe, deren Mannschaftsstärke für den ihr vorgegebenen Raum nicht ausreicht und die unfähig ist, von ihren befestigten Stützpunkten aus die gesamte Region zu beherrschen … Eine Rebellion«, so heißt es weiter, »bedarf allenfalls der aktiven Beteiligung von zwei Prozent der Bevölkerung unter der Voraussetzung, daß sie sich auf eine Vielzahl passiver Sympathisanten stützen kann.« Diese Guerilla-Maxime, die sich in den frühen fünfziger Jahren als erfolgreiches Rezept gegen die überlegene französische Kolonialtruppe bewährte und zehn Jahre später der amerikanischen Supermacht zum Verhängnis wurde, findet seit März 2003 beim heillosen Engagement der US Army zwischen Bagdad und Mossul, Faluja und Najaf eine späte sensationelle Bestätigung. Im Sommer 1946 war allerdings der Begriff »asymmetrischer Krieg« noch nicht geläufig.

Während einer Gesprächspause serviert uns ein Soldat ungesüßten grünen Tee. Dann wenden wir uns dem Thema Dien Bien Phu wieder zu. Welches denn seine schwierigste Entscheidung bei der Erstürmung dieses französischen Bollwerks gewesen sei? Giap zögert nicht. »Sie wissen, daß die Chinesen, die uns mit Material belieferten und sogar die Luftabwehr bemannten, mir auch hochrangige Militärberater zur Seite gestellt hatten.« Die seien natürlich auf die Theorien Mao Zedongs eingeschworen gewesen und hätten auf die Anwendung jener Methoden der »vagues humaines«, der menschlichen Sturmflut, gedrängt, die sich im Koreakrieg gegen die Divisionen des General MacArthur bewährt hatte.

Vergleichbare Mannschaftsreserven standen Giap gegen die Garnison des französischen Oberst de Castries, der etwa 16 000 Mann befehligte, im Frühjahr 1954 nicht zur Verfügung. Ein erster geballter Ansturm war überaus blutig abgewiesen worden. Also ging der vietnamesische Oberkommandierende zum maulwurfähnlichen Ausbau endloser Laufgräben, Stollen und Tunnelsysteme über. Auf diese Weise wurden die verstreuten Hügelfestungen des Gegners in unermüdlicher, erschöpfender Sappen-Arbeit umklammert und erstickt. »Eine solche Leistung kann nur erzielt werden, wenn Sie sich auf das totale Engagement des Volkes verlassen können, wenn Ihre todesverachtenden Soldaten die Parole beherzigen: Sieg um jeden Preis!« Als der erbitterte Kampf nach

55 Tagen zu Ende ging und die rote Fahne mit dem gelben Stern über dem Befehlsbunker der Franzosen gehißt wurde, stand Vo Nguyen Giap seinem eigenen Erfolg noch mit einem solchen Staunen gegenüber, daß er von dem sich ergebenden General de Castries verlangte, er solle sich förmlich ausweisen. Ähnlich wie der deutsche Verteidiger von Stalingrad, General Paulus, der die Insignien eines Generalfeldmarschalls durch Fallschirmabwurf in Empfang genommen hatte, waren dem Oberst de Castries die Epauletten mit den zwei Sternen seiner Beförderung zum Brigadegeneral in extremis »par parachutage« zugestellt worden.

Die Tür des Nebenzimmers öffnet sich, und Dang Bich Ha, die zweite Frau General Giaps, gesellt sich zu uns. Sie berichtet in perfektem Französisch, daß sie zur Kolonialzeit in Hanoi zur Studienrätin ausgebildet wurde. Ihr Institut sei zwar nicht mit der elitären Pariser »École Normale Supérieure« in der Rue d'Ulm zu vergleichen gewesen, habe jedoch im damaligen Vietnam hohes Prestige genossen. Die alte Dame reicht Gebäck. Trotz aller ihrer patriotischen und marxistischen Überzeugungen erscheint sie mir außerordentlich stark durch die französische Erziehung geprägt. Vo Nguyen Giap hat sich während der Konversation zusehends entspannt. Eine gewisse Herzlichkeit kommt zwischen uns auf, obwohl er wissen muß, daß ich in der ersten Phase des französischen Indochinakrieges auf der anderen Seite gekämpft hatte. Immer wieder klopft er mir wohlwollend auf die Schulter und schüttelt mir freundschaftlich die Hand.

Die Höflichkeit gebietet, daß wir die Gastlichkeit des alten Feldherrn nicht überstrapazieren. Doch bevor wir uns erheben, vertraut er mir eine bislang unbekannte Anekdote an. »Nach unserem Sieg von Dien Bien Phu«, so erzählt er, »hat Ho Tschi Minh mich in die Arme geschlossen und beglückwünscht. Dann hat er mir befohlen: ›Von nun an mußt du dich auf unseren nächsten Feldzug vorbereiten – gegen die Amerikaner.‹« Ganz anders hätten sich hingegen die großen kommunistischen Verbündeten zu jener Zeit verhalten. Nachdem die Pariser Regierung im Genfer Abkommen am 21. Juli 1954 endgültig ihre Ansprüche auf Indochina preisgegeben hatte, seien Peking und Moskau bei ihm vorstellig geworden. Sowohl der chinesische Außenminister Zhou

Enlai als auch der sowjetische Regierungschef Kossygin hätten ihn dringlich davor gewarnt, sich jemals mit den Amerikanern anzulegen und mit diesem übermächtigen Gegner in einen Krieg verwickeln zu lassen.

Wie es so manchen Soldaten geschieht, die unendliches Blutvergießen und fürchterliche Zerstörungen in Kauf nahmen, wendet sich auch General Vo Nguyen Giap beim Abschied einer irenischen Wunschvorstellung hin: »Wir sollten mit dem Kriegführen ein für allemal Schluß machen. Ce qui compte pour l'humanité, c'est la paix – Worauf es für die Menschheit wirklich ankommt, das ist der Frieden – La paix, la paix«, wiederholt er eindringlich.

*

Bevor wir zum Hotel Métropole zurückkehren, habe ich den Fahrer angewiesen, einen Abstecher zum Ba-Dinh-Platz zu machen. Wir verweilen dort kurz vor dem Mausoleum in grauem Marmor, das – im Stil der Lenin-Gruft am Roten Platz von Moskau – dem einbalsamierten Leichnam Ho Tschi Minhs die letzte Ruhestätte bietet. In blütenweißer Uniform vollziehen die Gardesoldaten ihre Wachablösung und schmeißen dabei die Beine hoch. Am Eingang des Sanktuariums sammelt sich schon wieder in vorbildlicher Ordnung die endlose Schlange der Besucher, um dem toten Nationalhelden ihre Devotion zu erweisen.

Am frühen Morgen hatten wir an dieser Stelle für unsere Fernsehdokumentation, die sich mit dem vielstrapazierten Vergleich zwischen dem amerikanischen Einsatz in Saigon und dem Feldzug in Bagdad befaßt, einen »stand up« oder Aufsager gemacht. Dabei war mir folgender Einleitungstext eingefallen: »Im fernen Irak dauert der Partisanenkrieg an. Recht oberflächlich werden da Parallelen gezogen zwischen den Kämpfen um Faluja oder Samara im sogenannten Sunnitischen Dreieck westlich von Bagdad und jenem unglückseligen Dschungel-Feldzug in Vietnam, der Präsident Johnson schließlich zum Rücktritt veranlaßte. Und dennoch. Amerikas Trauma, das im Wahlkampf des Jahres 2004 wieder aufbricht, das ist nicht der jämmerliche Anblick des gefangenen und gedemütigten Tyrannen Saddam Hussein, den manche mit Hitler gleichsetzen wollten. Nein, da taucht ein ganz anderer ›Steinerner Gast‹ auf. Das drohende Scheitern der US-Expedition im babylonischen Zweistromland wird auf fatale Weise von der Erinnerung an den vietnamesischen Revolutionsführer Ho Tschi Minh wie von einer Gespensterbeschwörung heimgesucht.«

Wir sind ein paar hundert Meter stadteinwärts gerollt, da tauchen zu unserer Linken die moosüberwachsenen Mauern der alten Zitadelle Hanois auf. Im Sommer 1945 – während sich auf dem Ba-Dinh-Forum eine begeisterte asiatische Masse versammelte, um die Unabhängigkeit Vietnams zu bejubeln, während sich ein Meer roter Fahnen dort entfaltete – hatten die französischen Kolonial-Familien hinter den Schutzwällen dieser Festung Zuflucht gesucht. Nach dem Abzug der Kolonialmacht wurde gleich gegenüber eine riesige Lenin-Statue errichtet. Der Gründungsvater der bolschewistischen Weltrevolution ist an diesem fernöstlichen Außenposten seines ideologischen Eroberungszuges vom Wandel der Ereignisse, vom Ende des Kalten Krieges, vom Zusammenbruch der sowjetischen Staatskonstruktion scheinbar nicht angetastet worden. Er streckt weiterhin den gebieterischen Arm aus, obwohl er doch keine Botschaft mehr zu verkünden hat. Bei Sonnenaufgang versammeln sich jeden Morgen zahlreiche Einwohner der umliegenden Wohnviertel, um sich in dieser Grünanlage den weihevollen Übungen des Tai Chi zu widmen. Bei allem Festhalten der herrschenden vietnamesischen Arbeiterpartei »Lao Dong« am Kommunistischen Manifest verschwendet dabei keiner der Gymnasten einen Blick auf den erstarrten Propheten.

Amerikas Pakt mit Ho Tschi Minh

Die stillen Wasser des Hoan-Kiem-Sees im Herzen von Hanoi färben sich grau. Die warme Abendstunde, der idyllische Ausblick wecken bei mir eine sentimentale Nostalgie, gegen die ich mich sonst zu wehren suche. Die vietnamesischen Behörden haben den Mut besessen, den Stadtkern ihrer Hauptstadt in seiner kolonialen Anmut zu erhalten und seit meinem letzten Aufenthalt vor mehr als zehn Jahren mit architektonischem Geschmack zu sanieren. Ich finde das Hanoi des französischen Indochinakrieges wieder. Nur die rot-gelben Straßenbahnen, deren schrottreife Waggons irgendwann einmal aus Marseille oder Lyon in diese ferne Dependenz verfrachtet worden waren, versperren nicht mehr die Kreuzungen.

Über dem »Petit Lac«, wie die Franzosen sagten, liegt eine Stimmung konfuzianischer Harmonie. Daran kann auch der dichtgedrängte Mopedverkehr auf der Umgehungsstraße wenig ändern. Die Ufer sind mit seltsam knorrigen Bäumen, mit Bambusgehegen und Trauerweiden bewachsen. Liebespaare halten sich züchtig bei der Hand. Auf den Steinbänken, die dem Wasser zugewandt sind, haben betagte Vietnamesen Platz genommen, wechseln ein paar Worte oder gehen schweigend ihren Gedanken nach. Ich setze mich zu ihnen und werde mit jener freundlichen Brüderlichkeit aufgenommen, die die Beziehungen unter alten Männern oft auszeichnet. Dem Typus nach halten sie mich wohl für einen Franzosen, aber von der Sprache Corneilles sind ihnen bestenfalls ein paar Fetzen geblieben. Bei der jüngeren Generation hat sich unwiderstehlich das Englische, besser gesagt, das Amerikanische durchgesetzt. Mir fällt wohltuend auf, daß das kommunistische Regime der Lao-Dong-Partei auffällige Propaganda vermeidet und keinerlei Personenkult um das derzeitige Führungsgremium betreibt. Am Hoan-Kiem-See wird der nationalen Wiedervereinigung mit einem Denkmal im Stil des sozialistischen Realismus gehuldigt, doch das weiße Steinrelief hat auf jeden Gigantismus verzichtet.

Dieses ist ein verzauberter Platz mit hoher historischer Symbolik. Ein verschnörkeltes Türmchen, das aus dem südlichen Wasserspiegel herausragt, soll an jene legendäre goldene Schildkröte erinnern, die in furchterregender Größe dem annamitischen Herrscher Le Loi bei einer Bootsfahrt erschien. Im fünfzehnten Jahrhundert hatte dieser berühmte Feldherr ein magisches Schwert entgegengenommen, das – von den Schutzgeistern seines Thrones gestiftet – seine Siege über die von Norden eindringenden Chinesen ermöglicht hatte. Nachdem die Abwehr dieser Erbfeinde gesichert und das Land befriedet war, tauchte das goldene Fabeltier wieder auf, um das Eigentum der Götter zurückzufordern. Seltsam, wie sich die keltische Legende, wie sich das Schwert »Excalibur« aus der Artus-Runde am äußersten Rande Asiens wiederfindet.

Auch der Ngoc-Son-Tempel, der sich weiter nördlich in den glatten Fluten des Hoan Kiem spiegelt, soll an eine erfolgreiche Abwehrschlacht gegen das Reich der Mitte gemahnen, das dennoch dem vietnamesischen Staat bis auf den heutigen Tag seinen unauslöschlichen kulturellen Stempel aufgedrückt hat. Die kleine Pagode, die über eine rotgelackte Bogenbrücke zu erreichen ist, soll das Andenken des annamitischen Feldherrn Tran Hung Dao aus dem 13. Jahrhundert verewigen, auf dessen listenreiche Kriegskunst sich General Vo Nguyen Giap so gern beruft. An dieser heroischen Stätte erscheinen die Eroberungsversuche der Franzosen und Amerikaner wie kurzfristige Episoden, während die seit zwei Jahrtausenden andauernde Bedrängung des annamitischen Zwergvolkes durch das benachbarte gigantische Imperium der Han-Chinesen den Kern seiner politischen und kulturellen Überlebenssaga bildet.

Beim Rundgang um den »kleinen See« stelle ich fest, daß das Postamt, wo ich meine Zeitungsberichte über den französischen Indochinakrieg per Einschreiben und Luftpost nach Europa verschickte – kein einziger Brief ging dabei verloren – äußerlich völlig unverändert erhalten blieb. Im Innern hat inzwischen die Technik modernster Kommunikation Einzug gehalten. Aus dem nahen Chinesenviertel, wo sich der Handel Hanois und ganz Tonkings einst konzentrierte, sind die »Söhne des Himmels« abge-

wandert oder vertrieben worden, als im Februar 1979 die Volksbefreiungsarmee Pekings zur rächenden »Strafaktion« gegen den
aufmüpfigen südlichen Anrainer ausholte. Schließlich – bevor ich
mich wieder zur greisen Runde am stillen Wasser begebe – fällt
mein Blick auf das zweistöckige stattliche Eckhaus, das heute wohl
irgendeine Verwaltung beherbergt, aber bis zum Sommer 1954
unter dem Namen »Paramount« ein Anziehungspunkt ganz be-
sonderer Art war.

In der oberen Etage lockte hier zu nächtlicher Stunde eine rote
Leuchtreklame französische Offiziere und Journalisten aus aller
Welt an. Sie suchten dort nach asiatischen Gefährtinnen. Auf dem
Asphalt der vereinsamten Straßen hallten die Schritte der Militär-
streifen, während im »Paramount« zu den Klängen eines schmal-
zigen Orchesters »chinesischer Tango« getanzt wurde. Die Taxi-
Girls forderten für jeden Schwof eine Plastikmünze, die wie ein
Spieljeton an der Kasse gekauft werden mußte. Sie waren in die
sittsame Landestracht Ao Dai gekleidet. Die starke Schminke verwandelte die schönen Gesichter in frivole Masken und verriet, daß
es sich nicht um wohlerzogene Pensionatstöchter handelte. Die
Atmosphäre im trüben Neonlicht des »Paramount«, wo sich nur
drei oder vier Paare drehten, war von tödlicher Langeweile. Die
Feuchtigkeit sickerte aus sämtlichen Fensterritzen herein. Die
Mädchen saßen mit hochmütigen, abwesenden Mienen auf einer
Stuhlreihe nebeneinander wie Hühner auf einer Stange. Sie er-
wachten erst zu einem strahlenden Lächeln, wenn sie aufgefordert wurden und ihre Jetons kassierten. Mit Huren wollten diese
Taxi-Girls um keinen Preis verwechselt werden. Sie gingen nur
mit jenen Gästen schlafen, die ihnen zusagten und mindestens
drei Abende lang um sie geworben hatten. Sonst verloren sie das
Gesicht.

*

Ob der junge Studienrat Vo Nguyen Giap, der allenfalls gelernt
hatte, mit einer Jagdflinte umzugehen, sich von der Legende des
Zauberschwerts der goldenen Schildkröte inspirieren ließ, als er
sich 1945 zu Ho Tschi Minh in den Gebirgsdschungel von Ton-

king absetzte, um dort seine ersten Partisanentrupps zu sammeln? Im Rückblick gewinnt jene Fotografie, die mich beim Besuch der Villa der Rue Hong Dieu so beeindruckte, eine zusätzliche Faszination. Aus der gleichen Zeit stammt nämlich ein ähnliches Gruppenbild, das heute in Hanoi nur ungern publiziert wird und das den französischen Nachrichtendienst BCRA, den de Gaulle im Londoner Exil ins Leben gerufen hatte, stark beunruhigte. Auf dem Foto zeigt sich Ho Tschi Minh – wieder in Shorts und mit nackten Beinen – an der Seite Vo Nguyen Giaps, dessen modische Neigung den weißen Anzug durch einen dunklen, europäischen Filzhut ergänzt hatte. Doch dieses Mal befanden sie sich in Gesellschaft von hochgewachsenen Männern mit europäischen Gesichtern, die amerikanische Tropenuniformen trugen und siegesgewiß in das Objektiv lächelten.

Wer weiß heute schon, daß der kommunistische Aufstand Vietnams in seiner Aufbauphase in engster Zusammenarbeit mit dem amerikanischen Geheimdienst OSS (Overseas Strategic Services) operierte, dem Vorläufer der CIA, als es während des Zweiten Weltkrieges galt, die japanische Militärpräsenz im damaligen Indochina mit allen Mitteln zu schwächen? Die Niederlage, die 1940 über Frankreich hereingebrochen war, hatte zur Folge gehabt, daß Tokio die in Europa besiegte Kolonialmacht zwang, zunächst das nördliche Tonking den Soldaten des Tenno zu öffnen und ihnen wenig später auch im südlichen Cochinchina jene Offensivbasen zu überlassen, die für die blitzartige Eroberung der britischen Malakka-Halbinsel mit Singapur und der holländischen Besitzungen in Insulinde das unentbehrliche Sprungbrett boten. Der französische Generalgouverneur für Indochina, Admiral Decoux, hatte sich auf Weisung des Marschalls Pétain zum Gehilfen, ja zum Vasallen der Japaner gemacht, nachdem sein Vorgänger, Admiral Catroux, im Sommer 1940 den amerikanischen Präsidenten Roosevelt angefleht hatte, der schwächlichen französischen Kolonialarmee in Fernost durch Entsendung amerikanischer Truppen den Rücken gegenüber Tokio zu stärken, ein Vorschlag, den das Weiße Haus geflissentlich und mit gutem Grund ignorierte.

Es sollen hier nicht die diversen nationalistisch oder marxistisch motivierten Revolten aufgezählt werden, die der Vichy-hörigen

Verwaltung Französisch-Indochinas in den Kriegsjahren zu schaffen machten. Sie wurden von den immer noch überlegenen Kolonial-Infanteristen und Fremdenlegionären mit äußerster Härte niedergeworfen. Die Aufmerksamkeit des Admiral Decoux galt zu jener Zeit in Cochinchina der Agitation einer Reihe konfuser religiöser Sekten, die sich der Förderung durch die Japaner erfreuten, während im Norden vor allem die bürgerlichen Oppositionsgruppen bekämpft wurden, die sich auf das Muster der chinesischen Kuomintang ausrichteten und um die Bewegung »Vietnam Quoc Dan Dang« gravitierten.

Spätestens ab 1943 begriffen auch die borniertesten französischen Beamten und Offiziere, daß Amerika am Ende als Sieger aus dem Pazifikkrieg gegen Nippon hervorgehen würde. In Hanoi und Saigon wurde immer offener gegen die Japaner komplottiert und der Kontakt zu den Alliierten intensiviert. Admiral Decoux, dem es darum gegangen war, die Trikolore in Fernost um jeden Preis hochzuhalten, wurde am 9. März 1945 auf Befehl Tokios durch eine Blitzaktion entmachtet, seine Soldaten und Administrateure interniert oder kurzerhand hingerichtet. Der »Schattenkaiser« von Annam, ein junger träger Mann, der sich den schönen Namen Bao Dai, »Bewahrer der Größe«, zugelegt und sich stets dagegen gesträubt hatte, von Paris als Marionette behandelt zu werden, ließ sich von den Japanern nominell zum Monarchen eines unabhängigen Staates Annam ausrufen. In Wirklichkeit griffen jedoch die diversen Fraktionen des radikalen einheimischen Widerstandes nach der Macht. Schon sehr bald erwies sich die aktive Minderheit der Kommunisten, die sich den neutral klingenden Namen »Vietnam Doc Lap Dong Minh Ho« – das heißt »Liga für die Unabhängigkeit Vietnams« – in der Abkürzung »Vietminh« zulegte, als die bei weitem überlegene, weil straff organisierte Kraft.

Im wesentlichen verdankten sie ihre Effizienz der herausragenden Führergestalt Ho Tschi Minh. Dieser im Marxismus-Leninismus gestählte Patriot war mit dem Namen Ai Nguyen Quoc als Sohn eines bescheidenen Mandarin in Annam geboren worden, bevor er in jungen Jahren als Fotolaborant nach Frankreich auswanderte. Dort schloß er sich spontan der extremen Linken an

und gehörte 1920 beim Kongreß von Tours zu den Gründungs-
mitgliedern der Kommunistischen Partei Frankreichs. Von nun
an lebte er als Berufsrevolutionär und nahm im kaukasischen Baku
an der großen Tagung der unterdrückten Kolonialvölker teil, die
Sinowjew auf Weisung Lenins einberufen hatte. Lange Jahre war
er im Auftrag der Komintern im brodelnden Süden Chinas als Agitator und Vertrauensmann Moskaus tätig. Zu Mao Zedong und
dessen Volksbefreiungsarmee hielt er schon damals Distanz.

Der asketische Ideologe Ho Tschi Minh nahm ab 1941 seine
Untergrundarbeit gegen Franzosen und Japaner im Grenzgebiet
zwischen Tonking und der chinesischen Provinz Kwangsi auf. In
der dortigen Dschungel- und Schluchtenlandschaft fand seine
kleine Verschwörergruppe ein ideales Versteck. Dorthin, in das
Höhlenquartier von Pac Bo, wurde auch der junge Genosse Vo
Nguyen Giap bestellt und war hell begeistert, als er von »Onkel
Ho« mit der Aufstellung einer kommunistischen Partisanenarmee
beauftragt wurde. Dabei mußte der frischgebackene Feldherr zunächst auf die Angehörigen kriegerischer Gebirgsstämme, der
Nung, Tho, Man, zurückgreifen, auf die die Annamiten stets mit
Geringschätzung herabgeblickt, ja sie als »Moi«, als Wilde bezeichnet hatten. Im Delta des Roten Flusses fanden damals die
antimarxistischen Nationalisten des VNQDN bei den Söhnen des
vietnamesischen Staatsvolkes, bei den Annamiten, noch den stärkeren Zulauf. Wie sehr Ho Tschi Minh im Sinne der Weltrevolution agierte, ist aus der Tatsache zu ersehen, daß er der höchsten Felsspitze im Umkreis von Pac Bo den Namen »Kac Mac« –
so lautet die vietnamesische Transkription von »Karl Marx« – und
dem nahen Flüßchen Tsui Hu den Namen »Le Nin« verlieh.

Das hatte ihn jedoch nicht daran gehindert, in der chinesischen
Südprovinz Yünan, wo die Nationalarmee Tschiang Kai-scheks
sich gegen die Japaner behauptete und nebenbei die verstreuten
Anhänger Mao Zedongs zu liquidieren suchte, Kontakt mit den
amerikanischen Verbindungsoffizieren des General MacArthur
und den dortigen OSS-Agenten aufzunehmen. Deren Zentrale
befand sich in Kunming, der Provinzhauptstadt von Yünan, wo
sie durch die Informanten Ho Tschi Minhs, des Vertrauensmanns
des Kreml in Indochina, über die militärischen Absichten und Po-

sitionen der Japaner bestens informiert wurde. Nach der Ausschaltung der Franzosen durch die Soldaten des Tenno beschloß die OSS-Filiale von Kunming, mit eigenen Agenten im Norden Indochinas aktiv zu werden. Ihr Ziel war es, die Bahnlinie, die Hanoi mit der chinesischen Grenze verbindet, zu sabotieren und den Bombern der US Air Force präzise und lohnende Ziele anzuweisen. Ho Tschi Minh hatte seinen US-Verbündeten mitgeteilt, daß er bereits über eine Partisanentruppe von 3000 Mann verfüge, was grob übertrieben war.

Im Frühjahr 1945 meldeten sich die ersten amerikanischen Offiziere beim »Hauptquartier« Ho Tschi Minhs, und am 16. Juli des gleichen Jahres ließ sich ein als »Deer Team« bezeichnetes Sonderkommando des »Overseas Strategic Services« unter dem Befehl der US-Majore Archimedes Patti und Allison Kent Thomas von einer DC-3-Maschine mit dem Fallschirm in der zerklüfteten Felslandschaft von Pac Bo absetzen. Zu diesem Zeitpunkt hatte Vo Nguyen Giap bereits ein paar Überfälle gegen japanische und letzte französische Außenposten unternommen. Aufgabe des »Deer Teams« sollte es von nun an sein, die kommunistischen Freischärler an leichten amerikanischen Waffen auszubilden und, wenn möglich, Einfluß auf die künftige Entwicklung Vietnams zu gewinnen. Aus jenen Tagen einer waghalsigen und durchaus vertrauensvollen Zusammenarbeit zwischen dem Nachrichtendienst der USA und den ersten Guerilleros der Kommunisten Ho und Giap stammt die bereits erwähnte Fotografie, die die herzliche Waffenbrüderschaft zwischen den hochgewachsenen amerikanischen Offizieren in voller Uniform und den schmächtigen vietnamesischen Dschungelkämpfern verewigt. An deren marxistischen Überzeugungen konnte schon damals kein Zweifel bestehen.

*

General Charles de Gaulle, der schon am 24. März 1945 im befreiten Paris feierlich verkündet hatte, Frankreich sei fest entschlossen, an seinen fernöstlichen Besitzungen in Form einer autonomen Föderation festzuhalten, zeigte sich durch die Einmischung der transatlantischen Alliierten in Indochina irritiert.

Wäre Roosevelt, der ein dezidierter Feind des europäischen Kolonialismus und mit de Gaulle durch eine tiefe gegenseitige Abneigung verbunden war, nicht vor Kriegsende plötzlich gestorben, hätte er mit allen Mitteln jede Restaurierung der von ihm verabscheuten Fremdherrschaft der Franzosen und Holländer in Südostasien verhindert. Auch französische Agenten und Offiziere waren unterdessen, überwiegend von Kalkutta aus, über Tonking und Cochinchina abgesprungen. Sie versuchten, den Amerikanern den Rang abzulaufen, und gingen – in völliger Unkenntnis der realen Verhältnisse – davon aus, daß die eingeborene Bevölkerung, zumindest deren Notabeln, noch eine gewisse Anhänglichkeit an die ferne »Métropole« bewahrt hätten. Die Enttäuschung war bitter und schmerzlich. So wurde der zum Kommissar von Tonking ernannte Colonel Pierre Messmer – er sollte später zum Verteidigungsminister und sogar Regierungschef der Fünften Republik avancieren – von einer wütenden Menge einheimischer Bauern wie ein gefangenes Raubtier in einen Bambuskäfig gesperrt, unter schlimmsten Schmähungen von Dorf zu Dorf geschleppt und mit faulen Eiern oder Fäkalien beworfen.

Am 15. August 1945 schlug auch für das isolierte Deer Team der OSS die historische Stunde, als deren Funker aus Kunming die Nachricht von der japanischen Kapitulation auffing. Der Pazifikkrieg war nach dem Abwurf der Atombomben über Hiroschima und Nagasaki sehr viel schneller zu Ende gegangen, als die meisten erwartet hatten. Vo Nguyen Giap, der sich erst ab 1947 dazu überwinden konnte, seine europäische Kleidung mit Schlips und Hut gegen eine schmucklose Uniform einzutauschen, hatte zu diesem Zeitpunkt seine erste größere Militäraktion eingeleitet. Mit Hilfe einer Handvoll Amerikaner versuchte er, die Stadt Thai Nguyen den japanischen Besatzern zu entreißen. Da ereilte ihn der Befehl Ho Tschi Minhs, sofort nach Hanoi aufzubrechen, wo die Ausrufung einer provisorischen Regierung der Republik Vietnam bevorstand. Giap sollte zunächst das Amt des Innenministers übernehmen.

Das amerikanische »Deer Team« war ebenfalls in die Hauptstadt geeilt und wurde von den neuen einheimischen Behörden mit großen Ehren im Hotel Métropole einquartiert. Die US-Majore

Patti und Thomas, die sich mit Ho und Giap persönlich ange-
freundet hatten und deren marxistische Orientierung in ihren Berichten an die OSS-Zentrale von Kunming ebenso herunter-
spielten, wie zur gleichen Zeit viele China-Experten des State
Department die ideologische Rolle Mao Zedongs auf die eines
sozial bewußten Landreformers reduzieren wollten, waren von
der Machtergreifung des Vietminh durchaus angetan. Ihre Vorgesetzten in Kunming sahen jedoch dem chinesischen Bürgerkrieg zwischen der Kuomintang Tschiang Kai-scheks und der
Volksbefreiungsarmee Mao Zedongs, der nach der Niederwerfung Japans nicht mehr aufzuhalten war, mit bösen Ahnungen entgegen. Dem amerikanischen Geheimdienst war die enge Bindung
Hos an Moskau, seine Vergangenheit als aktiver Sachwalter der
Komintern in Ostasien wohlbekannt. Major Thomas wurde beauftragt, ganz offen die Frage nach der politischen Ausrichtung
seiner vietnamesischen Gefährten zu stellen. »Jawohl«, soll Ho
Tschi Minh in fließendem Englisch geantwortet haben, »ich bin
Kommunist, aber das sollte doch die Freundschaft zwischen unseren Völkern nicht behindern.«
Zu jenem Zeitpunkt war die kommunistische Führungsgruppe,
die mit den bürgerlichen Nationalisten eine Scheinkoalition einging und sogar dem ehemaligen Bao Dai den Rang des »obersten
Ratgebers« verlieh, noch intensiv um das Wohlwollen des neuen
US-Präsidenten bemüht. Harry S. Truman stand den Absichten
Frankreichs, in Indochina wieder Fuß zu fassen, weit positiver
gegenüber als sein verstorbener Vorgänger Franklin D. Roosevelt. De Gaulle hatte Jean Sainteny, einen seiner engsten Vertrauten aus der Zeit der »Résistance«, zum Hochkommissar für
Indochina ernannt. Aus Kunming trat dieser Beauftragte den Flug
nach Tonking an, um dort, wie so mancher vor ihm, mit dem Fallschirm abzuspringen. Es kam in Hanoi zu einer Begegnung zwischen Sainteny und dem US-Major Patti, der in Begleitung Vo
Nguyen Giaps erschien. Das Gespräch verlief frostig. Auf beiden
Seiten herrschte Argwohn vor. Hier spielte sich im Hotel Métropole eine Episode jenes periodischen Spannungsverhältnisses zwischen Frankreich und Amerika ab, das in den folgenden Jahrzehnten bis auf den heutigen Tag immer wieder aufflackert.

Ho Tschi Minh hatte sehr früh erfahren, was auf der Konferenz von Potsdam über Indochina und die dort befindlichen japanischen Streitkräfte in Stärke von etwa 60 000 Mann beschlossen wurde. Truman, Stalin und Churchill waren sich einig geworden, daß die Kuomintang-Armee Tschiang Kai-scheks nördlich des 16. Breitengrades die Entwaffnung der Soldaten des Tenno vornehmen sollte, während südlich davon britische Truppen die gleiche Aufgabe übernähmen. Es kam zu einem Wettlauf mit der Zeit. Als am 2. September 1945 in einem unbeschreiblichen Begeisterungstaumel die Unabhängigkeit Vietnams proklamiert wurde, war sich die kommunistische Führung bewußt, welche Gefahren ihr sowohl von seiten der Chinesen als auch von den im Gefolge der Engländer anrückenden Franzosen drohten. Ho Tschi Minh, der an dieser Geburtsstunde der Nation in schlichtem Khakianzug auftrat, versuchte verzweifelt, das Wohlwollen Washingtons für seine Staatsgründung zu gewinnen.

In seiner vom Beifall des Volkes immer wieder unterbrochenen Rede zitierte er wörtlich die »Declaration of Independence«, die 1776 von Thomas Jefferson für die United States of America entworfen worden war. »Alle Menschen sind in Gleichheit geschaffen. Der Schöpfer hat uns mit unverletzlichen Rechten ausgestattet: Das Recht zu leben, das Recht, frei zu sein, und das Recht, nach Glück zu streben.« Welcher amerikanische GI, der zwanzig Jahre später in den Reisfeldern Südvietnams den Vietcong-Partisanen des Onkel Ho nachstellte, ahnte, daß dessen sozialistische Volksrepublik von Hanoi im Zeichen der typisch amerikanischen Vorstellung der »pursuit of happiness« aus der Taufe gehoben worden war?

Die Chinesen in Hanoi

Die Freude über die neugewonnene Souveränität Vietnams stand vom ersten Tag an im Schatten fremder Intervention. Schon am 22. August 1945 rückten die Vorauselemente der chinesischen Kuomintang-Armee in Hanoi ein. Insgesamt drangen 200 000 Soldaten Tschiang Kai-scheks in die ihnen zugewiesene Einflußzone nördlich des 16. Breitengrades vor. Sogar die alte Kaiserstadt Hue war ihnen zugeschlagen worden. General Lu Han, der sie befehligte, hatte sich in den ihm unterstellten Heimatprovinzen wie ein klassischer Warlord, wie ein korrupter Gewaltherrscher aufgeführt. Seine Heerscharen – schlecht ausgerüstet, unterernährt, teilweise von ihren Familien begleitet und jeder Disziplin entfremdet – fielen, den Worten eines amerikanischen Beobachters zufolge, wie ein gefräßiger Heuschreckenschwarm über ihr Territorium her. Die Vietnamesen aller Schattierungen – selbst die Kuomintang-Sympathisanten des antikommunistischen VNQDD – stellten mit Entsetzen fest, daß diese Soldateska mit Ausnahme von ein paar Elitebataillonen die vietnamesische Bevölkerung schamlos drangsalierte und ausplünderte. Zahlreiche Frauen wurden vergewaltigt, jede Protestaktion im Blut erstickt.

Für die Parteigänger Ho Tschi Minhs bestand eine zusätzliche Gefahr. Die Nationalisten Tschiang Kai-scheks, die nach der japanischen Kapitulation den Bürgerkrieg gegen die Volksbefreiungsarmee Mao Zedongs mit starker Unterstützung Washingtons wiederaufgenommen hatten, betrachteten auch die vietnamesischen Kommunisten als ihre Feinde. Ho war klug genug, seine marxistisch-leninistische Partei offiziell aufzulösen und mit seinen bürgerlichen Gegnern einen Kompromiß vorzutäuschen. Innenminister Vo Nguyen Giap, der den effektiven Oberbefehl über seine damals noch spärliche Partisanentruppe beibehalten hatte, war sich der prekären Situation bewußt. Ein Befehl Tschiang Kaischeks an General Lu Han, dem roten Spuk in Hanoi ein Ende zu setzen, wäre für den Vietminh einem Todesurteil nahegekommen.

*

Unterdessen hatten im südlichen Cochinchina die Truppen des britischen Empire am 11. September 1945 die Hafenstadt Saigon eingenommen. Auch dort hatte vorübergehend der Vietminh eine Revolte entfacht, rote Fahnen mit dem gelben Stern gehißt in der Absicht, sich der Unabhängigkeitsbewegung Ho Tschi Minhs anzuschließen. Mit seinem Kontingent von nur 5000 Mann, überwiegend Inder, war der britische General Gracy nicht in der Lage, der Anarchie im Mekong-Delta Herr zu werden. In einer ersten Phase befahl er den noch nicht entwaffneten Japanern, für ein Minimum an Ordnung zu sorgen. Er reaktivierte auch die Reste der französischen Kolonialarmee, die bis zu seiner Landung in ihren Gefangenenlagern dahinsiechten und sich in einem erbärmlichen Zustand befanden. General de Gaulle hatte seinen fähigsten »Compagnon« zum Oberbefehlshaber des französischen Expeditionscorps für den »Extrême-Orient« berufen.

Als Instrument für die Wiederherstellung französischer Autorität über Cochinchina stand General Leclerc de Hautecloque zunächst nur eine kleine Fallschirmjäger-Einheit zur Verfügung, die in Schottland, dann in Ceylon nach dem Muster der britischen Elitetrupps des »Special Air Service« ausgebildet worden war. Deren Kommandeur, Fregattenkapitän Pierre Ponchardier befehligte eine Hundertschaft hochspezialisierter Einzelkämpfer – Marinefüsiliere und Kolonialinfanteristen –, aber das reichte aus, um in wenigen Monaten die Ortschaften des Mekong-Deltas den Aufständischen zu entreißen und Cochinchina bis zur kambodschanischen Grenze leidlich unter Kontrolle zu bringen. Ab Dezember 1945 trafen auch laufend Verstärkungen aus dem Mutterland in Saigon ein.

Pierre Ponchardier, der gemeinsam mit seinem Bruder Dominique das Widerstandsnetz »Sosie« gegen die deutsche Besatzung in Frankreich geleitet hatte, sei an dieser Stelle erwähnt, weil ich unter seinem Befehl meine ersten eindringlichen Erfahrungen der »guerre révolutionnaire« gesammelt habe. Auf die rauhen Methoden der »counterinsurgency«, die das Bild des »asymmetric war« unserer Tage bestimmen, stellen sich offenbar die Stabsoffiziere der NATO, die auf die konventionelle Strategie des Ost-West-Konfliktes fixiert bleiben, recht zögerlich und mit vielen Vorbehalten ein. Meine Einweisung in das Commando Ponchardier hatte ich übrigens nach meiner Ankunft in Indochina unter Umgehung des hierarchischen Dienstweges durch direktes Gesuch an Leclerc und auf dessen persönliche Weisung erwirkt.

*

Die Franzosen wußten aus langer Erfahrung, daß die letzte Entscheidung über das Schicksal Indochinas nicht im fruchtbaren, lebensfrohen Süden zu suchen war, in Cochinchina, das sie als Kolonie verwalteten, sondern im rauhen, kriegerischen Norden, wo sie nur ein Protektorat über Annam und Tonking errichtet hatten. Dort hatten sie an der Symbolfigur eines Kaisers festgehalten, der in der »Verbotenen Stadt« von Hue residierte. Das französische Expeditionscorps für den Fernen Osten, das ursprünglich vorgesehen war, an der Seite der Alliierten gegen Japan zu kämpfen – das Commando Ponchardier sollte sogar an der Rückeroberung Singapurs teilnehmen –, sah sich nunmehr auf die relativ bescheidene Aufgabe reduziert, die Rückgewinnung Indochinas für die Vierte Republik zu erkämpfen. Für viele Offiziere, die die nationale Niederlage von 1940 nicht verkraften konnten, ging es darum, diese Schmach in den Fluten des Mekong und des Roten Flusses abzuwaschen, als ob deren Wasser dazu ausgereicht hätten.

Man unterschätze nicht die psychologischen Auswirkungen exotischer Militärunternehmungen in der Dritten Welt, ob sie nun unter der Trikolore oder dem Sternenbanner stattfinden, auf die Stimmung und das politische Klima des Heimatlandes. Amerika leidet heute noch unter seinem Vietnamsyndrom. Schon ein paar Wochen nach dem Rücktritt de Gaulles im Januar 1946 hatte sich in Saigon ein ganz ungewöhnlicher Protestmarsch von Offizieren und Soldaten des Expeditionscorps gebildet, die mit dem Ruf »de Gaulle au pouvoir« gegen die »Gifte und Wonnen« eines korrupten Parlamentarismus aufbegehrten. Wer hätte damals geahnt, daß diese ephemere Kundgebung in Fernost ein Signal setzte für jenen patriotischen Tumult, der zwölf Jahre später mit dem Putsch der Algier-Armee und der Bildung eines militärischen »Comité de Salut Public« auf dem Forum von Algier die Rückkehr de Gaulles und die Gründung der Fünften Republik einleitete?

Vo Nguyen Giap wußte, daß Leclerc sich auf die Rückeroberung Nordvietnams vorbereitete. Die National-Chinesen, die die Verschiffung der japanischen Besatzungsarmee in Richtung Heimat unter amerikanischer Oberaufsicht mit entnervender Langsamkeit betrieben, hätten bestimmt gern an ihrer imperialen Ausweitung nach Süden, an der Kontrolle über Hanoi und Hue festgehalten,

wenn sie nicht durch die Bekämpfung der kommunistischen Streitkräfte Mao Zedongs voll in Anspruch genommen worden wären.
Jeder Kuomintang-Soldat war jetzt unentbehrlich für die Ein-
dämmung der unwiderstehlichen roten Flut, die sich über das
Reich der Mitte ergoß. Am 28. Februar 1946 wurde zwischen Paris und Nanking ein Abkommen unterzeichnet, das als Gegenleistung für die Räumung der französischen Konzessionen in den
großen chinesischen Küstenstädten den Abzug der Armee des
General Lu Han aus der Nordhälfte Indochinas spätestens bis zum
31. März 1946 sowie die Übergabe dieses Territoriums an das Expeditionscorps Leclercs vorsah.

Ho Tschi Minh erwies sich in dieser schwierigen Situation als
überlegener Staatsmann. Er betrachtete die sich anbahnende
Krise aus historischer Sicht. Er war sich der phänomenalen revolutionären Wandlungen, die sich in Asien vollzogen, voll bewußt.
Aus Gründen der Staatsräson erschienen ihm die Franzosen als
das geringere Übel, weil deren erneute Kolonialpräsenz, wie er
überzeugt war, dem Zeitgeist widersprach. »Seid ihr alle verrückt
geworden?« soll er den inneren Kreis seiner enttäuschten Füh-
rungskader angefahren haben. »Ahnt ihr denn nicht, was das bedeuten würde, wenn die Chinesen hier verharren? Erinnert ihr
euch nicht an unsere Vergangenheit? Als die Chinesen sich das
letzte Mal bei uns eingenistet haben, sind sie tausend Jahre lang
geblieben. Falls sie sich jetzt wieder festsetzen, würden wir sie niemals mehr los.« Ausgerechnet dem Gründer der Vietminh-Armee,
Vo Nguyen Giap, blieb es damals vorbehalten, seine Landsleute,
die sich über den vermeintlichen Opportunismus des eigenen Vietminh entrüsteten, auf einer Massenkundgebung zu erklären, daß
die Freiheit ihres Vaterlandes zwar um jeden Preis errungen werden müsse, daß dieses Endziel jedoch nur zum Preis eines vor-
übergehenden Kompromisses mit Frankreich zu erkaufen sei. Am
7. März 1946 wurde Giap von Ho Tschi Minh in die Hafenstadt
Haiphong entsandt. Er handelte dort mit Leclerc einen Modus
vivendi über eine begrenzte Kooperation zwischen den ersten regulären Vietminh-Einheiten und dem französischen Expeditionscorps aus. Die Invasionsflotte ankerte bereits vor der Küste von
Tonking.

Die Soldaten der französischen Landungsflotte standen fröstelnd an der Reling und sehnten sich schon nach der Hitze Saigons zurück. Aus dem Dunst tauchten Dschunken auf. In den primitiven Wohnkajüten der flachen Boote hausten ganze Sippen. Mit ihren dunkelbraunen Segeln huschten die Schiffe wie Fledermäuse über das Wasser. Die Bucht von Halong bot ein gespenstisches Bild. Über dem dunkelgrünen, regungslosen Meer wurden bizarre Kalkfelsen sichtbar, sobald die Nebeldecke sich ein wenig lichtete. Ein dünner, kalter Regen, »crachin« genannt, ging unaufhaltsam nieder. Drei Tage lag nun schon die Flotte vor der nordvietnamesischen Hafenstadt Haiphong. General Leclerc war an Land gegangen, um mit den national-chinesischen Kommandeuren zu verhandeln. Am vierten Tag hallte Artilleriefeuer durch die phantastische Felsenlandschaft der Halong-Bucht. Dem französischen Oberkommandierenden war die Geduld gerissen. Ein Sturmkommando war an der Küste gelandet, und der Kreuzer »Le Triomphant« war den Cua-Cam, einen Mündungsarm des Roten Flusses, in Richtung auf die Hafenkais von Haiphong hochgesteuert. Der Kreuzer wurde von Küstenbatterien beschossen, aber mit ein paar Salven brachte er den Widerstand zum Schweigen. Über den chinesischen Stellungen ging die weiße Fahne hoch, und die landenden Franzosen stellten zu ihrer Verwunderung fest, daß die feindlichen Geschütze, mit denen die Soldaten aus Yünan nichts anfangen konnten, von japanischen Kriegsgefangenen bedient worden waren.

Die Disziplin dieser Armee war immer noch intakt, und die Offiziere liefen wichtigtuerisch zwischen ihren Untergebenen herum wie gestiefelte Kater. Die Japaner stauten sich später zu Tausenden an den Kais und kehrten nach der ersten Niederlage ihrer mehrtausendjährigen Geschichte an Bord amerikanischer Frachter ins Land der Aufgehenden Sonne zurück. Zum ersten Mal ahnten die französischen Administratoren und Ostasienexperten, daß sie einer völlig veränderten Welt und gewaltigen, unkontrollierbaren Kräften gegenüberstanden. Am schnellsten begriff General Leclerc de Hautecloque die neue Situation. Dieser schlanke, eigenwillige Mann, der sich nie von seinem Spazierstock trennte, war in Nordvietnam auf einen ungleichen Komplizen gestoßen, auf den kommunistischen Revolutionär Ho Tschi Minh. Leclerc sah in dem Marxisten einen potentiellen Verbündeten. Das französische Kolonialreich gehörte seit der Niederlage von 1940 ohnehin der Vergangenheit an und sollte durch neue, liberale Verflechtungen zwischen dem Mutterland und seinen Überseegebieten abgelöst werden. Ho Tschi Minh hatte den Verbleib der Republik Vietnam in einem gemeinsamen Staatenverbund mit Frankreich vorgeschlagen. Wesentliche vietnamesische Souveränitätsrechte auf dem Gebiet der Diplomatie, der Verteidigung und der Währungspolitik wollte er bis auf weiteres an Paris delegieren. Eine seltsame Absprache kam damals zustande: Die Landung der Franzosen nördlich des 16. Breitengrades rettete die Kommunisten Tonkings vor der Umklammerung durch die verbündeten Kräfte des Kuomintang und des VNQDD; innenpolitisch würde die Vierte Französische Republik, die eben durch Referendum bestätigt worden war, dem Vietminh in Nordvietnam freie Hand lassen. Die Franzosen erhofften sich dafür das Verharren Indochinas in jenem französischen Übersee-Verbund, der im neuen Verfassungstext den Namen »Union Française« trug.

Beide Parteien wußten wohl, daß sie einen Pakt mit dem Teufel geschlossen hatten. In der französischen Armee bestand kein echter Wille zur Entkolonisierung. Den meisten konservativen Offiziere waren die roten Vietminh-Kommissare ein Greuel. Ho Tschi Minh trat Ende Mai 1946 die Schiffsreise nach Frankreich an, um in Fontainebleau angespannte und fruchtlose Diskussionen mit den rasch wechselnden Ministern der Vierten Republik zu führen. Nach dreimonatigem Palaver wurde klar, daß er seine beiden grundsätzlichen Forderungen, Unabhängigkeit Vietnams, notfalls im Rahmen der Union Française, sowie staatliche Einheit von Cochinchina bis Tonking, nicht durchsetzen könnte. Der Ausbruch der offenen Feindseligkeiten war jetzt nur noch eine Frage von Wochen oder Monaten.

Unterdessen unternahm Vo Nguyen Giap in seiner Eigenschaft als nordvietnamesischer Innenminister eine blutige Säuberungsaktion. Er offenbarte dabei eine unerbittliche Seite seines Charakters, die die wenigsten Europäer und Amerikaner diesem umgänglichen, stets auf Eleganz bedachten Intellektuellen zugetraut hätten. Auf Giaps Weisung veranstalteten die Revolutionskomitees des Vietminh ein gnadenloses Massaker unter ihren bürgerlichen Rivalen des VNQDD und des Dong Minh Hoi. Im Städtchen Yen Bai kam es zu einem Gemetzel. Giap stützte sich bei seiner stalinistisch anmutenden Repression auf eine Gruppe von etwa fünfhundert japanischen Militärs, die sich dem Kapitulations-Edikt des Tenno verweigert hatten.

Die Vietminh ihrerseits machten aus ihren tatsächlichen Absichten kein Hehl. Auf jeder Mauer, auf dem Asphalt jeder Straße war das magische Wort »Doc Lap« in riesigen Lettern mit roter Farbe gepinselt. »Doc Lap« hieß »Unabhängigkeit«, und nur ein Narr konnte davon ausgehen, daß diese fanatischen Nationalisten marxistischen Glaubens auf die volle Souveränität endgültig verzichten, daß sie jemals eine wie auch immer geartete Unterordnung unter Paris akzeptieren würden. Andere Wandaufschriften forderten mit gleicher Eindringlichkeit die Einheit der »Drei Ky«, der drei Landesteile Vietnams: Cochinchina, Annam und Tonking. Die Revolutionäre des Vietminh hatten erfahren, daß die maßgeblichen französischen Finanzkreise im Umfeld der Banque de l'Indochine notfalls bereit waren, das übervölkerte Delta des Roten Flusses mit den darbenden Massen des Nordens seinem Schicksal zu überlassen sowie die unwirtlichen Gebirge Zentralannams abzuschreiben. Sie wußten aber auch, daß diese Einflußgruppen ihren Besitz in Cochinchina, die Reisebene des Mekong, die einträglichen Gummiplantagen des Südens behalten und aus diesem Landesteil eine separate Republik von Frankreichs Gnaden machen wollten.

In Hanoi und Haiphong bot sich in jenen Wochen ein seltsames Bild. Neben der Trikolore wehte die nunmehr offizialisierte rote Fahne des Vietminh mit dem gelben Stern. Die junge Republik Vietnam verfügte über eine eigene kleine Armee, die in rostbraune Uniformen gekleidet war. Die Soldaten trugen dazu grüne Tropenhelme. Ihre Waffen stammten meist aus japanischen Arsenalen. Gemeinsam mit französischen Kolonialinfanteristen wurden die kleinen Männer des Onkel Ho zu gemischten Patrouillen ausgeschickt. In Wirklichkeit standen sich diese Zufallspartner wie Hund und Katze gegenüber. Die französischen Stäbe betrachteten es als Demütigung, daß sie von gleich zu gleich mit Heckenschützen verhandeln mußten, deren militärischer Anführer, ein gewisser Vo Nguyen Giap, seine strategischen Kenntnisse als Geschichtslehrer erworben hatte. Die Tatsache, daß Giap ein Bewunderer des Feldherrn Bonaparte war, brachte ihm nur mitleidiges Lächeln ein.

»La sale guerre«

Hanoi, im Februar 2004

Sechzig Jahre sind seitdem vergangen. Beim Sundowner, beim abendlichen Whisky im prächtig restaurierten Hotel Métropole, das in den siebziger Jahren zu einem Rattenloch verkommen war, läßt sich trefflich meditieren über den unerbittlichen Gang der Ereignisse. Als ich mich im Sommer 1945 freiwillig nach Ostasien meldete, ging es für de Gaulle noch darum, mit einer möglichst schnell aufgestellten französischen Streitmacht im Krieg gegen Japan aufzutrumpfen und Prestige gegenüber den angelsächsischen Alliierten zurückzugewinnen. Die Atombomben von Hiroschima und Nagasaki setzten diesen ehrgeizigen Plänen ein plötzliches Ende, und das »Corps Expéditionnaire« wurde auf seine bescheidene Mission in Indochina zurückgeworfen.

Man muß sich in die Augusttage 1945 zurückversetzen, in die überschwengliche amerikanische Triumphstimmung. Das japanische Kaiserreich hatte bedingungslos kapituliert, und Washington schickte sich an, mit Hilfe des verbündeten Nationalisten-Regimes Tschiang Kai-scheks die gewaltige Kontinentalmasse Asiens mitsamt den vorgelagerten Inselgruppen unter seine Fittiche zu nehmen. Nur dann läßt sich erst das Ausmaß der Ernüchterung und der Verbitterung ermessen, die sich am Potomac breitmachten, als die Kommunisten Mao Zedongs zu den Klängen der Hymne »Der Osten ist rot« den vielleicht folgenschwersten Umwälzungsprozeß des zwanzigsten Jahrhunderts in Gang setzten.

Zwischen 1945 und 1949 hatten sie die weit überlegenen Armeen Tschiang Kai-scheks, die von den USA mit Waffenlieferungen und Beratern großzügigst unterstützt wurden, nach einer Serie von vernichtenden Niederlagen vom Festland vertrieben. Am 1. Oktober 1949 rief der neue rote Kaiser auf dem Platz des Himmlischen Friedens zu Peking die Volksrepublik China aus. Wenige Monate später eroberten die Vorhuten seiner proletarischen Heerschar die südlichsten Provinzen des Reiches der Mitte. Sie standen somit an der Nordgrenze von Französisch-Indochina. Für Ho Tschi Minh und Vo Nguyen Giap vollzog sich damit die entscheidende Wende. Von nun an winkte ihnen sogar der Lorbeer des Sieges.

Zu Beginn des Jahres 1946 war die offene Schlacht um den Besitz von Tonking entbrannt. General Giap vermochte den modern ausgerüsteten Regimentern des »Corps Expéditionnaire« nur hinhaltenden Widerstand zu leisten. Mit seinen Vietminh-Partisanen mußte er das Delta des Roten Flusses räumen und die meisten Städte nördlich des 16. Breitengrades der alten Kolonialmacht überlassen. In der Dschungel- und Felslandschaft rund um Thai Nguyen konnte er sich jedoch behaupten. Dort befand sich das Hauptquartier Ho Tschi Minhs, der seiner Gefangennahme durch ein abenteuerliches Unternehmen französischer Paras mit knapper Not entkam. Dennoch brach der Widerstand nirgendwo zusammen. Im Zeichen des »Revolutionären Krieges« sickerten die politischen Kommissare des Vietminh in einer Vielzahl von oberflächlich pazifizierten Ortschaften und Dörfer ein. Sie heizten dort die Stimmung der Einheimischen im Sinne des unbeugsamen vietnamesischen Nationalismus und der marxistischen Weltrevolution an. Das »pourrissement«, das »Verfaulen« des Deltas, wie die Franzosen sagten, war in vollem Gange.

Im Herbst 1950 häuften sich die Hiobsbotschaften aus Indochina und beherrschten die Schlagzeilen der Pariser Presse. Der damalige französische Generalstabschef, der den ominösen Namen »Revers«, das heißt Rückschlag oder Niederlage, trug, hatte die verspätete Räumung jener Grenzgarnisonen angeordnet, die Tonking gegen die chinesische Nachbarregion abschirmen sollten. Diese Außenposten befanden sich in tödlicher Gefahr, seit die siegreichen Armeen Mao Zedongs bis in die Südregion von Kwangsi und Yünan vorgedrungen waren. Die Volksrepublik China hatte offen für Ho Tschi Minh Partei ergriffen, lieferte Material an die roten Verbündeten und bildete in Nanning die vietnamesische Revolutionsarmee nach den bewährten Methoden des Volksbefreiungskrieges aus. Auf dem Rückzug aus dem Grenzstädtchen Cao Bang war eine französische Kolonne von 3000 Mann auf den Haarnadelkurven der gebirgigen Dschungelpiste in einen Hinterhalt geraten und praktisch aufgerieben worden. Die Garnison von Lang Son rettete sich nur durch überstürzte Flucht unter Zurücklassung des gesamten Materials. Die Pariser Gazetten bereiteten die französische Öffentlichkeit, die sich ohnehin vom Fernostfeldzug distanzierte, wenn sie ihn nicht wütend bekämpfte, auf die entscheidende Niederlage des Expeditionscorps im Dreieck des Roten Flusses vor. Der schmutzige Krieg, »la sale guerre«, hieß der Indochinakrieg in den Pamphleten der Kommunistischen Partei Frankreichs. In Marseille, wo die Docker häufig die nach Saigon auslaufenden Schiffe bestreikten, gingen die Verstärkungen im Schutz der Dunkelheit an Bord. Sogar die Särge der Gefallenen wurden heimlich ausgeladen.

Ich war dieses Mal als Journalist nach Indochina gekommen. Das Wiedersehen mit meinem ehemaligen »Patron« Pierre Ponchardier hatte ich von Paris aus mit seinem Bruder Dominique abgesprochen. Ich traf den »Pascha«, wie wir ihn einst nannten, in einem geräumigen Appartement der Rue Catinat an. Er saß schwitzend mit bloßem Oberkörper auf seinem Bett und bastelte so liebevoll an einem komplizierten Sendegerät, als sei es eine Höllenmaschine. Es war ihm nicht anzumerken, daß er inzwischen die ersten zwei Admiralssterne erhalten hatte. »Bleiben Sie nicht in Cochinchina«, riet er mir. »Hier gibt es nur noch Routine und Schlamperei. Gehen Sie in den Norden, dort spielen wir im Moment unsere letzten Karten aus.« Zwei Tage zuvor war ein Großangriff des Vietminh, der in dichten Sturmwellen von vierzig Bataillonen gegen die Festung Vinh Yen vorgetragen wurde, im französischen Feuer zusammengebrochen. Die Revolutionsarmee, die bei Vinh Yen die Hälfte ihrer gesamten Streitmacht eingesetzt hatte und die nach der Überrennung des Stützpunktes Vietri schon den Sieg zu halten glaubte, hatte in fünftägiger Schlacht 8000 Mann verloren.

General Giap hatte sich als umsichtiger Partisanenführer gegen dieses verfrühte Wagnis einer offenen Feldschlacht gesträubt, doch er war im Politbüro der Lao-Dong-Partei, der kommunistischen »Partei der Arbeit«, die den harten Kern des Vietminh bildete, überstimmt worden. Er stieß vor allem auf den Widerspruch seines langjährigen Gefährten und Rivalen Truong Chinh, der seinen Kriegsnamen »Langer Marsch« aus Bewunderung für Mao Zedong gewählt hatte.

Die roten Vietnamesen hatten Pech gehabt. Sie sahen sich unvermittelt einem neuen französischen Oberbefehlshaber, dem General de Lattre de Tassigny, gegenüber, der selbst in die vorderste Linie ging, um den Soldaten Mut zu spenden, und der die verfügbaren französischen Divisionen in beweglichen »combat teams« neu gegliedert hatte. Entscheidend war vor allem die Intervention der Luftwaffe, die durch amerikanische Lieferungen in aller Hast verstärkt worden war. Auf den Abwurf von Napalm waren die Strategen des Vietminh nicht vorbereitet gewesen. Die Freischärler verfügten seit dem endgültigen Sieg Mao Zedongs über ein gewaltiges, unverletzbares Hinterland. Aber die Franzosen, deren verspätetes Kolonialabenteuer der Diplomatie Washingtons noch unlängst ein Dorn im Auge gewesen war, konnten nunmehr auf amerikanische Hilfe und Solidarität zählen, seit die USA bis über die Ohren in den Koreakonflikt verwickelt waren. Durch das kriegerische Engagement Washingtons im »Land des stillen Morgens« hatte sich die geopolitische Gewichtung in ganz Ostasien von Grund auf verschoben.

In der Bar des Pressecamps, wo ich mich einquartierte, unweit der heutigen Residenz des Generals Vo Nguyen Giap, waren große Landkarten angeschlagen. Es fand gerade ein Briefing statt. Der AFP-Korrespondent Julien, den ich aus Paris kannte, erklärte mir flüsternd, daß diese Bar nicht speziell für die Journalisten eingerichtet worden sei. Vor dem Krieg sei unser Compound ein

Luxusbordell gewesen, und aus dieser Zeit stammten gewisse Kommoditäten. Der französische Hauptmann an der Landkarte war ein schroffer, etwas arroganter Typ. Vielleicht war er auch nur so abweisend, weil er meist nur Hiobsbotschaften verkünden mußte und weil er gegen die kleine Truppe angelsächsischer Kriegskorrespondenten, die nach der Schlacht von Vinh Yen in Hanoi eingetroffen waren, eine unüberwindliche, sehr französische Abneigung empfand. Die Amerikaner und auch die Briten beobachteten die verzweifelten Bemühungen der französischen Armee in Tonking wie strenge Zensoren. Sie waren davon überzeugt, daß sie diesen Krieg viel effizienter führen, ja daß sie ihn binnen kurzer Frist gewinnen könnten. Die Amerikaner wären vollends unerträglich gewesen, wenn sie der Verlauf des Koreafeldzuges, der im vergangenen Sommer begonnen hatte, nicht verunsichert hätte. Die englischen Korrespondenten waren meist alte Schlachtrösser aus dem Burma- und Pazifikkrieg. Der eine oder andere hatte als Offizier gedient und betrachtete kopfschüttelnd diese gallischen Hähne, die so gar nicht nach Kiplings Geschmack waren.

General de Lattre kam in Zivil in das Pressecamp und überraschte alle. Er befleißigte sich gegenüber dem Reporterhaufen einer ausgesuchten Höflichkeit, als befände er sich unter seinesgleichen. Sein Interesse galt in erster Linie den amerikanischen Journalisten. Sein Englisch war erbärmlich und erinnerte karikatural an den Akzent von Maurice Chevalier. Dennoch wirkte er in keiner Weise lächerlich. Den Yankees, die er überraschend schnell gewonnen hatte, fiel auf, daß dieser französische Oberbefehlshaber seinem Kollegen MacArthur in Korea auf erstaunliche Weise physisch und psychisch glich. De Lattre, daraus machte er kein Hehl, war völlig illusionslos. Die Selbstbehauptung der französischen Armee in Ostasien war nur vorstellbar, wenn sie Teil einer großen Machtentfaltung der »Freien Welt« sein würde. Er spielte die Karte der französisch-amerikanischen Solidarität im Angesicht der marxistischen Revolution auf dem chinesischen Festland, aber er wußte wohl auch, daß ein solches Unternehmen zum Scheitern verurteilt war.

Atombomben für Dien Bien Phu?

Der Flug der Vietnam-Airlines-Maschine nach Dien Bien Phu verläuft auf enttäuschende Weise banal. Die zerklüftete Gebirgslandschaft Westtonkings ist durch Wolken verhüllt. Bei Erreichen des langgezogenen Beckens, in dem sich die Schlacht abspielte, klart das Wetter auf. Über eine Länge von 19 Kilometern und eine Breite von zehn Kilometern dehnt sich die Mulde des Nam-Yom-Flusses in Richtung Laos. Die Höhen, die den Kessel beherrschen, erscheinen relativ flach. Auf den ersten Blick erkennt man nicht, daß diese von dichtem Dschungel überwucherten Felsen dem Belagerer perfekte Tarnungsmöglichkeiten verschafften, während sie den Verteidigern eine undurchdringliche Mauer entgegensetzten.

Den Piloten der französischen Luftwaffe, die im April und Mai 1954 bei nächtlichem Himmel über Dien Bien Phu kreisten, hatte sich ein ganz anderes Schauspiel geboten. Ihnen muß mulmig zumute gewesen sein, wenn sie Munition, Verpflegung und ganze Bataillone von Fallschirmjägern in die grauenvolle, von Monsunregen durchpeitschte Dunkelheit auskippten. Am Boden zuckten damals die Mündungsfeuer der Vietminh-Artillerie wie die Grablichter eines riesigen Friedhofs. Was hatte den General Henri Navarre bewogen, im Hochland von Tonking, in diesem unscheinbaren Dorf, wo ein paar hundert Reisbauern vom Volk der Weißen Thai ihr Leben fristeten, die Entscheidung gegen die Revolutionsarmee Vo Nguyen Giaps zu suchen? Von Hanoi ist diese Festung 270 Kilometer Luftlinie entfernt. Die steilen Schluchten und die grüne Wildnis dazwischen waren für eine europäische Truppe unpassierbar. Von Anfang an war Dien Bien Phu auf die Versorgung durch die begrenzten Mittel der französischen Luftwaffe angewiesen, und deshalb waren die Erfolgschancen minimal.

Man mag fragen, was uns heute Dien Bien Phu und die fernen Gespenster des französischen Kolonialkrieges in Indochina angehen. Aber hier wurde eine Probe aufs Exempel gemacht. Der verzweifelte Feldzug, der General Navarre im Mai 1953 als neuem Oberbefehlshaber auferlegt wurde, war schon zu jener Zeit Teil eines globalen amerikanischen Engagements, das sich – unter ständig wandelnden Facetten – bis auf den heutigen Tag weiterschleppt. Der Koreakrieg von 1950 bis 1953 hatte dem Pentagon zum ersten Mal die Grenzen seiner Allmacht vor Augen geführt.

Voller Sorge blickte Washington indessen auf die Entwicklung in Französisch-Indochina. Die Situation in Nordostasien war mit großer Mühe eingefroren und eine gewisse Stabilität erzielt worden. In Tonking hingegen drohte der Zusammenbruch der französischen Position und eine explosionsartige Ausweitung der kommunistischen Weltrevolution in ganz Südostasien. So sah es wenigstens die Eisenhower-Administration und entwickelte jene Dominotheorie, die zehn Jahre später von John F. Kennedy in vehementer Formulierung übernommen werden sollte. Falls der Dominostein Vietnam fiele, sei der Weg frei für eine Kettenreaktion, die Kambodscha und Thailand, Burma und sogar Indien in den roten Abgrund reißen könnte. Diese extrem simplifizierte Sicht der Weltlage kam der französischen Strategie zugute.

Die amerikanische Hilfe war seit der Präsenz der kommunistischen Chinesen an der Nordgrenze Tonkings unentbehrlich für die Fortsetzung einer recht aussichtslosen Kampagne, die von der Vierten Republik – verglichen mit dem späteren Kolossalaufwand der US-Streitkräfte in ihrem Vietnamkrieg – mit unzureichender Truppenstärke und lächerlich geringem Material geführt wurde. Ab 1951 lief die amerikanische Unterstützung massiv an. Die USA lieferten Waffen und Munition, Flugzeuge und Landungsschiffe, Tanks und Lastwagen, ja sogar Uniformen für das französische Expeditionscorps, in dem die Mutterland-Franzosen mit 60 000 Mann die Minderheit bildeten inmitten einer farbigen Heerschar von Algeriern, Marokkanern, Schwarzafrikanern und in zunehmendem Maße Vietnamesen der neu aufgestellten Bao-Dai-Armee. Einen besonderen Rang nahmen die Fremdenlegionäre ein, etwa 30 000 Mann, deren Regimenter sich zu achtzig Prozent aus Deutschen zusammensetzten.

General Navarre hatte nie in den Kolonien gedient und besaß keinerlei Erfahrung in der Bekämpfung von Partisanen. Vor seiner Entsendung nach Fernost hatte er eine hohe Stabsfunktion in der NATO ausgeübt. Ihm fehlte das Gespür für den »revolutionären Krieg«, mit dem er jetzt konfrontiert war und den sein genialer Gegenspieler Vo Nguyen Giap wie folgt skizziert hatte: »Wir befolgen als oberstes Prinzip unserer Strategie die Formel: Wir schlagen nur zu, wenn der Erfolg sicher ist. Wenn dafür die Voraussetzungen nicht bestehen, entziehen wir uns dem Kampf.« Dazu kam die ideologische Mobilisierung der Massen, die für den Saint-Cyrien Navarre ein fremder, ja anstößiger Begriff war. Vor allem aber erlag dieser extrem korrekt auftretende Commandanten-Chef dem unverzeihlichen Fehler, den so viele Feldherren vor und nach ihm begingen: Er unterschätzte den Gegner. Ausgerechnet in Dien Bien Phu wollte das französische Oberkommando dem Vietminh in offener Feldschlacht das Rückgrat brechen. Im November 1953 hatte sich der Himmel über dem Nam-Yom-Tal mit den Fallschirmtrauben französischer Paras gefüllt. In den folgenden Wochen bauten Pioniere eine Landebahn für Transportflugzeuge und ein Verteidigungssystem aus, das sich im wesentlichen auf die Befestigung von acht Hügeln, »Pitons«, wie die Franzosen sagten, konzentrierte.

Die Verantwortung für die Garnison von Dien Bien Phu, deren Stärke sich auf 16 000 Soldaten unterschiedlichster Herkunft und Qualität belief, wurde dem Oberst Christian Marie Ferdinand de la Croix de Castries übertragen. Es war eine totale Fehlbesetzung. Nicht daß es diesem Aristokraten, der bei internationalen Reitturnieren geglänzt hatte, an Schneid gefehlt hätte. Aber für Dien Bien Phu war er der falsche Mann. Für eine Kavallerieattacke wäre er außerordentlich qualifiziert gewesen. »Pour casser du Viet«, wie es damals hieß, fehlte ihm die Veranlagung des groben »Baroudeurs«. In den Augen des Historikers Giap war dieser elegante Herrenreiter, dieser Gentilhomme alten Stils, der für »la guerre en dentelle« des achtzehnten Jahrhunderts prädestiniert gewesen wäre, nicht nur ein typischer Repräsentant des verhaßten Kolonialismus. Er war auch die geradezu karikaturale Verkörperung des Klassenfeindes.

De Castries und seine vornehmen Allüren stießen übrigens auch bei jenen französischen Offizieren auf grimmige Ablehnung, die im Verlauf endloser Dschungeleinsätze eine ganz andere Vorstellung moderner Kriegskunst entwickelt hatten. Die Obersten und Majore der Fallschirmregimenter und der Fremdenlegion hatten im mörderischen Nahkampf mit den kommunistischen Partisanen – selbst wenn sie der Bourgeoisie entstammten – eine enge kameradschaftliche Bindung zu ihren Untergebenen entwickelt und eine irgendwie »proletarisch« anmutende Abneigung gegenüber den anmaßenden Kollegen der konventionellen Waffengattungen. Diese rauhen Troupiers nahmen mit gemischten Gefühlen das Gerücht zur Kenntnis, de Castries habe die befestigten Pitons nach den diversen Mätressen benannt – Huguette, Eliane, Claudine, Béatrice, Gabrielle und einigen anderen –, die sein Kavaliersleben erfreut hatten.

Die Verblendung der hohen Generalität verdient herausgehoben zu werden. Seit dem Intermezzo de Lattre de Tassigny erschöpfte sich das Corps Expéditionnaire in ergebnisloser Hetzjagd auf den unfaßbaren Vietminh in den Bergen Annams. Andere Truppenteile erschlafften in der Behauptung einer Vielzahl von Betonbunkern, einer fernöstlichen Maginotlinie, die das fruchtbare Delta des Roten Flusses gegen kommunistische Überfälle abriegeln sollte. In Dien Bien Phu hoffte Navarre, den tückischen Gegner endlich zur offenen Konfrontation provozieren und seine Hauptstreitmacht aufreiben zu können. Dieser sträfliche Optimismus wurde nicht nur in den französischen Stäben vorgetragen und von der Pariser Regierung abgesegnet. Selbst die amerikanischen Militärexperten, die unter Anleitung des Generals John O'Daniel die Zusammenarbeit mit Navarre koordinierten, erhoben keinen Einwand gegen die Aktion von Dien Bien Phu. Am Rande sei erwähnt, daß der dortigen Garnison nur ein einziger Hubschrauber zur Verfügung stand.

Als am 13. März 1954 von den umliegenden Höhen plötzlich massiver Artilleriebeschuß – Granaten von 75 und 105 Millimetern – über dem »Camp fortifié« niederging, die Rollbahn im Nu unbrauchbar wurde und die Stellungen, die allenfalls gegen Mörsereinschläge geschützt waren, zerfetzten, war die Niederlage de Castries' so gut wie besiegelt.

Es sollte erwähnt werden, daß nicht nur die Franzosen sich auf fremde, auf amerikanische Hilfe verließen, auch General Giap kam die massive Unterstützung durch eine verbündete Macht zugute. Die Volksbefreiungsarmee Pekings war mit Einheiten ihrer Luftabwehr auf den Höhen von Dien Bien Phu präsent. Die chinesischen Waffenlieferungen hatten es ermöglicht, daß mehr als 100 000 Granaten über den befestigten Pitons der Franzosen niedergingen. Auf dem Höhepunkt der Schlacht wurde der Vietminh aus China und Rußland mit 4000 Tonnen Waffen und Nachschub pro Tag verstärkt. Unter den fremden Experten, die Giap in seinem spartanischen Hauptquartier als »Ratgeber« tolerieren mußte, befanden sich so hochgestellte chinesische Heerführer wie Chu Teh und Peng Tehuai. Im Hochland von Tonking ging es in Wirklichkeit um weit mehr als um eine anachronistische Kolonialagonie. Franzosen und Vietnamesen führten einen Stellvertreterkrieg, »war by proxies« würde man heute sagen. Die wirklichen Kontrahenten hielten sich im Hintergrund, zogen in Washington oder in Peking die Fäden und kalkulierten bereits die Folgen des unaufhaltsamen Desasters.

*

Bei der Fahrt durch die Ortschaft Dien Bien Phu stellt sich Ernüchterung ein. Vor fünfzig Jahren hatten hier nur ein paar Dutzend Strohhütten gestanden. In dieser Niederung lebten einst die Gebirgs-Thai in hölzernen Pfahlbauten, um vor den zur Monsunzeit anschwellenden Wassern des Nam Yom geschützt zu sein. An deren Stelle haben die Vietnamesen moderne und häßliche Zweckbauten gesetzt. In dem Trödelladen der Hauptstraße suche ich vergeblich nach irgendwelchen Souvenirs und Trophäen. Ich entdecke lediglich ein paar alte Piaster-Münzen. »République Française« und »Indochine Française« steht dort zu lesen. Die Marianne thront herrschaftlich über der Jahreszahl 1907.

Das neue Hotel von Dien Bien Phu wirkt schon vergammelt. Weshalb man den Innenhof mit riesigen, buntbemalten Gipsfiguren – eine asiatische Rittergestalt, ein Nashorn, ein Kamel, ein Drachen und anderes Getier – verunstaltet hat, bleibt unerfindlich. Da die Feiern zum fünfzigsten Jahrestag bevorstehen, so versichert uns ein Bediensteter, werde man diese Herberge in aller Eile mit gehobenem Komfort ausstatten. Die Einwohner des Städtchens, so scheint mir, sind überwiegend Vietnamesen. Die ursprünglich in dieser Region ansässigen Bergvölker haben ihre malerische Stammeskleidung, die mir im Frühjahr 1951 bei meinem Ritt zur chinesischen Grenze aufgefallen war, durch Hemd und Hose europäischen Zuschnitts ersetzt. Früher unterschieden sich die Stämme der Gebirgs-Thai durch die engen Mieder der Frauen – weiß, rot und schwarz –, die sie über knöchellangen, engen Röcken trugen. Die Meo oder Hmong, die auch heute noch auf den rauhen Höhen siedeln und vom Opiumertrag ihrer Mohnfelder leben, ebenso wie die Man, die angeblich von einem heldenhaften Hund der chinesischen Legende abstammen, entsprachen damals mit ihren gestickten Kitteln, dem schwarzen Turban, dem Silberschmuck der Frauen und den Steinschloßflinten der Männer den Vorstellungen von einer wilden, asiatischen Unberührtheit. All das ist verlorengegangen und taugt bestenfalls noch als Folklore für Touristen. Der Eindruck drängt sich auf, daß die Behörden von Hanoi bei den diversen fremden Ethnien eine systematische Assimilation an das vietnamesische Staatsvolk betreiben.

Eine junge Frau hat unsere Führung übernommen. Mich überrascht, daß der Sieg über die Franzosen nicht durch ein monumentales Denkmal glorifiziert wird. Nirgendwo finde ich Spuren eines fremdenfeindlichen Triumphalismus. In der Museumshalle, die dringend der Renovierung und Entstaubung bedarf, wird der Ablauf der Schlacht in aller Sachlichkeit geschildert. Kleine rote Lampen auf einer Reliefkarte zeigen das ausgeklügelte Belagerungs- und Angriffssystem an, das Giap entworfen hatte. Das ganze Gelände war von Stollen, Laufgräben und Sappen durchzogen, die sich unwiderstehlich an die französischen Stützpunkte heranschoben und sie erstickten.

Im Hinblick auf das nahe Jubiläum werden ein paar Rekonstruktionen vorgenommen. So klettern wir in den Befehlsbunker des General de Castries, dessen Gefangennahme durch eine schlichte Bronzeplatte dargestellt wird. Unser weiblicher Guide, die weder Englisch noch Französisch spricht und von Mr. Quang übersetzt wird, hat uns zu der französischen Position »Eliane« geführt, die bis zuletzt ausgehalten hatte. Es sind Arbeiten im Gange, um zu Erinnerungszwecken diesen Piton genauso wieder herzurichten, wie er vor dem vernichtenden Beschuß des Vietminh und der unterirdischen Sprengung ausgesehen hatte. Sehr eindrucksvoll waren diese Schanzarbeiten der Kolonialarmee offenbar nicht gewesen. Ein altertümlicher Sherman-Panzer, der in Einzelteilen eingeflogen und in Dien Bien Phu wieder montiert wurde, steht ziemlich sinnlos am Rande des Hügels. Stacheldraht und Minen bildeten den wirksamsten Schutz der Verteidiger.

Schließlich zeigt mir Mr. Quang einen kleinen Friedhof, wo eine Reihe von Gräbern sauber gepflegt, aber ohne Namensangabe den Gefallenen der Fremdenlegion gewidmet ist. Ein ehemaliger deutscher Unteroffizier dieser Truppe, die sich in Dien Bien Phu durch besondere Tapferkeit bewährte, hat nach seiner Entlassung und Rückkehr in Deutschland das Geld aufgebracht, um diese steinernen Kreuze und eine Gedenktafel zu stiften.

Bei der Besichtigung des Schlachtfeldes gerate ich in eine düstere Stimmung, ein Gemisch aus Bitterkeit und Wut. Wenn diese Männer doch nicht so sinnlos gestorben wären! In meinem Berufsleben bin ich von Krieg zu Krieg gereist, von Niederlage zu Niederlage, wurde zum Gefährten des Rückzugs. Ich habe stets versucht, in aller Ehrlichkeit darüber zu berichten. Der Zorn, der mich dabei immer wieder überkam, richtet sich nicht gegen die Tücke, die listigen Winkelzüge des meist unfaßbaren Gegners, sondern gegen die grenzenlose Torheit der Regierenden und ihre Flucht aus der Verantwortung, ob sie nun in Paris, in Washington, in Moskau, in London oder in Berlin saßen.

Jawohl, auch in Berlin, denn beim Blick über die weitgedehnte Mulde von Dien Bien Phu zwingt sich der Gedanke an die absurde, extrem gefährdete Situation auf, in die mehr als 2000 Soldaten der Bundeswehr bei ihrem ISAF-Einsatz in Afghanistan durch die Ignoranz und den Opportunismus ihrer Parlamentarier gebracht werden. Mit ihrer Stationierung in »Camp Warehouse« an der Straße nach Jalalabad ist das Gros der internationalen Kabul-Brigade in eine Schlucht eingezwängt, die keine realen Verteidigungschancen, ja nicht einmal eine Evakuierungsmöglichkeit bietet – von den Außenposten in Kundus oder Faisabad

ganz zu schweigen. Offenbar hat niemand daran gedacht, ein
»worst case scenario« zu entwerfen. Man tut so, als sei die NATO
am Hindukusch vor dem Aufbäumen des islamischen Widerstandes gegen die Präsenz bewaffneter Ungläubiger auf wunderbare
Weise gefeit.

*

Zum Abendessen finden wir uns unter einer hohen Bambuskon-
struktion in der Nähe des Hotels ein. Gleich nebenan wird in großen Lettern für einen Massagesalon geworben. Ich habe nicht
nachgeprüft, ob es sich dabei um ein harmloses Gesundheitsinstitut
handelt oder ob hier auch der in Thailand übliche »special service«
geboten wird. Am langen Nebentisch hat sich eine Gruppe von
etwa zwanzig lärmenden Vietnamesen niedergelassen, die mir gar
nicht behagen. Wir haben es bei diesen beleibten, vulgären Männern wohl mit einem Gemisch aus mehr oder weniger korrupten
Parteifunktionären und zwielichtigen Geschäftemachern zu tun.
Man munkelt, daß Dien Bien Phu eine Drehscheibe für Opium-
und Heroinhandel in Südostasien geblieben sei. Etwas später gesellen sich vier grellgeschminkte Vietnamesinnen hinzu, die sofort mit den Angehörigen dieser dubiosen Nomenklatura zu schä-
kern beginnen. Ob es die »Masseusen« von nebenan sind? An
einem anderen Ort – etwa in Saigon – hätten mich diese Nutznießer politischer Bestechlichkeit und zügellos wuchernder Marktwirtschaft nicht sonderlich schockiert. Aber an dieser Schädelstätte
einer heroischen Tragödie befällt mich der Ekel.

Auf dem Rückweg zum Hotel kommen wir noch einmal am Befehlsbunker des Generals Christian de Castries vorbei. Dort hatte
man im April 1954, als der Untergang sich abzeichnete, bis zuletzt
auf ein massives amerikanisches Eingreifen gehofft. Es reichte
nicht aus, daß französische Piloten die gut getarnten Artilleriestellungen Giaps mit Napalmbomben zu neutralisieren suchten.
In Washington fanden Ende Mai dramatische Verhandlungen
zwischen General Ely, dem damaligen Stabschef der französischen Streitkräfte, und seinem amerikanischen Counterpart, Admiral Arthur B. Radford, in Gegenwart von Präsident Eisenhower

und Staatssekretär John Foster Dulles statt. In Anbetracht der verzweifelten Lage schien Radford bereit, die B-29-Bomber der US Air Force zur Vernichtung der Vietminh-Konzentrationen rund um Dien Bien Phu einzusetzen und – falls das nicht ausreichte – sogar auf taktische Atomwaffen zurückzugreifen. Operation »Vautour«, Unternehmen Geier, so hatten die französischen Stäbe dieses Untergangsszenario benannt. Ministerpräsident Georges Bidault, der sich vom fortschrittlichen Christdemokraten der Résistance zum bornierten Reaktionär und Hasardeur gewandelt hatte, plädierte händeringend in Washington zugunsten dieses nuklearen Vabanquespiels.

Präsident Eisenhower soll einen Moment gezaudert haben. Aber Ike war ein nüchterner Stratege und hatte weniger als ein Jahr zuvor mit dem Chinesen Mao Zedong einen Waffenstillstand in Korea ausgehandelt, der bei seinen hohen Militärs tiefe Frustration hinterließ. Seit die US Army sich von den »human waves« der chinesischen Volksbefreiungsarmee beinahe fluchtartig von der Yalu-Grenze hatte zurückziehen müssen, wußte Eisenhower um die ungeheuren Risiken eines kriegerischen Engagements auf dem asiatischen Kontinent. Der damalige Oberkommandierende in Fernost, General Matthew Ridgway, der die »Freiwilligenarmee« Mao Zedongs in Korea mit äußerstem Kraftaufwand zum Stehen gebracht hatte, bestärkte seinen Präsidenten in dieser Zurückhaltung. John Foster Dulles informierte den französischen Botschafter in Washington, daß es keine Hoffnung für Dien Bien Phu mehr gab.

Mit geringer Verspätung fliegen wir am folgenden Tag nach Hanoi zurück. Ich werfe einen letzten Blick auf die verfluchte Mulde. Dann blättere ich in meinen Notizen aus dem Sommer 1954, als ich wieder einmal nach Indochina aufgebrochen war, um den letzten Akt der Tragödie zu beschreiben. So lauteten meine Eindrücke:

Journalisten aus aller Welt waren in Hanoi zusammengeströmt. Der Indochinakrieg war – im Gegensatz zum Koreafeldzug – von den internationalen Medien bisher recht stiefmütterlich behandelt worden. Sogar ein Teil der Pariser Presse schämte sich dieses verspäteten Kolonialunternehmens. Aber jetzt nahte die letzte Stunde, und die Geier sammelten sich. Als die rote Fahne mit dem gelben Stern schließlich auf dem französischen Befehlsbunker gehißt wurde, hatte die westliche Presse, sogar die französische Öffentlichkeit, mit einem schnöden Gefühl der Erleichterung reagiert. Die fatale nukleare Eskalation des »schmutzigen Krieges« war verhindert worden. Noch hielt die französische Armee das Delta des Roten Flusses, aber auch hier war ihre totale Niederlage nur eine Frage von Wochen. General Giap massierte seine Truppen zur Generaloffensive auf Hanoi.

Die meisten Fragen der Reporter kreisten um das Schicksal der mehr als 10 000 französischen Gefangenen von Dien Bien Phu, die in mörderischen Marschetappen durch Dschungel und Gebirge über Hunderte von Kilometern in die Internierungslager im Küstengebiet eskortiert wurden. Die US-Journalisten hatten in ihren Meldungen von einem »death march«, einem Todesmarsch, berichtet, was von der Zensur in »exhausting march«, erschöpfender Marsch, umgewandelt worden war. Die Franzosen wollten den Feind zum kritischen Zeitpunkt der Genfer Verhandlungen nicht verärgern. Die Reporter aus den USA tobten über diese Verniedlichung ihrer Berichterstattung. »Was heißt das schon, ›exhausting march‹? Für einen Amerikaner ist ein Spaziergang um drei Häuserblocks ein erschöpfender Marsch.« Ich sollte mich an diese Szene erinnern, als die US Army zehn Jahre später die Nachfolge der Franzosen in Indochina antrat.

Hanoi war zum befestigten Heerlager geworden. Die offiziellen Gebäude hatten sich in den Stacheldrahtverhau wie in einen Kokon eingesponnen. Über den breiten baumbestandenen Alleen und den gepflegten Villen lag Abschiedsstimmung. Die französischen Zivilisten packten ihre Koffer. Sie diskutierten die letzten Meldungen aus Genf. Dort saß der neue französische Ministerpräsident Pierre Mendès-France am Verhandlungstisch mit dem Chinesen Zhou Enlai und dem Vietminh-Bevollmächtigten Pham Van Dong, dem späteren Regierungschef des wiedervereinigten Vietnam. Die konservative französische

Rechte hatte dem linksliberalen, progressistischen Mendès-France den Weg freigegeben, als es galt, den bitteren Kelch der Niederlage zu leeren. PMF, wie er in der Abkürzung genannt wurde, war alles andere als ein Kapitulant. Er stritt mit Zähnen und Klauen um jede Klausel des Waffenstillstandsabkommens, um jeden Fußbreit indochinesischen Bodens. Er hatte ein Ultimatum für den Termin der Feuereinstellung gesetzt, sonst – so drohte er – werde er das Expeditionscorps massiv durch Wehrpflichtige verstärken. Sogar den alten Kolonialisten von Hanoi nötigte Mendès-France Respekt ab, denn sie wußten, wie verzweifelt er pokerte. Die französische Tonking-Armee stand vor dem Zusammenbruch.

Nachts röhrten die Artilleriesalven am Rande der Stadt. Von meiner Terrasse aus konnte ich die Mündungsfeuer am Horizont flackern sehen. Aus den Bars nebenan, aus dem »Régina« oder dem »Phénix«, klangen die zerhackten Noten eines chinesischen Tangos. Zum Lärm von Tanzmusik und Kanonen bereitete sich das französische Hanoi auf das Ende vor.

Der Zorn der Centurionen

HAI THON, IM JULI 1954

Unmittelbar nach Unterzeichnung des Genfer Abkommens begann der Gefangenenaustausch. Der Vietminh hatte einen Teil der Garnison von Dien Bien Phu in langen Märschen auf seine Hochburg in der Küstenprovinz Thanh Hoa dirigiert, wo die Franzosen in zehn Jahren Krieg nie hatten Fuß fassen können. Erst später sollten wir erfahren, daß von rund 10 000 Überlebenden der Garnison Dien Bien Phu nur etwa 3500 die grausamen Strapazen dieses »Todesmarsches« über 600 Kilometer, der in vierzig Tagen bewältigt werden mußte, überstanden hatten.

Die französische Marine hatte ihrerseits ein Landungsboot vom Typ LSM eingesetzt, um eine erste Hundertschaft gefangener

Vietminh zum Treffpunkt im Feindgebiet zu transportieren. Die »prisonniers« machten einen disziplinierten Eindruck. Den Befehl führte ein einarmiger Leutnant der Division 320. Bei diesem ersten Transport handelte es sich im wesentlichen um Kranke und Verwundete. Offizieller Wortführer der Gruppe war ein magerer junger Mann, der von seinen schweren Napalmverbrennungen erstaunlich gut genesen war. Er behauptete, einfacher Soldat zu sein. In Wirklichkeit war er wohl Politischer Kommissar. Er sprach in stockendem Französisch von seiner Gewißheit, daß die Herrschaft der Neokolonialisten und Monopolisten demnächst auch in Südvietnam zusammenbrechen werde. Präsident Ho Tschi Minh werde seinem Volk Frieden und Gerechtigkeit bringen. Jeder Gefangene sei auch in Zukunft zu den höchsten Opfern bereit. Durch besondere Originalität zeichnete sich der Vortrag dieses fanatisch blickenden Mannes nicht aus. Insgesamt herrschte unter den Vietminh auf dem Landungsboot eine eher sorgenvolle als begeisterte Stimmung. Sie fragten sich wohl, wie der Empfang durch die roten Behörden am folgenden Tag aussehen würde.

Im Morgengrauen erreichten wir die Mündung des Son-Ma-Flusses und liefen dreimal auf Sandbänke. Endlich näherte sich eine große Dschunke, von deren Mast die weiße Fahne mit dem roten Kreuz wehte. Drei Offiziere des Vietminh in grasgrüner Uniform hockten am Bordrand. Der Absprache zufolge sollten sie unbewaffnet sein, aber unter einer verrutschten Zeltplane waren ein paar Gewehre zu erkennen. »Ihre Vertrauensseligkeit ist geradezu rührend«, spottete der lange Korvettenkapitän, der auf französischer Seite den Gefangenenaustausch kommandierte. Dann stieg er in einen Kahn und wurde mit dem Stabsarzt an Land gerudert, während ein einheimischer Lotse unser Schiff bis zur flachen Ufernähe steuerte. Hinter dem Gestrüpp der Böschung duckte sich das armselige Fischerdorf Hai Thon. Am Horizont flimmerte die blaue Masse des Thanh-Hoa-Gebirges. Während die breite Bugöffnung des Landungsbootes schwerfällig auseinanderklappte, formierten sich die Gefangenen. Wir sprangen auf die Bambusflöße, die uns entgegenkamen, und wateten dann das letzte Stück bis zum Strand. Etwa dreißig Vietminh-Soldaten und

-Offiziere erwarteten uns. Sie trugen weder Rangabzeichen noch Orden. In einigem Abstand drängte sich die Zivilbevölkerung in braun-schwarzer Bauerntracht.

In der Empfangshütte aus Bambus stand ein gelbgedeckter Verhandlungstisch. An seinem Ende wie auf einem Ahnenaltar thronte das Bildnis Ho Tschi Minhs. Die Delegierten der Gegenseite stellten sich vor. Ihr Sprecher war ein asketischer Major. Der Ton der Verhandlung war kühl und korrekt. Man einigte sich darauf, daß zunächst die Vietminh-Gefangenen an Land gehen sollten und daß die Freilassung von hundert Franzosen anschließend erfolge. Als erster Heimkehrer ging der Leutnant der 320. Division auf den Major zu und meldete. Der Major umarmte ihn heftig und so linkisch, daß der Leutnant strauchelte. Das Empfangskomitee des Vietminh war sichtlich gerührt, als die Gefangenen auf Flößen nahten und auf ein Kommando ihres Politischen Kommissars wohleinstudierte Hochrufe auf Ho Tschi Minh, die Revolution und den Sieg ausbrachten. Jedes Vivat wurde von den örtlichen Fischern mit Klatschen belohnt. Die gefangenen Vietminh stellten sich jetzt sehr viel erschöpfter und kranker, als sie tatsächlich waren. Die Bauernfrauen schlossen sie in ihre Arme, stützten sie, fächelten ihnen mit den breiten Hüten frische Luft zu und streichelten ihnen das Gesicht. Im Nu rissen die Heimkehrer ihr französisches Drillichzeug vom Leib und tauschten es gegen Uniformen des Vietminh ein.

Wir konnten uns frei bewegen und plauderten ziemlich ungezwungen mit den Repräsentanten der Gegenseite. Sie waren an den Vorgängen in Europa interessiert und erstaunlich gut informiert. Das Gespräch endete jäh, als die Franzosen ihrer eigenen Gefangenen ansichtig wurden. Sie waren durch die Schlacht von Dien Bien Phu, durch den endlosen Marsch bis Thanh Hoa und die Tropenkrankheiten schrecklich gezeichnet. Viele lagen unter einem großen Schilfdach auf improvisierten Bahren. Die wenigsten waren gehfähig. Sie begrüßten die ankommenden Landsleute mit dankbaren, fiebrigen Augen. Nein, sie seien nicht mißhandelt worden. Aber der Fußmarsch durch den Dschungel sei mörderisch gewesen, und sehr viele seien gestorben. Sie hätten die gleiche Verpflegung wie die Soldaten des Vietminh erhalten, aber für einen Europäer sei das eben völlig unzureichend. Fast alle litten an Amöbenruhr und Malaria.

Die französischen Krankenschwestern, die sich sofort um die ausgemergelte Truppe bemühten, blickten nun mit Feindschaft und Haß auf das vietnamesische Pflegepersonal. Der Transport zum Ufer begann in gedrückter Stimmung. Bevor sie an Bord des Landungsbootes gingen, wollten die französischen Heimkehrer, wie sie es ihren Feinden wohl abgesehen hatten, auf ihre Art Patriotismus und Zuversicht bekunden. Aber sie hatten nie Sprechchöre einstudiert. »Hip, hip, hurra!« schrie eine Gruppe wie im Fußballstadion, und ein humpelnder Beinverletzter rief »Vive la France!«, als sei er de Gaulle.

Die Heimfahrt nach Haiphong war mühselig. Ein kräftiger Wind war über dem Golf von Tonking aufgekommen, und das flache Landungsboot wurde von den Wellen gebeutelt. Die Überlebenden von Dien Bien Phu erzählten von der Schlacht, dem Versagen der Führung, der schrecklichen Überraschung, als plötzlich Artilleriefeuer auf ihre unzureichenden Stellungen trommelte. Ein Thai-Bataillon war sofort übergelaufen. Die übrigen farbigen Truppen der »Union Française« hatten sich passiv verhalten und Deckung gesucht. Wirklich gekämpft bis zum letzten Erdloch und bis aufs Messer hatten lediglich die französischen Fallschirmjäger und die Fremdenlegionäre. Die Paras sprachen voll Verachtung von den Offizieren anderer Einheiten, die sich nicht um ihre Männer gekümmert hatten. Die Fremdenlegionäre jedoch seien zum Sterben angetreten wie in einer mythischen Schlacht.

Zwei erschöpfte französische Leutnants hielten sich abseits. Sie waren bereits Ende 1950 bei der Räumung von Cao Bang in Vietminh-Gefangenschaft geraten. Jahrelang hatten ihnen die kommunistischen Kommissare zugesetzt – kein Tag verging ohne mehrstündige politische Schulung und Umerziehung. Um zu überleben, aber auch aus einer gewissen intellektuellen Neugier heraus, hatten die Insassen des französischen Offizierslagers – im Gegensatz zu den rauhen Unteroffizieren, die sich gegen die roten Propagandisten taub stellten – das Spiel mitgemacht und teilweise sogar ihre Bekehrung zum Marxismus und Antikolonialismus vorgetäuscht. Die Lebensbedingungen in diesen Gefangenencamps des Hochlandes waren fürchterlich genug, aber am unterträglichsten sei auf die Dauer die pedantische Rechthaberei, die ideologische Arroganz, die schulmeisterliche Besserwisserei dieser gelben Prediger der Weltrevolution gewesen.

»Wir fühlten uns nach einem Jahr wie Meerschweinchen, mit denen man ideologische Mutationsversuche anstellt. Das war schlimmer und erniedrigender als Hunger und Krankheit«, sagte der eine Leutnant. »Aber eines haben wir gelernt«, meinte sein Gefährte, »nämlich, daß wir einen törichten, völlig unzeitgemäßen Feldzug geführt haben. Hier in Asien und morgen wohl in Afrika werden wir mit dem ›revolutionären Krieg‹ konfrontiert, und nur, wenn wir den Farbigen mit den gleichen Propagandamethoden, mit einer ähnlich brutalen Indoktrinierung begegnen, wie sie uns der Vietminh beigebracht hat, können wir uns in Übersee behaupten. Wer weiß, ob wir die Franzosen im Mutterland nicht ähnlich umerziehen müssen, damit sie wieder lernen, was Vaterlandsliebe, Loyalität und Sinn für Disziplin heißt«, fuhr er fort. »Die Politiker und die Parteien der Vierten Republik haben uns schändlich verraten und im Stich gelassen, aber wir werden ihnen notfalls beibringen, was revolutionäre Erneuerung ist.« Der zweite Leutnant hatte heiser und fast flüsternd gesprochen. Jetzt wurde er von einem Hustenanfall geschüttelt, und das frische Tuch, das ihm die Krankenschwester reichte, färbte sich mit Blut. Der Seegang war so heftig geworden, daß den Insassen des Bootes – mit Ausnahme der Matrosen – übel wurde. Bald klammerten wir uns alle an die Reling, ließen uns den schwülen Sturm ins Gesicht blasen und erbrachen uns in die tintenschwarze Nacht.

Der Elefant und die Ameisen

SAIGON, IM FEBRUAR 2004

Schon im Sommer 1976, ein Jahr nach der Wiedervereinigung Vietnams, wollte mir der Name Ho-Tschi-Minh-Stadt nicht über die Lippen kommen. Damals hatte ich eine Fernsehdokumentation verfaßt über den »Bitteren Sieg«, den die Kommunisten Hanois im Vorjahr errungen hatten. Die Einwohner von Saigon – nicht nur das Bürgertum und die Offiziere der proamerikanischen Nationalarmee – sahen sich Peinigungen, Enteignungen, Zwangsverschickungen in unfruchtbare Wildnis, ja der Einweisung in Konzentrationslager durch ihre siegreichen Landsleute aus dem Norden ausgeliefert. Sie verfluchten insgeheim den »guten Onkel Ho«, die Eroberungsarmee der »Bo Doi«, der barfüßigen Partisanen, die – von Vo Nguyen Giap einst zu einer ideologisch motivierten, in endlosen Kämpfen gestählten Elitetruppe zusammengeschweißt – sich nunmehr unter der Fuchtel der »Can Bo«, der Politischen Kommissare, als Instrument kleinlicher Rachsucht und bornierter gesellschaftlicher Nivellierung mißbrauchen ließen.

Heute, im Februar 2004, erscheint die Umbenennung Saigons zu Ehren des großen ziegenbärtigen Revolutionärs aus ganz anderen Gründen vollends absurd. Mit einiger Verspätung ist die Demokratische Volksrepublik Vietnam in den Sog des Aufschwungs, des wachsenden Wohlstandes und der Öffnung nach außen geraten, die den sogenannten »Tiger-Staaten« der ostasiatischen Peripherie – Südkorea, Taiwan, Singapur, Malaysia – zu weltweiter Bewunderung verholfen hatte. Nachdem auch die gewaltige Volksrepublik China dank der vier Modernisierungen Deng Xiaopings einen fulminanten Aufstieg vollbrachte, konnten sich die roten Apparatschiks von Hanoi den Ratschlägen und dem Realismus ihrer eigenen Technokraten nicht länger verschließen.

Bei meinem letzten Aufenthalt in Vietnam vor einer Dekade waren mir die ersten positiven Wandlungen aufgefallen, aber seitdem haben sie mächtig an Elan gewonnen. Dem alten kolonialen Stadtkern von Saigon, »la Perle de l'Extrême-Orient«, mit seiner eleganten Rue Catinat, der hochragenden Kathedrale in rotem Ziegelstein, dem farbenprächtigen Blumenmarkt und der idyllischen »Pointe des Blagueurs« am Ufer des Saigon-Flusses ist die forcierte Modernisierung allerdings nicht gut bekommen. Die geschäftige Millionenmetropole Cochinchinas war schon während des US-Krieges durch häßliche Zweckbauten verunstaltet, die Rue Catinat zum Rotlichtviertel umfunktioniert worden. Die Skyline von Ho-Tschi-Minh-Stadt wird heute mehr und mehr von modernen, eleganten Hochhäusern beherrscht, die zwar noch nicht mit Singapur oder Hongkong rivalisieren können, aber einen angemessenen Dekor abgeben für das pulsierende Leben, die neu entfesselte Dynamik, die sich gegen alle Verzögerungsmanöver der marxistischen Doktrinäre durchgesetzt hat.

Saigon ist eine gepflegte und erstaunlich saubere Stadt geworden, so stelle ich fest, während ich von der elegant möblierten Dachterrasse des Hotel Majestic den Blick schweifen lasse. Die Motorräder haben inzwischen die Velozipede verdrängt in Erwartung der Blechkolonnen von Privatautos, deren Überhandnehmen wohl nur eine Frage der Zeit ist. Die Kommunisten haben, soweit ich sehen kann, keine gigantischen Siegesmonumente errichtet.

Philippe de Noirac, mit dem ich mich auf der Terrasse des Majestic verabredet habe, entschuldigt sich für seine leichte Verspätung. »Sollen wir in Erinnerung an vergangene Zeiten einen Pastis oder einen Cognac Soda statt des üblichen Whisky bestellen?« fragt er. Wir entscheiden uns für das milchige Anisgetränk. Ich hatte mich bei dem etwa vierzigjährigen Franzosen durch seine Verwandten in Paris anmelden lassen. Seinen Vater hatte ich 1968 unter denkwürdigen Umständen kennengelernt. Die Familie de Noirac besaß damals noch eine ausgedehnte Kautschukplantage in der Provinz Loc Ninh unmittelbar an der kambodschanischen Grenze. Es wimmelte von Vietcong in dieser Gegend, und es gehörte ein abenteuerlicher Geist dazu, die Stellung zu halten. Denis de Noirac, der Vater Philippes, bei dem ich zwei Tage verbrachte, ähnelte auf seltsame Weise jenem skurrilen französischen Außenseiter, den der Regisseur Francis Coppola in seinem Film »Apocalypse Now« in der ursprünglichen langen Fassung auftreten läßt. In den üblichen Kinovorführungen ist diese Passage herausgeschnitten worden. Der alte Baron de Noirac, ganz im Stil »vieille France«, hatte mitten im Partisanenkrieg einen feudalen Lebensstil aufrechterhalten. In seiner prächtigen Kolonialvilla, wo die natürliche Durchlüftung durch keine Klimaanlage ersetzt war, begab sich die Familie an den Abendtisch, als tafelte sie in einem Schloß der Sologne. Die vietnamesische Dienerschaft servierte devot Champagner, und man aß mit silbernem Besteck. Die Hausherrin achtete auf gute Manieren und die korrekte Kleidung ihrer beiden Töchter, von denen die eine wie eine Klosternovizin wirkte, während die andere in tropischer Sinnlichkeit erblüht war.

Philippe ist von einem ganz anderen Schlag als sein Vater. »Ich kümmere mich in Saigon ganz prosaisch um den Verkauf französischer Automobile«, sagt er lächelnd, »und versuche, mich gegen die japanische, südkoreanische und auch deutsche Konkurrenz zu behaupten. Dabei kommt mir zugute – da in Saigon und Hanoi die französische Sprache durch das Englische definitiv abgelöst wurde –, daß ich an einer amerikanischen Business School studiert habe.« Von der Höhe des Majestic schauen wir auf die gelben Wasser des Saigon-Flusses, auf die dort ankernden Schiffe, darunter ein verrosteter nordkoreanischer Frachter. Auf dem Gegenufer dehnt sich bis zum Horizont das Mangrovendickicht der Rungsat-Sümpfe. Das schmutzige Grün erstarrt bei sinkender Sonne in bedrohlichem Schwarz. Der Rungsat hatte den Anhängern Ho Tschi Minhs erst gegen die Franzosen, dann gegen die Amerikaner als Sanctuarium gedient. Sie verhielten sich dort überwiegend defensiv und begnügten sich damit, ihre Agenten und Kommissare in das Gewirr von Bretterbuden und Wohndschunken einzuschleusen, das den stinkenden, von Ratten wimmelnden Nebenarm des Saigon-Flusses säumte. In diesen Elendsvierteln, die neuerdings gelichtet und notdürftig saniert werden, bewegten sich die roten Partisanen damals wie der vielzitierte »Fisch im Wasser«.

Für den Algerienkrieg war Philippe zu jung gewesen, aber an der Elfenbeinküste und im Tschad hatte er als Leutnant der Marineinfanterie militärische Erfahrungen gesammelt, ehe er sich auf die triviale, aber einträchtige Autobranche verlegte. »Zu dieser Stunde«, so wärme ich wieder einmal die Vergangenheit auf, »stiegen einst die ersten Leuchtraketen der Franzosen, dann der Amerikaner in den Abendhimmel. Das Feuerwerk setzte sich sporadisch die ganze Nacht fort. Ganz selten wurden ohne große Wirkung ein paar Granaten aus dem Mangrovendickicht auf das alte, koloniale Stadtzentrum abgefeuert.«

Unvermeidlich wendet sich unser Gespräch dem aktuellen »Krieg gegen den Terror« sowie der Operation »Iraqi Freedom« zu, deren umstrittene Analogie mit dem früheren Vietnam-Engagement der Amerikaner zu untersuchen ich ja nach Saigon zurückgekehrt bin. In militärischen Fachkreisen wird neuerdings wieder die Debatte geführt über zwei unvermeidliche und offenbar unvereinbare Methoden der Partisanenbekämpfung. Die eine heißt »search and destroy« – zu deutsch »aufpirschen und vernichten« –, die andere »clear and hold« – »säubern und festhalten«. Ich verweise Philippe auf eine kürzlich erschienene Veröffentlichung des britischen Generals Sir Mike Rose, ehemaliger Kommandeur des »Special Air Service«, der bei seiner harschen Manöverkritik an der Kriegführung im Irak den Amerikanern vorwirft, sich auf eine Besatzungsoption festgelegt zu haben, ohne die dafür unentbehrliche Truppenstärke einzusetzen.

Aber sollte der US Congress etwa wieder die Wehrpflicht einführen? Sollte das Pentagon wieder versuchen, mit einer halben Million GIs und einer gewaltigen Masse von Material eine extrem flexible Guerilla zu ersticken? »Elefanten können keine Ameisen zertrampeln«, hatte man schon zu Beginn der US-Intervention im Jahr 1966 bei den »Green Berets« im Grenzraum von Laos gespottet, als Präsident Johnson durch pausenlose Bombenteppiche seiner B-52 den Nachschub der Nordvietnamesen über den Ho-Tschi-Minh-Pfad zu blockieren suchte. Die »Green Berets« verfügten übrigens in Indochina über eine weit höhere Professionalität als die US Special Forces, die heute an Euphrat und Tigris operieren. Das Dilemma erweist sich offenbar als unlösbar angesichts der sich mehrenden Regionalkonflikte spätkolonialen Typs, auf die sich die westliche Allianz und auch die russische Föderation rund um den Erdball eingelassen haben.

Die Franzosen hatten diese bittere Erfahrung schon lange vor den Amerikanern gemacht. Völlig unzureichend ausgerüstet, waren sie an der Untauglichkeit der überlieferten Pazifizierungsmechanismen verzweifelt. Als ich 1951 im südlichen Cochinchina die Asphaltstraße nach My Tho und Can Tho befuhr, war die Strecke von hölzernen Wachtürmen gesäumt, ein Anblick, der an römische Heerlager erinnerte. Diese Posten, die sich in Sichtweite ablösten, um untereinander signalisieren zu können, gingen angeblich auf eine Erfindung des Generals Galliéni zurück, der im neunzehnten Jahrhundert mit seiner »Ölfleck«-Strategie die Insel Madagaskar unterworfen hatte.

Die unzeitgemäßen Befestigungen waren durch messerscharfe Bambusverhaue abgeschirmt. Da diese Art von Sicherung zu viele Truppen immobilisierte, war das französische Oberkommando dazu übergegangen, die eigenen Soldaten durch vietnamesische »Hilfswillige«, durch antikommunistische Freiwillige, zu ersetzen. Sehr vertrauenerweckend wirkten die neuen Verbündeten nicht. Sie trugen die schwarze Tracht der Reisbauern. Bei Nacht vor allem wurden die Nerven der französischen Unteroffiziere und Gefreiten, die diese Beutepartisanen befehligten, auf eine harte Probe gestellt. Dann begann es nämlich in den Reisfeldern zu rascheln, zu kriechen und zu ballern. Lautsprecher brüllten plötzlich kommunistische und nationalistische Kampflieder oder Parolen aus der Finsternis und brachten die Ochsenfrösche zum Schweigen.

Dennoch befanden sich die Südprovinzen Vietnams und das fruchtbare Mekong-Delta relativ fest in französischer Hand. Als unzugängliche Refugien der kommunistischen Partisanen bewährten sich vor allem die »Ebene der Schilfrohre – Plaine des Joncs«, die von den Amerikanern später zur »free fire zone« deklariert wurde, so wie jene äußerste Halbinsel Camau, wo der Marineleutnant John F. Kerry sich an Bord eines »Swift Boat« auszeichnen sollte.

In langwierigen Verhandlungen war es den Offizieren des Deuxième Bureau schließlich gelungen, ein Bündnis mit den in Cochinchina stark vertretenen Sekten der Caodaisten und Hoa Hao zu schließen. Diese bizarren Religionsgemeinschaften besaßen ansehnliche Privatarmeen. Einst hatten sie mit den japanischen Eroberern paktiert. Nach 1946 hatte das »Commando Ponchardier« den Caodai-Partisanen, die unter Anleitung von Überlebenden der gefürchteten japanischen Feldgendarmerie, der Kempetai, operierten, noch in der Umgebung von Tay Ninh nachgestellt. Doch schon im folgenden Jahr hatte die zunehmende Aktivität des kommunistischen Vietminh einen Frontwechsel bewirkt. Diese Sektenkrieger bekämpften die Gefolgsleute Ho Tschi Minhs mit den gleichen Methoden. Sie waren durch ihre religiöse Einbindung ja ähnlich motiviert wie die Kommunisten. Vor allem die Hoa Hao, eine bizarre, kriegerische Form des Buddhismus, bewährte sich bei dieser »counterinsurgency«.

Im Umkreis von Saigon-Cholon hatten sich die Franzosen in eine zutiefst unmoralische Kooperation mit einer Bande von Flußpiraten, den Binh Xuyen, eingelassen. Diesen Halsabschneidern wurde nicht nur die Polizeigewalt über Saigon übertragen, sondern auch die Verfügung über die kolossalen Profite der Spielhöllen des »Grand Monde« im nahen Cholon. Die Binh Xuyen waren bei der Bevölkerung verhaßt. Sie waren von abscheulicher Effizienz, und über ihre Verhörmethoden gingen grauenhafte Gerüchte um.

Nach dem Debakel von Dien Bien Phu bestand im Pentagon, wo die zuständigen Stäbe nolens volens die Pläne für eine eigene Militärintervention in Vietnam zu entwerfen begannen, verständlicherweise wenig Neigung, aus den Erfahrungen der französischen Verbündeten zu lernen. Das Projekt des Generals Navarre, die Entscheidung gegen Vo Nguyen Giap in einer isolierten Dschungelfestung zu suchen, wurde gelegentlich mit der Torheit des gallischen Heerführers Vercingetorix verglichen, der die vereinten keltischen Stammeskrieger im Bollwerk von Alesia zusammenzog und somit dem vernichtenden Zugriff der Legionen Julius Cäsars auslieferte.

Vor einiger Zeit hatte ich aus der »International Herald Tribune« einen Artikel ausgeschnitten, der auch Philippe de Noirac nicht entgangen war. Demnach hatte die amerikanische »Defense Intelligence Agency« nach der Versteifung des irakischen Widerstandes im Sunnitischen Dreieck ihr Augenmerk auf den französischen Algerienkrieg gerichtet, der zwischen 1954 und 1962 gewisse Parallelen zur eigenen Insurgenten-Bekämpfung in Mesopotamien aufzuweisen schien. Ausgesuchten Gruppen von Offizieren wurde im Pentagon der wirklichkeitsnahe Film »La Bataille d'Alger« des italienischen Regisseurs Pontecorvo zu Studienzwecken vorgeführt. Seinerzeit war es der Vierten, dann der Fünften Republik tatsächlich gelungen, durch Einsatz von einer halben Million Wehrpflichtigen die nordafrikanischen Départements weitgehend unter Kontrolle zu bringen und die »Fellaghas« der Algerischen Befreiungsfront in ein paar Réduits der Kabylei und des Aurès-Gebirges abzudrängen. Vor allem hatten es die »Paras«, die Fallschirmjäger des General Massu, geschafft, den zentralen Schwerpunkt des arabischen Widerstandes, die Kasbah von Algier, mitsamt den dort versteckten Bombenateliers durch extrem robuste Methoden lahmzulegen.

1960, so konnte die Armeeführung stolz nach Paris melden, schien dem maghrebinischen Aufstand das Rückgrat gebrochen zu sein, ja man konnte von einer fortschreitenden Pazifizierung reden. Doch Charles de Gaulle, der zu jener Zeit im Élysée-Palast herrschte, wußte um die Prekarität der dortigen Situation. Es bestand ja kein glaubwürdiges politisches »Dessin«, um die historisch und kulturell bedingte Gegensätzlichkeit zwischen den beiden Ufern des Mittelmeers zu überbrücken. Das Schlagwort »Algérie française« klang von Anfang an verlogen.

Ich hatte die Nordafrika-Campagne von ihrem Beginn am Allerheiligentag 1954 bis zum bitteren Ende im Sommer 1962 regelmäßig inspiziert. Aufgrund meiner Erfahrungen und Studien im arabisch-islamischen Raum stand ich dem Unternehmen von Anfang an kritisch und ablehnend gegenüber. Bei näherem Zusehen erweist sich übrigens jeder Vergleich zwischen Algier und Bagdad als trügerisch, es sei denn, man hebe in beiden Fällen die Aussichtslosigkeit der jeweiligen Besatzungsmacht hervor, die eigenen politischen Vorstellungen auf eine zutiefst muslimisch geprägte Fremdgesellschaft zu übertragen.

Wir wechseln das Thema, und ich fordere Philippe auf, über die wirtschaftliche Situation Vietnams zu berichten, die er täglich aus der Nähe bewerten kann. »Es ist noch viel zu früh, von einem Wirtschaftswunder oder ›Dong-Moi‹ zu sprechen«, meint Noirac, »aber die Fortschritte sind überaus eindrucksvoll nach einer langen Phase steriler sozialistischer Stagnation. Wer hätte sich vorstellen können, daß dieses Land, dessen übervölkerte Nordprovinzen früher von Hungersnöten heimgesucht wurden, nunmehr als erfolgreicher Reisexporteur auftreten kann?« Zu den großen Einnahmequellen des Landes gesellt sich schon heute der blühende Tourismus. Vietnam hat nicht nur landschaftliche Schönheit und herrliche Strände zu bieten, sondern auch eine garantierte Sicherheit. Hinter vorgehaltener Hand hat mir ein hoher Beamter in Hanoi lächelnd versichert: »Bei uns haben die Feriengäste ja nichts zu befürchten. Bei uns gibt es keine Muslime.«

Im wiedervereinigten Vietnam hat die Kommunistische Partei ihr Machtmonopol strikt aufrechterhalten. An der Spitze dieser »Partei der Arbeit« oder Lao Dong übt ein selbstbewußtes Triumvirat die Regierungsgewalt aus. Dessen Mitglieder haben jedem Personenkult abgeschworen. Den führenden Politikern der Einheitspartei, darunter Generalsekretär Nong Duc Manh als »primus inter pares«, Regierungschef Phan Van Khai und Parlamentspräsident Nguyen Van An, fehlen natürlich das Prestige und das Charisma der Revolutionshelden der ersten Stunde wie Pham Van Dong, Vo Nguyen Giap oder Le Duc Tho. Über ihre wahre Persönlichkeit ist wenig bekannt, und dem Gerücht, er sei ein natürlicher Sohn Ho Tschi Minhs, begegnet Generalsekretär Nong Duc Manh mit der entwaffnenden Antwort: »Wir sind alle Söhne Ho Tschi Minhs.«

Die politischen Opponenten, die mit Verhaftung rechnen müssen, die aufmüpfigen Journalisten, denen der Mund verboten wird, die Unternehmer, die sich immer noch mit einer schwerfälligen Bürokratie plagen und allzuoft auch mit der Korruption der Behörden, werden natürlich der Behauptung Philippes, man habe es in der höchsten Führungsspitze Hanois mit »aufgeklärten Despoten« zu tun, vehement widersprechen.

»Sie werden nur wenige Vietnamesen treffen«, erklärt er, »die sich nach der integralen Übernahme des amerikanischen Modells sehnen. Eine Vielfalt von Parteien würde lediglich – wie neuerdings in Südkorea oder Taiwan festzustellen ist – die Bestechlichkeit der Behörden multiplizieren.« Die vielgerühmte Globalisierung, die schrankenlose Auslieferung der Region an ausländisches Kapital könnten so destruktive und ausbeuterische Formen annehmen, wie anläßlich der großen südostasiatischen Wirtschafts- und Finanzkrise der neunziger Jahre. Damals hatte es nur der Ministerpräsident von Malaysia, Mohammed Mahathir, gewagt, gegen den wütenden Protest der Megakonzerne und des Internationalen Währungsfonds für seinen boomenden Staat einen strikten Protektionismus zu verordnen. Während das Indonesien des Generals Suharto und die umliegenden Staaten sich in freiem Fall nach unten bewegten und den Umtrieben hemmungsloser Spekulanten ausgeliefert waren, verharrte Kuala Lumpur in eindrucksvoller Stabilität.

Wir beenden unseren sprunghaften Diskurs und verabschieden uns. Für die Rückfahrt zu meiner Bleibe im Sofitel winke ich eine Fahrradriksha heran. An der Kathedrale biegen wir rechts ab, und ich erkenne auf der Gegenseite den umfangreichen Gebäudekomplex, in dem früher die amerikanische Botschaft amtierte und heute das US-Generalkonsulat untergebracht ist. Der Compound wird durch Betonmauern und Wachpersonal von allen Seiten geschützt. Philippe hatte nebenbei erwähnt, daß im Mekong-Delta intensiv und mit guten Aussichten nach Petroleum gebohrt wird. Wer dächte da nicht an die Fernsehbilder von den letzten US-Beamten, die sich in beschämender Flucht vom Dach ihrer Botschaft mit dem Hubschrauber evakuieren ließen, während die T-54-Panzer der siegreichen Nordarmee die Gitter des Doc-Lap-Palastes zertrümmerten? Ihre diversen Unterlagen und Dokumente hatten die Amerikaner in wüster Unordnung liegenlassen, sogar die Listen ihrer einheimischen, vietnamesischen Kollaborateure und CIA-Zuträger. Aber die damals schon vorliegenden Forschungsergebnisse über Erdölvorkommen in Cochinchina hatten sie rechtzeitig und umsichtig in Sicherheit gebracht.

Irgendwie erinnert der Vorfall an die Okkupation Bagdads durch die US Army des Generals Tommy Franks im März 2003. Sämtliche Ministerialarchive und sogar die Schätze des irakischen Nationalmuseums waren schutzlos der Plünderung und sinnlosen Vernichtung durch den rasenden Mob ausgeliefert worden. Einzig und allein das Erdölministerium wurde von der ersten Minute an durch massives Panzeraufgebot vor jedem räuberischen Zugriff geschützt.

»The unquiet Americans«

Saigon, im Februar 2004

Zu früher Stunde haben wir die Kamera vor dem Rathaus von Saigon für einen »Aufsager« aufgebaut. Das weiße, verschnörkelte Gebäude würde jeder Präfektur eines französischen Mutterlands-Département zur Ehre gereichen. Vor der »Mairie« thront ein gütig lächelnder Ho Tschi Minh in Bronze. Neben ihm steht ein Knabe, der voll Liebe und Ehrfurcht zum Gründer der Nation aufsieht. Dieser Platz im Herzen von Ho-Tschi-Minh-Stadt ist symbolträchtig. Hier hatte schon die französische Kolonialmacht ihre Feiern zu Ehren der »République une et indivisible« inszeniert. An der Kreuzung der breiten Avenue, die zum Großen Markt führt, ragte ein Bürogebäude, das heute dem Hotel »Rex« angegliedert ist. Dort war einst der »Press and Information Service« der US-Streitkräfte untergebracht. Im großen Briefing-Saal des Erdgeschosses verkündete jeden Abend der diensthabende Offizier einer halben Hundertschaft gelangweilter Journalisten die maßlos übertriebene Zahl angeblich getöteter Vietcong. »Body count«, so hieß ganz offiziell diese abscheuliche Jagdstrecke, und jeder wußte, daß es sich bei den aufgezählten Leichen mehrheitlich um wehrlose Reisbauern handelte.

245

Zu dem Zeitpunkt, da in Bagdad das Pentagon, dann das State Department und die CIA krampfhaft bemüht sind, eine halbwegs glaubwürdige irakische Interimsregierung aufzustellen, liegt der Vergleich mit ähnlichen Bemühungen nahe, die nach dem Ausscheiden der Franzosen aus der aktiven Politikgestaltung Südvietnams den Repräsentanten Washingtons zufielen. Schon am 1. Juni 1954 war der amerikanische Luftwaffenoberst Edward G. Lansdale im Auftrage der Brüder Dulles – der eine war Außenminister, der andere CIA-Chef – mit seinem Mitarbeiterstab in Saigon eingetroffen, um ein neues, proamerikanisches Regime aus der Taufe zu heben und den letzten Einfluß Frankreichs auszuschalten, dessen koloniale Nostalgie als lästig und schädlich empfunden wurde. Lansdale genoß in jenen Tagen die Hochachtung seiner Vorgesetzten, weil es ihm gelungen war, den kommunistischen Aufstand der »Hukbalahap« auf der Philippinen-Insel Luzon niederzukämpfen.

Die Vierte Republik hatte es versäumt, taugliche und angesehene vietnamesische Politiker aufzuspüren, die den Marxisten von Hanoi das Wasser hätten reichen können. Die Nominierung des Kaisers Bao Dai zum Staatschef durch General de Lattre de Tassigny war ebenso erfolglos wie der Versuch der Kolonialverwaltung, in Conchinchina einen separatistischen Teilstaat von Frankreichs Gnaden auszurufen. Immerhin hatte de Lattre mit dem Aufbau einer vietnamesischen Nationalarmee begonnen. Man nannte das damals »le jaunissement«, die Gelbfärbung des multikulturellen Expeditionscorps in Fernost.

Colonel Lansdale hatte von Anfang an seinen eigenen Kandidaten für das höchste Staatsamt der antikommunistischen Republik Südvietnam parat in der Person des katholischen Mandarins Ngo Dinh Diem. Nachträglich ist diese Entscheidung, die in letzter Instanz von Präsident Eisenhower abgesegnet wurde, heftig kritisiert worden. Dabei tat sich mein Freund David Halberstam mit seinem Vietnambuch »The making of a quagmire« hervor. Gemessen jedoch an den Präferenzen der amerikanischen Statthalter im heutigen Irak, war die Personalpolitik Washingtons in Saigon recht honorig gewesen. Der verschlossene Aristokrat Ngo Dinh Diem war ein Ehrenmann, ja eine Lichtgestalt, verglichen mit den dubiosen Figuren, die das Pentagon dem »Governing Council« von Bagdad, dann der dortigen Übergangsregierung in den Personen Ahmed Chalabis oder Ayad Allawis aufzwang.

*

Der Chronist muß sich hüten, nicht seinerseits dem Vietnamsyndrom zu erliegen. Die immer wieder aufflackernden Reibungen zwischen Washington und Paris lassen sich ganz bestimmt nicht auf jenen Sommer 1954 zurückführen, als Frankreich seine letzten Positionen in Indochina an den mächtigen transatlantischen Verbündeten abtreten mußte. Das Zerwürfnis reicht viel weiter zurück. Schon während des Zweiten Weltkrieges hatte Franklin D. Roosevelt aus seiner tiefen Abneigung gegen de Gaulle kein Geheimnis gemacht und ihn an der Spitze der provisorischen Regierung von Algier durch General Giraud zu ersetzen gesucht. Bei den Gaullisten der »France Libre« bleibt auch unvergessen, daß in gewissen Planungen für das befreite Frankreich eine Art Militärregierung vorgesehen war und daß die Franc-Währung durch Besatzungsgeld ersetzt werden sollte. Der unbeschreibliche Jubel, der de Gaulle schon bei seinem ersten Auftritt im normannischen Bayeux, dann vor allem auf den Champs-Élysées in Paris entgegenbrandete, hat all diese Bevormundungsabsichten der Roosevelt-Administration über den Haufen geworfen.

Nach der Abdankung des Generals im Januar 1946 hatten sich die ständig wechselnden Regierungen der Vierten Republik wohl oder übel an Amerika geklammert. Der Marshallplan erlaubte dem ausgelaugten Frankreich einen unverhofften wirtschaftlichen Aufschwung. Der Ausbruch des Ost-West-Konfliktes regte Präsident Truman zur Schaffung der Nordatlantischen Allianz an, und die erste Berlinkrise, vor allem der Koreakrieg machten die Unentbehrlichkeit des amerikanischen Schutzes überdeutlich. Nach Abschluß des Genfer Indochina-Waffenstillstandes im Sommer 1954 wurde die seit Lafayette gefeierte Solidarität jedoch arg strapaziert, zumal in Paris die Vorstellung um sich griff, den Vietnamesen sei am besten mit der Neutralisierung ihrer beiden unabhängigen Staatshälften gedient. US-Außenminister John Foster

Dulles vertrat die Ansicht, daß jede Verweigerung, im Kalten Krieg Partei zu ergreifen, zutiefst unmoralisch sei. Das Postulat, das George W. Bush im Hinblick auf »Iraqi Freedom« formulierte: »Wer nicht mit uns ist, ist gegen uns«, klingt also nicht ganz neu.

Nur zwei Jahre nach der Demütigung Frankreichs in Fernost kam es zum spektakulären Eklat zwischen Washington auf der einen, Paris und London auf der anderen Seite. Als die beiden Entente-Mächte in sträflicher Verkennung des eigenen Potentials und der realen Verhältnisse im arabischen Orient zur Suez-Offensive gegen den ägyptischen »Rais« Gamal Abdel Nasser ausholten, richteten die Antagonisten des Kalten Krieges, der US-Präsident Eisenhower und der Generalsekretär der KPdSU, Nikita Chruschtschow, die ultimative Forderung an die Regierungen Großbritanniens und Frankreichs, ihr militärisches Abenteuer am Kanal unverzüglich abzubrechen. Von nun an trat eine fundamentale Divergenz im Verhältnis der Entente-Partner zu Amerika ein.

Während England unter Verzicht auf eine eigene Rolle im Nahen und Mittleren Osten seine Diplomatie und Strategie einseitig auf die Leitfunktion der USA ausrichtete, verkapselte sich Frankreich in einer eigenbrötlerischen Sonderstellung, soweit die schwächliche Vierte Republik dazu überhaupt in der Lage war. In jenen Jahren wurde von dem sozialistischen Regierungschef Guy Mollet in aller Heimlichkeit der Bau einer französischen Atomwaffe in die Wege geleitet.

Charles de Gaulle, der unter dem Druck der putschenden Algerien-Armee im Mai 1958 die Macht in Paris übernahm, vollendete die nukleare Aufrüstung seiner neu ausgerufenen Fünften Republik gegen heftigen amerikanischen Widerstand. Nachdem er die Abspaltung Algeriens von der »Métropole« gegen den Aufruhr der eigenen hohen Militärs durchgesetzt hatte, ging er vollends auf Konfrontationskurs. Er ließ die US-Basen in Frankreich schließen, verwies die Stäbe der Atlantischen Allianz aus Fontainebleau nach Belgien und verwarf die Organisation des Bündnisses, die NATO, als unerträgliche Minderung der eigenen Souveränität. Was übrigens keineswegs ausschloß, daß dieser eigensinnige Mann sich in dramatischen Konfliktsituationen als überaus zuverlässiger Partner erwies. Auf dem Höhepunkt der Kubakrise erklärte er dem Sonderbeauftragten Dean Acheson, den John F. Kennedy nach Paris geschickt hatte, ausnahmsweise auf englisch: »If there is a war we shall be with you – Wenn es zum Krieg kommt, werden wir auf Ihrer Seite stehen.«

*

Als die französische Trikolore über der Mairie von Saigon eingeholt wurde, war ich als Augenzeuge dabei. Unmittelbar danach wurde das weiße Stuckgebäude mit einer Vielzahl national-vietnamesischer Fahnen – gelber Grund, drei rote Streifen – geschmückt. Das riesige Porträt des Exkaisers Bao Dai war vom Giebel verschwunden. Noch hatte der Monarch und Staatschef nicht abgedankt. Aber seine Tage waren gezählt. Dieser fette, alternde Playboy, der an der Côte d'Azur Wassersport trieb und im Elsaß jagte, während sein Land verblutete, wurde von allen verachtet und abgelehnt. Ein neuer Mann hatte das Schicksal National-Vietnams, bald wird man Südvietnam sagen, in die Hände genommen, der Mandarin Ngo Dinh Diem aus Hue, den man bereits den »Unbestechlichen« nannte. Ngo Dinh Diem stellte an diesem Morgen seine neue Regierung der Saigoner Bevölkerung vor. Zwei Kompanien der Nationalarmee waren in blütenweißer Galauniform angetreten. Doch das Volk war nicht gekommen. Unter den dreihundert Zuschauern waren die Geheimpolizisten wohl in der Mehrheit.

Ngo Dinh Diem war ein kompromißloser Patriot und deklarierter Feind der französischen Präsenz in Indochina. Nur unter Druck der Amerikaner hatte der letzte französische Hochkommissar, General Ely, dieser Berufung zugestimmt. Diem stammte aus einer der angesehensten Familien von Annam. 1933 war er vorübergehend Minister am Hof von Hue gewesen. Dann ließ ihn sein Nationalismus in ständiger Opposition verharren – Opposition gegen die Franzosen, gegen die Japaner, gegen Ho Tschi Minh, gegen Bao Dai. Selbst für die Amerikaner – so munkelte man schon – würde er kein bequemer Verbündeter sein. Der neue Regierungschef trug einen weißen Anzug mit schwarzer Krawatte.

Das Haar lag glatt und gescheitelt über dem vollen Gesicht. Er war ein korpulenter Mann. Am improvisierten Ehrenmal legte er einen Kranz nieder und kam mit dem watschelnden Gang der hohen Hofbeamten auf die Tribüne zurück.

Diem war zutiefst von der konfuzianischen Tradition geprägt, und dennoch war er Katholik, fanatischer Katholik, wie sich sehr bald herausstellte. Sein Bruder war Erzbischof von Hue. Ein jüngerer Bruder, Ngo Dinh Nhu, der zu seinen engsten Beratern zählte, hatte sich in das Studium der modernen katholischen Philosophie vertieft und galt als Anhänger des »Personalismus«. Die meisten Minister des neuen Kabinetts kamen aus dem Norden. Das war ein deutliches Indiz für die Entschlossenheit Ngo Dinh Diems, die Teilung seines Vaterlandes nicht zu akzeptieren. Für den Katholiken Diem war es eine persönliche Tragödie, daß mehr als eine Million Katholiken Gefahr liefen, unter kommunistische Herrschaft zu geraten. Eine gewaltige Flüchtlingswelle war in Gang gekommen, und die französische Flotte war in den kommenden Monaten voll damit beschäftigt, ganze christliche Dorfgemeinschaften nach Süden zu transportieren. Schon jetzt hieß es in Saigon, daß der Besitz eines katholischen Taufscheins unter dem neuen Regime des Unbestechlichen die Mandarinats-Prüfungen von einst ersetze.

Die paar französischen Beamten, die mit betonter Zurückhaltung der Zeremonie beiwohnten, blickten wie gebannt auf eine strahlend schöne Vietnamesin, die sich wie eine Raubkatze in unmittelbarer Nachbarschaft des Ministerpräsidenten aufhielt. Madame Nhu, die Schwägerin des tugendhaften Junggesellen Diem, zählte bereits zu den einflußreichsten Figuren des neuen Regimes. Sie war von katholischen Nonnen erzogen worden. Man sagte ihr Intelligenz, Ehrgeiz und militanten Feminismus nach. »Sie kennen wohl das chinesische Sprichwort«, raunte mir ein französischer Administrateur zu, »ein gelehrter Mann erbaut die Stadt, eine gelehrte Frau zerstört sie. Denken Sie an diese asiatische Weisheit, wenn Sie in Zukunft über Madame Nhu berichten.«

Die Stadt Saigon wirkte in jenen Tagen, als der Vietminh Schritt für Schritt die Verwaltung des Nordens übernahm, frivoler und leichtsinniger denn je. In den letzten Kriegswochen waren die Regimenter des Vietminh in Eilmärschen nach Süden bis in das Mekong-Delta gestürmt. Sie rückten sogar nachts im Schein der Fackeln vor. Aber nun sah das Genfer Waffenstillstandsabkommen den Abzug der kommunistischen Einheiten nach Norden vor, und wider Erwarten schien Ho Tschi Minh sich an diese Verpflichtung recht gewissenhaft zu halten. Allenfalls die Politischen Kommissare blieben auf ihrem Posten. Sie tauchten in den Untergrund ab, organisierten ihre geheimen roten Zellen in Erwartung des Signals zum revolutionären Aufbruch, das über kurz oder lang von Hanoi ausgegeben würde.

In der Zwillingsstadt Saigon-Cholon lag die Polizeigewalt weiterhin in den Händen der Binh Xuyen, jener Bande von Flußpiraten, die sich an Opiumschmuggel, Prostitution und Erpressung bereichert hatten. Die Sicherheit der großen Metropole des Südens ruhte und faulte auf diesen anrüchigen Pfeilern. Die Franzosen hatten dem Gangsterboß der Binh Xuyen, dem »General« Le Van Vien, Carte blanche erteilt, und er nutzte seine Vollmacht skrupellos aus.

Diem war Mandarin und hatte vom Hofe von Annam eine Auffassung der Staatsautorität ererbt, die mit dem feudal-religiösen Mosaik der französischen Herrschafts- und Korruptionsmethoden im Mekong-Delta nicht zu vereinbaren war. Die französischen Geheimdienste wußten sehr wohl um seine vertraulichen Konferenzen mit amerikanischen Verbindungsoffizieren unter Führung des Colonel Lansdale, den man »the unquiet American« nannte. Der Einsatz der vietnamesischen Nationalarmee gegen die Binh Xuyen, die Caodaisten und die Hoa Hao wurde dabei vorbereitet.

Die ersten amerikanischen Militärs, die zur Beratung der Nationalarmee nach Saigon gekommen waren, benahmen sich sehr diskret. Nur die Matrosen der US Navy in ihren weißen Pyjama-Uniformen waren überall auf der Rue Catinat anzutreffen. Schon feilschten die Straßenhändler und Dirnen in Pidgin-Englisch. In den Vorzimmern Ngo Dinh Diems saßen die Sonderbeauftragten der CIA und bereiteten eine neue Phase der Indochinapolitik vor. Washington hatte dem Genfer Waffenstillstandsabkommen höchst widerwillig zugestimmt, und die amerikanische Unterschrift fehlte unter dem Dokument. Vor allem waren die US-Experten fest entschlossen, die für 1956 anberaumten gesamt-vietnamesischen Wahlen zu hintertreiben, nicht wissend, daß auch der marxistischen Regierung von Hanoi an dieser Pflichtübung in Formaldemokratie gar nicht gelegen war.

Zwischen den französischen und amerikanischen Geheimdiensten bahnte sich eine unerbittliche Rivalität im Zwielicht an. Washington arbeitete auf den möglichst schnellen Abzug der letzten französischen Truppen aus Vietnam hin. Erst dann würde die Regierung Ngo Dinh Diem nach außen hin ihre nationale Unabhängigkeit demonstrieren können und für die Länder der Dritten Welt ein akzeptabler Partner sein. Die Franzosen klammerten sich an das alte, traute Cochinchina, wiegelten ihre örtlichen Verbündeten gegen diesen steifen Mandarin aus Hue und seine US-Berater auf, ja sie spielten die Karte des Neutralismus. Sie wollten nicht wahrhaben, daß Frankreich in Fernost abgedankt hatte. Sie unterschätzten die Energie Ngo Dinh Diems und hätten ihm wohl nicht zugetraut, daß er sich in Kürze zum Staatschef ausrufen und mit äußerster Härte gegen die Flußpiraten und die Sekten, gegen die bewährten Partner Frankreichs zuschlagen würde. Den forschen Amerikanern, die sich überall in den vietnamesischen Ministerien und Stäben einnisteten, begegneten die Franzosen wie betrogene Liebhaber. In den folgenden Monaten kam es in Saigon und am Rande der großen Schilfebene zum offenen Konflikt.

Charles de Gaulle soll auf den sich schon damals abzeichnenden Einflußverlust Frankreichs mit dem ihm eigenen Sarkasmus reagiert haben: »A ceux qui dans nos anciennes possessions veulent prendre notre place, je leur souhaite bien du plaisir – Denjenigen, die in unseren ehemaligen Besitzungen unseren Platz einnehmen wollen, denen wünsche ich viel Plaisir.«

Ein heroischer Suppenhändler

Nguyen Huy Quang vom vietnamesischen Außenministerium läßt mir völlig freie Hand, unser Programm zu gestalten. Er fragt lediglich, ob ich bei meinem Filmprojekt nicht am unterirdischen Bunkersystem von Cu Chi interessiert sei, das, unweit von Ho-Tschi-Minh-Stadt gelegen, jahrelang eine Bastion des Vietcong beherbergt hatte, ohne daß die Amerikaner es merkten. Aber durch die Stollen von Cu Chi, die für die Besichtigung dickleibiger amerikanischer und europäischer Touristen ausgeweitet werden mußten, bin ich schon bei meinem letzten Vietnamaufenthalt gekrochen. Viele Besucher schrecken aus Klaustrophobie vor einem solchen Abstieg in die modrige Unterwelt des Widerstandes zurück.

Zögernd schlägt unser Cicerone den »Binh Soup Shop« vor. Meine erste Reaktion ist negativ. Ich hatte folgende Beschreibung in einem englischen Reiseführer gelesen. »Es klingt vielleicht seltsam«, so heißt es da, »ein Restaurant für Nudelsuppe als Sehenswürdigkeit anzupreisen, aber dafür gibt es gute Gründe. Der ›Binh Soup Shop‹ war das geheime Hauptquartier des Vietcong in Saigon. Von dieser Stelle aus wurde der Angriff auf die amerikanische Botschaft und andere wichtige US-Einrichtungen in Saigon während der Têt-Offensive von 1968 geplant. Man muß sich darüber wundern, daß in dieser Nudelküche so viele US-Soldaten und CIA-Beamte zum Essen kamen, ohne zu ahnen, daß alle Bediensteten Vietcong-Partisanen waren. Die Nudelsuppe, ›Pho‹ genannt, schmeckt hier übrigens recht gut.«

Am Ende entschließe ich mich doch für eine TV-Sequenz in dieser banal wirkenden Verschwörungszentrale. Das Versagen des Pentagon in Vietnam und heute im Irak ist ja im wesentlichen auf die Dürftigkeit der eigenen »Intelligence«, auf das Scheitern der Nachrichtendienste zurückzuführen. Das kleine, bescheidene Restaurant liegt in einer verkehrsreichen, lärmenden Nebenstraße. Die wirkliche Sehenswürdigkeit – die Nudeln sind Nebensache –

ist sein Besitzer, Binh Ngo Toai, der sich weiterhin um seine Kundschaft kümmert, obwohl er 93 Jahre alt ist. Unter den wenigen Gästen befindet sich auch ein älteres amerikanisches Ehepaar. Der Mann ist vermutlich Vietnamveteran. Er mag damals dieses Land als »Hölle« verflucht haben, und heute stellt er nostalgisch fest, daß er hier die »best years of this life« verbrachte, jedenfalls die einprägsamsten.

Binh Ngo Toai, der trotz seines hohen Alters eine erstaunliche Beweglichkeit bewahrt hat, trägt ein ärmelloses T-Shirt über weit fallender Hose. Seinem pfiffigen, kaum verrunzelten Gesicht merkt man nicht an, welche konspirativen Gaben und wieviel Mut er damals entfaltet hatte, als er mit einer verschworenen Gruppe von Gleichgesinnten das ungeheuerliche Wagnis der Neujahrsoffensive von 1968 vorbereitete. Die Amerikaner neben uns werden höflich bedient, aber der Wirt setzt sich nicht zu ihnen an den Tisch. Bei uns ist das anders. Irgendwie scheint der Alte mich in sein Herz geschlossen zu haben. Er spricht weder Französisch noch Englisch. Mit großem Stolz verweist er immer wieder auf seine lange Lebensdauer. Auf ein Blatt schreibt er die Zahl 93, und ich schreibe mein eigenes Alter, 80 Jahre, daneben. Schließlich sind wir nur durch 13 Jahre voneinander getrennt, wie er mit einer Subtraktion auf dem Papier darstellt.

Dann führt er uns die steile Treppe hinauf in eine Kammer des Obergeschosses. Hier hatten er und seine Genossen die Taktik und die Planung des Aufstandes vereinbart, während die US-Geheimdienstler unten ihre Nudeln schlürften. Eine Fotografie zeigt die Gruppe unscheinbarer vietnamesischer Zivilisten, die samt und sonders von der Besatzungsmacht später verhaftet, gefoltert und umgebracht wurden. Er selbst wurde ebenfalls auf grausamste Weise gequält und hat wie durch ein Wunder überlebt. Auf einem anderen Bild ist Binh Ngo Toai nach dem Einzug der Nordvietnamesen in Saigon und seiner Befreiung zu sehen. Er trägt da eine viel zu weite Offiziersuniform sowjetischen Zuschnitts mit der riesigen Tellermütze. Seine Brust hängt voller Orden.

Viel Neues erfahre ich nicht bei dem Gespräch, das ich mit dem ehemaligen Vietcong-Chef führe und das Mr. Quang übersetzt. Unser Kontakt beschränkt sich auf Freundlichkeiten. Er schüttelt mir immer wieder die Hand, und zum Abschied küßt er mich auf beide Wangen. Irgendwie ist dieses kurze Treffen dennoch aufschlußreich. Es weckt Assoziationen und regt zum Nachdenken an. Spätestens nach der Têt-Offensive im Januar 1968, die das »Jahr des Affen« einleitete, hätte Washington die Konsequenz aus seinem völlig unzureichenden Informationsstand ziehen müssen.

Am Anfang stand damals wie heute die Fehlanalyse durch die höchste Führung. Präsident John F. Kennedy kommt dabei nicht viel besser weg als die Neokonservativen der Bush-Administration, die zu Beginn des Feldzugs »Iraqi Freedom« davon faselten, das von Saddam Hussein erlöste Bagdad in einen »beacon of democracy – einen Leuchtturm der Demokratie« zu verwandeln und allen Ernstes zu glauben vorgaben, es würde im ganzen Nahen und Mittleren Osten eine Art »positiver Dominoeffekt« von Mesopotamien ausgehen. Alle Staaten dieser Region sollten in den unwiderstehlichen Sog eines idealisierten »American way of life« geraten.

Kennedy, der entgegen einer weitverbreiteten Legende die schwerste Verantwortung für das kriegerische Engagement der USA in Indochina trug, war von einer negativen, aber ebenso unreflektierten Dominotheorie ausgegangen. State Department und CIA glaubten um 1960 in unverzeihlicher Fehleinschätzung an die festgefügte Einheit des kommunistischen Blocks von der Elbe bis zum Mekong. Die Erkenntnis, daß Moskau und Peking sich bereits als virtuelle Todfeinde gegenüberstanden, daß China eifersüchtig darüber wachte, daß sein ehemaliger Vasallenstaat Vietnam nicht zuviel Eigengewicht gewönne, entsprach ja durchaus nicht einer magischen Sehergabe. Der Spruch, »China und Vietnam sind so eng verbunden wie Lippen und Zähne«, war damals schon pure Phraseologie. Aber das wollten die Ratgeber des Weißen Hauses, »the best and the brightest«, die dem als »Camelot« verklärten Kennedy zur Verfügung standen, offenbar nicht wahrhaben.

Als Kennedy zwei Jahre vor seiner Ermordung die ersten Vorauselemente seiner »Green Berets« in die Reisfelder des Mekong-Deltas ausschickte, hatte er folgende Fernseherklärung abgegeben: »Südvietnam wird angegriffen. Manchmal durch einen einzelnen Mörder, manchmal durch eine Guerilla-Bande. Neuerdings in Bataillonsstärke. Die friedlichen Grenzen von Burma, Kambodscha und Indien sind wiederholt verletzt worden. Das friedliche Volk von Laos läuft Gefahr, seine junge Unabhängigkeit zu verlieren. Niemand kann hier von Befreiungskriegen reden.« Nach dem Mordanschlag von Dallas übernahm Lyndon B. Johnson die Präsidentschaft. In seinem Eifer, der roten Guerilla Indochinas durch den Einsatz Hunderttausender GIs ein Ende zu setzen, hatte er Formeln gefunden, die aus dem Munde George W. Bushs stammen könnten: »Amerika gewinnt seine Kriege«, prahlte er. »Da täusche sich niemand. Wir haben der Unwissenheit, der Armut und der Krankheit den Krieg erklärt. Und wir führen Krieg gegen Tyrannei und Aggression.« Als sich die ersten Rückschläge einstellten und »Victor Charlie«, so hieß der Vietcong in den Funksprüchen, sich als tückisches, unheimliches Phantom behauptete, hatte der damalige Verteidigungsminister Robert McNamara, der von der Allmacht der US Air Force und von der mörderischen Effizienz seiner Hi-Technology zutiefst überzeugt war, verkündet: »Wir werden so lange bleiben und soviel Hilfe leisten, bis die Schlacht gegen den kommunistischen Aufstand gewonnen ist.« Das klingt nach Donald Rumsfeld, der sich trotz des Scheiterns seines strategischen Konzepts im Irak weiterhin in der Rolle des »Doctor Strangelove« zu gefallen scheint.

Der Oberkommandierende der US-Streitkräfte in Südostasien, General Westmoreland, war ebensowenig um große Sprüche verlegen wie vierzig Jahre später seine Nachfolger Tommy Franks, Ricardo Sanchez oder John Abizeid: »Wir sind außerordentlich zufrieden. Wir machen große Fortschritte. Wir sind alle sehr optimistisch.« Zumindest bei den US Marines hatte sich die trotzige Siegeszuversicht in jenen Jahren bereits zu einem religiös geprägten Patriotismus gesteigert. Da wurde im Dschungel »Onward Christian Soldiers« gesungen. Am 17. Breitengrad hatte ich der Predigt eines Feldgeistlichen gelauscht, dessen Vokabular den heutigen Aufrufen der Bellizisten in jeder Hinsicht entsprach: »Wir haben volles Vertrauen in unser amerikanisches System. Selbst hier in Vietnam verlassen wir uns auf die, die uns regieren.

Wir bauen darauf, daß sie uns nicht im Stich lassen und daß dieses nicht ein endloser Krieg sein wird. Jawohl, in unserer Gesellschaft müssen wir den Glauben an unser Volk, den Glauben an unser Regierungssystem hochhalten.«

Ende 1967 kam tatsächlich der trügerische Eindruck auf, die Waagschale neige sich zugunsten der US Army. Die Partisanentätigkeit im Mekong-Delta ließ nach. Mehr und mehr Dörfer unterstellten sich der Autorität der südvietnamesischen Nationalregierung. Antikommunistische Milizen wurden angeworben, und diese Verbündeten der Amerikaner kontrollierten in schwarzer Pyjama-Tracht die großen Verkehrswege. Der Vietcong schien allenfalls noch fähig, mit Hilfe nordvietnamesischer Regulärer im Hochland von Annam zu nennenswerten Überfällen auszuholen. Die Euphorie im Stab des General Westmoreland wurde vorübergehend durch die Nachricht von extrem heftigen Kämpfen im Grenzdreieck Vietnam-Laos-Kambodscha erschüttert. Aber selbst die meisten Reporter in Saigon sahen darin nur einen verzweifelten Versuch »Victor Charlies«, den Konflikt, den er in den Ebenen von Annam und Cochinchina verloren hatte, auf Sparflamme fortzuführen. Daß sich der Schwerpunkt der Guerilla in das äußerste Randgebiet verlagerte, sei ein deutliches Eingeständnis der Schwäche. Nur ein paar eingefleischte Skeptiker warnten, daß es sich hier um ein großangelegtes Ablenkungsmanöver Hanois handeln könne.

Um klarzusehen, wollte ich mich an Ort und Stelle überzeugen. Zu jener Zeit war bei den amerikanischen Presseoffizieren nicht die Rede von »embedded journalism«. Mein Verhältnis zu den GIs, ob sie nun den Marines, der First Cav, den Special Forces oder den Luftlandetruppen angehörten, war überaus herzlich und kameradschaftlich. Von dem Mißtrauen und Autismus, denen die US-Streitkräfte im Irakfeldzug verfallen sollten, war in Indochina keine Spur vorhanden. So bestieg ich anstandslos die Herkules-Maschine nach Dak To. Im Gebirgsdschungel, ein paar Kilometer südlich dieser kleinen Ortschaft, war ein Bataillon der 172. Airborne Brigade beim Aufspüren feindlicher Kräfte im Umkreis des Ho-Tschi-Minh-Pfades in einen Hinterhalt der Nordvietnamesen geraten. Die Männer drohten im Dickicht zu Füßen der

Höhe 875 aufgerieben zu werden. Als ich an Bord eines Hubschraubers über der Schlucht eintraf, befanden sich die »Paratroopers« in höchster Bedrängnis.

Die Jagdbomber vom Typ F-100 hatten mit unglaublicher Präzision eine Schneise in den Urwald gewalzt, um den bedrängten Fallschirmjägern zu erlauben, eine provisorische Igelstellung zu beziehen. Plötzlich ließ sich unser Helikopter wie ein Fahrstuhl steil in diese verwüstete Lichtung fallen, wo gefällte Baumriesen den GIs als Deckung dienten. Die Soldaten hoben in aller Eile Schützenlöcher aus. Sie schanzten um ihr Leben. Ringsum dröhnte ohrenbetäubender Lärm. Ganz in der Nähe heulten Kampfflugzeuge im Sturzflug auf den unsichtbaren Gegner herunter und setzten ihre Bomben auf die Verstecke der Nordvietnamesen, die knapp 200 Meter von der amerikanischen Position entfernt waren.

Die überlebenden Paratroopers waren über und über mit Schlamm beschmiert. Sie hatten die Leichen ihrer Kameraden in grüne Plastikhüllen gezerrt und warfen jetzt diese makabren Pakete wie Postsäcke in aller Eile auf den schlingernden Chopper, der abhob, sobald die Maximalbelastung erreicht war. Der nächste Hubschrauber stand schon in Wartestellung über uns. Die Verluste der Amerikaner waren ungewöhnlich hoch. Die Verwundeten waren als erste aus dem Kessel geschafft worden. Den Männern standen die Erschöpfung und die Todesangst in den geweiteten Augen. Die Uniformen waren zerfetzt. Nur die kugelsicheren Westen hatten den Dornen des Dickichts standgehalten.

Als die Dunkelheit kam, schnatterten wir vor Kälte. Während der Nacht veranstaltete die Runde der F-100 im Umkreis der Höhe 875 ein unglaubliches Inferno. Das Gelände war taghell erleuchtet, und ganze Dschungelhänge loderten im Napalm. Der heißumkämpfte Berg war fast kahlgestampft, als der Morgen graute. Die Fallschirmjäger gingen unter starkem Feuerschutz zum Sturmangriff vor. Sie liefen gebückt durch die verkohlte und qualmende Vegetation dem Gipfel entgegen. Dreimal gerieten sie unter Granatwerferbeschuß des Gegners und büßten ein paar Mann ein. Dann standen sie vor leeren, ausgeräucherten Höhleneingängen, Fuchsbauten und unterirdischen Stollen, die für eine Rasse von Gnomen gebaut schienen. Die GIs richteten die Flammenwerfer auf die Löcher und warfen Sprengladungen hinein. Dann gruppierten sie sich zum Abtransport durch ein ganzes Hubschraubergeschwader, das aus Dak To heranknatterte. Der Himmel über dem Hochland von Annam war wieder zartblau. Die Kondensstreifen der Kampfflugzeuge zogen silberne Fäden. Die Soldaten blickten ausgepumpt über den endlosen grünen Dschungel. Die Höhe 875 hatten sie dem Feind entrissen, aber vor ihnen entrollte sich eine Landschaft, die Hunderte von ähnlichen Bergkegeln bereithielt. »Ob wir die alle noch erstürmen müssen?« fragte der Sergeant neben uns und reichte uns eine Büchse Coca-Cola.

*

Dem amerikanischen Nachrichtendienst konnte schwerlich ein Vorwurf daraus gemacht werden, daß er über die streng abgeschotteten, kontroversen Beratungen innerhalb des kommunistischen Politbüros von Hanoi keinerlei Kenntnis besaß. Diese Berufsrevolutionäre verstanden sich auf absolute Geheimhaltung. Zwei Fraktionen standen sich gegenüber, deren gegenseitige Abneigung gelegentlich in bissige Intrigen ausartete. Nur die unumstrittene Persönlichkeit Ho Tschi Minhs bot die Gewähr, daß die Rivalen am Ende auf eine einheitliche Linie eingeschworen wurden. General Vo Nguyen Giap war in seiner innersten Überzeugung Partisanenführer geblieben. Die massive, frontale Offensive von Vinh Yen, die 1951 von den Franzosen unter schweren Verlusten des Vietminh abgewiesen war, entsprach ja auch nicht seinem strategischen Konzept, sondern war vom prochinesischen Parteiflügel des Genossen Truong Chinh durchgesetzt worden.

Im Herbst 1967 konnte Giap, der in langen Zeiträumen dachte und auf die systematische Abnutzung und Demoralisierung des amerikanischen Gegners durch unermüdliche Guerilla spekulierte, nicht gegen die Ungeduld des Parteisekretärs Le Duan ankommen, der mit Zustimmung einiger hoher Militärs darauf drängte, einen revolutionären Massenaufstand in Saigon und im Mekong-Delta auszulösen, während reguläre nordvietnamesische Regimenter sich in Zentralannam der alten Kaiserstadt Hue bemächtigten. Le Duan war überzeugt, daß die bewaffnete Volkserhebung in fast allen Ortschaften Cochinchinas die Nationalregierung von Saigon als Marionetten-Clique bloßstellen und den USA die Aussichtslosigkeit einer Kriegsverlängerung vor Augen führen müßte. Vo Nguyen Giap, der sich des ungeheuren Potentials der US-Streitkräfte bewußt war, hatte sich diesem Vabanquespiel vergeblich widersetzt. Er wurde im Politbüro überstimmt, geriet sogar in den Ruf eines »Cunctators«, eines Zögerers. Der Parteidisziplin gehorchend, hat der Sieger von Dien Bien Phu mit der ihm eigenen strategischen Begabung und unermüdlicher Energie die Generaloffensive des Têt-Festes 1968 dennoch in allen Einzelheiten vorbereitet. In jenen Tagen erhielt übrigens auch die Verschwörergruppe des Nudel-Gastwirtes Binh Ngo Toai präzise Instruktionen, wie die US-Botschaft von Saigon und eine Vielzahl amerikanischer Militäreinrichtungen durch Trupps von Todesfreiwilligen besetzt und neutralisiert werden sollten.

Der Vietcong hatte die Feststimmung der buddhistischen Têt-Feiern zu Beginn des Jahres des Affen benutzt, einen Generalangriff in ganz Südvietnam auszulösen, der die Amerikaner total überrumpelte. Ein Selbstmordkommando griff sogar die zur Festung ausgebaute neue US-Botschaft im Herzen Saigons an. Fast sämtliche Ortschaften des Mekong-Deltas gerieten vorübergehend in die Gewalt der Aufständischen, und die Stadt Ben Tre mußte, wie der offizielle Sprecher meinte, »zu ihrer Rettung vernichtet werden«. Die alte Kaiserstadt Hue wurde durch nordvietnamesische Einheiten besetzt, die aus Laos heranmarschiert waren. Die Soldaten aus Hanoi hißten die Fahne des Vietcong über der Zitadelle und behaupteten sich vier Wochen lang gegen die wütenden Gegenangriffe der US Marines.

Am Ende brach die Têt-Offensive zusammen. Die roten Revolutionäre hatten auf die Insurrektion der gesamten südvietnamesischen Bevölkerung spekuliert, auf den Aufstand der Massen. Aber in ihrer überwältigenden Mehrheit verhielten sich die Südvietnamesen völlig passiv. Keine einzige Einheit der Nationalarmee ging zu den Kommunisten über. Rein militärisch gesehen, war die Neujahrsoffensive 1968 ein Fiasko und ein fürchterlicher Rückschlag für Hanoi. Die bodenständigen Kampfverbände der

Nationalen Befreiungsfront von Südvietnam wurden aufgerieben. Die politischen Kommissare, Agenten und Aktivisten hatten sich zu erkennen gegeben und fielen in den kommenden Monaten einer gezielten Polizeiaktion gigantischen Ausmaßes zum Opfer. Die meisten westlichen Kommentatoren schrien: »Sieg!«

In Wirklichkeit hatte sich mit diesem tragischen Auftakt des Jahres des Affen das Schicksal endgültig zugunsten Nordvietnams entschieden. In den Vereinigten Staaten steigerte sich die angestaute Entrüstung gegen den »schmutzigen Krieg« zu einem Orkan, Studenten und Intellektuelle standen in der ersten Reihe der Auflehnung. Veteranen- und Frauenverbände zogen im Protest vor das Weiße Haus. Die US Army hatte in der Neujahrsschlacht einen glatten Abwehrsieg errungen. Den langfristigen politischen Erfolg konnte jedoch der nordvietnamesische Befehlshaber Vo Nguyen Giap für sich buchen. Seine unermüdlichen Truppen hatten den übermächtigen amerikanischen Gegner demoralisiert. Unter dem Eindruck des kommunistischen Amoklaufs, den das Pentagon nicht vorhergesehen hatten, resignierte Präsident Johnson und kündigte an, daß er die Bombardierung Nordvietnams einstellen und die amerikanische Truppenpräsenz in Südvietnam systematisch reduzieren werde. Washington erklärte sich bereit, Verhandlungen mit Hanoi aufzunehmen. Er selbst, so gab Johnson bekannt, beabsichtige nicht mehr, bei den kommenden Präsidentschaftswahlen zu kandidieren. »I shall not seek and will not accept the nomination of my party for another term as your President«, so lautete seine Botschaft.

*

Die Stimmung sollte in Europa und speziell in Deutschland plötzlich umschlagen – dann aber exzessiv und polemisch –, als das Ermatten des amerikanischen Kampfwillens überdeutlich wurde und die Tragödie längst ihren Lauf nahm. Da gehörte es plötzlich zum guten Ton, gegen Präsident Johnson und seine Generale zu geifern und mit den Wölfen zu heulen. Da liefen die Protestkohorten zum Schrei »Ho Ho Ho Tschi Minh« durch die Straßen Frankfurts und Westberlins. Die Randalierer scheuten sich nicht, das »Star-Spangled Banner« auf dem Kurfürstendamm zu verbrennen.

Ob die Geschichte sich im Hinblick auf den irakischen »quagmire« wiederholen wird? In eine so schändliche Hysterie wie bei den Antikriegsdemonstrationen der späten sechziger Jahre wird der Protest gegen »Iraqi Freedom« mit Sicherheit nicht ausarten. Aber die Ernüchterung ist deutlich. Ein opportunistischer Defätismus macht sich speziell bei jenen Kommentatoren und Auguren breit, die in den deutschen Medien noch unlängst als »Kriegslustige« die Besserinformierten als »Unken« oder Amerika-Feinde zu diffamieren suchten. Seit das Bagdad-Abenteuer der USA sich als Fiasko erweist und Präsident George W. Bush der flagranten Irreführung der öffentlichen Meinung überführt wurde, greift jedoch bei den breiten Volksmassen in Europa und speziell in Deutschland eine zunehmende Desillusionierung gegenüber dem großen transatlantischen Verbündeten um sich. Die Politiker werden dem über kurz oder lang Rechnung tragen müssen.

Vietnamisierung der Särge

Hue, im Februar 2004

Die alte Hauptstadt Hue ist in kalte Nebelschwaden gehüllt. Die Kaisergräber, die wir gleich nach unserer Ankunft besichtigen, sind vom Regen schwarz verfärbt. Diese Mausoleumsanlage, die erst auf die Nguyen-Dynastie, also den Beginn des neunzehnten Jahrhunderts zurückgeht – Bao Dai war bis 1945 ihr letzter Monarch – ist eine getreue Replik chinesischer Vorbilder. Nur ist hier alles kleiner und bescheidener, selbst die Elefanten und die Fabelwesen, die die Trauerallee säumen. Steinerne Mandarine sind in strenger hierarchischer Ordnung aufgereiht. Nirgendwo wird deutlicher, daß die Vietnamesen nur durch ein schieres Wunder an Widerstandskraft ihrer totalen Einverleibung in das Reich der Mitte entgangen sind. Schrift und Kultur Chinas hatten sie bereits übernommen, ehe die europäischen Missionare die Transkription der vietnamesischen Sprache ins lateinische Alphabet vornahmen. Die Pagoden sind in Bambusgehegen und Parks verstreut. Im moddrig-grünen Wasser der quadratischen Teiche blühen Lotos und Seerosen.

Die Anlage ist mir seit langem bekannt. Das Wiedersehen ist enttäuschend. Damals, vor vierzig Jahren, war es ein prickelndes Wagnis, in die Einsamkeit dieser Nekropole vorzudringen. Hier befand sich Niemandsland, und der Vietcong konnte im nahen Dickicht lauern. Heute bestarren Kolonnen von Touristen die Sehenswürdigkeiten – Japaner, Taiwan-Chinesen, auch eine europäische Gruppe. Am Eingang wird ein Ticket gelöst. Mit der Gefahr ist der verschnörkelten Konstruktion der düstere Charme abhanden gekommen.

Ähnlich geht es mir mit dem »Fluß der Wohlgerüche«, der an diesem unfreundlichen Tag dunkelgrün gefärbt ist und seinem Namen keine Ehre macht. Unser Boot tuckert von Hue landeinwärts, und mir bleibt nur die ferne Vision des breiten, silbernen Bandes, das die »Rivière des parfums« einst durch hellgrüne Reisfelder und sanfte Hügel zog. Ich halte vergeblich Ausschau nach den malerischen Dschunken, deren Drachensegel im rauchigen Licht zitterten. Unser Ziel ist die Thien-Mu-Pagode, die zu den bedeutendsten nationalen Symbolen Vietnams zählt. Der siebenstöckige Turm im chinesisch-buddhistischen Stil mitsamt seinen Klosteranlagen wurde mehrfach zerstört. Erst unter Kaiser Thieu Tri im Jahr 1844 erhielt er seine jetzige Form. Wir begegnen drei Bonzen in erdbraunen Gewändern. Aber der Fremdenverkehr hat aller jenseitigen Besinnlichkeit ein Ende gesetzt. Nicht der lachende, feiste Buddha aus Bronze, der im zentralen Tempel thront, ist für mich die eigentliche Sehenswürdigkeit, sondern ein altes Automobil der Marke Austin, dessen Anblick mich wieder einmal in ferne Vergangenheit zurückversetzt.

Es war im Frühling 1963. Seit drei Jahren tobte in Südvietnam der Bürgerkrieg zwischen der Nationalarmee des Präsidenten Ngo Dinh Diem und den kommunistischen Aufständischen der »Nationalen Befreiungsfront«. Nach der Machtergreifung des katholischen Mandarins Diem hatte sich die Situation dramatisch verschlechtert. Auf militärischem Gebiet agierten die Partisanentrupps – von General Giap aus Hanoi ferngesteuert – so erfolgreich, daß die proamerikanische Südarmee beinahe ein Bataillon pro Woche einbüßte. Gleichzeitig fand in Saigon eine politische Erosion statt. Ngo Dinh Diem geriet in Opposition zu den eigenen Militärs und weiten Bevölkerungskreisen, so daß der US-Botschafter und Statthalter John Cabot Lodge diesen katholischen Reaktionär als unerträgliche politische Belastung empfand. Der unbestechliche Mandarin aus Hue, das sollten mir später auch französische Geistliche bestätigen, hatte offenbar versucht, aus Südvietnam eine Art südostasiatische Dollfuß-Republik zu machen. Seine systematische Bevorzugung der konfessionellen Minderheit von zwei Millionen Katholiken hatte eine Gegenbewegung der Buddhisten ausgelöst.

Die Jünger Gautamas hatten sich verständlicherweise gegen die christliche Bekehrungskampagne Diems zur Wehr gesetzt und vollzogen den Schritt zur militanten politischen Opposition in Windeseile. Ganz von selbst war diese Mutation der bislang politisch passiven und neutralen Bonzen in eifernde Vorkämpfer des revolutionären Umsturzes bestimmt nicht gekommen. Im französischen Krieg hatte der Buddhismus nicht die geringste Rolle gespielt. Unter Diem hatte sich eine gezielte Unterwanderung der Pagoden durch Agenten des Vietcong vollzogen. Die Wandlung vom Kommissar zum Yogi, vom Vietcong-Agenten zum meditierenden Bonzen fand in aller Heimlichkeit statt.

Mit der Verstärkung des US-Engagements in Indochina waren ganze Rudel amerikanischer Journalisten in Saigon eingetroffen. Sie hatten im höchsten Stockwerk des modernen Hotels Caravelle, in einer unterkühlten, sterilen Bar ihr Stammquartier aufgeschlagen und waren sich schnell einig in der Beurteilung der Lage: Der Diktator Diem mußte weg, und die Buddhisten als wahre Repräsentanten des vietnamesischen Volkes würden zwischen dem Kleriko-Faschismus des »Unbestechlichen« und dem Kommunismus der Befreiungsfront den rettenden Weg zu Frieden und Demokratie weisen. Daß die Buddhisten überhaupt nicht repräsentativ für dieses zutiefst konfuzianische Volk waren, daß die Lehre Gautamas als Zufluchtsreligion der kleinen Leute nur am Rande existierte und in Cochinchina vor allem dank der kambodschanischen Nachbarschaft der Theravada-Richtung über eine relativ große Präsenz verfügte, war allenfalls ein paar Außenseitern der CIA bekannt, auf die niemand hörte.

An dieser Stelle gewinnt das als Museumsstück ausgestellte Austin-Automobil der Thien-Mu-Pagode von Hue seine schicksalhafte Bedeutung. Mit diesem Fahrzeug war nämlich der buddhistische Mönch Thich Quang Duc nach Saigon aufgebrochen, um einen spektakulären und makabren Protestakt gegen das Diem-Regime zu inszenieren. Vor den Kameras der westlichen Presse kauerte er sich im Herzen der südlichen Metropole auf die Straße, übergoß sich mit Benzin, entzündete das Feuer und loderte wie eine menschliche Fackel. Ein paar seiner Jünger taten es ihm nach. Nach diesem Akt der Selbstaufopferung entlud sich die Empörung der amerikanischen Berichterstatter und übertrug sich auf ihre Leser. Madame Nhu, die mächtige und bildschöne Schwägerin des Präsidenten Diem, hatte dazu beigetragen, indem sie bei einem Interview mit ihrem Tiger-Lächeln erklärte, sie könne die Bonzen ja nicht daran hindern, »ihr eigenes Barbecue« zu veranstalten.

Ausgerechnet Präsident Kennedy, der erste katholische Staatschef der USA, ordnete den Sturz des katholischen Diktators Ngo Dinh Diem im Herbst 1963 an und leitete eines der unrühmlichsten Kapitel der amerikanischen Diplomatie ein. Kennedy, so wird angenommen, hatte sich blindlings auf die Berichterstattung des New-York-Times-Korrespondenten David Halberstam verlassen, der ein engagierter Diem-Gegner war. Für mich war David ein alter Freund aus den Zeiten der Kongo-Wirren und Katanga-Feldzüge. Doch für die Hintergründigkeit Südostasiens hatte er wohl weniger Gespür als für die schicke und schöne Welt der amerikanischen Ostküste, die er geistreich zu schildern wußte. Am Ende fiel Ngo Dinh Diem einem amerikanischen Komplott zum Opfer, dessen Ausführung der südvietnamesischen Generalität oblag. Daß der Staatschef dabei ermordet wurde, mag eine Panne gewesen sein. In seinem Stolz und seiner Würde hatte Diem offenbar das Fluchtangebot amerikanischer Zwischenagenten abgelehnt und den Tod vorgezogen. Der Dolchstoß gegen diesen starren, aber aufrechten Patrioten lastete von nun an wie ein Kainsmal auf der gesamten amerikanischen Vietnampolitik.

Auf die Beseitigung Ngo Dinh Diems war das Vakuum gefolgt in Gestalt einer goldchamarrierten Offiziersjunta unter Vorsitz des Generals Duong Van Minh, »Big Minh« genannt. Aber auch er war den Amerikanern schnell suspekt. Dieser phlegmatische Mann hatte in der französischen Armee seine ersten Galons verdient und der alten Kolonialmacht eine völlig unerwartete Loyalität bewahrt. Es dauerte nicht lange, bis Duong Van Minh durch einen neuen, von den Amerikanern inspirierten Putsch gestürzt und nach Bangkok exiliert wurde. Nunmehr fiel die Wahl des amerikanischen Botschafters auf den rundlichen General Khanh mit dem komischen Ziegenbart. Khanh war der Sohn eines Schauspielers und damit Angehöriger eines in Vietnam geringgeachteten Standes. Für die USA war er ein allzu bequemer, völlig unzulänglicher Verbündeter in dieser extremen Krisensituation.

Sein Nachfolger, der Fliegergeneral Nguyen Cao Ky, der mit seinem Schnurrbart wie eine asiatische Kopie des erfolgreichen deutschen Jagdfliegers Galland auftrat, traute seinen Ohren nicht, als ihm der Prokonsul aus den USA die Übernahme der höchsten Staatsgewalt antrug. Dieser draufgängerische Playboy, der gerade die hübscheste Stewardeß von Air Vietnam geheiratet hatte, löste bei seiner Frau helle Heiterkeit aus, als er ihr von seiner Berufung berichtete. »Du als Staatschef!« hatte sie schallend gelacht. Immerhin erkannte Ky, daß die Buddhisten-Bewegung zwar zur Beseitigung des strengen Katholiken Ngo Dinh Diem getaugt hatte, daß sie ihrerseits jedoch zum Sammelpunkt oppositioneller Kräfte wurde und dem Vietcong eine nützliche Tarnung bot. Als es im Frühjahr 1965 im Umkreis der Thien-Mu-Pagode von Hue zu einer offenen Studentenrevolte kam, die sich auf die Lehre Gautamas berief, um gegen die Saigoner Behörden und die amerikanische Überfremdung Vietnams Stimmung zu machen und zu randalieren, ließ der Fliegergeneral überwiegend katholische Fallschirmjäger einfliegen, die sich ein Vergnügen daraus machten, die buddhistischen Bonzen prügelnd auseinanderzutreiben und die Rädelsführer zu verhaften.

Nguyen Cao Ky wurde seinerseits zu Beginn des Jahres 1972 durch einen hohen Militär ganz anderen Kalibers abgelöst. Nguyen Van Thieu stammte aus einer bescheidenen Fischerfamilie in Südannam. Aber er hatte sich die Würde und die starre Miene eines konfuzianischen Hofbeamten zugelegt. Er zeigte sich häufig in Gesellschaft seiner Frau, die aus der Bourgeoisie kam, Katholikin war und sehr geschäftstüchtig agierte. Unter ihrem Einfluß und um seine Karriere zu beschleunigen, die er einst als Leutnant in der französischen Fernostarmee begonnen hatte, war Nguyen Van Thieu unter dem Diktator Ngo Dinh Diem zum Katholizismus übergetreten. Das hatte ihn nicht gehindert, maßgeblich am Generalsputsch gegen den gleichen Diem beteiligt zu sein.

Der Präsident versäumte am Sonntag selten das Hochamt in der katholischen Kathedrale von Saigon, und auch in den Pagoden des regierungstreuen Buddhistenflügels war er häufig zu sehen. Thieu war weder eine Marionette noch ein skrupelloser Opportunist. In seinem reglos abweisenden, sehr gelben Gesicht unter dem straff gescheitelten Haar, das erste weiße Strähnen aufwies, verriet lediglich der intensive Blick eine unüberwindbare Unsicherheit. Thieu war ein Mann des Volkes, aber Ausstrahlung auf das Volk besaß er nicht. Südvietnam sollte von diesem steifen, kontaktarmen Mandarin in Uniform in seine schwerste Stunde geführt werden.

Warum ich anläßlich meines kurzen Aufenthaltes in Hue im Februar 2004 so ausführlich auf die Ränke und Intrigen der südvietnamesischen Offiziersclique amerikanischer Obedienz eingehe? Weil sich damals schon erwies, daß die USA offenbar unfähig sind, glaubwürdige, respektheischende Persönlichkeiten an die Spitze der von ihnen protegierten Staaten zu stellen, und statt dessen immer wieder zur Rekrutierung von »Quislingen« neigen. Gemessen an dem irakischen Defraudanten Ahmed Chalabi, der als Liebling des Pentagon und vor allem des Unterstaatssekretärs Paul Wolfowitz nach einem fast fünfzigjährigen Exil im April 2003 nach Bagdad zurückgeführt wurde und dort die Nachfolge Saddam Husseins antreten sollte, erscheinen die mehr oder weniger gefügigen Militärs von Saigon, vor allem der ermordete Präsident Diem, als recht honorige Gestalten.

Inzwischen ist Chalabi, der die amerikanischen Nachrichtendienste mit Fehlinformationen überschüttet hatte, bei seinen ehemaligen Gönnern in Washington in Ungnade gefallen, wurde vorübergehend sogar des massiven Betruges beim Währungsumtausch und der Spionage für die Mullahkratie von Teheran bezichtigt. Sein Neffe Salem, der von dem amerikanischen Statthalter in Mesopotamien, Paul Bremer, als höchster Richter eingesetzt wurde und das Urteil über Saddam Hussein fällen sollte, geriet seinerseits sogar unter Mordanklage.

Keineswegs besser war es um den ersten Interims-Regierungschef der Arabischen Republik Irak bestellt. Ayad Allawi, der ursprünglich im Dienste der berüchtigten »Mukhabarat« Saddam Husseins tätig war, hatte sich nach seiner Entzweiung mit dem Diktator als Agent des britischen Geheimdienstes MI-6, dann der amerikanischen CIA anwerben lassen. Die Regierungsmethoden, auf die er zurückgriff und die von dem diskreten Nachfolger Paul Bremers am Tigris, Botschafter Negroponte, abgesegnet sein müssen, dürften von der Machtausübung seines früheren Chefs, des »Rais« Saddam Hussein, beeinflusst sein.

Die buddhistische Episode in Südvietnam besitzt einen zusätzlichen aktuellen Bezug. Allzuoft verweigerte sich die amerikanische Psyche dem Verständnis fremder Kulturen, weigerte sich sogar, sie überhaupt gelten zu lassen. So wie der Einfluß des Buddhismus bei den vietnamesischen Massen weit überschätzt wurde, so unterschätzt die Administration Bush heute die tiefe, unlösbare Verwurzelung der arabischen und auch afghanischen Bevölkerung in der Lehre des Propheten Mohammed. Doch damit stehen sie ja nicht allein.

*

Die Zitadelle von Hue, die einst den Kaiserpalast und die »Verbotene Stadt« umschloß, ist nur zum Teil restauriert worden. Die Festung war von dem Gründer der Nguyen-Dynastie, dem Monarchen Gia Long, errichtet worden. Französische Architekten haben diese Festungswälle im Stil des Baumeisters Vauban zu einer Zeit entworfen, als Gia Long sich noch mit Hilfe der späteren

Kolonialmacht gegen die Übergriffe der chinesischen Zentralgewalt zur Wehr setzte. Der Cot-Co-Turm der Zitadelle bohrt sich mit seinem 37 Meter hohen Flaggenmast in den dunkelgrauen Regenhimmel, und eine riesige rote Fahne mit dem gelben Stern wird vom nassen Sturm gepeitscht.

Der Film »Full Metal Jacket« hat diesen Schauplatz für die halbwegs realistische Darstellung eines der Höhepunkte des amerikanischen Vietnamfeldzuges gewählt. Es ging dabei wieder einmal um die Neujahrsoffensive 1968 und die blitzartige Eroberung Hues durch die regulären nordvietnamesischen Regimenter Vo Nguyen Giaps. Die US Marines mußten in die Bresche springen. Sie brauchten 25 Tage, um die kommunistischen Feinde aus der Zitadelle zu werfen, nachdem die Air Force die Paläste und Tempel dieser Hochburg vietnamesischen Nationalbewußtseins zertrümmert und die umliegenden Wohnviertel in Schutt gelegt hatte. Die Marines des Generals Westmoreland konnten sich vor den sie begleitenden Reportern nach der verlustreichen Schlacht rühmen, daß sie in diesem Konflikt niemals ein einziges Gefecht, geschweige denn eine Schlacht verloren hätten, was objektiv stimmte. Sie ahnten aber nicht, daß sie zu Beginn dieses »Jahres des Affen« bereits den Krieg verloren hatten.

Zu Füßen des finsteren Bollwerks und seiner wuchtigen Architektur erstehen vor mir die Bilder einer anderen schicksalhaften Kraftprobe, die sich in den Ostertagen des Jahres 1972 abspielte. Es war ein ähnlich kalter, regnerischer Tag. Zehntausende Flüchtlinge aus dem Norden waren in die Kaiserstadt geströmt, kampierten jämmerlich im Schlamm und schlotterten im nieselnden Dunst. Das Gespenst der Niederlage ging um. Die Soldaten der vietnamesischen Nationalarmee waren auf ihre amerikanischen Verbündeten schlecht zu sprechen. Schon fühlten sie sich von Washington im Stich gelassen. Vor dem Haupttor der Zitadelle waren zwei erbeutete Panzer der kommunistischen Nordarmee zwar als Trophäen ausgestellt. Ein T-54 kam aus russischer, der T-59 aus chinesischer Produktion. Aber sie spendeten keine Zuversicht.

Uns hatte die Nachricht von der Osteroffensive in Manila erreicht. »Die Kommunisten sollen die südvietnamesischen Linien am 17. Breitengrad durchbrochen haben«, meldete der philippinische Fahrer Ben. Am nächsten Tag flogen wir über Saigon nach Hue. Die Sturmtruppen Hanois hatten genau an der Stelle angegriffen, wo niemand damit rechnete, an der schmalen und schwerbefestigten Demarkationslinie des 17. Breitengrades. Die Nationalarmee mußte hier den Bodenkampf allein führen. Als die Nordisten sich am Gründonnerstag nach vernichtender Artillerievorbereitung plötzlich mit Rudeln sowjetischer Panzer vom Typ T-52 und T-54 auf die Stellungen der Südisten stürzten, gab es kein Halten mehr.

Die US Air Force war durch die niedrige Wolkendecke in ihrer Bodenintervention gehemmt. Die amerikanischen »Advisers« ließen sich mit Hubschraubern aus den umzingelten Stützpunkten der McNamara-Linie rund um Dong Ha und Cam Lo ausfliegen, was die Moral der Saigoner Truppe vollends untergrub. Schon hieß es, die Provinzhauptstadt Quang Tri sei gefallen. Zum gleichen Zeitpunkt war eine andere nordvietnamesische Panzerkolonne aus dem kambodschanischen Grenzraum nördlich von Saigon längs der Straße 13 nach Süden geprescht und hatte das Distriktstädtchen Loc Ninh im Handstreich erobert. Bei An Loc hingegen waren die im konventionellen Bewegungskrieg ungeübten Nordvietnamesen, die ihre Panzer ohne ausreichenden infanteristischen Schutz nach vorn geworfen hatten, auf die entschlossene Abwehr der südvietnamesischen Fallschirmjäger und deren panzerbrechende Waffen geprallt. 20 Kilometer südlich von An Loc kam ihr Angriff zum Stehen.

Ich hatte in Hue einen uralten Citroën aufgetrieben, um in Richtung Quang Tri nach Norden zu fahren. Über der Zitadelle wehte die nördlichste amerikanische Fahne in Vietnam. Die US-Berater der Dritten südvietnamesischen Division waren dort gruppiert und hatten mit einer Unzahl von Sandsäcken den Befehlsstand zu einer einigermaßen sicheren Höhle ausgebaut. Im Gegensatz zu den Schönfärbern in Saigon sahen die Advisers von Quang Tri der Zukunft mit bitteren Befürchtungen entgegen. Vor dem Befehlsbunker waren Pontons gestapelt. Jederzeit mußte damit gerechnet werden, daß feindliche Sabotagetrupps die Brücken der lebenswichtigen Straße 1 in die Luft jagten.

Zwei Stunden vor unserer Ankunft war ein solches Kommando von Sturmpionieren bis an den Stadtrand von Quang Tri vorgedrungen, wurde aber dort – knapp 100 Meter vor den ersten Brückenpfeilern – durch südvietnamesische Rangers gestellt und aufgerieben. Nun lagen zwei Dutzend Leichen wie blutverschmierte Puppen in ihren hastig ausgehobenen Schützenlöchern. Die grünen Tropenhelme mit dem roten Stern waren rundum verstreut. Die Bo Doi mußten durch Nahschüsse erledigt worden sein, denn die Köpfe waren durch schreckliche Löcher entstellt. Knapp 500 Meter östlich der Straße 1 entdeckten wir eine Kolonne von sieben nordvietnamesischen Panzern, die den Bazookas der Saigoner Marines zum Opfer gefallen waren. Wie wilde Büffel waren sie nach Süden gebraust und hatten die elementaren Regeln der Absicherung vernachlässigt. Zum ersten Mal gab die Generalität Hanois ihre Vorliebe für den klassischen Bewegungskrieg mit Tankeinsatz nach sowjetischem Vorbild zu erkennen.

Am Ende hatte sich die südvietnamesische Armee in diesen Frühlingswochen 1972 nach anfänglichen Auflösungserscheinungen doch noch gegen den kommunistischen Ansturm recht und schlecht behauptet. Die Amerikaner hatten den »dicken Knüppel« ihrer Luftwaffe herausgeholt, um Hanois Absichten zu durchkreuzen. Acht Flugzeugträger waren im Südchinesischen Meer versammelt. Quang Tri war nach der Einnahme durch die Nordvietnamesen in eine gespenstische Schutthalde, in eine Art konventionelles Hiroschima, verwandelt worden, und die südvietnamesischen Marines hatten tatsächlich diesen Trümmerhaufen zurückerobert. In gewissen Provinzen Nordvietnams, so hatte man in jenen Tagen errechnet, seien auf jeden Quadratmeter Boden durchschnittlich drei amerikanische Bomben niedergegangen.

Präsident Nixon, der Lyndon B. Johnson inzwischen abgelöst hatte, pokerte weiter, indem er die Häfen von Tonking verminen ließ. In Wirklichkeit war das Team Nixon/Kissinger gewillt, mit der Intensivierung ihres Bombenkrieges die vermeintlichen Voraussetzungen zu schaffen, um mit Hanoi zügig über die Beendigung des Vietnamkonfliktes zu verhandeln. Wieder einmal war eine großangelegte Aktion der Nordvietnamesen, die Osteroffensive 1972, nach bescheidenen Anfangserfolgen im Sande verlaufen und nach rein militärischen Kriterien gescheitert.

Aller Welt war vor Augen geführt worden, daß das Heil der Südvietnamesen von der amerikanischen Luftunterstützung abhing. Der Abzug der US-Bodentruppen war seit Johnsons Kandidaturverzicht so systematisch betrieben worden, daß von ursprünglich 550 000 GIs im Frühjahr 1972 nur noch 50 000 in Südvietnam verblieben, und dabei handelte es sich im wesentlichen um Versorgungs- und Etappendienste. Während die Heimführung der Amerikaner unter dem Druck einer hemmungslosen Antikriegskampagne in den USA beschleunigt wurde, sickerten die regulären nordvietnamesischen Divisionen über die porösen Grenzen von Laos und Kambodscha weiter in Südvietnam ein.

Etwa 130 000 Mann reguläre Truppen mochte Hanoi bereits in den Dschungeln und Bergen südlich des 17. Breitengrades stehen haben. Ihren Abzug wollte Präsident Thieu erzwingen, ehe er sich auf konkrete Waffenstillstandsverhandlungen einließ. Aber in diesem Punkt blieb das Politbüro von Hanoi knallhart, leugnete die Präsenz seiner Streitkräfte im Süden rundum ab und zwang die amerikanische Diplomatie, die zum Disengagement aus Indochina getrieben war, zu einer heuchlerischen Vogel-Strauß-Politik. Die Opfer waren General Thieu und seine Armee. Der Waffenstillstand in Vietnam, den Henry Kissinger mit Le Duc Tho, dem Bevollmächtigten Hanois, in den kommenden Monaten mühselig ausarbeitete und dessen Abschluß im Januar 1973 von einer törichten nordischen Jury mit dem Nobelpreis prämiert werden sollte, war nichts anderes als Augenwischerei. Die Amerikaner verschafften sich ein Alibi und lieferten die Südvietnamesen ohne Appell ihrem tragischen Schicksal aus.

Auf dem Heldenfriedhof von Bien Hoa war die Diskussion über Erfolg oder Mißerfolg der Vietnamisierung des Krieges, die im nahen Saigon so angeregt geführt wurde, überflüssig geworden. Hier war sie vollzogen. Hier war sie gelungen, wie die Zyniker sagten, die Vietnamisierung der Särge. Rings um den Totenhügel von Bien Hoa, der von einer geschwungenen Pagode gekrönt war, trafen die südvietnamesischen Gefallenen der letzten Woche in einer ununterbrochenen Folge von Leichenzügen ein. Das Ausschaufeln der Gräber, so schien es, wurde mit mehr Eifer betrieben als der Stellungsbau und das Schanzen an der Front.

Ob Buddhist oder Katholik, ob arm oder reich, ob einsam oder von der spektakulären Klage der Hinterbliebenen mit dem wei- ßen Stirnband der Trauer umgeben, diese Toten hatten eines ge- meinsam: die gelbe Hautfarbe und die gelbe südvietnamesische Fahne mit den drei blutroten Streifen auf dem Sarg. Bei der angel- sächsischen Presse war es Mode, die Kampfleistungen der Armee von Saigon zu schmähen. Wieviel Tapferkeit und stoisches Aus- harren auch auf südvietnamesischer Seite aufgeboten wurde, zeig- ten diese Gräber. Jedenfalls war auf ihre Loyalität weit mehr Ver- laß als bei der irakischen Nationalgarde, die dreißig Jahre später in aller Eile von US-General Abizeid in Bagdad zusammengetrom- melt wird.

Ganz in der Nähe dieses südvietnamesischen Golgatha, im amerikanischen Mammut-Stützpunkt nahe von Bien Hoa, fand unaufhaltsam – die Wahlversprechungen des amerikanischen Prä- sidenten mußten eingehalten werden – die Evakuierung der letz- ten GIs statt. Die Soldaten aus der Neuen Welt waren einst bei ihrer Ankunft von südvietnamesischen Ehrenjungfrauen bekränzt worden. Der Abgang verlief beinahe in Schande. Bärbeißige Militärpolizisten ließen das Gepäck der Heimkehrer von Spür- hunden nach Rauschgift durchschnüffeln. Der Heroinkonsum unter den Amerikanern in Indochina hatte erschreckende Aus- maße angenommen, und nun befürchtete man, daß die Seuche auf die Heimat übergreifen könnte.

Eine demoralisierte Armee machte sich hier aus dem Staub, und es wirkte grotesk, wenn gewisse Exhibitionisten vor dem Be- steigen der Transportmaschine nach Guam vor versammelten Pressefotografen noch einen Champagnerkorken knallen ließen und das V-Zeichen wie »Victory« machten. In den Bars der Tu- Do-Straße, wo die grünuniformierten Amerikaner und die Bar- mädchen sorgenvoll in die Zukunft blickten, klangen immer häu- figer Protestsongs aus den Jukeboxes. »Bring them home«, hieß eines dieser Lieder. Die Boys sollten leben, die Vietnamesen soll- ten zusehen, wie sie zurechtkamen.

In der Nähe des »Eisernen Dreiecks«, wo der Vietcong durch

nordvietnamesische Reguläre verstärkt wurde und das Gesetz des Handelns an sich gerissen hatten, hielt eine Nachhut der berühmten »First Cavalry Division« noch den Feuerstützpunkt »Melanie«. Vor sieben Jahren, als der amerikanische Vietnameinsatz so hoffnungsvoll begann, hatten sich die GIs in ähnlich sternförmigen Festungen verschanzt, als gelte es, einen neuen Indianerkrieg zu führen und ein modernes Wildwestabenteuer zu bestehen. Bei den letzten Hubschrauber-Kavalleristen von »Melanie«, deren Vorgänger – damals noch beritten – die mörderische Indianerschlacht am »Little Big Horn« lieferten, war von den trügerischen Siegeserwartungen nur der schale Nachgeschmack geblieben. Aus dem »Soldier Blue« der Indianerkriege ist der »Soldier Green« von Vietnam geworden. Die Filmproduzenten von Hollywood entdeckten plötzlich, daß sich zwischen der Ausrottung der Indianerstämme durch die Blauröcke des neunzehnten Jahrhunderts und dem Massaker von My Lai durch die verstörten Grünröcke des feisten Leutnant Calley ein schauriger Zusammenhang konstruieren ließ. Die Außenposten der Ersten Kavalleriedivision waren zu Friedhofswächtern der verlassenen Monsterbasen rings um Saigon geworden. Sie hüteten die Trümmer eines verflüchtigten Riesenheeres. Auf den Schutthalden türmten sich kilometerweit Berge von Schrott, die Exkremente des Krieges. Auf einem Panzerwrack las ich die ungelenke Inschrift: »Give peace a chance!«

»Im Felde unbesiegt«, so hätte die US Army sich rühmen können. Aber inzwischen hat sich herausgestellt, daß Amerika offenbar nicht geschaffen ist für die Abnutzungskriege, »war of attrition«, die ihm von nun an weltweit bevorstanden. Das Scheitern in Indochina wirft ein trübes Licht auf die Partisanenbekämpfung, die »counterinsurgency«, auf die Präsident George W. Bush sich nach dem 11. September 2001 rund um den Erdball eingelassen hat. Am Ende drohen Afghanistan und Irak, wo eine neue Weltordnung nach US-Vorstellung entstehen sollte, sich als »failed states« zu erweisen und die dort geführten Feldzüge als »failed wars«.

Dabei hätte der klägliche Präzedenzfall von Somalia im Jahr 1994 bereits als Warnsignal dienen müssen. In Bagdad redete der Interims-Regierungschef Ayad Allawi gern von der erfolgreichen »Irakisierung« der Streitkräfte. Von der Million Bewaffneter, die

274

dem südvietnamesischen Präsidenten Nguyen Van Thieu vor dem Zusammenbruch immerhin zur Verfügung standen, sind die einheimischen Hilfskräfte Amerikas im Zweistromland unendlich weit entfernt. Schon zeichnet sich ab, daß es sich hier im wesentlichen auch um eine »Irakisierung der Särge« handeln wird.

*

Wenden wir uns wieder dem Helden von Dien Bien Phu, dem General Vo Nguyen Giap zu. Für ihn hatte sich schon bei der Planung der Neujahrsoffensive 1968 eine bittere Auseinandersetzung mit den einflußreichen Politbüro-Mitgliedern Truong Chinh und Le Duan angebahnt. Giap hatte mit seiner Voraussage recht behalten, daß der Massenaufstand des Vietcong im Mekong-Delta zur physischen Vernichtung der dortigen Partisaneneinheiten und zur Ausrottung der politischen Kader führen würde. Sie hatten ja im Januar 1968 ihre Tarnung abgestreift. Seine politischen Gegner in Hanoi konnten jedoch darauf verweisen, daß dieses militärische Desaster ausgeglichen, ja überkompensiert wurde durch den politischen Erfolg, die psychische Zersetzung und moralische Erschlaffung des übermächtigen Gegners.

Der Defätismus hatte auf die US Army übergegriffen. In Paris wurden erste Kontakte zwischen Washington und Hanoi mit dem Ziel eines Waffenstillstandes geknüpft. Viel negativer für Giaps Einfluß in den höchsten Parteigremien von Hanoi sollte sich die Oster-Offensive des Jahres 1972 auswirken. Sein Freund und Gönner Ho Tschi Minh war am 2. September 1969 gestorben, und nun sah sich der Oberbefehlshaber der intensiven Kritik seiner in- und ausländischen Parteigenossen ausgesetzt.

Vo Nguyen Giap hatte heftigen Einspruch gegen die konventionelle Angriffsstrategie erhoben. Er war im Politbüro überstimmt worden und sah sich nun gezwungen, die Pläne für einen Blitzkrieg seiner bescheidenen Panzertruppe im Raum Quang Tri und Loc Ninh zu entwerfen, gegen den er sich stets gesträubt hatte und für den er auch gar nicht geschult war. Trotz dieser Einwände machte man ihn später dafür verantwortlich, daß die Tanks der Nordarmee durch die US-Luftwaffe zermalmt und durch die Bazookas der Saigoner Parachutisten gesprengt wurden, kurzum, daß der geplante Durchbruch in seinen Ausgangsstellungen steckenblieb. Am Ende konnten sich seine Gegner, die die eigentliche Verantwortung für diese militärische Fehlentscheidung trugen, allerdings damit herausreden, daß die Oster-Offensive die amerikanische Verhandlungsposition zusätzlich aufgeweicht und das Tandem Nixon/Kissinger dazu bewogen hatte, ihr Engagement in Südostasien Hals über Kopf unter Aufopferung der Saigoner Verbündeten abzubrechen.

Nachdem Präsident Nixon den »Großen Steuermann« Mao Zedong in Peking aufgesucht und einen Modus vivendi mit der Volksrepublik China vereinbart hatte, ließ er in der letzten Phase des Krieges das Bombardement Nordvietnams erbarmungslos intensivieren. Hanoi blieb nichts anderes übrig, als eine massive Unterstützung Pekings anzufordern. So rückten chinesische Flakartilleristen und Pioniere in Stärke von 120 000 Mann in Tonking ein, um die unentbehrliche Infrastruktur zu retten und die Aktion der US Air Force einzuschränken.

Auf Betreiben der prochinesischen Fraktion war General Giap im April 1973 als Oberbefehlshaber abgesetzt und durch seinen Stabschef, General Van Tien Dung, ersetzt worden. Letzterem fiel zwei Jahre später die glorreiche Aufgabe zu, bis Saigon vorzustoßen und die Kapitulation der Südarmee entgegenzunehmen. Der ehemalige Geschichtslehrer Giap machte sich keine Illusionen darüber, daß Peking einer Erstarkung Vietnams ablehnend gegenüberstand. Einige Jahre später sollte er in einem Interview die Katze aus dem Sack lassen: »Die Chinesen«, so sagte er, »wollen Vietnam geteilt lassen, unsere Kräfte auf niedriges Niveau reduzieren. Sie haben uns wissen lassen, daß die Wiedervereinigung Vietnams noch mindestens hundert Jahre beanspruchen würde.«

Bis zum Februar 1980 fungierte Giap als Verteidigungsminister, aber sein Einfluß auf die Gestaltung der Streitkräfte wurde verringert. Auch in dieser Regierungsfunktion wurde er schließlich von General Van Tieng Dung abgelöst. Im Jahr 1991, am Vorabend seines 80. Geburtstags, wurde er sogar aus dem Politbüro der Lao-Dong-Partei ausgeschlossen. Seine beherrschende Rangordnung hatte er dort längst eingebüßt. Der ehrgeizige Stratege muß diese

Demütigungen und niedrigen Intrigen mit tiefer Bitterkeit erduldet haben. »Sie haben mich zwölfmal zu Grabe getragen«, soll er gespottet haben.

Aber an seiner historischen Statur konnten die mißgünstigen Rivalen nicht rütteln. Wer kennt heute noch die Namen Le Duan, Truong Chinh oder auch Pham Van Dong? Vo Nguyen Giap hingegen bleibt mit 92 Jahren das eindrucksvolle Symbol des nationalen Heldentums, einer unbändigen revolutionären Kraft Vietnams, die dreißig Jahre lang die Welt in Atem hielt. Nur vorübergehend hatte sich der »asiatische Napoleon« in die Dichtung geflüchtet. Folgender »Haiku« aus seiner Feder wird noch gelegentlich zitiert: »Die großen Begabungen welken wie die Blätter im Herbst; aber die Helden leuchten ewig wie das Morgenrot.«

Die Krallen des Großen Drachen

HALONG-BUCHT, IM FEBRUAR 2004

Der Vollmond zieht einen breiten Silberstreifen über die stillen Wasser der Halong-Bucht. Die Sonne war in mystischer Schönheit untergegangen. Aus der smaragdgrünen See ragten die dunkel bemoosten Inselfelsen – dreitausend insgesamt – wie bizarre Pagoden in diese asiatische Zauberwelt. Es ist, als wollte Vietnam, das in meinem Leben eine so bedeutende Rolle gespielt hat, mir ein grandioses Abschiedsspektakel bieten. Unsere Motor-Dschunke aus massivem Holz ist mit allem Komfort ausgestattet. Am Bug trägt sie – wie alle vietnamesischen Schiffe und Boote – zwei aufgepinselte Augen, die Zusammenstöße verhindern und böse Wassergeister bannen sollen. Ganz vorn reckt sich ein kunstvoll geschnitzter Drachenkopf.

Der ganze Golf von Tonking, dem die Halong-Bucht zugerechnet wird, ist ein Ort von hoher strategischer Bedeutung. In dieser Ausbuchtung des Südchinesischen Meeres hat der Vietnamkonflikt der Amerikaner seinen Anfang, zumindest den Vorwand zu seiner Entfesselung gefunden. Nicht nur der Irakkrieg wurde mit verlogenen Argumenten und Fälschungen vom Zaun gebrochen. Die irreführenden Äußerungen Colin Powells, des bislang hochgeachteten US Secretary of State, im Weltsicherheitsrat, als er die angeblichen Massenvernichtungswaffen Saddam Husseins auflistete, sind noch in aller Gedächtnis, ebenso die absurde Behauptung Tony Blairs, der Irak sei in der Lage, binnen 45 Minuten ein nukleares Inferno zu entfesseln.

In Südostasien wurde vierzig Jahre zuvor nicht weniger schamlos getrickst. Es war im Juli 1964. Laut Meldung der US Navy waren amerikanische Zerstörer auf offener See von nordvietnamesischen Schnellbooten angegriffen worden, hieß es damals. Darauf stützte sich Präsident Johnson, um die Bombardierung Nordvietnams anzuordnen. Die massive Landung von Bodentruppen folgte ein knappes Jahr später. In Wirklichkeit hatte sich 1964 alles ganz anders zugetragen, wie die 1971 veröffentlichten »Pentagon Papers« eindeutig enthüllen sollten. Der US Destroyer »Maddox«, mit modernstem Abhör- und Spionage-Equipment versehen, kreuzte schon seit Wochen in den nordvietnamesischen Hoheitsgewässern. Als Reaktion auf die militärische Unterstützung, die der Vietcong seit 1960 aus Hanoi erhielt, war Saigon dazu übergegangen, mit Hilfe amerikanischer Kriegsschiffe Sabotagekommandos von Rangern und Infiltranten an der Küste abzusetzen.

Zwei US-Zerstörer, »Maddox« und »Turner Joy«, befanden sich zur Zeit des Tonking-Golf-Zwischenfalls in unmittelbarer Küstennähe, und eine nennenswerte Gegenwehr der kümmerlichen Kriegsmarine Nordvietnams kam überhaupt nicht in Frage. Das hinderte den US Congress jedoch in keiner Weise, am 10. August 1964 eine Resolution zu verabschieden, die Lyndon B. Johnson den Blankoscheck zur Entfesselung des Krieges ausstellte. Wer nach Parallelen sucht zwischen den beiden US-Engagements in Vietnam 1965 und in Irak 2003, sollte diesen Doppelfall gezielter Desinformation der eigenen öffentlichen Meinung, der eigenen Parlamentarier und des verbündeten Auslandes stets vor Augen haben.

*

In konservativen Kreisen der USA wird immer wieder behauptet, der Vietnamkrieg sei von Johnson nur mit der linken Hand geführt worden. Wäre man dem Ratschlag des Fliegergenerals Curtis LeMay gefolgt, der die Volksrepublik von Hanoi »in die Steinzeit zurückbomben« wollte, hätte man notfalls auf taktische Atomwaffen zurückgegriffen und auch den Norden Vietnams militärisch besetzt, dann hätte diese Kraftprobe gegen ein drittrangiges Entwicklungsland zwangsläufig zum Sieg Amerikas geführt. Diese Behauptungen entsprechen in keiner Weise der Realität.

Zunächst einmal der Bombenkrieg: Es wurde über Indochina zwischen 1964 und 1973 mehr Explosivlast ausgeschüttet als im gewaltigen »Orlog« des Zweiten Weltkriegs an der europäischen und an der pazifischen Front zusammen. Wer das unaufhörliche Karussell der startenden und landenden Kampfflugzeuge auf den Flugplätzen von Danang und Tan Son Nhut beobachten konnte und die Flugzeugträger hinzurechnete, die in ständigem Einsatz kreuzten, weiß sehr wohl, daß das Maximum an Vernichtungskraft ausgeschöpft wurde. Gewiß hätte man die Deiche des Roten Flusses zerstören, eine fürchterliche Überschwemmung auslösen und ein paar Millionen Nordvietnamesen dabei ertränken können.

Es gab ja den Präzedenzfall des Marschalls Tschiang Kai-schek, der 1939 die Deiche des Hoang Ho gesprengt hatte, um den Vormarsch der Japaner zu verlangsamen, und dabei den Tod von einer Million seiner eigenen Landsleute in Kauf nahm. Doch eine solche Aktion der US Air Force hätte einen weltweiten Sturm der Entrüstung ausgelöst, und auch das Gewissen Amerikas hätte sich dagegen aufgelehnt. Von Nuklearschlägen konnte im eigenen Interesse der USA nicht die Rede sein, denn damit wäre die Schwelle zur Apokalypse gefährlich gesenkt worden und die Sowjetunion gezwungen gewesen, eine neue »Kubakrise« vom Zaun zu brechen.

Völlig absurd klingt die Vorstellung, die US-Truppenpräsenz hätte auch auf Tonking ausgedehnt werden können. Für diese Eventualität, die er nüchtern einkalkulierte, hatte Verteidigungsminister Vo Nguyen Giap bereits vorgesorgt. Jedes Dorf war bewaffnet und durch unterirdische Stollen zu einer kleinen Festung ausgebaut worden. Dazu hätte sich eine ganz andere, riesengroße Gefährdung der US-Landungstruppen gesellt. Schon einmal – im koreanischen Kriegswinter 1950/1951 – hatte die Volksrepublik Mao Zedongs, die zu jener Zeit kaum gegründet und erbärmlich bewaffnet war, das Vordringen der US Army bis zum Yalu-Fluß am Rande der Mandschurei, das bereits als großer Sieg gefeiert wurde, mit einer unwiderstehlichen Gegenoffensive beantwortet. Das rote Reich der Mitte gab zu verstehen, daß es keine amerikanische Militärpräsenz an seinen Grenzen dulden würde. Zum Entsetzen des Pentagons wurden die Divisionen des Generals MacArthur auf den achtunddreißigsten Breitengrad zurückgeworfen. Auch im Indochina-Konflikt wäre Peking für ähnliche Extravaganzen der US-Strategie gerüstet gewesen. Es waren ganze Armeen in den Südprovinzen Kwangsi und Yünan zum sofortigen Gegenschlag zusammengezogen.

*

Bekanntlich hinken alle Vergleiche, und man hüte sich vor pauschalen Beurteilungen. Aber es sind ja die amerikanischen Medien und Politiker, die das Vietnamtrauma im Zusammenhang mit der jetzigen desolaten Situation im Irak ständig neu anheizen. Man denke nur an den Exverteidigungsminister Robert McNamara, der mit tragischer Verspätung in seinem letzten Buch sein »mea culpa« schlägt. Bis zum Zeitpunkt der amerikanischen Präsidentenwahl im November 2004 waren an Euphrat und Tigris nicht viel mehr als tausend amerikanische Soldaten gefallen. In Indochina hingegen war die Verlustzahl am Ende auf mehr als 57 000 angeschwollen. Das Prestige der USA hat durch das Versagen gegen einen drittklassigen Gegner in Südostasien schweren Schaden erlitten. In den Vereinigten Staaten selbst ging ein tiefer Riß durch die aufgepeitschte öffentliche Meinung.

Wirklich gravierende Konsequenzen hat die Niederlage von Saigon für die weltweite Vorrangstellung Amerikas dennoch nicht gehabt. Es war lediglich eine Außenposition am Rande Asiens verlorengegangen. Die strategische Verankerung in dieser Region war durch mächtige Basen auf den Philippinen, auf Guam, Oki-

280

nawa, Diego Garcia solide abgestützt. Ein wirtschaftlicher Verlust trat mit dem Rückzug aus Indochina nicht ein. Blieb die Befürchtung, das wiedervereinigte Vietnam könne auf die Nachbarstaaten, sogar auf Thailand, auszugreifen versuchen, zumal die Schaffung einer indochinesischen Föderation unter Einschluß von Laos und Kambodscha im Testament Ho Tschi Minhs als nationale Aufgabe vorgegeben war.

Auch in diesem Punkt gab China den Ausschlag und bestätigte die bösen Ahnungen, die Vo Nguyen Giap im Politbüro beharrlich und oft vergeblich vorgetragen hatte. Fast automatisch fiel das Königreich Laos nach dem Sieg des Generals Van Tien Dung unter den Einfluß Hanois. In der Hauptstadt Vientiane am Mekong wurde mit Hilfe der Aufstandsbewegung Pathet Lao ein vietnamesisches Vasallenregime installiert. Unmittelbar vor dem Fall von Saigon hatten sich im nahen Kambodscha die »Roten Khmer« an die Macht gekämpft. Sie schufen ein absurdes, mörderisches Terrorsystem, den sogenannten Steinzeit-Kommunismus, und verjagten die Einwohner von Pnom Penh ohne Ausnahme aus der Hauptstadt. Die gesamte Bevölkerung wurde in Zwangs- und Konzentrationslagern zum kollektiven Reisanbau unter härtesten Bedingungen verurteilt. Die Roten Partisanen, oft noch im Kindesalter, verübten zahllose Massaker, wobei sie ihre Opfer – für die Gewehrmunition zu wertvoll war – mit Stöcken erschlugen oder mit Plastiktüten erstickten.

Zwischen diesen wahnwitzigen Horden des geheimnisumwitterten Oberbefehlshabers Pol Pot und den vietnamesischen Kommunisten hatte von Anfang an Mißtrauen, ja eine alt überlieferte Feindschaft bestanden. Diverse Grenzzwischenfälle nahm die Führung von Hanoi zum Anlaß, im Januar 1979 in Kambodscha einzufallen. Die vietnamesische Eroberungsarmee war 180 000 Mann stark. Sie verfügte mit ihren T-54 über ein veraltetes, aber unschlagbares Panzerkorps. Zudem besaß sie die Lufthoheit. Ihr standen nur 40 000 leicht bewaffnete Partisanen der »Khmers Rouges« gegenüber. General Van Tien Dung führte einen Blitzkrieg, und niemand zweifelte damals an der endgültigen Einverleibung Kampucheas in die expandierende Einflußzone Hanois.

In dieser Stunde voreiligen Triumphes holte der chinesische

Drache am 17. Februar 1979 zum mächtigen Krallenschlag aus. Mit dem Einsatz von mehr als 200 000 Soldaten der Volksbefreiungsarmee leitete Peking seine »Strafaktion« gegen Vietnam ein. Bei allem Abscheu vor den Greueln Pol Pots und seiner Gefährten, bei aller Kritik an deren ideologischem Irrwitz hatte Deng Xiaoping das Horrorregime Kampuchea unter seine Fittiche genommen. Oft genug hatte er gewarnt, daß China ein feindliches Vorgehen gegen Pnom Penh nicht tolerieren würde. Mit der Grenzoffensive der Volksbefreiungsarmee, so wurde feierlich versichert, würde kein dauerhafter Geländegewinn angestrebt. Es handele sich um eine räumlich und zeitlich limitierte Strafaktion gegen die »Revisionisten« und »Provokateure« von Hanoi. Sobald den vietnamesischen Kriegstreibern ein gehöriger Denkzettel verpaßt sei, würden sich die Soldaten Pekings auf ihre Ausgangsstellungen zurückziehen. Auf keinen Fall beabsichtige China gegen das Herzland von Tonking, das Delta des Roten Flusses oder gar gegen die Hauptstadt Hanoi vorzurücken.

Tatsächlich hatte Giap für den Extremfall vorgesorgt. Dem massiven Ansturm der chinesischen Divisionen begegnete er mit flexibler Verteidigung, dem Einsatz ortskundiger Milizen und einem unterirdischen Tunnelsystem, das sich bereits gegen die US Army bewährt hatte. Seine kampferprobten Bo Doi fügten den Chinesen hohe Verluste – mindestens 30 000 Tote – zu, während die eigenen Ausfälle relativ gering blieben. Zwei chinesische Divisionskommandeure, so hieß es, seien wegen Unfähigkeit degradiert worden. Nur siebzehn Tage hat diese »Strafaktion« gedauert, und sie war alles andere als ein chinesischer Triumph. Vo Nguyen Giap sah sich durch seinen Abwehrerfolg an der Nordgrenze Tonkings noch einmal bestätigt.

Obwohl der Partisanenkrieg der »Khmers Rouges« in den Dschungeln Kambodschas – vornehmlich im thailändischen Grenzgebiet und dem Elefanten-Gebirge – hartnäckig andauerte, ließ er sich dazu hinreißen, am 22. Juli 1979 in Pnom Penh den totalen Sieg über die abscheulichen Killer-Banden Pol Pots zu verkünden. Damit war er zum ersten Mal seiner langen und glorreichen Karriere einer strategischen Fehlanalyse und einem schwerwiegenden Irrtum aufgesessen.

Gegen eine fanatische Truppe von versprengten Guerilleros, gegen die »Roten Khmer«, hatte er sich aufgrund des erdrückenden materiellen Vorteils seiner eigenen Armee zu ähnlicher Überheblichkeit verleiten lassen wie seine französischen und amerikanischen Gegner in den vergangenen Jahrzehnten, die er ob ihrer mangelnden Anpassungsfähigkeit an die neuen Gesetze des revolutionären Krieges so heftig und sachkundig kritisiert hatte. Der sporadische Widerstand der Pol-Pot-Anhänger – durch chinesische Waffenlieferungen gestärkt – zog sich mehrere Jahre hin, bis Hanoi am Ende die verheerenden psychologischen und wirtschaftlichen Folgen dieses Abnutzungskrieges erkannte und den militärischen Rückzug aus den »killing fields« von Kambodscha befahl.

*

Selbst auf dem Höhepunkt des heroischen Abwehrkampfes der Nordvietnamesen gegen die amerikanische Übermacht hatte Mao Zedong mit kaiserlicher Geringschätzung auf die Machthaber von Hanoi herabgeblickt. Die führende Quadriga des dortigen Politbüros – Pham Van Dong, Vo Nguyen Giap, Le Duan, Truong Chinh – soll er mit ätzendem Spott als »vier rote Bettelmönche« beschrieben haben, die »stets den leeren Napf hinhalten«.

Aber auch die Strategie des »Großen Steuermannes« entspricht nicht mehr den Erfordernissen der Gegenwart. Die überalterte Generalität, die Veteranen des »Langen Marsches« hätten am liebsten an den starren Prinzipien des Massenaufgebots und des Angriffs der »human waves« festgehalten, die sich in Korea bewährt hatten. Der modernen Technologie standen sie skeptisch, abweisend und ziemlich hilflos gegenüber. Erst in der kurzen, enttäuschenden Auseinandersetzung mit den Vietnamesen wurde ihnen unmißverständlich vor Augen geführt, daß die Ausrüstung und das ganze strategische Konzept ihrer Soldaten obsolet waren. Die mißlungene Strafaktion schuf die Voraussetzung für die mühsame Ingangsetzung der »vierten Modernisierung« Deng Xiaopings. Seitdem haben sich Geisteshaltung und Methodik der chinesischen Streitkräfte von Grund auf verändert. Das junge

Offizierskorps ist von dem brennenden Ehrgeiz besessen, den immensen technischen Vorsprung der USA einzuholen und wettzumachen, selbst wenn dieser Kraftakt zwei oder drei Jahrzehnte in Anspruch nähme.

Und wie ist es um den Westen bestellt? Für die Partisanenbekämpfung, die »counterinsurgency«, den Krieg gegen den Terror, der neuerdings in so vielen Köpfen spukt und sich zum Alptraum des globalen Imperialanspruchs der USA auswächst, fehlt jedes überzeugende Konzept. Mit den ethischen Vorstellungen der westlichen Welt ist jene grauenhafte Analyse absolut unvereinbar, die ich vor einigen Jahren in einer anonymen arabischen Veröffentlichung entdeckte. »Es gibt nur ein Mittel«, so heißt es da, »den Aufstand eines Volkes zu brechen, das sich um keinen Preis ergeben will. Man muß es ausrotten. Es gibt nur ein Mittel, ein Territorium zu unterwerfen, auf dem sich ein unbeugsamer Widerstand eingenistet hat. Man muß es in eine Wüste verwandeln. Wo diese extremen Methoden – aus welchem Grunde auch immer – nicht angewendet werden können, ist der Krieg verloren.«

IRAK

Unter dem Schutz der Ayatollahs

Der letzte Schlager in Bagdad

An Warnungen hatte es nicht gefehlt. Schon für die Fahrt vom Flugplatz Bagdad bis zu meinem Hotel im Zentrum, so wurde mir geraten, solle ich eine gepanzerte Limousine mit Bodyguards oder sogar einen Panzerspähwagen anfordern. Es ist die Strecke, »Irish« genannt, auf der unlängst die italienische Journalistin Giuliana Sgrena mitsamt ihren Befreiern unter amerikanischen Beschuß geriet, unter »friendly fire«, wie man sagt. Bei Tage erscheinen diese zwanzig Kilometer Autobahn relativ banal. Vor explodierenden »roadside bombs« und Panzerfäusten vom Typ RPG-7 gibt es ohnehin keinen wirksamen Schutz, und ich hatte mich von Anfang an dafür entschieden, Sicherheit in der Unauffälligkeit, im »low profile«, zu suchen. Die Methode hat sich bewährt.

Mein irakischer »Fixer«, an seinem weißen Haar und dem eleganten Blazer zu erkennen, erwartet mich am ersten Checkpoint. Als »Fixer« bezeichnen die im Irak tätigen Reporter jene lokalen Mitarbeiter, die Kontakte herstellen sollen und sich als Dolmetscher betätigen. In mancher Hinsicht ist man auf ihre Zuverlässigkeit angewiesen. Imad ist Sunnit und ehemaliges Mitglied der Baath-Partei Saddam Husseins. Für die Fühlungnahme zu den Schiiten steht mir ein anderer Weggefährte namens Basim zur Verfügung, der ein vorzüglicher Informant ist. Auf dem Weg in die Stadtmitte fällt mir die vermehrte Anzahl irakischer Polizisten und Nationalgardisten auf. Oft treten sie unter schwarzen Gesichtsmasken auf, fuchteln wild mit ihren Kalaschnikows herum und flößen wenig Vertrauen ein. Die Patrouillen der Amerikaner sind seltener geworden. Die US Army scheint vor allem damit beschäftigt zu sein, sich selbst zu schützen. Jeder irakische Chauffeur versucht auf Distanz zu gehen, wenn die sandfarbenen »Humvees« oder Bradley-APC auftauchen. Die GIs – gewappnet wie Ritter des Mittelalters – sind bevorzugte Ziele für Bombenanschläge. Sobald sie sich bedroht fühlen, schießen sie nervös und ziemlich wahllos um sich.

Seit vierzehn Monaten bin ich nicht mehr in Bagdad gewesen. Die Dinge haben sich nicht zum Positiven entwickelt. Da jede Behörde, jedes Hotel und zahlreiche Privathäuser durch hohe Betonplatten gegen Sprengstoffanschläge abgeschirmt sind, lastet die Stimmung eines riesigen Gefängnisses über der Metropole. Die Darstellungen der schiitischen Imame Ali und Hussein sind weniger spektakulär als beim letzten Aufenthalt. Dafür sind die Mauern und Rondelle mit Wahlplakaten beklebt, auf denen Kandidaten der diversen Parteien abgebildet sind. Diese Politiker sind den wenigsten bekannt. Auf anderen Postern halten jubelnde irakische Männer und Frauen den blaugefärbten Zeigefinger hoch als Beweis dafür, daß sie ihrer patriotischen Pflicht genügt und ihre Stimme abgegeben haben. In Wirklichkeit ist die Beteiligung der Bagdadi am Urnengang bescheiden geblieben.

Ohne Zwischenfall haben wir das Hotel »Rimal« erreicht, in dem ich auch bei meinem letzten Aufenthalt logiert hatte. Das fünfstöckige Gebäude wie auch das gegenüberliegende »Funduq el Arz – Hotel zur Zeder« wurden zur Festung ausgebaut. Mächtige Betonblöcke, schwere Stahltüren, hohe Zementmauern und Stacheldrahtverhaue schirmen den Komplex nach allen Seiten ab. Ein beachtliches Aufgebot von einheimischen Sicherheitskräften ist angeworben worden, die ihre Kalaschnikows auf den sich nahenden Fremden und mehr noch auf sein Fahrzeug richten. Jeder Gast wird nach Waffen abgetastet. Unter die Karosserie des Wagens wird ein Spiegel geschoben, die Motorhaube aufgeklappt und der Kofferraum durchsucht. Die Wachmannschaften tragen Phantasie-Uniformen oder Zivilkleidung. Man gewöhnt sich schnell an sie, und ihr gutes Personengedächtnis erleichtert den Zutritt.

Das Rimal empfängt uns wie eine Oase der Behaglichkeit. Das Hotel gehört einer christlich-chaldäischen Familie. Das Restaurant und die durchaus akzeptablen Zimmer sind renoviert worden. An der Rezeption sitzt eine stark geschminkte, blond gefärbte Orientalin, die sich um die strengen Gesetze der Prüderie, die außerhalb des Rimal gelten, nicht zu scheren scheint. Die Laszivität geht hier sogar so weit, daß im Restaurant Alkohol serviert wird. Diese Herberge hält noch mehr Überraschungen bereit. In dem kleinen Souvenirladen sind für zehn Dollar Armbanduhren mit dem Bild Saddam Husseins zu kaufen und auch T-Shirts, auf denen geschrieben steht: »Idha qala Saddam, qala el Iraq – Wenn Saddam gesprochen hat, sprach der Irak.« Zum Abendessen setzt sich ein grauhaariger Iraker ans Piano und singt Schnulzen und Schlager von anno dazumal. »Amor, amor, amor«, oder »Bésame, bésame mucho« und »che serà, serà« gehören zu seinem Repertoire. Melancholie stellt sich ein.

Sobald die Dunkelheit hereinbricht, erstirbt das Leben in Bagdad. Dann schaut man sich unter den Gästen des Rimal um. Aus »El Arz« kommen ein paar Söldner herüber, überwiegend Engländer, Amerikaner, Südafrikaner. Inzwischen soll es auch ein paar ehemalige Fremdenlegionäre geben. Die einen haben hartgeschnittene Gesichter und sind trainierte Kämpfer. Andere sind so pummelig, wie junge Amerikaner das heute oft zu sein pflegen. Sie tragen stets Waffen bei sich. Speziell sind sie als Personenschutz irgendwelcher geheimnisvoller Prominenter eingesetzt, deren schwarze, gepanzerte Limousinen im Innenhof parken. Im vierten Stock ist recht und schlecht die EBU, die »European Broadcasting Union«, untergebracht. Die jungen Kollegen sind höflich und hilfsbereit. Sie müssen sich zu Tode langweilen. Ein angegrauter Engländer, ehemaliger Unteroffizier, wie ich schätze, kümmert sich um ihre Sicherheit. Ein Serbe von etwa dreißig Jahren und zwei Briten versehen an verschiedenen Monitoren und Sendeapparaturen ihren Dienst. Einer von ihnen liest Roland Barthes, was seine Stimmung nicht gerade aufheitern dürfte. Der andere surft Stunden im Internet und sucht nach einer preiswerten Villa in Devonshire, die er nach der Rückkehr von seinen Ersparnissen erwerben möchte. Sie sind in Bagdad für gutes Geld, und sie unterliegen aus Sicherheitsgründen der strikten Weisung, während des mehrwöchigen Aufenthalts das Hotel kein einziges Mal zu verlassen.

Ähnlich sollen sich die meisten Journalisten verhalten, die das Hotel »Palestine« oder »El Mansur« bevölkern. Für ihre »standups« steht ihnen dort der immer gleiche Hintergrund einer Moscheekuppel zur Verfügung. In die Straßen der Hauptstadt traut sich kaum noch jemand seit den jüngsten Geiselnahmen. Wenn wirklich die überwiegend angelsächsischen Reporter mit der Truppe aufbrechen, tun sie das unter den strengen Beschränkungen der »embedded journalists«, das heißt, sie geben eine Darstellung der Zwischenfälle und Kampfaktionen wieder, die eines offiziellen Militärsprechers würdig sind.

Die meisten Bombenanschläge, die Selbstmordattentate, die sich täglich irgendwo in Bagdad abspielen, nimmt man kaum wahr. Man erfährt davon, falls man sich nicht in Begleitung von Leibwächtern zu den offiziellen Briefings der Besatzungsbehörde in die »Green Zone« begibt, wie das die Agenturkorrespondenten tun, über den Fernsehapparat. Die Zwischenfälle werden ausschließlich von arabischen Kamerateams gedreht, und die Qualität der Bilder hat nachgelassen, seit der Sender »El Jazira« durch die »demokratische« Regierung Allawi des Landes verwiesen wurde. Nachts dröhnen gelegentlich ferne Explosionen, oder ein aufgeregter Wachmann feuert das Magazin seines Sturmgewehrs leer.

Am ersten Nachmittag lasse ich mich von Imad, der inzwischen seine elegante Jacke gegen ein gewöhnliches T-Shirt eingetauscht hat, zur deutschen Botschaft fahren. Ohne jeden Begleitschutz wohlweislich. Selbst die deutschen GSG-9-Beamten, die die Vertretung der Bundesrepublik schützen und über hohe Professionalität verfügen, sind der Ansicht, daß es am vernünftigsten ist, kein Aufsehen zu erregen, keine luxuriösen Autos zu fahren, zu unregelmäßigen Zeiten vom jeweiligen Quartier aufzubrechen und stets neue Fahrtrouten einzuschlagen, um direkten Beschuß oder eine Entführung zu vermeiden. Sobald man das Auto verläßt, gilt die Weisung, die ich schon bei den britischen Patrouillen in Basra beherzigt hatte: »Keep moving«, um Scharfschützen kein bequemes, ruhendes Ziel zu bieten.

Der Missionschef Bernd Erbel ist mir seit längerem bekannt. Ich weiß seine hervorragenden Arabischkenntnisse, vor allem aber auch seine Einfühlungsgabe in die orientalische Mentalität zu schätzen. Es gehört viel Mut und Entsagung dazu, diesen »hardship post« zu übernehmen. Seit seiner Ankunft in Bagdad schläft der Botschafter in seinem Bunker auf einer Pritsche, die unmittelbar neben dem Schreibtisch seines Arbeitszimmers aufgestellt ist. Die improvisierte Kanzlei ist unweit der monströsen, halbfertigen Betonmoschee untergebracht, deren Bau Saddam Hussein noch in Auftrag gab. Gleich beim ersten Treffen vermittelt mir Bernd Erbel eine Begegnung mit dem Oberhaupt der wichtigsten schiitischen Organisation für den folgenden Vormittag. Ich werde ein Gespräch mit Scheikh Abdul-Aziz el-Hakim führen, dessen Bruder, der hochverehrte Großayatollah Mohammed Baqr el-Hakim, kurz nach seiner Rückkehr aus dem persischen Exil im August 2003 beim Verlassen der Grabstätte des Imam Ali in Najaf durch eine gewaltige Sprengladung getötet wurde.

Demokratie ist ein zweischneidiges Schwert

Der Verwaltungssitz des »Supreme Council of the Islamic Revolution in Iraq« befindet sich in einem stattlichen Gebäude unterhalb der zweistöckigen Brücke, wo früher einmal Tariq Aziz, der langjährige Außenminister Saddam Husseins, residiert hatte. Die Sicherheitsvorkehrungen sind besonders umfassend, zumal auf den Führer dieses höchsten schiitischen Rates schon mehrere Anschläge verübt wurden. Bewaffnete Wachen liegen hinter Betonwällen auf Lauer.

Die düstere Welt des schiitischen Glaubens gibt selten und nur unter Vorbehalt ihre Geheimnisse preis. An der Spitze der islamischen Gemeinde der »Schiat Ali«, der Partei Alis, zu der sich knapp 65 Prozent der irakischen Bevölkerung bekennen, nimmt der greise Ayatollah-el-Udhma Ali-es-Sistani eine absolut beherrschende Stellung ein. Er verfügt über die erhabene Würde eines »Marja'-el-Taqlid«, einer »Quelle der Nachahmung«. Seine Autorität, die – trotz aller gegenteiligen Behauptungen – von der politischen Ausstrahlung nie zu trennen ist, ruht auf einer strikten Hierarchie der Geistlichkeit, die den Sunniten fremd und verdächtig erscheint.

Ali-es-Sistani, der übrigens gebürtiger Perser aus Meschhed ist, hält sich von der Öffentlichkeit fern, berät sich allenfalls mit seinen gelehrten Brüdern im Glauben, vermeidet es, einem Ungläubigen zu begegnen. Man vergleicht ihn gelegentlich mit dem »Verborgenen Imam« der schiitischen Mythologie, der seit dreizehnhundert Jahren in der Okkultation auf seine Stunde wartet, um das Reich Gottes und der Gerechtigkeit zu errichten. Gemessen an der realen Einwirkung dieses Mannes auf das Verhalten seiner Gläubigen, besitzt der Papst der Römischen Kirche bescheidene Vollmachten.

Abdul-Aziz el-Hakim, der sich mit dem Titel »Eminenz« anreden läßt, trägt die feierliche Tracht der Mullahs und den schwarzen Turban, der ihn als Nachkommen des Propheten ausweist. Sein Auftritt ist würdevoll, sein dunkler Blick durchdringend und dennoch wohlwollend. Zur Einstimmung zeige ich diesem schmächtig gewachsenen Kleriker das Bild, auf dem ich neben dem Ayatollah Khomeini in der heiligen iranischen Stadt Qom auf dem Boden kauere. Die Fotografie wurde während eines Interviews präzis am Tag nach der Besetzung der amerikanischen Botschaft von Teheran im Herbst 1979 aufgenommen, und sie tut ihre Wirkung. Zwar betonen die SCIRI-Politiker, die innerhalb der »Vereinigten Islamischen Allianz« (UIA) die entscheidende Rolle spielen, daß sie keineswegs dem iranischen Modell der Khomeini-Revolution nacheifern wollen. Doch der zürnende Rächer aus dem großen schiitischen Nachbarland ist unbestreitbar eine Leitfigur geblieben.

Abdul-Aziz el-Hakim sagt gleich zu Beginn unseres Gesprächs, daß er jeden weltlichen Führungsanspruch eines hochgestellten Schriftgelehrten, der den Willen des Verborgenen Imam interpretieren würde – das sogenannte »Wilayat el Faqih«, das in der Khomeini-Verfassung verankert ist –, für die neue irakische Staatsgründung rundheraus ablehnt. In Bagdad soll, zumindest offiziell, die schiitische Geistlichkeit keine politischen Funktionen übernehmen, sondern die Amtsführung frommen, untadeligen Laien überlassen. Weder die »United Alliance« noch die SCIRI-Gruppe hätte sich für die Schaffung eines schiitischen Gottesstaates ausgesprochen. Nicht einmal die Ausrufung einer islamischen Republik stehe eindeutig auf dem Programm.

Wir unterhalten uns ausführlich über die Wahlen zum irakischen Übergangsparlament, die am 30. Januar 2005 stattfanden und aus denen die »Vereinigte Allianz« mit mehr als 48 Prozent der Stimmen als klarer Sieger hervorgegangen ist. An zweiter Stelle folgen die Kurden, die nicht als konfessionelle, sondern als nationale Bewegung auftraten und fast 26 Prozent für sich verbuchten, während die von den Amerikanern stark geförderte Liste des Interim-Regierungschefs Ayad Allawi nur auf 13 Prozent kam. Die irakischen Sunniten, die immerhin ein Fünftel der gesamten Bevölkerung ausmachen und seit vierzehn Jahrhunderten die wahren Regenten Mesopotamiens waren, werden aufgrund massiver Stimmenthaltung ihrer Konfession nur über 17 Parlamentssitze von insgesamt 275 verfügen.

Die hohe Wahlbeteiligung am 30. Januar ist in aller Welt als strahlender Sieg der Demokratie gefeiert worden. Etwa 60 Prozent der Schiiten und 80 Prozent der Kurden waren zu den Urnen gegangen. Im Irak, so tönte es aus dem Weißen Haus, habe sich die Masse des Volkes zu jenen Idealen von »freedom and liberty« bekannt, die Präsident Bush wie eine Monstranz vor sich her trägt und die er in allen Staaten des »Broader Middle East« – von Marokko bis Pakistan – als unverzichtbares Grundelement verankern möchte. Eine ungeheure Woge propagandistischer Schönfärberei überschwemmte die westlichen Medien, die sich in ihrer Ignoranz der irakischen Realität wieder einmal gängeln und betrügen ließen. Selbst angesehene deutsche Publikationen blamierten sich, so gut sie konnten.

Die Anregung, ja die gebieterische Forderung nach dem Einzug der US Army in Bagdad und dem schmählichen Sturz Saddam Husseins, so bald wie möglich Parlamentswahlen im Irak auszuschreiben, und zwar nach dem Prinzip »one man, one vote«, war nämlich weder in Washington formuliert worden, noch gehörte sie zu den politischen Absichten des damaligen US-Statthalters Paul Bremer, der vor allem mit der lukrativen Privatisierung der Petroleumproduktion beschäftigt war. Während die sunnitische Minderheit – arabische Nationalisten und islamische Salafisten – den Partisanenkampf gegen die fremde Besatzung aufnahm, der sich nach der Verwüstung Falujas zur mörderischen Raserei steigerte, hatte der Großayalollah Sistani, der der quietistischen Schule des schiitischen Glaubens anhängt und die Gewaltbereitschaft eines Khomeini ablehnt, einen friedlichen, einen legalistischen Weg eingeschlagen, um seiner stets unterdrückten und gepeinigten »Schiat Ali« Zugang zur Macht zu verschaffen.

Wenn die Amerikaner eine weltweite Demokratie anstrebten, so lautete seine listige Argumentation, dann sollten die Amerikaner die Demokratie im Irak auch haben, und zwar unter Respektierung des allgemeinen und egalitären Wahlrechts, das die Voraussetzung des westlichen Pluralismus bildet. Dieser düstere Asket aus Najaf legte die USA auf ihre eigenen Spielregeln fest. Alle Versuche Paul Bremers, die zwangsläufig entstehende schiitische Abgeordnetenmehrheit durch trickreiche Prozeduren, wie »Caucus-System«, »primaries« oder provinzielle Aufspaltung zu verhindern, scheiterten am Starrsinn dieses sonst so zögerlichen Eigenbrötlers, der im Gegensatz zu den meisten übrigen Groß-Ayatollahs des Irak die Liquidierungen Saddam Husseins vorsichtig taktierend überlebt hatte. Sistani war es auch, der in ultimativer Form verlangte, daß der Urnengang spätestens bis Ende Januar 2005 stattfinden müsse. Er zwang die Besatzungsmacht, dieses Datum zu akzeptieren.

Dabei verfügte die »Quelle der Nachahmung« über zwei Trumpfkarten, die seinen Forderungen Nachdruck verliehen. Er konnte darauf verweisen, daß die schiitische Bevölkerungsmasse – falls ihr die demokratischen Rechte verweigert würden – sich auf gewalttätige Kräfte in den eigenen Reihen gegen die Okkupation des Irak durch Ungläubige stützen könnte. Der junge Heißsporn Muqtada-es-Sadr, ein radikaler Prediger, der Anklang bei den Jungen und den Armen, also der Mehrheit der schiitischen Bevölkerung fand, hatte damit gedroht, sich mit dem sunnitischen

Aufstand gleichzuschalten. Unter dem Namen »Jeisch-el-Mehdi« hatte er sich in verlustreiche und aussichtslose Gefechte gegen die amerikanische Panzertruppe eingelassen. Die ohnehin prekäre Situation der US Army an Euphrat und Tigris würde vollends unhaltbar, falls ein großer schiitischer Aufruhr ausbräche, der an diverse Revolten gegen die frühere britische Mandatsmacht in den zwanziger Jahren anknüpfen könnte.

Dazu gesellte sich der zweite Atout. Die Mullahs von Teheran, von denen viele Experten erwarteten, sie würden ihre schiitischen Glaubensbrüder im Irak zum Heiligen Krieg aufhetzen, verhielten sich überaus zurückhaltend, ja versöhnlich. Teheran hatte die Marionettenclique des »Governing Council«, den Paul Bremer in Bagdad einberufen hatte, anstandslos anerkannt und fand sich sogar mit der Interimsregierung des brutalen »Quislings« Ayad Allawi ab, der zwar Schiit ist, aber nie eine Moschee von innen gesehen haben soll. Aus Teheran ertönte kein Aufruf zum »Jihad«, sondern die SCIRI-Gruppe, die der islamischen Republik Iran relativ nahesteht, wurde von der persischen Geistlichkeit darin bestärkt, ihre Ansprüche niedrig zu halten sowie den konfessionellen und ethnischen Minderheiten verbriefte Rechte anzubieten. Die iranische Mullahkratie, so verlautete halboffiziell, würde sich mit jedem Politiker an der Spitze der neuen Regierung abfinden unter der Bedingung, daß er der »Schiat Ali« angehöre.

Die Rechnung des Ayatollah Sistani ist aufgegangen, so kann Abdul-Aziz el-Hakim nüchtern feststellen. Jede Form von Triumphalismus ist den Schiiten fremd. Ihre Gläubigen – vor allem auch die Frauen – sind massiv zur Wahl gegangen, nicht um Präsident Bush einen Gefallen zu tun oder seinen kuriosen westlichen Vorstellungen zu entsprechen, sondern weil der oberste Ayatollah ein gebieterisches Edikt, eine »Fatwa«, erließ, die es jedem frommen Moslem zur religiösen Pflicht machte, das Wahllokal aufzusuchen und für die gute Sache zu stimmen.

Washington könnte sehr bald entdecken, daß die Demokratie ein zweischneidiges Schwert ist. Präsident Bush wird sich nicht ewig der Erkenntnis verschließen können, daß sich in Bagdad ein System etabliert, das bei aller Betonung seiner moderaten, fast laizistischen Prinzipien auf eine islamische Republik schiitischer

Prägung zusteuert. Anstelle der säkularen Terrorherrschaft Saddam Husseins, die sich ideologisch zum arabischen Nationalismus und zur Trennung von Staat und Religion bekannte, hätte er dann dazu beigetragen, eine Regierungsform in den Sattel zu heben, für die die koranische Gesetzgebung, die Scharia, die oberste Richtschnur wäre.

Was nun die Kurden betrifft, so liegen die Dinge viel einfacher. In Irakisch-Kurdistan haben sich jene Kräfte bestätigen lassen, die dort ohnehin das Sagen hatten. Der unbändige Nationalismus dieses Gebirgsvolks benutzte die Stimmabgabe dazu, zusätzliche Pflöcke in Richtung auf die eigene Staatswerdung einzurammen.

In westlichen Gazetten war vom »heldenhaften Mut« der Kurden geschwafelt worden, weil sie allen Boykottaufrufen und Einschüchterungen der »Terroristen« zum Trotz ihre demokratische Gesinnung im Wahlbüro massiv unter Beweis stellten. In Wirklichkeit war bei den Kurden die fast einstimmige Entschlossenheit vorhanden, die Abgeordnetenwahl als Plebiszit zugunsten ihrer verstärkten Eigenständigkeit zu nutzen. Für einen Einwohner von Arbil oder Suleimaniyeh wäre es gefährlicher gewesen, sich der Abstimmung zu verweigern, als resolut an die Urne zu treten. Parallel zu der gesamtirakischen Veranstaltung hatten die Führer der beiden großen kurdischen Parteien, Mas'ud Barzani und Jalal Talabani, ein informelles Referendum über die Schaffung eines »unabhängigen Staates Kurdistan« ausgeschrieben und dabei eine Zustimmung von 98 Prozent registriert.

Welchen schiitischen Politiker er für das Amt des Ministerpräsidenten vorschlagen wolle, frage ich Abdul-Aziz el-Hakim. Diesem Regierungschef würde bis zum 15. August 2005 die Ausarbeitung einer neuen Verfassung obliegen, und am 15. Oktober 2005 müßte ein Referendum über ihre Annahme entscheiden. Er zögert einen Moment, bevor er seine Präferenz für den Arzt Ibrahim-el-Ja'fari zu erkennen gibt. Ja'fari hat sich als Führer der schiitischen Da'wa-Partei verdient gemacht und wird als »Kleriker im Anzug« bezeichnet. Er soll folgende programmatische Aussage gemacht haben: »Der Islam wird die offizielle Staatsreligion sein und eine der wichtigsten Quellen der Gesetzgebung neben anderen.« Die Sensibilität der Muslime müsse auf jeden

Fall geachtet bleiben. Kompromisse mit den Führern der früheren Baath-Partei Saddam Husseins lehne er ab, und sein höchstes Ziel sei die Wiederherstellung der öffentlichen Sicherheit.

Wie sich die tiefschürfenden Veränderungen letztlich auswirken, die unweigerlich die angestammte Situation im Irak umkrempeln werden, kann und will der SCIRI-Chef nicht voraussagen. Er wiederholt mehrfach sein Bekenntnis zu »Mäßigung und Toleranz«. Ich merke, daß ich hier in einen Bereich der Verschleierung und Verheimlichung vordringe, der es den Schiiten erlaubt, ihre intimsten Überzeugungen, ja sogar ihr religiöses Bekenntnis zu verleugnen, falls äußerste Not oder die politische Opportunität das erfordern. Diese Praxis der »Taqiya« wird immer wieder meine Recherchen lähmen und relativieren, wenn ich an den kommenden Tagen im Diskurs mit hohen Geistlichen die Zukunft des Landes auszuloten suche.

Welches meine weiteren Reisepläne im Irak seien, fragt mich die Eminenz. Ich erwähne meinen Wunsch, wieder einmal die heiligen schiitischen Stätten von Najaf und Kerbela aufzusuchen. Eine solche Expedition wird als extrem riskant eingeschätzt, weil im sunnitischen Gürtel südlich von Bagdad, der durchquert werden muß, die meisten Überfälle auf Besatzungstruppen und mehr noch auf die neu aufgestellte irakische Nationalgarde verübt werden. Im Umkreis der dortigen Städte Mahmudiya und Iskandariya ist es ebenfalls zu zahlreichen Geiselnahmen von Journalisten gekommen. Eine französische Korrespondentin der Zeitung »Libération« befindet sich – vermutlich in dieser unkontrollierbaren Zone – weiterhin in der Gewalt irgendwelcher Banden. Am Vortag war die Entführung von acht Personen bei Mahmudiya gemeldet worden. Auf gut Glück frage ich Abdul-Aziz, ob er zu meinem Schutz ein paar zuverlässige schiitische Kämpfer abordnen könnte, die mich dorthin begleiten würden. Die Reaktion ist überraschend positiv. Er verspricht mir, mich bald wissen zu lassen, ob eine solche Eskorte zu finden sei.

Auf Schleichwegen in die »Green Zone«

Der amerikanische Prokonsul Paul Bremer hatte unmittelbar nach seiner Machtübernahme in Bagdad den prächtigsten Palast Saddam Husseins für sich beschlagnahmt. Dagegen war nichts einzuwenden. Aber im Herzen der Hauptstadt hat er einen riesigen Festungsbereich, die sogenannte »Green Zone« geschaffen, die mit ihrem formidablen Aufwand nicht nur der amerikanischen Ziviladministration Sicherheit bietet, sondern auch zahlreichen irakischen Kollaborateuren der USA – an ihrer Spitze der Interims-Regierungschef Allawi – Zuflucht vor ihren politischen Gegnern garantiert. Das oberste Gebot amerikanischer Auslandspräsenz schreibt vor, die »Safety« des US-Personals auf geradezu groteske Weise zu gewährleisten, »to save American lives«. Daß ein solcher Selbsterhaltungsdrang von den Orientalen nicht als Beweis imperialer Stärke, sondern als Symptom wenig honoriger Ängstlichkeit beurteilt wird, scheint in Washington niemandem – dem amtierenden Präsidenten schon gar nicht – aufgefallen zu sein.

Es bedarf unendlicher Prozeduren, in das Allerheiligste der »Green Zone« eingelassen zu werden. Um zu Allawi zu gelangen, werden akkreditierte Korrespondenten ein dutzendmal von Contract-Söldnern gefilzt. George W. Bush geht bei seinen internationalen Staatsvisiten, die von 20 000 Mann Polizei und Militär abgeschirmt werden, ja mit gutem Beispiel voran. Die Rangordnung der Besucher und Privilegierten ist nach einem extrem bürokratischen System gestaffelt. Die Ausweise für diesen Sperrbereich sind heiß begehrt, und es gibt angeblich 260 unterschiedliche »Badges«, je nach Bedeutung und Vertrauenswürdigkeit der Person. Doch jedes System hat seine Schlupflöcher. So gelingt es immer wieder ein paar Infiltranten, die massiven Sperren und elektronischen Anlagen zu überlisten, um eine Bombe hochgehen zu lassen oder einen Granatwerfer abzufeuern.

Wir können die Probe aufs Exempel machen, und die Episode entbehrt nicht der Komik. Auf dem Flug von Amman nach Bagdad an Bord einer regulären jordanischen Verkehrsmaschine waren wir mit einem Deutschen – wir wollen ihn Fred nennen – ins Gespräch gekommen. Er ist bei einer amerikanischen Firma beschäftigt. In deren Auftrag nimmt er die Wartung von gepanzerten Fahrzeugen wahr und übt vielleicht noch manche andere Aufgaben aus. Das Flugzeug war ohnehin zu mindestens zwei Dritteln mit verwegenen Typen angefüllt, denen man die »Mercenary«-Erfahrung anmerkte. Der englische Autor Frederick Forsyth hätte sie als »dogs of war« bezeichnet. Unser Landsmann besaß, wie seine Kumpane, einen magischen Ausweis des Pentagon, der ihn nach der Landung von sämtlichen Kontrollen befreite. Dabei machte Fred einen durchaus seriösen und sympathischen Eindruck. Als ich den Wunsch äußerte, die »Green Zone«, wenn auch nicht das sakrosankte Quartier des Botschafters Negroponte, der Paul Bremer abgelöst hatte und gerade zum höchsten Intelligence Chief der USA berufen wurde, zu besichtigen und zu filmen, erklärte er sich bereit, uns einzuschleusen.

Tatsächlich erfolgt sein Anruf zwei Tage später. Wir sollen mit unserem irakischen Kameramann Nezar und dem Fixer Imad an ein genau beschriebenes Gate der »Green Zone« heranfahren. Dort würden wir von einem Vertrauensmann in Empfang genommen und mit seiner Hilfe eingelassen. Wir nehmen an, daß wir von einem Panzerspähwagen durch den schwerbefestigten, mit allen Raffinessen modernster Abwehrtechnik ausgestatteten Checkpoint geleitet würden. Ein stattliches Rudel schwerer Abrams-Tanks ist an Ort und Stelle geparkt und läßt die mächtigen Motoren aufheulen. Aber der »mystery man«, der uns erwartet, trägt nicht einmal eine Uniform. Er ist auch nicht Amerikaner, sondern Libanese, wie ich später erfahren sollte. Er kleidet sich in Jeans und Lederjacke. Aus seiner Baseballkappe fällt das lange, schwarze Haar wie ein Pferdeschweif auf den Rücken. Das Gesicht ist hinter einer riesigen Sonnenbrille kaum zu erkennen. Am Gürtel des Unbekannten hängt eine schwere Pistole, die er silbern angemalt hat. Er ist auch nicht etwa mit einem militärischen Vehikel gekommen, sondern sitzt locker auf einem Fahrrad. Als er uns erblickt, winkt er lässig, ihm zu folgen.

Die Präsenz dieses Originals wirkt wie ein »Sesam, öffne dich«. Unsere Mannschaft passiert im eigenen Wagen den Kontrollpunkt. In einer Baracke werden wir von zwei Militärpolizistinnen lächelnd und oberflächlich überprüft. Die Kamera wird problemlos durchgecheckt. An den stählernen Ungeheuern der Panzer vorbei folgen wir dem seltsamen Boten, den uns Fred geschickt hat.

Nach etwa zwei Kilometern treffen wir den Deutschen in einem bescheidenen Compound neu aufgebauter Container-Unterkünfte an. Wir steigen in sein Auto um und treten die Besichtigung der verbotenen Zone an. Am liebsten hätte ich auf jenem Paradeplatz einen »Aufsager« gemacht, wo Saddam Hussein aus zwei gigantischen Schwertern eine Art Triumphbogen errichtet hatte. Aber starke US-Truppenpräsenz gemahnt denn doch zur Zurückhaltung. Schließlich finden wir an einem künstlichen Teich eine halbwegs ruhige Stelle. Fred hält unterdessen Ausschau, daß wir bei unseren Aufnahmen nicht gestört werden. Wir sind eine ganze Weile herumgekarrt, haben uns auch dem Palast des Diktators genähert.

Von der Monsteranlage der »Green Zone« geht der Eindruck trostloser Langeweile aus. Das liegt an der Einförmigkeit der Baracken, in denen die Soldaten untergebracht sind, aber auch an dem Gefühl administrativer und strategischer Nutzlosigkeit, das sich bei dem Besuch der Basis aufdrängt. Die glorreiche Eroberungsarmee des General Tommy Franks, die in Rekordgeschwindigkeit von Kuweit bis Bagdad gestürmt war, ist hier – so scheint es – in einer absurden Mausefalle gigantischen Ausmaßes eingeklemmt.

Fred erzählt von den Lebensbedingungen der GIs. Die jungen Amerikaner verfügen gewiß über Sportplätze, Fitneßcenter und Swimmingpool, über ein McDonald's-Lokal und sogar über ein vermutlich abscheuliches China-Restaurant. Aber damit hat es sich. Wenn sie sich neben ihren minderwertigen Armeerationen, die die Firma Kellogg's mit großem Profit herstellt, noch eine besondere Delikatesse leisten wollen – für mehr als eine Riesenpizza reicht die kulinarische Phantasie meist nicht aus –, müssen sie die stolze Summe von 17 Dollar hinblättern. Die kapitalistische Ausbeutung macht auch vor ihren »war heroes« nicht halt. Sogar die militärische Ausrüstung ist der allgegenwärtigen Gefahr unzureichend angepaßt. Die Humvee-Fahrzeuge, die zu Tausenden geliefert wurden, erweisen sich als besonders verwundbar. Die Panzerung widersteht nicht einmal einer Maschinengewehrsalve, und der Bordschütze, der aus der Turmluke herausragt, ist gewissermaßen zum Abschuß freigegeben. Es hat Proteste gegeben, und die Soldaten sind selbst dazu übergangen, ein paar zusätzliche Blechplatten anzuschweißen und vor allem den gefährdeten Kameraden »on the top« mit einer leichten Panzerung zu umgeben.

Der tägliche Dienst der GIs muß öde sein. Außerhalb der »Green Zone« ist es ihnen strikt verboten, den Helm und die kugelsichere Weste abzulegen. Kontakt zur arabischen Bevölkerung gibt es nicht, es sei denn, die Patrouillen treten bei Nacht die Türen der verschreckten Bagdadi ein, überraschen die unverschleierten Frauen, fesseln die Männer und tasten sie vor schreienden Kindern nach Waffen ab. Die GIs lassen sich bei diesen Aktionen von maskierten Dolmetschern begleiten und verabschieden sich auf englisch mit dem Spruch: »We are here for your safety.« Dieses ist ein unwürdiger, heimtückischer Krieg. In der Freizeit versammelt man sich stundenlang vor den Fernsehapparaten und verfolgt mit einem Anflug von Heimweh die Baseball- und Football-Spiele des fernen Mutterlandes. Für sinnvolle Abwechslung ist in keiner Weise gesorgt.

Wie sehr haben sich doch die militärischen Bräuche seit meinem eigenen Wehrdienst verändert! Für die gesamte Zeit ihres Aufenthalts im Irak besteht für die US-Soldaten ein absolutes Alkoholverbot. Nicht einmal Bier ist zugelassen. Ich frage mich auch, wie diese jungen, kräftigen Männer mit der ihnen auferlegten sexuellen Enthaltsamkeit zurechtkommen. Die Keuschheit zählte früher nie zu den soldatischen Pflichten. An ein irakisches Mädchen heranzukommen würde an ein Wunder grenzen und die gesamte Verwandtschaft zur Blutrache verpflichten. Natürlich gibt es weibliche Militärangehörige, aber die sind sich ihrer extremen Begehrtheit bei den männlichen Kameraden bewusst. Vielleicht lösen sie sogar Neurosen aus, wenn sie den blonden Haarschopf aufreizend wehen lassen.

Welche Eifersuchtsdramen mögen sich da abspielen? Es wäre ein Wunder, wenn diese Armee nicht an kollektivem Samenkoller litte, wie übrigens auch ihre prüden, tugendhaften Todfeinde der islamischen Salafiya, deren Selbstmordattentate sich möglicherweise aus einer vergleichbaren Frustration erklären lassen. Die »Weise von Liebe und Tod«, die einst das Kriegshandwerk romantisierte, paßt nicht mehr in diese Welt. Dabei soll doch die drohende Präsenz des Todes, wie Wissenschaftler versichern, das stärkste Aphrodisiakum sein. Nach drei Wochen entnervender Präsenz im Irak, so hört man, treten die meisten GIs den Gang zum Psychologen, später vielleicht zum Psychiater an. Ganz allmählich stellt sich bei der Truppe auch Enttäuschung darüber ein, daß George W. Bush, ihr »Commander-in-Chief«, der sie am Thanksgiving Day mit einem prächtigen Truthahn aus Plastik überraschte, weder an den Gräbern gefallener Kameraden auftaucht noch an den Lazarettbetten der Verwundeten zu sehen ist.

Wenn die Generale des Pentagon glauben, der Ausbau eines weltweiten Stützpunktsystems sei das adäquate Konzept für die Sicherung globaler Dominanz bei minimalen Eigenverlusten, sollten sie zur Kenntnis nehmen, daß eine solche Einbunkerung in uneinnehmbaren Festungen einer »Einmottung« ihrer Einheiten gleichkäme und ihre Kampftauglichkeit auf jeden Fall beeinträchtigt.

Fred ist nicht der Typ, der zu intellektuellen Analysen neigt. Auch ihm gegenüber halten sich die US-Offiziere mit der Preisgabe ihrer persönlichen Erfahrungen, mit der Schilderung der deprimierenden »counterinsurgency« zurück. Aber der Deutsche hat professionell mit israelischen Experten zu tun, die den US-Streitkräften mit tätiger Hilfe und ihrer Erfahrung im Wüstenkrieg zur Seite stehen. Von diesen diskreten Emissären aus Tel Aviv hört Fred gelegentlich, daß die USA heute mit ihrer Operation »Iraqi Freedom« – in überdimensionaler Verzerrung – von ähnlichen, unlösbaren Problemen des »asymmetrischen Krieges« belastet werden wie Israel in den Autonomiegebieten der Palästinenser. Ich will den hilfsbereiten Deutschen nicht ausfragen. Zudem drängt die Zeit, und wir verlassen die »Grüne Zone« ebenso unkompliziert im Gefolge unseres Radfahrers, wie wir sie betreten hatten.

Die Unentwegten von Sadr City

Sadr City ist ein Symbol und ein Warnzeichen zugleich. Zwei Millionen Schiiten leben in diesem riesigen Elendsviertel, wo fauliges Wasser in den Gassen steht und die Ziegen sich beim Durchwühlen der Müllhalden angewöhnt haben, Papier zu fressen. Die Bevölkerung ist überwiegend jung und arm, das heißt, sie neigt zur Rebellion. In Madinat-es-Sadr findet man keine Abbildungen des allzu behutsamen Ayatollah Sistani. Die wohlhabenden Kaufleute von Najaf und Kerbela, die sich an den Pilgerströmen zu den Schreinen der Imame Ali und Hussein bereichern und deshalb auf Ausgleich und politischen Kompromiß spekulieren, liegen nicht auf der gleichen Wellenlänge wie die darbenden Glaubensbrüder von Sadr City. Die Verehrung der Massen gilt hier dem Großayatollah Mohammed Sadiq-es-Sadr, der sich der Enterbten und Entrechteten, der »mustazafin« angenommen hatte, bevor Saddam ihn meucheln ließ. Diese Anhänglichkeit überträgt sich auch auf dessen Sohn Muqtada, obwohl dieser junge Kleriker noch am bescheidenen Anfang seiner geistlichen Laufbahn steht und gerade einmal den Titel eines Hodschatulislam beanspruchen kann.

Dieser stinkende Slum, in dem die Amerikaner der schlecht ausgebildeten »Armee des Mehdi«, die Muqtada-es-Sadr untersteht, schwere Verluste zufügten, ist heute, wenn man über die richtigen Kontakte verfügt, das sicherste Stadtviertel von Bagdad. Hier wachen die Mullahs über Ordnung und Tugend. Nach der Schlacht um Najaf hat sich das US-Kommando auf ein Stillhalteabkommen mit den schiitischen Freischärlern geeinigt. Die Kameras von CNN filmten tatsächlich die Übergabe von Gewehren und Panzerfäusten. Die US Army hatte feste Preise für diese Auslieferung vereinbart, aber die lagen weit über dem üblichen Tarif des Schwarzmarktes, so daß jeder Gefolgsmann der Mehdi-Armee aus dem erzielten Erlös eine neue Waffe beschaffen und noch einen Zugewinn verbuchen konnte.

Die Erwachsenen nehmen von unserem Kamerateam kaum Notiz, aber die zahllosen Kinder werden – wie bei jeder Filmproduktion – zur Plage. Die Knaben mustern uns mißtrauisch, fragen nach unserer Nationalität. Ich gebe mich als »Almani«, als Deutscher, zu erkennen. Da schlägt die Stimmung um, und mit strahlenden Mienen reichen uns die Buben die Hand. Dabei schreien sie mit schrillen Stimmen den Namen »Muqtada«. Vom Händedruck zum Steinwurf ist es bei diesen Gassenjungen oft nur ein Schritt.

Basim hat uns ein Interview mit einem hochrangigen Mullah verschafft. Im Auftrage Muqtada-es-Sadrs, den ich bei meinem letzten Irakbesuch in seiner südlichen Hochburg Kufa angetroffen hatte, überwacht Sayid Adel-es-Sha'r die Sicherheitsmaßnahmen und die tägliche Verwaltung. Dieser »Scheikh-Dini« mit dem schwarzen Turban dürfte erst dreißig Jahre alt sein. Er ist kein Kind von Fröhlichkeit. Seine befestigte Kommandozentrale, die von schwarzuniformierten Angehörigen der »Jeisch-el-Mehdi« bewacht ist, dürfen wir aus verständlichen Gründen nicht filmen. Sie ist noch unlängst zweimal von amerikanischen Hubschraubern beschossen worden.

Auf Adel-es-Sha'r übt das Khomeini-Bild noch seine magische Wirkung aus. Bei ihm wird das Andenken des zürnenden iranischen »Faqih« hochgehalten. Der Sayid betont nachdrücklich, daß seine politische Formation sich auf Distanz zu den allzu moderaten Zielen der Vereinigten Schiitischen Allianz hält. Während die Kämpfe um Faluja wüteten, wäre es in Sadr-City beinahe zu einer Solidarisierung mit den sunnitischen Verteidigern dieses »irakischen Stalingrad«, wie manche schon sagen, gekommen. Aber als Folge der Passivität des Ayatollah Sistani hat sich Entfremdung, teilweise offene Feindschaft zwischen den sunnitischen Widerstandskämpfern auf der einen und den schiitischen »Opportunisten« auf der anderen Seite eingestellt. Immer häufiger richten sich die Anschläge der »Salafiya«, die aus Saudi-Arabien, aus Jordanien und, wer weiß, aus der Türkei heimlich unterstützt wird, gegen Moscheen der »Partei Alis« und gegen die Angehörigen der Nationalgarde, die neuerdings mehrheitlich unter den jungen Schiiten rekrutiert wird. Den ominösen jordanischen Rädelsführer Abu Mussab-el-Zarqawi, den man im Umkreis des SCIRI-Scheikhs Abdul-Aziz el-Hakim als Hauptverantwortlichen für die blutrünstige Radikalisierung des sunnitischen Widerstandes nannte, erwähnt Adel-es-Sha'r überhaupt nicht. »Wer gegen die amerikanische Besatzung kämpft, ist in unseren Augen ein Mujahid, ein Gotteskrieger«, erklärt er. »Wer sich an unseren wehrlosen Landsleuten vergreift, ist ein Terrorist.«

Das Freitagsgebet in der »Jami'« von Sadr City verläuft aufschlußreich. Die militante »Khutba« des Predigers löst spontane Sprechchöre aus. »Ya Ali« – »Ya, Hussein« hallt der Ruf. Mit noch stärkerem Nachdruck skandieren die Gläubigen den Namen »Muqtada«. Über den armseligen Hütten wehen noch zahllose Fahnen des Aschura-Festes, grün wie der Islam, rot wie das vergossene Blut der Märtyrer, schwarz wie die ewige Trauer um die ermordeten schiitischen Imame.

Von den Kurden hängt alles ab

Hat eigentlich niemand gemerkt, daß bei den Januarwahlen im Irak die Kurden nicht etwa die irakische Fahne hochhielten, sondern das rot-weiß-grüne Emblem ihres eigenen separatistischen Nationalismus? In den Hauptstädten Irakisch-Kurdistans, in Arbil und in Suleimaniyeh, wird über das Schicksal des Zweistromlandes geschachert wie auf dem Basar. Um dorthin zu gelangen, würde man am besten über die Türkei oder Iran einreisen. Aber lohnt es sich überhaupt? Die beiden großen rivalisierenden Stammesbünde – »Demokratische Partei Kurdistans« (DKP) unter dem traditionell und kriegerisch veranlagten Mas'ud Barzani und »Volksunion Kurdistans« (PUK) unter dem sehr westlich anmutenden, intriganten Anwalt Jalal Talabani – haben sich zwar oberflächlich versöhnt, bilden sogar eine gemeinsame Front. Aber in der Vergangenheit sind diese feindlichen Brüder so häufig und hinterhältig übereinander hergefallen, daß man ihren Treueschwüren kaum Glauben schenken mag.

Der Politiker, der mich in Bagdad empfängt, ist ein typischer Repräsentant der sich säkular und nationalistisch gebärdenden

PUK. Kamal Muhai-ed-Din As'ad tritt ebenso lässig in europäischem Anzug mit Krawatte auf wie sein Chef Talabani, den ich drei Jahre zuvor in seiner nördlichen Befehlszentrale mit der ausdrücklichen Genehmigung Tariq Aziz', des damaligen Vizeregierungschefs Saddam Husseins, aufgesucht hatte. Schon zu jener Zeit genossen die irakischen Kurden eine De-facto-Unabhängigkeit. Ihre Partisanentruppe der Peschmerga – »die den Tod nicht fürchten« – verwandelten sie gerade in eine Nationalarmee. Die Wirtschaftslage war nie günstiger gewesen zwischen Dohuk und Halabja. Der Schmuggel mit der Türkei und Iran brachte hohen Profit. Von einer Zugehörigkeit zur Arabischen Republik Irak war keine Spur mehr festzustellen. Alle Bilder Saddam Husseins waren verschwunden. Kein einziger bewaffneter Araber hätte sich in diese befreite Zone getraut.

Als Todfeinde des Tyrannen von Bagdad hatten sich die Kurden beider Fraktionen vom ersten Tag der US-Offensive an auf die Seite Amerikas geschlagen. Die Peschmerga kooperieren aufs engste mit den Invasionstruppen. Ihnen ist es angeblich auch gelungen, Saddam Hussein in seinem Versteck aufzuspüren, bevor für die Fernsehkameras die entwürdigende Gefangennahme des verwahrlosten, halb betäubten Mannes in seinem Erdloch inszeniert wurde. »We got him«, hatte Paul Bremer damals verkündet und wohl wirklich ein paar Tage lang geglaubt, die Inhaftierung dieses mörderischen Despoten würde den irakischen Widerstand zum Erliegen bringen.

Dr. Muhai-ed-Din As'ad, der wie so viele seiner Parteigenossen durch die Schule der marxistischen Dialektik gegangen ist, gibt sich zuversichtlicher, als es die reale Situation des Irak erlaubt. Indem die Kurden mit rund 36 Prozent der Stimmen Anspruch auf 75 Parlamentssitze erheben können, sind sie für jede Regierungsbildung unentbehrlich geworden, denn es bedarf einer Zweidrittelmehrheit der Abgeordneten, um die heißumstrittenen Paragraphen der neuen Verfassung zu verabschieden. Im provisorischen Grundgesetz wurde ihnen ein bemerkenswertes Zugeständnis eingeräumt. Wenn nämlich drei irakische Provinzen sich mit Zustimmung von zwei Dritteln ihrer Bevölkerung zu einer »autonomen Region« zusammenschließen wollen, wird ihnen diese Möglichkeit gewährt. Der Selbständigkeit Kurdistans wurde also bereits Rechnung getragen. Doch damit gibt sich dieses streitbare Volk nicht zufrieden. Zunächst einmal soll das kurdische Idiom, das der indoeuropäischen Familie angehört und dem Persischen recht nahe ist, neben dem Arabischen als offizielle Amtssprache anerkannt werden. Eine Auflösung der separaten Milizen – in diesem Falle sind die Peschmerga gemeint – wird von den Zentralbehörden von Bagdad angestrebt, kommt für die Kurden jedoch nicht in Frage, ebensowenig wie die Stationierung von Regierungstruppen auf ihrem Gebiet.

Der wirkliche Streitpunkt ist das Schicksal der etwa 300 000 Einwohner zählenden Stadt Kirkuk, um deren Besitz bereits ein begrenzter Bürgerkrieg entbrannt ist. Kirkuk wird von den Schwärmern des kurdischen Nationalismus als ihr »Jerusalem«, als unverzichtbares Symbol ihrer staatlichen Existenz gepriesen. Dort gibt es immense Erdölvorkommen, die die Hälfte der gesamten irakischen Petroleumreserven ausmachen sollen. Zur Zeit des Osmanischen Reiches besaß Kirkuk wohl eine eindeutig kurdische Bevölkerung. Die sukzessiven arabischen Potentaten von Bagdad – insbesondere Saddam Hussein – haben dort jedoch eine systematische ethnische Umschichtung vorgenommen und die massive arabische Zuwanderung aus dem Süden begünstigt. Zahlreiche alteingesessene Kurdenfamilien wurden verjagt. Seit dem Eintreffen der US Army ist diese Entwicklung gestoppt, ja umgekehrt worden. Die Parteigänger Barzanis und Talabanis betreiben die konsequente Eliminierung der arabischen Neusiedler, unter denen sich viele Schiiten befinden. Die Koalitionsverhandlungen mit der schiitischen »United Alliance« werden dadurch nicht gerade erleichtert. Am Tag der Parlamentswahl hatten PUK und KDP so viele ihrer Stammesbrüder – angeblich alle aus Kirkuk stammend – in Bussen herbeigekarrt, daß eine kurdische Mehrheit zustande kam. Daß bei der dortigen Stimmenauszählung eine Wahlbeteiligung von 117 Prozent herauskam, wirft auch einige Zweifel auf die Resultate in anderen Provinzen.

Während ich mich mit Muhai-ed-Din As'ad unterhalte, heizt sich der Streit um Kirkuk zusätzlich an. Es gibt dort nämlich seit apostolischen Zeiten eine beachtliche Gemeinde assyrischer

Christen, die auf ihr Mitspracherecht pochen. Vor allem aber verfügen Kirkuk und Umgebung über ein starkes Kontingent von Turkmenen, die sich den Kurdistan-Ansprüchen vehement widersetzen und dringende Hilferufe an ihren großen Bruder in Ankara richten. Niemand hat dort vergessen, daß Atatürk bei der Gründung seiner Republik ursprünglich den Besitz der heute irakischen Wilayat Kirkuk und Mossul für sich beanspruchte und daß es der britischen Mandatsmacht in den zwanziger Jahren nur mit großer Mühe gelang, diese Annexion zu verhindern.

Washington steht heute vor einem schwer lösbaren Puzzle. Verweigert man den Kurden die Stadt und die Ölfelder von Kirkuk, kann es zu einer gravierenden Verstimmung, zur Entfremdung mit diesem bislang einzig zuverlässigen Verbündeten im Irak kommen. Setzen sich jedoch die Separatisten durch, dann droht die Autonomie Kurdistans sich fast automatisch zur staatlichen Unabhängigkeit auszuwachsen. Die Ölförderung würde diesem Gebilde eine solide wirtschaftliche Grundlage verschaffen. Kein Wunder, daß im Generalstab von Ankara die Alarmzeichen aufleuchten. Das Entstehen eines quasisouveränen Kurdistan in Nordirak, wo nur etwa vier Millionen Angehörige dieses Volkes leben, würde unweigerlich starke Anziehungskraft auf die Masse der kurdischen Bevölkerung Ostanatoliens und der großen türkischen Metropolen ausüben, die auf fünfzehn Millionen Menschen geschätzt wird. Nordirak könnte gewissermaßen jene Rolle ausüben, die Piemont bei der Schaffung der nationalen Einheit Italiens gespielt hatte. Schon wird im Umkreis von Diyarbakir und Van von Überfällen kurdischer Insurgenten oder PKK-Partisanen gemunkelt, die sich seit der Inhaftierung ihres Kommandeurs Öcalan unter dem Namen »Kongra-Gel« neu gruppiert haben.

Die Einverleibung Kirkuks in eine nordirakische Republik Kurdistan würde von der Türkei, vor allem von der Armeeführung Ankaras, nicht passiv hingenommen. Der militärische Einmarsch wäre vermutlich die Folge. Die unhaltbare Situation dieser unter vier Staaten aufgeteilten, stets um ihre Selbstbestimmung betrogenen kurdischen Nation könnte sich jäh radikalisieren. Die USA laufen dabei Gefahr, sich mit den Türken und mit den Kurden zugleich zu überwerfen, zusätzliche Feindschaft zu wecken, während die arabischen Staaten des gesamten »Maschreq« beim Vordringen der türkischen Divisionen in Richtung Süden an die Expansionsfeldzüge des Sultans Selim I., des Grausamen, und an vier Jahrhunderte osmanischen Jochs erinnern würden.

Mehr denn je belastet diese national-kurdische Sammlungs-Tendenz, die in weit geringerem Maße auch den westlichen Grenzstreifen der Islamischen Republik Iran betrifft, den Versuch der türkischen Regierung Erdoğan, als toleranter, multikulturelle Eigenarten respektierender Anwärter für den Beitritt zur Europäischen Union aufzutreten. Die deutschen Befürworter der türkischen Kandidatur in Brüssel sollten bedenken, daß mit einer solchen Ausweitung auf Anatolien der Kurdenkonflikt auch auf die türkischen Neubürger Deutschlands schonungslos übergreifen könnte. Um die Situation vollends zu komplizieren, hat mit Duldung der Regierung Scharon in Jerusalem eine begrenzte Rückwanderung ehemaliger jüdischer Iraker in die von Talabani kontrollierte kurdische Nordregion eingesetzt. Diese Heimkehrer aus Israel sollen beachtliche Ländereien erworben haben, was in Bagdad, aber auch in Ankara mit Argwohn registriert wird. Zu diesem Thema hütet sich der PUK-Funktionär Muhai-ed-Din As'ad wohlweislich, irgendeine Stellung zu beziehen.

Condi's »arabischer Frühling«

In Ermangelung ausländischer Zeitungen bietet der Fernsehapparat im Zimmer des Rimal-Hotels eine reichhaltige Auswahl internationaler Fernsehprogramme. Die Bush-Administration hat eine neue Desinformationskampagne gestartet – oder führt sie sich gar in ihrer krassen Ignoranz der islamischen Realitäten selbst in die Irre? Jedenfalls wundere ich mich darüber, daß die Star-Korrespondentin von CNN, Christina Amanpour, die – wie ihr Name vermuten läßt – aus dem Iran stammt und der christlichen Minderheit der Nestorianer oder Armenier zugehören könnte, trotz ihrer Kenntnis der Region in den Chor der Roßtäuscher einstimmt. Man merkt ihrer Berichterstattung gelegentlich an, daß ihr diese krampfhafte Volksverdummung zuwider ist, ja daß sie deren haarsträubende Behauptungen mit einem Anflug von schlechtem Gewissen weitergibt.

Wenn man den Sirenen aus Washington Glauben schenkt, dann wäre ein »demokratischer Frühling« über ganz Arabien erblüht. Mehr noch, der gewaltige geographische Islam-Gürtel, »Broader Middle East« genannt, der sich von Marokko bis Pakistan erstreckt, hätte die Vorzüge von Freiheit und politischem Pluralismus entdeckt, sei auf dem besten Wege – nach dem angeblich triumphalen Durchbruch der Demokratie bei den irakischen Wahlen –, diesem leuchtenden Beispiel nachzueifern. »Hat vielleicht George W. Bush doch recht gehabt, als er den von ihm umgestalteten Irak als ›Leuchtturm der Demokratie‹ anpries?«, kann man lesen. Selbst renommierte Kommentatoren in den USA und Europa fallen offenbar auf diesen Unsinn herein.

Man höre und staune! Den Deklarationen der frisch berufenen Außenministerin Condoleezza Rice zufolge hat der Irak am 30. Januar den tugendhaften Pfad der freiheitlichen Emanzipation betreten. Präsident Bush zählt genüßlich die Länder des Orients auf, in denen die Menschenrechte sich unwiderstehlich durchzusetzen beginnen. In Saudi-Arabien wurden Kommunalwahlen veranstaltet, an deren Manipulationen gemessen die bislang übliche Beduinenpraxis der »Schura« ein weit größeres Maß ehrlicher Mitbestimmung gewährte. Der Präsident von Ägypten, Husni-el-Mubarak, hat sich seit einem Vierteljahrhundert als allmächtiger »Rais« im Land der Pharaonen behauptet, sich alle paar Jahre mit Zustimmung von 97 bis 98 Prozent wiederwählen lassen. Saddam Hussein, der Resultate von glatten hundert Prozent einheimste, war da ehrlicher. Jede Form von Opposition hat Mubarak mit Hilfe seiner Nationaldemokratischen Partei und vor allem seiner brutalen Geheimdienste erstickt. Jetzt hat er auf Druck Washingtons widerwillig konzediert, daß beim nächsten Volksentscheid über die Berufung des Staatschefs ein Gegenkandidat zugelassen würde. Daß dieser Oppositionelle, der wegen eines imaginären Delikts gerade im Gefängnis saß und entlassen werden mußte, nicht die geringste Chance hat, sich gegen die Militärdiktatur durchzusetzen, zumal dieser Repräsentant des liberalen Bürgertums den islamischen Grundvorstellungen der Massen in keiner Weise entspricht, stört offenbar niemanden am Potomac.

Im Emirat Kuwait, wo die amerikanische »Befreiung« im Jahr 1991 wieder die Dynastie der Sabah in ihre Pfründe einsetzte und die einheimischen Erdölprofiteure ihre elenden asiatischen Hausangestellten und Hilfsarbeiter wie Sklaven, ja schlimmer als Tiere behandeln – ein Skandal, der zum Himmel schreit –, hat angeblich eine Gruppe von Damen der Gesellschaft für das Wahlrecht der Frauen demonstriert. Beim Überprüfen der Liste dieser »Emanzen« entdeckt man überwiegend die Namen der einflußreichen Ausbeuteroligarchie dieses Emirats, das den amerikanischen Streitkräften als rückwärtige Basis bedingungslos zur Verfügung steht. Über die Gleichberechtigung der Einwohner der Golf-Emirate, wo es noch relativ duldsam zugeht, wird in der amerikanischen Darstellung immer wieder unterschlagen, daß als Bürger oder Untertanen dieser von Reichtum strotzenden, aber extrem artifiziellen Gebilde höchstens ein Viertel der Einwohner in Frage kommt, während der Rest sich aus unterbezahlten Heloten aus den Armutszonen Südostasiens zusammensetzt.

Auf der Insel Bahrein, deren Herrscher neuerdings den prätentiösen Titel eines »Malik«, eines Königs, usurpierte und dessen »Liberalität« ebenfalls aus Washington mit Lob bedacht wird, verschweigt man geflissentlich, daß drei Viertel der alteingesessenen Einwohner der schiitischen Glaubensrichtung angehören und als potentielle Staatsfeinde gelten.

Als zwingenden Beweis für die Erfolge der Bush-Diplomatie im Hinblick auf »liberty and freedom« muß doch tatsächlich die Islamische Republik Afghanistan als Trophäe herhalten, obwohl deren Präsident Hamed Karsai sich weiterhin als »Bürgermeister von Kabulistan« verspotten lassen muß. Die brutalsten Warlords haben dort weiterhin das Sagen, und die relative Beruhigung, die sich zur Zeit eingestellt hat, ist den übelsten Methoden der Bestechung und Einschüchterung zu verdanken sowie dem Umstand, daß die islamische Revolution ihr kämpferisches Schwergewicht nach Mesopotamien verlagert hat. Das »befreite«

Afghanistan ist schlimmer als ein »failed state«, ein mißglückter Staat. Es ist als weitaus größter Heroinlieferant zum Ausgangspunkt hemmungsloser Drogenkriminalität, zum Eldorado der Narkotrafikanten geworden. Die Folgen dürften sich am Ende verhängnisvoller auswirken als die Herrschaft der grausamen und fanatischen »Koranschüler«, der Taleban von einst.

Der Gipfel der Unverfrorenheit ist erreicht, wenn das Militärregime des General Parvez Muscharraf von Islamabad als fortschrittlicher Partner des Westens dargestellt wird, wo doch dessen Mandat als Staatschef und als Oberkommandierender der Streitkräfte soeben unter Mißachtung jeder Legalität verlängert wurde. Die Islamische Republik Pakistan wäre vermutlich auch unter der korrupten Führung der verbannten Oppositionspolitikerin Benazir Bhutto schweren Krisen ausgesetzt. Aber die Strategen des Pentagon sollten den Atombombenbesitz dieses zu zügellosem Fanatismus neigenden Vielvölkerstaates, der nur durch die eiserne Faust der Armee zusammengehalten wird, mit weit größerer Sorge beobachten und zu kontrollieren suchen als die durch feindliche Nachbarstaaten zur nuklearen Aufrüstung geradezu verurteilte Mullahkratie des Iran.

So geht es mit ungebrochener Gewalt- und Willkürherrschaft weiter von Marokko, wo der Malik Mohamed VI. seinen wirklichen Einfluß in seiner Eigenschaft als »Amir-el-mu'minin«, als Befehlshaber der Gläubigen, geltend macht, bis Jordanien, wo ein haschemitischer Saud-König siebzig Prozent seiner Untertanen, die palästinensischer Herkunft sind, in Schach halten muß. Absolut schockierend mutet die Generalabsolution an, die dem libyschen Paranoiker Muammar-el-Qadhafi nicht nur von den USA, sondern auch von den Staaten der Europäischen Union erteilt wurde. Dieser berüchtigte Organisator internationaler Terroranschläge genießt plötzlich wieder das Wohlwollen seiner Petroleumklienten, ohne daß er seiner geknebelten Bevölkerung auch nur die geringste Erleichterung zukommen ließ. Statt dessen wird sein Sohn Seif-ul-Islam als dynastischer Nachfolger aufgebaut.

Da gibt es auch ein paar wohlwollende Despoten, wie den Sultan Qabbus von Oman, aber das Wort »Hurriya« bleibt bei ihm aus dem offiziellen Sprachgebrauch verbannt. Gewiß, so wird man einwenden, zeichnet sich in den Palästinensergebieten eine politische Wende ab, eine Minderung der bislang alles zersetzenden Mißwirtschaft der »tunesischen« Clique. Aber die ersten Kommunalwahlen haben ergeben, daß die Führung der islamistischen Hamas, die – im Gegensatz zur Fatah-Bewegung Yassir Arafats mitsamt den Herren Mahmud Abbas und Ahmed Qurei – soziale Verantwortung übernimmt und die Nöte der armen Leute zu lindern sucht, an Einfluß gewinnt. Diese Entwicklung dürfte weder den Israeli noch den Amerikanern ins Konzept passen.

Es hat bislang in der arabischen Welt, in der gesamten »Ummat-el-arabiya«, nur eine einzige ehrliche und freie Parlamentswahl gegeben, und zwar in Algerien im Dezember 1991. Die dort herrschende Offizierscamarilla hatte offenbar nicht damit gerechnet, daß die »Islamische Heilsfront« – »jibhat-el-islamiya lil inqadh« –, die sich bislang durch ihre karitative Fürsorge hervortat und sich keinerlei Gewaltakte schuldig machte, plötzlich im Begriff stand, die absolute Mehrheit der Abgeordneten und somit den Anspruch auf Regierungsbildung zu gewinnen. Die Reaktion ließ nicht auf sich warten und fiel extrem grausam aus. Die Militärjunta von Algier hat den Volkswillen ignoriert, die bislang relativ gemäßigte Führungsmannschaft der FIS ermordet oder eingekerkert. Über ein Jahrzehnt lang hat sie versucht, die sich zunehmend fanatisierenden »Mujahidin« – die »Afghanen«, wie der Volksmund sie nannte – mit Stumpf und Stiel auszurotten. Laut vorsichtiger Schätzung haben bei dem grauenhaften Wechsel von Aufstand und Repression 150 000 Algerier den Tod gefunden, und der Widerstand der Salafisten ist immer noch nicht ganz gebrochen. Im Westen hat man sich über den brutalen Staatsstreich der Generale nicht entrüstet. Im Gegenteil, die demokratischen Regierungen Europas und Amerikas haben sich dazu beglückwünscht, daß der Kelch einer islamischen Machtergreifung am Südrand des Mittelmeers noch einmal an ihnen vorbeigegangen war.

Ähnliches wie in Algerien – wenn auch nicht unbedingt mit der gleichen Vehemenz – dürfte sich im gesamten »Dar-ul-Islam« wiederholen, falls Präsident Bush es ernst meinen sollte mit der Respektierung des Mehrheitswillens der Bevölkerung. In all diesen Staaten behauptet sich außerhalb der privilegierten Wohnviertel einer schmalen Metropolenelite – in den Slums der Armen, in den Provinzstädten, auf dem flachen Land – das Verharren in der frommen islamischen Lebensgestaltung, ja es findet eine heimliche Rückwendung zu den koranischen Vorschriften der Scharia statt. Bevor sie mit der Ausschaltung der Baath-Partei von Damaskus auch noch das letzte säkulare Regime des »Broader Middle East« beseitigen, sollten sich die Orientexperten der Bush-Administration bewußt sein, daß die Einführung der Demokratie in dieser Weltgegend ein gefährliches Pokerspiel bleibt. Mit ihrer Phraseologie von »freedom and liberty« sind diese Zauberlehrlinge auf dem besten Weg, die Fundamente ihrer eigenen Fremdherrschaft, die unweigerlich auf einheimische Tyrannen angewiesen ist, eigenhändig zu erschüttern. Wenn nun gar die neokonservativen Propagandisten verkünden, die unwiderstehliche Ausbreitung freiheitlicher Ideale, die Fortschritte der Menschenrechte vollzögen sich in globaler Dimension, da kann man nur mit den empörten Spaniern, die sich von ihrem Regierungschef José María Aznar schändlich betrogen fühlten, ausrufen: »No somos idiotas – Wir sind doch keine Idioten.«

So attraktiv für Völker anderer Kulturkreise sind die neoliberalen Entgleisungen, auf die sich der Westen neuerdings eingelassen hat, nun wirklich nicht. Der amerikanische Romancier Philip Roth, seit Jahren Anwärter auf den Nobelpreis für Literatur, hat seine Kritik an dem Bestreben seiner Heimat, die eigenen Verhältnisse der übrigen Welt zu oktroyieren, auf bissige Weise formuliert: »Dieses Land wird nicht von seiner Bürgerschaft regiert, in der jeder von uns eine Stimme hat, sondern von der Börse, die entsprechend ihren Anteilen den Aktionären gehört.« Mit dem Wort »Demokratie« ist bereits auf skandalöse Weise Schindluder getrieben worden, als Josef Stalin in Osteuropa sein abscheuliches Satellitensystem mit dem Pleonasmus »Volksdemokratie« schmückte. So sollte man wenigstens hoffen, daß nicht auch noch der Begriff »Freiheit« zum Orwellschen Synonym von Wahlbetrug, Bestechlichkeit und Unterdrückung wird. Der deutsche Publizist Paul Sethe, der dem konservativen Lager angehörte, hatte einmal geschrieben, daß die vielgerühmte Pressefreiheit des Westens mit der »Freiheit von zweihundert reichen Leuten gleichzusetzen sei, ihre Meinungen zu veröffentlichen«. Die Zahl dieser Privilegierten dürfte sich inzwischen noch verringert haben.

Sunnitische Ohnmacht

Bernd Erbel hat ein Mittagessen für ein Dutzend Politiker der gemäßigten sunnitischen Oppositionsparteien veranstaltet. Den meisten von ihnen sind bei der Parlamentswahl die Wähler weggeblieben. Der Botschafter macht sich zu Recht Sorgen darüber, daß die nicht schiitischen Iraker ins Abseits gedrängt werden. Er sieht die Gefahr, daß sie unter Berufung auf ihre traditionelle Regierungskompetenz, auf ihr angeborenes Überlegenheitsgefühl in Trotz und Verzweiflung verfallen. Die arabische Sunna bildet ja den Nährboden für die anhaltende Revolte gegen die US-Besatzung und stellt einen erheblichen Unsicherheitsfaktor dar.

Selbst wenn die wütenden Attacken der ehemaligen Baathisten und religiösen Fanatiker eines Tages erschlaffen sollten und ihre Brisanz verlören, entstünde innerhalb dieser Konfession ein verhängnisvoller Leerraum. Die Hoffnung, der bisherige Staatspräsident Ghazi-el-Yawir könne in seiner Eigenschaft als Scheikh der mächtigen Stammesföderation der Schamar das Eigengewicht der Sunniten konsolidieren, hat sich nach Auszählung der lächerlich geringen Zahl seiner Anhänger nicht erfüllt.

Bei Tisch sitze ich dem wichtigsten Gast gegenüber, dem Minister für Wohnungsbau in der bisherigen Übergangsregierung. Omar-el-Faruq Salim-el-Damluji sieht beinahe europäisch aus, gleicht eher einem Türken aus Istanbul als einem Araber aus Mesopotamien. Er spricht ein vorzügliches Englisch. Kein Wunder, hat er doch, wie die Mehrzahl der Tafelgäste, die letzten Jahrzehnte im Londoner Exil oder in anderen Zufluchtsstätten des Auslandes verbracht. Dort haben die meisten aus Sicherheitsgründen ihre Familien zurückgelassen. Der eine oder andere Akademiker hat sich von der Hochschule, an der er unterrichtet, lediglich beurlauben oder ein »sabbatical year« gewähren lassen, ehe er sich auf das Abenteuer einer politischen Karriere am Tigris einließ. Salim-el-Damluji hatte sich der Partei des großbürgerlich, ja aristokratisch auftretenden Exdiplomaten Pachachi angeschlossen, der trotz seines hohen Alters sich noch einmal engagiert hatte, vom Wahlvolk jedoch ignoriert wurde.

Das Gespräch entwickelt sich mühselig. Ich habe die Frage aufgeworfen, in welchen Kreisen und aus welchen Gründen so zahlreiche Selbstmordattentäter bei den »Terroristen« bereitstünden. Der Minister, der seinen einträglichen Posten demnächst einbüßen dürfte, antwortet kategorisch, daß allein die hohe Geldprämie, die den jungen Wirrköpfen von ausländischen Drahtziehern gezahlt wird, diese Bereitschaft zum Suizid erklärt. Natürlich ergibt eine solche Erklärung keinen Sinn, denn auch in Bagdad hat das Leichenhemd keine Taschen. Verschiedene Herren unserer Runde widersprechen auch lebhaft und verweisen auf die Verheißungen des Paradieses, die eventuell einen Irregeleiteten dazu motivieren könnten, sich selbst in die Luft zu sprengen. Aber das Phänomen ist neu, zumindest in der sunnitischen Glaubenswelt, und entzieht sich jeder plausiblen Deutung.

Ebenso unerklärlich bleibt die Orgie der Plünderung und Verwüstung, die nach dem Einrücken der amerikanischen Eroberer über Bagdad und viele andere Städte hereingebrochen ist. Dieser Anfall von kollektivem Wahnsinn hat die lebenswichtigen Einrichtungen der Hauptstadt, die durch die Bombardierung der Amerikaner nicht sonderlich gelitten hatte, gründlich demoliert. Die Ausflucht: »Die Kuweitis haben das getan«, die später auf die Mauern der ausgebrannten Ministerien und Krankenhäuser gepinselt wurde, kann niemanden überzeugen. Eines ist sicher: Nicht diese Runde gepflegter und kultivierter Gentlemen wird ihre sunnitischen Glaubensbrüder davon überzeugen können, daß sie sich mit der Majorisierung durch die verachteten Schiiten arrangieren müssen. Die wirkliche Autorität im rebellischen »sunnitischen Dreieck« wird nur noch sehr partiell von den Schuyukh der großen Stämme ausgeübt. Selbst die Korangelehrten, die Ulama, die sich als Vermittler bei den blutigsten Exzessen zwischen Besatzung und Insurgenten bewährten sowie bei der Befreiung von Geiseln eine positive Rolle spielten, verfügen ja über keine reale Macht.

Die Sunna – im Gegensatz zur »Schiat Ali« – besitzt keinen Klerus, sondern nur Koranexegeten, Richter und Verwalter der religiösen Stiftungen. Die überlieferte Mystik der im Volk verwurzelten »Tariqat«, die im Westen als Derwisch- oder Sufi-Orden bekannt sind, ist für die neue Generation integristischer Mujahidin ein obskurantistisches Ärgernis. Es fehlt der sunnitischen Gemeinde ein berufener Sprecher, und der Versuch der US-Behörden, die Parteikader Saddam Husseins wieder zu aktivieren, bringt ihnen nur Mißtrauen und Haß bei den zahllosen Opfern dieses Terrorregimes ein.

Mein Nachbar bei Tisch läßt seiner Enttäuschung freien Lauf. »Mit Saddam Hussein habe ich wirklich nichts zu tun gehabt«, betont er; »meine Familie wurde verfolgt, und ich war an Leib und Leben bedroht. Aber angesichts der totalen Verwirrung, die sich meiner Landsleute bemächtigt hat, überrasche ich mich dabei, der von Saddam korrumpierten und verfälschten Ideologie der Baath-Partei nachzutrauern.« Deren christlicher Gründer, der Syrer Michel Aflaq, hatte einen säkularen arabischen Nationalismus gepredigt, und er bekannte sich auch zum arabischen Sozialismus. »Hizb-el-Baath el-Arabi el-Ischtiraki« hieß ja seine Bewegung. Aber die Hoffnungen auf »Wiedergeburt« – so lautet die deutsche Übersetzung von »Baath« –, die vorübergehend in Damaskus und Bagdad keimten, sind heute wohl endgültig unter dem Rückfall in die Barbarei begraben.

»Nach Kerbela, so Gott will!«

Am Abend vor dem vereinbarten Aufbruch nach Süden haben sich
fünf kräftige Leibwächter in Zivil beim Empfang des Rimal eingefunden. Abdul-Aziz el-Hakim hat Wort gehalten. Mit ihren
Stoppelbärten fallen sie nicht weiter auf. Der Älteste von ihnen,
ein kahlköpfiger, würdiger Mann von etwa fünfzig Jahren, der sich
Reza nennt, ist ihr Anführer. Er teilt uns mit, daß die Abfahrt am
folgenden Morgen schon um sieben Uhr stattfinden solle und daß
uns drei unauffällige Autos zur Verfügung stünden. Die technischen und finanziellen Absprachen nimmt unsere Produzentin
Cornelia Laqua gemeinsam mit Basim vor, der uns begleiten wird.
Ich hatte Cornelia mehrfach vor den Gefahren gewarnt, die uns
erwarteten, aber sie verfügt über einen ungewöhnlichen Mut, hat
inzwischen eine solide Kenntnis dieser nicht gerade frauenfreundlichen Länder erworben. Um nicht gleich als Europäerin
erkannt zu werden, wird sie sich in die unförmige schwarze
»Abaya« hüllen, die nur das Gesicht frei läßt.

Ich selbst begnüge mich mit einer bescheideneren Tarnung. In
Amman hatte ich eine landesübliche häßliche Wetterjacke für
15 Dollar erworben. Ich werde eine Sonnenbrille aufsetzen, aber
auf das rot-weiße Kopftuch, die Keffieh, verzichte ich. Einen Bartansatz habe ich nicht wachsen lassen, obwohl die glatte Rasur
inzwischen als sicheres Erkennungszeichen eines Ungläubigen
gilt. In den vergangenen Tagen sind in Bagdad drei Friseure von
religiösen Fanatikern erschossen worden, weil sie den Wünschen
ihrer Kunden nach einem westlichen Haarschnitt nachkamen.

Von den Einheimischen, die dem religiösen Wahn, den Clan- und Sektenrivalitäten, vor allem aber einer ausufernden Kriminalität fast hilflos ausgeliefert sind, wird wenig berichtet. Dabei haben seit Ausbruch der Unruhen Tausende von Entführungen irakischer Knaben und Mädchen stattgefunden. Meist stammen die Unglücklichen aus mehr oder minder begüterten Familien. Wenn die prompte Zahlung des Lösegeldes ausbleibt, kann es passieren, daß den entsetzten Eltern ein abgeschnittener Finger als Mahnung zugeschickt wird. Auf den Schulbesuch wirkt sich diese unheimliche Gefährdung extrem negativ aus.

Den sunnitischen Mitarbeiter Imad lassen wir in Bagdad zurück. Mit Ausnahme des Kameramannes Nezar, der neben den hochgewachsenen Leibwächtern sehr klein erscheint und wohl die größte Angst von uns allen aussteht, werden wir nur von Schiiten begleitet. Ich habe Basim nach der Identität unserer fünf Schutzengel befragt. Ismail, ein jugendlicher, höflicher Athlet, soll Sohn eines hohen SCIRI-Politikers sein. »Wir haben es mit Angehörigen der Badr-Brigade zu tun«, antwortet der Dolmetscher, und diese Auskunft erfüllt mich mit tiefer Genugtuung. Die hochprofessionelle Truppe war ursprünglich unter irakischen Kriegsgefangenen schiitischen Glaubens während des ersten Golfkrieges rekrutiert und von den Pasdaran des Imam Khomeini als Elitesoldaten ausgebildet worden. Sie werden im Irak inzwischen als Leibwächter für prominente Politiker und zum Schutz schiitischer Veranstaltungen eingesetzt. Die Truppe dürfte sich auf etwa 15 000 Bewaffnete vermehrt haben.

Immer wieder war behauptet worden, die Badr-Brigade habe sich aufgelöst und jede reale Kampfkraft eingebüßt. Jetzt werde ich eines Besseren belehrt. Die disziplinierten, schweigsamen Gefährten führen jeder eine Kalaschnikow und eine Pistole bei sich, die sie unter ihrem Autositz verstauen. Parallel zu den Badr-Brigaden werden angeblich auch starke Elemente der »Mehdi-Armee« Muqtada-es-Sadrs ebenfalls in iranischen Ausbildungslagern der Pasdaran einem militärischen Drill unterzogen.

Am Abend vor der Abreise habe ich das eben erschienene Buch Gérard de Villiers zu Ende gelesen. Dieser französische Autor ist in Deutschland durch die Serie »Malko« bekannt geworden und schockt seine Leser mit einem Gemisch aus Spionage und »sex and crime«. Aber dieses Mal hat er über die beiden entführten Journalisten Christian Chesnot und Georges Malbrunot einen sachlichen, gut dokumentierten Bericht herausgebracht. Die Lektüre wirkt nicht gerade beruhigend. Präzis auf der Straße nach Kerbela, der wir morgen folgen werden, wurden diese Franzosen, die über eine lange Orient-Erfahrung verfügen und keine Hasardeure waren, im August 2004 durch bewaffnete Banditen gefangengenommen. Bis zum Weihnachtsfest des gleichen Jahres blieben sie in der Geiselhaft einer mysteriösen »Islamischen Armee des Irak«, die vermutlich der salafistischen Richtung des sunnitischen Widerstandes angehört und ganz eindeutig beabsichtigte, den Vorfall publizistisch auszuwerten. Die Kollegen hatten den Fehler begangen, mehrfach anzuhalten und über ihr »Thuraya«, so nennt man hier die Satellitenhandys, Absprachen mit der Heimatredaktion in Paris zu treffen.

In einer ersten Phase waren die beiden wohl nur die Beute von kriminellen Dilettanten geworden, die sich mit einer bizarren Erpressungsforderung an die französische Botschaft in Bagdad wandten. Die Gauner verlangten die Zahlung von 1000 Dollar, ein sehr bescheidenes Lösegeld, und zusätzlich die Lieferung von zwei »Thurayas« sowie – man höre und staune – die Übergabe von vier Ziegen. Man kann dem französischen Konsularbeamten nachempfinden, daß er die Kontaktnahme dieser armen Schlucker nicht ernst nahm und in Schweigen verharrte. Damit bewirkte er jedoch, dass die Wegelagerer ihre Opfer an die religiös motivierte »Islamische Armee des Irak« weiterverkauften. Seit der Befreiung von Chesnot und Malbrunot ist eine französische Reporterin der Zeitung »Libération« beim Verlassen einer sunnitischen Moschee in Bagdad gekidnappt worden. Beim Gespräch mit dem französischen Botschafter Bajolet, einem vorzüglichen Arabisten, versuchte ich erst gar nicht, nähere Details darüber zu erfahren. Die Affäre ist zu delikat und sollte vor den Medien nach Kräften abgeschottet werden.

Ich hätte unseren Start lieber auf den späten Vormittag verlegt. Die Erfahrung zahlreicher Partisanenkriege hat mich gelehrt, daß die im Schutz der Nacht gelegten Sprengsätze und Minen schon am frühen Morgen beim Passieren der ersten Konvois hochgehen. Aber Reza ist anderer Ansicht. Unser bester Schutz sei die Unauffälligkeit, und die sei am ehesten im dichten Verkehrsstrom der morgendlichen Rush-hour gewährt. Gefährlich seien vor allem die Kontrollen durch dubiose Sicherheitsorgane, die unsere Präsenz irgendwelchen Komplizen signalisieren könnten. Weder auf die Nationalgarde, die irakische Armee noch auf die Polizei sei Verlaß. Ich beuge mich diesem Argument. Der Hotelverwaltung gebe ich lediglich an, daß wir auschecken, weil auf dem Botschaftsgelände Raum für uns frei geworden sei.

Um sieben Uhr früh – unsere Badr-Brigadisten sind von vorbildlicher Pünktlichkeit – winken uns die Wachposten des Rimal ohne Umstände durch. Wir steuern auf die südliche Ausfallstraße zu, wo die dichte Kolonne von Fahrzeugen unserer kleinen Karawane Anonymität verschafft. Die wirkliche Gefahrenzone wird am Rande des sunnitischen Gürtels erreicht, der die Hauptstadt im Süden umklammert. Unlängst sind dort acht einheimische Geiseln verschwunden. Es ist nicht meine erste Reise nach Kerbela und Najaf. Die Ortschaften auf beiden Seiten der Autobahn, die Saddam Hussein noch so großzügig ausbauen ließ, bieten einen erbärmlichen Anblick. Hier fehlt es an Wasser und Elektrizität. Vor den Tankstellen stauen sich kilometerlange Blechschlangen. Es gehört schon ein großes Maß an Inkompetenz dazu, daß in diesem von Erdöl strotzenden Land die Autofahrer ganze Nächte warten müssen, um an Benzin zu kommen. Selbst in der härtesten Sanktionszeit gegen das Saddam-Regime hatte es einen solchen Mangel nicht gegeben. Die Aufbaubilanz der US-Besatzung und der von ihr eingesetzten Behörden ist weiterhin miserabel.

Die Städte Mahmudiya und Iskandariya sind als Hochburgen sunnitischen Widerstandes berüchtigt. Wenn wir diese beiden trostlosen Anhäufungen häßlicher Betonkästen und Wellblechhütten passiert haben, dürfen wir uns halbwegs in Sicherheit wiegen. Die Entfernung bis Kerbela beträgt insgesamt nur hundert Kilometer. Aufgrund der chaotischen Zersiedlung dieses fruchtbaren Flaschenhalses zwischen Euphrat und Tigris, wo nur ein paar Palmenhaine das Auge trösten, sind die Stadtgrenzen gar nicht zu erkennen. Unser Auto ist bequemer, als ich erwartet hatte. Die Nacht war kurz, und ich verfalle in tiefen Schlaf. Ängstliche Wachsamkeit würde uns ja auch nicht im geringsten hilfreich sein.

Als ich aufwache, rollen wir bereits über die breite Zentralallee der heiligen Pilgerstadt Kerbela. Wir sind geblendet von der goldenen Pracht der Kuppel, unter der der Märtyrer-Imam Hussein hinter massiven Silbergittern, unter einem Gewölbe aus spiegelnden Kristallkaskaden bestattet ist. Das Geschäftsleben in Kerbela verläuft normal. Cornelia Laqua unterscheidet sich kaum noch von den schwarzen Gespenstern, die sich sittsam im Umkreis des Heiligtums bewegen. Das Sicherheitsaufgebot ist gering, und die Atmosphäre wirkt entspannt. In einem arabischen Hotel trinken wir Tee, während Reza und Basim in einem nahen Gebäudekomplex, der die »Hawza«, die höchste theologische Einrichtung, beherbergt, unsere Ankunft melden. Der Innenhof dieser Lehrstätte des Glaubens hat trotz der häßlichen grauen Betonwände und der konventionellen Abbildungen irgendwelcher Heiligtümer etwas Klösterliches. Wir haben die Schuhe ausgezogen und warten in einem kargen Amtszimmer auf unseren Gesprächspartner, der seine kurze Verspätung durch einen jungen, nervösen Kleriker mit dem Hinweis entschuldigt, er müsse sein Gebet beenden.

Großayatollah Mohamed Taqi-el-Mudarissi ist neben Khomeini, dessen strenge Erscheinung selbst bei seinen engsten Gefährten eine Art lähmenden Schrecken verbreitete und dessen Charisma die Massen in Trance versetzte, zweifellos die eindrucksvollste Erscheinung der schiitischen Hierarchie, die mir je begegnete. Der mächtig gewachsene Mann mit dem graumelierten Bart, dem schwarzen Turban und einem prächtigen grünen Schal über dem schwarzen Gewand entfaltet eine gewinnende Jovialität und begrüßt mich mit freundlichem Lächeln. Sein Auftritt entspricht in keiner Weise der an Zerknirschung grenzenden Ernsthaftigkeit, die bei der schiitischen Geistlichkeit ansonsten anzutreffen ist. Neben diesem hohen »Mujtahid« erscheint der unergründliche Ayatollah Sistani sauertöpfisch und depressiv.

Mudarissi, der zu den engsten Ratgebern Sistanis zählen soll, besitzt einen theologischen Rang, der sich mit dem des Aytollah-el-Udhma von Najaf durchaus vergleichen lasse, hat mir der stets gut informierte Basim erklärt. Er könne in seiner selbständigen Hawza von Kerbela ebenfalls den Titel eines »Marja'-el-Taqlid« beanspruchen und würde beim Ableben Sistanis wohl dessen Nachfolge antreten.

Dieser »Prälat«, der in Kerbela geboren ist, verfügt zudem über den Vorteil, daß er Araber und nicht Perser ist. Vor den Schergen Saddam Husseins war er seinerzeit in den Iran entwichen. »Wir sind uns doch schon begegnet«, strahlt Mudarissi mich an. Ich kann mich bei bestem Willen nicht daran erinnern, aber er besteht darauf, daß sich unsere Wege in Damaskus gekreuzt hätten. Bei aller Aufgeräumtheit ist das Gespräch ernst. »Der Irak gleicht einem Patienten, der am offenen Herzen operiert wird«, beschreibt er die Situation. Eine befriedigende politische Lösung könne nur in einer Absprache zwischen der schiitischen »Allianz« und den kurdischen Nationalisten gefunden werden. Diese beiden Bevölkerungsgruppen hätten unter Saddam ja auch am grausamsten gelitten. Seine politischen Auffassungen unterscheiden sich nicht wesentlich von denen des SCIRI-Führers Abdul-Aziz el-Hakim, der ihm als Kleriker untergeordnet ist.

Bei der Wahl des neuen Regierungschefs würde er dem frommen Arzt Ibrahim-el-Ja'fari den Vorzug geben. Aber auch ein dubioser Schiite wie Ahmed Chalabi wäre zur Not akzeptabel. Daß Chalabi im Rufe eines Betrügers steht und in Jordanien wegen anrüchigem Bankrott zu 22 Jahren Gefängnis verurteilt wurde, scheint ihn nicht zu stören. Es könne sich ja ohnehin nur um eine Übergangsfigur handeln. Die in Iran praktizierte Form des Gottesstaates komme für Bagdad nicht in Frage, versichert auch Mudarissi. Die schiitischen Perser und Araber seien zwar durch den Glauben verbunden, aber der Ursprung ihrer Rechtgläubigkeit befinde sich nun einmal im arabischen Mesopotamien, wo der Gründer-Imam Ali in der Oase Kufa nur fünf Jahre lang eine vorbildliche islamische Herrschaft ausübte, ehe er heimtückisch erdolcht wurde.

Die kurze Okkupation des Zweistromlandes durch die persische Dynastie der Safaviden im sechzehnten Jahrhundert sei aufgrund der Lasterhaftigkeit, die in Isfahan am Hof Schah Abbas' des Großen herrschte, in übler Erinnerung geblieben. Wie er denn reagieren würde, falls die amerikanischen Besatzungsbehörden, die einer schiitischen Machtausübung mit bösen Ahnungen entgegensehen, doch noch versuchen sollten, das Heft zu wenden, frage ich provozierend. Bei der CIA besteht angeblich die Absicht, durch Spaltung, Bestechung und Gewalt einen gefügigen Satrapen, eine Art »Saddam Hussein light«, in Bagdad zu installieren. Der Statthalter Amerikas, Paul Bremer, habe ein solches Manöver durch die Berufung des Interim-Regierungschefs Allawi ja bereits unternommen und sei damit gescheitert, lautet die Antwort. In Kerbela, wo das Blut der Heiligen floß, ist man sich dennoch bewußt, daß die »Fitna«, die schismatische Entzweiung der Gläubigen, von Anfang an das Grundübel des Islam war. Helle Wachsamkeit bleibe auch weiterhin geboten. »Wir könnten auch in anderer Form auf die fremde Okkupation reagieren«, deutet Mudarissi an.

Er hat zum Abschied eine schriftliche Empfehlung ausgestellt, die uns in der Moschee des Imam Hussein sämtliche Tore öffnet. Die Gläubigen im Vorhof dieses Mausoleums nehmen unsere Präsenz kaum zur Kenntnis. Selbst die Frauen – was völlig ungewöhnlich ist – lassen sich beim Gebet filmen. Wie überall werden die Särge der jüngst Verstorbenen von trauernden Angehörigen um das Heiligtum getragen, ehe sie in der geweihten Erde des benachbarten Friedhofs bestattet werden. Die Todessehnsucht war stets unverzichtbares Element der schiitischen Lehre.

Plötzlich werden wir durch das Dröhnen von Pauken und schrille Trauerlitaneien in eine Stimmung tragischer Mystik versetzt, die einem anderen Zeitalter anzugehören scheint. Durch das goldene Portal bewegt sich der Pilgerzug schwarzgekleideter Büßer. Sie schwenken schwarze und grüne Fahnen. Ein riesiges blutrotes Banner entfaltet sich wie ein Aufruf zum Martyrium. Das höchste Trauerfest des Prophetenenkels Hussein, »Aschura« genannt, ist bereits ein paar Tage zuvor begangen worden, aber das Wehklagen will kein Ende nehmen, setzt sich vierzig Tage lang während des »»arba'in« zu Ehren der übrigen ermordeten Imame der Schia fort. Die Büßer schlagen sich mit schweren

Eisenketten den Rücken wund. Neuerdings hat sich die Hawza gegen die bluttriefenden Exzesse frommer Kasteiung ausgesprochen. Die Kettenfolter bleibt schmerzlich und befremdlich genug, zumal eine Anzahl von Kindern sich mit großem Eifer daran beteiligt. Der unheimliche Klang der Trommeln und das Wehgeschrei der Flagellanten wecken bei mir plötzlich Erinnerungen an jene heroische Gegenoffensive der iranischen Revolutionswächter und Bassidschi im Sommer 1980. Bei ihrem verzweifelten Ansturm gegen die Republikanergarde Saddam Husseins hatten sie gehofft, den Durchbruch in Richtung Kerbela und zum Grab des Märtyrers Hussein zu erzwingen. »Kerbela in scha' Allah«, riefen sich die Krieger der islamischen Revolution begeistert zu, wenn sie sich am Rand der Majnun-Sümpfe begegneten. »Nach Kerbela, so Gott will«, so lautete ihr sehnlichster Wunsch. Doch Allah hat sie nicht erhört. Zu Hunderttausenden sind sie im Artilleriefeuer verblutet oder in den Giftschwaden der irakischen Verteidiger erstickt.

*

Nezar macht ein paar Außenaufnahmen von der Hussein-Moschee, da werde ich von drei jungen »Tullab«, von Theologiestudenten, angesprochen. Sie tragen noch nicht das geistliche Gewand. In einer geräumigen Bibliothek überreichen sie mir ein paar Broschüren in englisch und arabisch über die Geschichte und die Bedeutung ihrer Konfession. Der Wortführer erklärt, daß hier eine Art Informationsbüro entstehe, denn über Wesen und Ziele der Schia sei die Außenwelt unzureichend unterrichtet. Großayatollah Mudarissi hat sie offenbar zur Kontaktnahme mit mir ermutigt.

Unser Gespräch beginnt stockend und befangen. Schon an den einfallslosen Veröffentlichungen, in denen ich blättere, merke ich, daß diese jungen Leute eingesponnen bleiben in der schiitischen Mystik und den Realitäten der Tagespolitik unsicher und ziemlich hilflos gegenüberstehen. Trotz aller Bemühung einer Anpassung an die Moderne scheinen sie gar nicht fähig zu sein, eine Trennlinie zwischen »din wa dawla«, zwischen »Staat und Reli-

gion«, zu ziehen. Automatisch fällt ja auch jede politische Kundgebung der Schia in das konfessionell geprägte Trauerritual zurück. Im Gegensatz zum benachbarten Iran, wo die aus Aserbeidschan stammende türkische Dynastie der Safaviden der »Schiat
Ali« im sechzehnten Jahrhundert den Status einer dominanten
Staatsreligion verlieh, haben die Mullahs des Irak stets in passiver
Abgeschiedenheit gelebt. Sie haben ihre Katakomben nie ganz
verlassen. Unvorbereitet werden sie durch den Sturz Saddam
Husseins in eine staatliche Führungsposition projiziert.

Natürlich zeige ich den Tullab meinen Talisman, die Fotografie, die mich an der Seite des Ayatollah Khomeini zeigt. Dieser
Künder der islamischen Revolution, der laut Artikel V seiner Verfassung im Auftrag des Verborgenen Imam el-Mehdi die Regie-
rungsgeschäfte ausübte und den Willen Gottes interpretierte, gibt
ihnen manches Rätsel auf. Die Tatsache, daß ich dieser legendären
und streitbaren Figur so nahe gekommen bin, verwirrt die jungen
Kleriker, schafft aber auch Vertrauen. Das Dilemma der schiitischen Eiferer des Irak besteht doch darin, daß sie sich auf einen
westlich inspirierten Demokratieprozeß eingelassen haben, der
mit ihren überlieferten Vorstellungen gar nicht übereinstimmt.
Wird ihnen – unter lockendem Zuspruch des Westens – nicht
eine Falle gestellt, aus der sie sich am Ende nur durch gewaltsame
Auflehnung, durch den Jihad oder einen neuen Opfergang be-
freien können? Ausführlich befragen sie mich nach meinen Kennt-
nissen der schiitischen Lehre. Es fällt diesen Frömmlern offenbar
schwer, sich vorzustellen, daß ein »Ungläubiger«, der sich mit der
Offenbarung des Propheten Mohammed und des Imam Ali intensiv beschäftigt hat, sich nicht begeistert zum Islam bekehrt,
sondern an den Dogmen der Dreifaltigkeit, das heißt von einem
»dreimal gespaltenen« Gott, festhält.

Die Beurteilung der Nachbarstaaten des Irak ist bei meinen
bisherigen Gesprächen stets vorsichtig und zurückhaltend ausge-
fallen. Aber die Theologiestudenten von Kerbela sind zutiefst
überzeugt, daß ein weltweites Komplott, eine Verschwörung, eine
»mu'amara« gegen die islamische Umma geschmiedet wird. Sie
erwähnen das Attentat, das in Beirut dem ehemaligen Ministerpräsidenten Rafiq Hariri zum Verhängnis wurde. Wer konnte

denn ein Interesse an der spektakulären Ausschaltung dieses reichen und einflußreichen Libanesen haben? Der syrische Staatschef Baschar-el-Assad mußte doch wissen, daß der Verdacht sofort auf ihn gerichtet würde und daß der Tod Hariris ein probates Mittel wäre, das Regime von Damaskus zu diskreditieren. So richtet sich der Argwohn der arabischen Öffentlichkeit beinahe zwangsläufig auf amerikanische oder zionistische Geheimdienste, die am Libanon wie in so manchen anderen Ländern ihre umstürzlerischen Absichten hinter den humanitären Forderungen obskurer NGOs oder »Nicht-Regierungs-Organisationen« tarnen. Selbst gewisse technisch ausgeklügelte Bombenanschläge, die zwischen Mossul und Basra stattfinden, werden auf eine solche Urheberschaft zurückgeführt. Düstere Kräfte würden das Ziel verfolgen, die islamische Welt in Chaos und Selbstzerfleischung zu stürzen. Man muß diese weitverbreiteten Verdächtigungen kennen, um die psychologische Situation vor Ort richtig einzuschätzen.

Da mir der Libanon sehr vertraut ist, versuche ich, meinen Zuhörern zumindest ein summarisches Bild von den dortigen Verhältnissen zu vermitteln. Als Folge der oppositionellen Massenkundgebungen, die Beirut neuerdings wie Fieberwellen schütteln, mag zwar die Zedernrepublik ihre prekäre Souveränität zurückgewinnen. Der längst überfällige Abzug der syrischen Truppenkontingente und Geheimdienste findet ja tatsächlich statt. Nur sollten die christlichen Maroniten, denen ich mich eng verbunden fühle, nicht vergessen, daß sie im Jahre 1976 ihr Überleben der militärischen Intervention der Syrer verdankten, als enthemmte palästinensische Freischärler, sunnitische Kampfbünde und linkslastige panarabische Nationalisten mit weit überlegenen Kräften der christlichen Vorrangposition ein Ende bereiten wollten. Mit ihren Demonstrationen am Platz der Märtyrer von Beirut haben jetzt die prowestlichen Fraktionen – überwiegend Christen, Drusen und ein Teil der Sunniten – die Unhaltbarkeit des konfessionellen Taifa-Systems bloßgelegt, das längst nicht mehr den realen Kräfteverhältnissen entspricht. Zwischen Südbeirut und der Nordgrenze Israels wurde nämlich die Glaubensgemeinschaft der Schiiten, die bei der Staatsgründung sträflich vernachlässigt worden war und die inzwischen knapp die Hälfte der gesamten Bevölkerung ausmacht, auf den Plan gerufen. Mit der mächtigen Hizbullah-Organisation gibt sich die Schiat Ali am Libanon als stärkste »Taifa« zu erkennen. Diese im Kampf gegen Israel bewährte Formation, deren Einfluß sich auf ein vorbildliches Sozialsystem stützt, gewinnt unweigerlich an Gewicht.

Die Frage stellt sich natürlich, ob der endlose Bürgerkrieg, der zwischen 1975 und 1991 den Libanon verwüstete, sich an Euphrat und Tigris wiederholen könnte. Die konfessionellen und ethnischen Gruppen zeichnen dort ein vergleichbares Patchwork vor. Eines kann ich meinen Zuhörern von Kerbela versichern: Die Repräsentanten der libanesischen Hizbullah unter Führung des resoluten Scheikh Nasrallah kennen keine quälenden Seelenzustände in der Beurteilung des Ayatollah Khomeini. Im Gegensatz zur Hawza von Najaf ist die »Partei Gottes« am Libanon bedingungslos – weit mehr als die inzwischen von ihrer Islamischen Republik ernüchterten Iraner – auf das Vorbild dieses »Faqih« eingeschworen und verharrt in vertrauensvollem Kontakt zu den »Hardlinern« der iranischen Mullahkratie.

*

Die Debatte in der Bibliothek von Kerbela hat unsere Weiterfahrt nach Najaf verzögert. Die Sonne steht schon tief über der goldenen Kuppel des Helden Abas, der an der Seite seines Halbbruders Hussein wie ein Rasender gegen die überlegene Heerschar des sunnitischen Ommayaden-Kalifen Yazid gekämpft hatte. Ein Thema hatte ich bei den jungen Theologen wohlweislich ausgelassen, nämlich die Umschichtungen, die sich in Israel und Palästina nach dem Tod Yassir Arafats abzeichnen. Ich hatte mich noch im Januar 2005 im Heiligen Land aufgehalten, was man im Irak besser nicht erwähnt. Während der Autofahrt spricht mich der stets interessierte und gebildete Basim auf die dortigen Zustände an.

Die Person Arafats genießt in Bagdad kein hohes Ansehen, hatte er doch im ersten amerikanischen Golfkrieg mit Saddam Hussein paktiert. Aber die Vorstellung westlicher Politiker und Publizisten, die Erinnerung an diesen ersten Präsidenten der palästinensischen Autonomiebehörde sei erloschen, sollte ernsthaft überprüft werden. Abu Amar, wie Arafat sich nennen ließ, bleibt für die Masse der Seinen weiterhin der Vater der palästinensischen Nation. Sein jämmerlicher Abtransport im Hubschrauber, als er in sichtbarer Geistesverwirrung mit übergestülpter Wollmütze den Anwesenden pausenlos Kußhände zuwarf – eine Gestik, die Außenstehenden unwürdig und peinlich erschien –, hat die arabischen Gemüter zutiefst aufgewühlt. »So sehr hat er sein Volk geliebt«, lautete der Kommentar der trauernden kleinen Leute von Gaza und Ramallah, wie mir ein israelischer Experte versicherte.

Bei den Israeli, so hatte ich im Januar mit Verwunderung festgestellt, war der Krieg im Irak kein vordringliches Thema und bei den Palästinensern auch nicht. Man ist dort offenbar viel zu sehr mit sich selbst beschäftigt. Im Hinblick auf eine eventuelle Konfliktlösung im Heiligen Land kommt im Westen auch schon wieder neues »wishful thinking« auf, weil Mahmud Abbas mit versöhnlichem Lächeln den Israeli einen Waffenstillstand, eine »Hudna«, anbot und seine Landsleute sich sogar im wesentlichen daran hielten. Aber eine »Hudna«, der widerwillig konzedierte Kompromiß gegenüber einem weit überlegenen Feind, entspricht durchaus den koranischen Vorschriften und wurde auch schon von dem geistlichen Führer der Hamas, dem gelähmten Scheikh Yassin, vorgeschlagen, bevor er durch israelische Raketen getötet wurde.

Da wird die Rückkehr palästinensischer Beamter und Polizisten in ein paar Städte der Westbank gefeiert, obwohl eine solche Präsenz im Abkommen von Oslo längst vereinbart worden war. Regierungschef Ariel Scharon hat die Räumung der jüdischen Siedlungen im Gazastreifen befohlen, doch die Araber befürchten, daß er damit den Schwerpunkt israelischer Präsenz systematisch nach Judäa und Samaria verlagern möchte. Dieser Verdacht sollte sich prompt bestätigen, als die israelische Regierung die östlich von Jerusalem gelegene Großsiedlung Maale Adumim ihrem expandierenden Staatsgebiet einverleibte und damit das vorgesehene Autonomiegebiet der Palästinenser zusätzlich aufspaltete. Mit Basim kann ich einigermaßen ungezwungen über meine

Beobachtungen im Gazastreifen vor zwei Monaten sprechen. Im Kibbuz Gusch-Katif, unmittelbar an der ägyptischen Sinai-Grenze, hatte ich festgestellt, daß die Tunnel, die nach Gaza überleiten, tatsächlich existieren, auch wenn durch diese unterirdischen Gänge neben leichten Waffen vor allem Schmuggelgut und sogar ukrainische Prostituierte eingeschleust werden. Bei den Kolonisten von Gusch-Katif, die Scharon heute verfluchen, wurde mir auch veranschaulicht, daß die primitiven Qassim-Raketen mit nur acht Kilometer Reichweite und minimaler Präzision durch Verlegen ihrer simplen Abschußrampen nach Norden in Zukunft auch auf den Raum des israelischen Hafens Aschdot abgefeuert werden könnten.

In Ramallah und Nablus, so konnte ich an Ort und Stelle vermerken, hatten sich die Gemüter der Palästinenser vorübergehend entspannt, was auch für die Israeli galt, seit Yassir Arafat aus seiner belagerten »Muqata'a« nach Paris ausgeflogen wurde. Die Grabstätte des »Rais« in Ramallah ist kein Wallfahrtsort geworden. Viele Checkpoints, die den einheimischen Arabern das Leben unerträglich machten, wurden in jenen Tagen abgebaut. Aber da ragt jetzt die »Mauer« – am Westrand von Abu Dis ist sie acht Meter hoch –, die man bei bestem Willen nicht als »Umzäunung« bezeichnen kann. Dieser »Wall« frißt sich tief in das extrem reduzierte Gebiet hinein, das die Autonomiebehörde Abu Mazens verzweifelt für sich beansprucht. Ich lasse die Frage offen, wie lange die Palästinenser, die das Scheitern von Oslo und die Mißachtung der sogenannten Road Map längst registriert haben, stillhalten werden, ob sie noch einmal die Kraft und die Mittel für eine »dritte Intifada« aufbringen würden.

Aus guten Gründen spreche ich mit Basim nicht über meine interessanteste Begegnung Ende Januar 2005 am Rande der Stadt Davids. In seiner grünumrankten Villa hatte mich der Historiker und Militärwissenschaftler Martin van Creveld überaus freundlich empfangen. Der Professor der Hebrew University gilt bei seinen Landsleuten als »Querdenker«. Er dedizierte mir sein jüngstes Buch »Defending Israel«, das sich durch provozierende Originalität des Denkens auszeichnet. Natürlich habe ich das kompromittierende Dokument nicht auf die Reise in den Irak mitgenommen. Diverse Thesen van Crevelds lassen sich auf die strategische Situation der US-Streitkräfte in Mesopotamien übertragen und verdienen, nachdrücklich hervorgehoben zu werden. »Die Geschichte der Guerillabekämpfung lehrt, daß – je komplexer das Umfeld dieser Konfrontation ist – die Rolle der technischen Überlegenheit an Bedeutung verliert.« Etwas weiter heißt es: »Israels eigene Erfahrung beweist, daß das Abfangen einer perfektionierten ›Cruise missile‹ leichter sein kann als die Abwehr einer menschlichen Bombe in Form eines Selbstmordattentäters. Die gleiche Erfahrung zeigt an, daß der Ausbau eines Abwehrsystems gegen hochtechnisierte Lenkwaffen wirksamer sein kann als die Verhinderung der Einschläge von Schwärmen primitiver El-Qassim-Raketen, die die Palästinenser, wann immer sie Lust dazu haben, aus Gaza abfeuern und in Zukunft auch von der Westbank aus einsetzen dürften.«

Eindringlich warnt der Militärexperte vor der Verstrickung eigener Streitkräfte in dichtbevölkerte feindliche Zonen. Was für die »Israeli Defense Force« oder »Zahal« im Libanon zutraf, gilt heute auch für die US Army im Irak: »Wie die Invasion des Libanon bewiesen hat, war es für den israelischen Kanarienvogel keine gute Idee, eine arabische Katze fangen zu wollen. Große Städte haben nun einmal die Eigenschaft, ein hohes Kontingent an Besatzungstruppen zu verschlucken. Israel, das auf die Einberufung von Reservisten angewiesen ist und auf eigene Verluste extrem empfindlich reagiert, kann sich solche Aktionen nicht leisten.«

Der Professor der Hebrew University plädiert dafür – auch das gilt für die Amerikaner –, daß die Israeli auf ihre bisherigen Methoden der »Terroristenjagd« verzichten. »Die Vergeudung von Einsatztruppen wird dadurch nämlich unerträglich«, mahnt er. »Auf der Westbank allein werden sechs sogenannte Regionalbrigaden zur Aufrechterhaltung von Ruhe und Ordnung benötigt. Der Gazastreifen wird trotz seiner winzigen Ausdehnung durch drei Brigaden kontrolliert. Man vergleiche die Situation mit unserem Feldzug im Juni 1967. Damals reichten elf Brigaden aus, um binnen vier Tagen die ganze ägyptische Armee zu zerschmettern. Früher genügte der Einsatz einer israelischen Panzerkompanie, um ein arabisches Bataillon und dann das nächste zu schlagen. Noch unlängst wurde ein unsinniger Aufwand betrieben, lediglich um zu verhindern, daß Mr. Arafat sein Quartier in Ramallah nicht verließ.«

Einen nüchternen, gnadenlosen Blick wirft van Creveld auf die unmittelbaren arabischen Nachbarn, die diplomatische Beziehungen zu Israel unterhalten: »Die Haschemiten-Herrscher Jordaniens haben ebenso viele, ja sogar mehr Gründe als Israel, die Palästinenser zu fürchten. Das erklärt, daß sich die beiden Staaten seit mehr als dreißig Jahren Hilfe leisten, um die Palästinenser zu kontrollieren, geheimdienstliche Erkenntnisse auszutauschen, das Jordantal zu überwachen und so weiter ...« Es sei durchaus vorstellbar, daß die Haschemiten-Dynastie eines Tages gestürzt wird, fährt der Autor fort, aber solange Israel die Kontrolle über das Jordantal ausübe, sei das nicht weiter von Belang. Was Ägypten betrifft, so sei dieses Land gar nicht mehr in der Lage, die Existenz Israels ernsthaft in Frage zu stellen. Der Bau des Assuan-Damms hat eine Wassermasse von 150 Milliarden Kubikmeter im Nasser-See angestaut, und seine Sprengung zöge die totale Auslöschung Ägyptens nach sich.

Also plädiert Martin van Creveld dezidiert für den Ausbau einer »Mauer« – »a wall, not a fence«, wie er ausdrücklich betont –, um eine endgültige Trennungslinie zwischen Israel und der sich explosiv vermehrenden palästinensischen Bevölkerung zu ziehen. Eine Fortführung der Partisanenbekämpfung habe bei allen Armeen der Welt stets eine Verrohung, einen Verfall der sittlichen Normen nach sich gezogen und die Tauglichkeit der Truppe verringert. Dafür zitiert er einen chinesischen Weisen: »Ein Schwert, das in Salzwasser getaucht ist, wird rosten.«

Ob diese »Mauer«, die der Professor so hoch ziehen möchte, wie es nur irgend geht, wirklich den erhofften Schutz bietet – in diesem Punkt differieren wir –, bleibt höchst ungewiß. Der von ihm erwähnte »Chinese Wall« besaß eine überwiegend symbolische Bedeutung und konnte die Eroberung des Reiches der Mitte durch Mongolen und Mandschu nicht verhindern. Die Maginotlinie ist Frankreich im Jahr 1940 zum Verhängnis geworden, und Hitlers Atlantikwall hat nur im Sektor von Omaha Beach der alliierten Invasion nennenswerten Widerstand geleistet. Zudem geht von der erdrückenden, häßlichen Betonkonstruktion, die sich durch die biblische Landschaft Judäas zieht, eine zutiefst beklemmende Wirkung aus. »Baut der Thora eine Mauer«, hieß es einst bei den frommen jüdischen Ghettobewohnern des Mittelalters. Aber dieser Wunsch läßt sich schwerlich auf die zionistischen Staatsgründer der Gegenwart übertragen, die mit ganz anderen Vorstellungen ins Land der Väter zurückgefunden hatten.

Über wesentliche Aspekte der Globalstrategie des Pentagon stimmen wir hingegen überein. Die gewaltige Armada amerikanischer Flugzeugträger bezeichnet van Creveld als eine Ansammlung von Dinosauriern. Seeschlachten im Stile von Midway oder Korallenmeer würden sich nicht wiederholen. Die »Aircraft Carriers« der US Navy eignen sich vorzüglich für Hilfsaktionen wie zur Linderung der Not nach der ostasiatischen Tsunami-Katastrophe. Ansonsten drohen sie zu einem Relikt der Vergangenheit zu werden wie vor hundert Jahren die unbezwingbaren »Dreadnoughts« der britischen Royal Navy. Was gar die schweren Panzermodelle des Heeres betrifft – die Abrams der US Army, die Centurions der Briten, die deutschen Leo II, die französischen »Leclerc« – so wäre ihre Reaktivierung ziemlich sinnlos. Eine Panzerschlacht von Kursk wird nicht mehr stattfinden. Wenn wirklich der Einsatz massiver Tankkolonnen im Straßenkampf um Faluja den US Marines Schutz gewährte und deren Verluste niedrig hielt, so wurden sie doch im wesentlichen als mächtige Sturmgeschütze eingesetzt. Ihre ursprüngliche Aufgabe als Durchbruchelemente im Bewegungskrieg entspricht nicht mehr den Anforderungen der strategischen Wende, die mit dem Ende des Kalten Krieges einsetzte.

331

Alpträume in Najaf

Mit Einbruch der Dämmerung hat der Verkehr nachgelassen. Zwischen Kerbela und Najaf – eine Entfernung von achtzig Kilometern – ist jede amerikanische Präsenz verschwunden. Hingegen mehren sich die irakischen Kontrollposten. Die blauuniformierten Polizisten zögern nicht, die Sargdeckel aufzubrechen, um zu überprüfen, ob unter den Leichen, die in der Nähe des Imam Ali ihre letzte Ruhe finden sollen, Waffen versteckt sind. Eigentlich sollten wir jetzt den kritischen Teil unserer Reise hinter uns haben, aber instinktiv spüre ich, daß Gefahr lauert. Trotz der Anstrengungen des Tages ist die Schläfrigkeit verflogen.

Auf halber Strecke wird unser kleiner Konvoi zwischen den beiden heiligen Stätten aufgehalten. Trotz der Uniform weiß man nie, mit wem man es an diesen Checkpoints zu tun hat. Die Autos werden durchsucht, aber die Papiere unserer Gefährten sind absolut korrekt. Die Ordnungshüter interessieren sich auffällig für die ausländischen, die deutschen Pässe. Reza und Basim werden in eine Holzbaracke gerufen, wo ein Major die Daten umständlich und mißmutig überprüft. Dann nimmt er sein Mobiltelefon, um die Personenangaben und Paßnummern an eine unbekannte Kommandostelle weiterzugeben. Einen Moment sieht es so aus, als würden wir zumindest für die kommende Nacht festgehalten. Aber Reza redet sehr eindringlich auf den Polizeimajor ein, und wir werden grußlos zur Weiterfahrt aufgefordert.

Basim berät sich kurz mit unseren Leibwächtern. Nervosität hat sich eingestellt. Um Najaf zu erreichen, werden wir von nun an nicht mehr die breite Autobahn benutzen, sondern uns auf Nebenstraßen der Grabstätte Alis nähern. Man solle diesen neu angeworbenen Polizisten nicht trauen, hat Reza gewarnt. Wer könne schon garantieren, daß der Major nicht mit irgendeiner Entführerbande unter einer Decke steckt und daß wir ein paar Kilometer weiter nicht durch schwerbewaffnete Irreguläre aufgehalten und als Geiseln verschleppt werden?

Es ist stockdunkel, als wir im Zentrum von Najaf das verwüstete Denkmal erreichen, das zu Ehren des schiitischen Aufstandes von 1920 gegen die Engländer mit Säulen und Gedenktafeln geschmückt war. Trotz der späten Stunde bewegen sich viele Menschen in den Gassen. Die Stimmung einer Revolte breitet sich aus, denn jetzt fahren mit unaufhörlichem Hupen zahlreiche Milizionäre heran. Sie haben Maschinengewehre und Bazookas auf ihren Pickups montiert, feuern mit Kalaschnikows in die Luft und schreien sich die Kehlen heiser.

Auch Basim weiß nicht, was hier wirklich vor sich geht. Wir halten schließlich vor einem recht ansehnlichen Hotelbau. Aber sämtliche Lichter sind dort erloschen. Gäste oder Personal gibt es nicht. Trotzdem komplimentiert uns der Hotelier in die Lobby und zeigt Reza und seinen Gefährten die Zimmer, die er uns anzubieten hat. Die Männer der Badr-Brigade kommen schnell zu dem Schluß, daß sie unsere Sicherheit in diesem Gästehaus nicht garantieren können, hegen sogar den Verdacht, der Gastwirt werde zu später Stunde einen »Deal«, ein Geschäft mit irgendeiner kriminellen Gang aushandeln, um für die »Almani« einen möglichst günstigen Preis zu erzielen. An welche politische oder religiöse Widerstandsgruppe wir am Ende – wiederum für klingende Münze – weitergereicht würden, bleibt selbst für Ortskenner ungewiß.

Reza faßt den Entschluß, das örtliche Hauptquartier der schiitischen SCIRI-Bewegung, des »Supreme Council of the Islamic Revolution in Iraq«, anzusteuern. Das Parteibüro verschwindet hinter Sandsäcken und Betonschikanen. Die Wachposten durchsuchen uns gründlich, ehe sie uns einlassen. Nach und nach erfahre ich auch den Grund für die Bürgerkriegsatmosphäre, die sich der heiligen Stadt Najaf bemächtigt hat. Tagsüber hatte es heftige Demonstrationen gegen den Verbleib des Gouverneurs Adnan-el-Zorfi gegeben, der wegen schändlicher Betrügerei und Amtsmißbrauch bei der Bevölkerung zutiefst verhaßt ist. Erschwerend kommt hinzu, daß Zorfi angeblich ein enger Vertrauter und Komplize des Botschafters Paul Bremer ist, daß er sich als Handlanger der Amerikaner aufführte. Während seines Exils unter Saddam Hussein hatte er in den Vereinigten Staaten gelebt,

333

deren Staatsangehörigkeit erworben und eine Amerikanerin geheiratet. Der Gouverneur fühlt sich in Najaf so gefährdet, daß er die Nächte in einer Basis der US Army verbringt, die sich zwischen Najaf und Kufa eingebunkert hat.

Nach den jüngsten Provinzwahlen, die gleichzeitig mit der gesamtirakischen Parlamentswahl stattfanden, hatte die schiitische Bewegung die absolute Mehrheit errungen. Sie verlangte, was ihr gutes Recht ist, die Abberufung des Kollaborateurs. Aber die Regierung Allawi will dieser Forderung offenbar nicht nachkommen. Bei dieser Gelegenheit kann ich feststellen, daß unser Freund Basim den inzwischen abberufenen Prokonsul Bremer für das Unheil, das das Land heimsucht, voll verantwortlich macht. Dieser arrogante Diplomat sei der »wahre Ali Baba von Bagdad« gewesen.

Bevor Reza und Ismail – letzterer ist wohl für meinen persönlichen Schutz abgestellt und weicht keinen Zentimeter von meiner Seite – ein neues Quartier ausmachen, laden sie uns zum Gespräch mit einem besonders geschätzten jungen Geistlichen. Es handelt sich um den Sprecher der »Marja'iya«, Sohn eines Ayatollahs, der ein paar hundert Meter entfernt in einem unscheinbaren, einstöckigen Haus lebt. Dieser bescheidene, etwas schüchtern auftretende Hodschatulislam bleibt mir als eine Art schiitischer Franziskanermönch in Erinnerung. Es könnte auch ein sanfter jüdischer Rabbi sein, dessen fromme Gelehrsamkeit sich weit über alle weltlichen Zerstreuungen erhebt. Ein politisches Programm will er gar nicht definieren. Die wahre Frömmigkeit der Schiiten sei an ihrer innigen Trauer um die ermordeten Imame, am Wehklagen um die authentischen Statthalter des Propheten zu erkennen, hatte Ruhollah Khomeini einst gepredigt. Unser nächtlicher Gesprächspartner in Najaf, der sich mit großer Höflichkeit um uns bemüht, steht vielleicht jenen jüdischen Orthodoxen nahe, die – in ihre endzeitliche Mystik versponnen – den Staat Israel nicht anerkennen und keinen Wehrdienst leisten wollen, weil die wahre Verheißung für das auserwählte Volk sich erst mit der Ankunft des Messias erfüllen wird. Ebensowenig kann sich wohl der Hodschatulislam eine triumphale schiitische Staatsgründung vorstellen, ehe der erhabene Imam el-Mehdi-el-Muntadhir glorreich aus seiner Verborgenheit hervortritt.

Am Ende haben wir doch noch eine halbwegs zuverlässige Herberge gefunden. Die Matratze des Betts ist durch ein Brett mit Wolldecke ersetzt. Laken sind auch nicht vorhanden. Ismail hat mir versichert, er werde vor meinem Zimmer auf dem Boden des Korridors kampieren. Gegen drei Uhr morgens werden wir durch plötzlichen Tumult aus dem Schlaf gerissen. Der sunnitische Kameramann Nezar, der ohnehin nicht zum Heldentum neigt, wird von Alpträumen geschüttelt und stößt gellende Angstschreie aus. Unsere Schutzengel stürzen sofort an sein Bett, und so stellen sich doch noch Gelächter und Entspannung ein.

Elend und »Schwarzes Gold«

BASRA, IM MÄRZ 2005

Von der Hafenstadt Basra im äußersten Süden Mesopotamiens trennen uns fast vierhundert Kilometer. Wir lassen die Stadt Nasariyah, die wegen zunehmender Bandenkriminalität berüchtigt ist, links liegen und folgen der Asphaltbahn, die sich bereits in die Wüste hineindrängt. Diese Einöde, die sich ohne Unterbrechung bis zum südostarabischen »rub'-el-khali«, zum »leeren Viertel«, dehnt, ist trostlos grau und schwarz gefleckt. Ziegenherden und ein paar Kamele tauchen auf. Die niedrigen Zelte der Beduinen sind zerzaust. Eine verlassene Eisenbahnspur begleitet unsere Straße. Je mehr wir nach Süden vordringen, desto zahlreicher werden die ausgebrannten Wracks irakischer Lastwagen und Schützenpanzer. Auf dem letzten Parcours schlagen die Flammen von abgefackeltem Petroleum zum blaßblauen Himmel hoch.

Basim teilt mir eine für ihn erfreuliche Nachricht mit. Soeben hat er über Mobiltelefon erfahren, daß der umstrittene Gouverneur von Najaf, Adnan-el-Zorfi, unter dem Druck der Straße entlassen wurde und vermutlich nach Bagdad abgereist ist. Er würde wohl durch einen rechtschaffenen Muslim, einen Schiiten natürlich, ersetzt werden. Es zeigt sich also doch, daß die Wahlen unerbittliche Folgen nach sich ziehen, und die dürften für die US-Planung nicht immer positiv ausfallen. »Die Amerikaner haben einen Ritt auf dem Tiger unternommen«, bemerkt Basim lächelnd. »Es wird ihnen schwerfallen, ihre Marionetten gegen den Volkswillen in den entscheidenden Machtpositionen zu halten.« Ich erwidere nicht, daß diese Freiheit von kurzer Dauer sein könnte. Wer auch immer eines Tages die Zügel des Irak in seine starke Hand nähme, falls sich überhaupt eine solche Autorität finden läßt, wird sich hüten, neue, ehrliche Volksabstimmungen nach westlichem Vorbild vorzunehmen, sondern fast automatisch in angestammte, herrische Machtausübung zurückfallen.

Wir begegnen endlosen Kolonnen dickbäuchiger Tankwagen. Sie kommen aus Kuweit und transportieren das im Irak geförderte Rohöl, das in Kuweit raffiniert werden muß, wieder ins Ausgangsland zurück. Weder die Pipelines funktionieren noch eine ausreichende Benzinaufbereitung. Da war nach dem ersten Golfkrieg von 1991, den der Vater des heutigen US-Präsidenten geführt und der sämtliche Energieanlagen des Irak vernichtet hatte, der Wiederaufbau unter dem tyrannischen Druck Saddam Husseins trotz völlig unzureichender Mittel unendlich zügiger vorangekommen. Die Transporte, die auf uns zurollen, sind spärlich durch ein paar amerikanische Humvees oder Bradley-Troop-Carriers eskortiert. Jedesmal, wenn ein solcher Monsterkonvoi am Horizont erscheint, rangieren wir uns in gebührendem Abstand auf einem Wüstenfleck. Die übrigen einheimischen Autos verhalten sich ähnlich.

Am frühen Nachmittag erreichen wir die Zwei-Millionen-Stadt Basra. Seit meinem letzten Besuch vor vierzehn Monaten ist sie noch mehr heruntergekommen, wenn das überhaupt vorstellbar ist. Das enge Gassengewirr schiebt sich wie ein geschlossener Block an den Wüstenrand. Schon türmen sich Müllhaufen und Abfallhalden, dazwischen verzweifelt nach Nahrung suchende Ziegen. Das Baath-Regime hatte diese überwiegend schiitische Metropole systematisch vernachlässigt und verkommen lassen. Man kann sich kaum ausmalen, daß dieser Hafen einst ein Prunkstück des Orients war, ein Ort luxuriöser Entspannung und ausschweifender Laster. Hier tritt keine Frau ohne schwarze Abaya auf die Straße. Über den stinkenden Kanälen sind die gewaltigen Propagandaflächen, die früher der Verherrlichung Saddam Husseins in den unterschiedlichsten Posen dienten, samt und sonders mit Darstellungen würdiger, bärtiger Ayatollahs überpinselt oder überklebt. Sehr schnell lassen sich die politischen Präferenzen der Bevölkerung feststellen. Ali-es-Sistani steht in Basra wohl nicht sonderlich hoch im Kurs. Hingegen ist der weiße Vollbart des Großayatollahs Mohammed Sadiq-es-Sadr, den Saddam Hussein ermorden ließ, fast omnipräsent, was auch auf gewisse Sympathien für seinen kämpferischen Sohn Muqtada-es-Sadr schließen läßt.

Das Hotel »El'Uyun« – auf deutsch »Die Augen« –, das uns in der Nähe des Schatt-el-Arab aufnimmt, ist komfortabler als erwartet. Die Rezeption wird von einer etwa vierzigjährigen Christin geführt, die innerhalb ihrer Mauern kein Kopftuch trägt und der Zeit nachtrauert, als sie für deutsche und österreichische Baufirmen arbeiten konnte. Auf die ehemaligen Funktionäre und Peiniger der Baath-Partei Saddam Husseins hat eine regelrechte Hetzjagd eingesetzt. Eine Fatwa des Großayatollahs Sistani, man solle die Prominenten des früheren Regimes so lange verschonen, bis sie von einem ordentlichen Gericht abgeurteilt seien, ist nur sehr partiell befolgt worden.

Eine Enttäuschung bereitet uns die britische Armee. Ihre Offiziere waren vor Jahresfrist noch aufgeschlossen und mitteilsam. Jetzt hat sich in der von ihnen okkupierten Südregion des Irak eine ähnliche Abschottung gegen Journalisten eingestellt wie bei den amerikanischen Stäben von Bagdad. Das mag daran liegen, daß die Londoner Sensationspresse einige Fälle von Ausschreitungen britischer Soldaten gegen irakische Gefangene oder Plünderer in großer Aufmachung publizierte. Ein Skandalblatt war so weit gegangen, gefälschte Fotos als Beweis für die angeblichen Torturen zu fabrizieren. So entzieht die Presseberichterstattung sich selbst den Boden.

Am späten Abend hat Basim eine lohnende Begegnung zustande gebracht. Der Führer der schiitisch orientierten Fadila- oder Tugendpartei, Jaber-el-Khalifa, hat den ganzen Tag in angespannten Verhandlungen verbracht. Aber noch zu nächtlicher Stunde ist er begierig, mit einem ausländischen Besucher zu sprechen. Die Fadila-Partei, so hatte ich erfahren, lehnt sich zwar an die große »United Alliance« an, verfügt jedoch im Raum Basra über erhebliche Autonomie und hat sich mit fast dreißig Prozent der Stimmen als stärkste Fraktion erwiesen. So kann Jaber-el-Khalifa als Gouverneur und Bürgermeister auftreten. Da die Leute sich offenbar eine politische Betätigung ohne höchsten geistlichen Beistand nicht vorstellen können, beruft sich die Tugendpartei auf den Ayatollah Mohammed-el-Yakubi als »Mujtahid«. Dieser Geistliche, den ich bei meinem letzten Aufenthalt in seiner bescheidenen Klause zwischen Najaf und Kufa aufsuchen durfte, hatte mich damals nicht sonderlich beeindruckt und sich mit dem Aufsagen frommer Allgemeinplätze begnügt.

Der Parteiführer Khalifa ist ein ungewöhnlicher Mann. Er trägt einen europäischen Anzug, natürlich ohne Schlips, der ist in dieser Umgebung als Symbol westlicher Dekadenz verpönt. Als Diplomingenieur ist er es gewohnt, mit Fremden umzugehen. Entgegen den orientalischen Bräuchen kommt Khalifa, der wie ein westlicher Intellektueller argumentiert, sofort zur Sache. Er bestätigt, daß der Interims-Regierungschef Ayad Allawi in Basra zutiefst unbeliebt ist. Die Plakate mit seinem Bild seien überall abgekratzt worden. Er holt zu einer Analyse der irakischen Situation aus, die nicht neu, aber sehr klar definiert ist.

Die Besatzungsbehörden hatten unmittelbar nach der Eroberung Bagdads vor zwei Alternativen gestanden. Sie hätten unter Beibehaltung der irakischen Armee und der am wenigsten kompromittierten Kader der Baath-Verwaltung eine gewisse Stabilität erhalten und das bisherige Regierungssystem in gemilderter Form unter Führung eines angesehenen sunnitischen Generals recht und schlecht weiterführen können. Das war wohl die Vorstellung des amerikanischen Generals Jay Garner, der bei aller Simplizität seiner Erscheinung relativ geschickt manövrierte. Aber Garners Stil hatte den Unwillen des Unterstaatssekretärs Paul Wolfowitz erregt. Der General wurde nach kurzer Frist durch den Berufsdiplomaten Paul Bremer ersetzt. Der löste die Armee und die verbliebene Administration auf, fügte sich den gebieterischen Ansprüchen der mächtigen US-Konzerne – an ihrer Spitze Halliburton und Bechtel – und versuchte, einer hörigen Mannschaft irakischer Emigranten – etwa dem Wolfowitz-Liebling Ahmed Chalabi, dann Ayad Allawi – die Führung eines amerikanischen Satellitenstaates zuzuspielen.

»Der Versuch ist fehlgeschlagen«, stellt Khalifa fest. Die ohne Sold entlassenen Soldaten, die ihre Infanteriewaffen jedoch behielten, bildeten von Anfang an ein unerschöpfliches Reservoir für den Aufstand im »Sunnitischen Dreieck«. Die Zivilverwaltung war total zusammengebrochen. »In dieser Situation«, fährt der Gouverneur fort, »erkannte der kluge Taktierer Sistani seine Chance und trug seine Forderung nach demokratischen Wahlen vor. Damit setzte er sich durch, denn eine Massenrevolte der Schiiten – wo die US Army mit der Minderheit der Sunniten schon nicht zurechtkam – hätte sich zum militärischen Debakel ausweiten können. Die schiitische Geistlichkeit«, kommentiert Khalifa, der sich in Europa gut auszukennen scheint, »hat den ›langen Marsch durch die Institutionen‹ angetreten, wie man in Deutschland wohl sagt.«

Ob am Ende die Proklamation einer schiitisch geprägten Islamischen Republik stehe oder ob der Irak in ethnisch und konfessionell verfeindete Separatteile zerfalle, sei noch keineswegs entschieden. Keine dieser Perspektiven könne jedoch die zur Schau getragene Zuversicht der Bush-Administration rechtfertigen. »Was halten Sie von den Thesen Samuel Huntingtons?« fragt mich der Fadila-Politiker unvermittelt, und damit setzt ein ausführlicher Gedankenaustausch über den »Zusammenprall der Kulturen« und die von Fukuyama inzwischen revidierte Theorie vom »Ende der Geschichte« ein. Khalifa hat viel gelesen. Er ist auch über die protestantische Erweckungsbewegung in den USA gut informiert, der George W. Bush sich verschrieben hat. Was diesen für den Irak untypischen Politiker am meisten beunruhigt, ist die Tatsache – er kann sie nur über »Time Magazine« oder »Newsweek« erfahren haben –, daß der US-Präsident die jüngste Veröffentlichung des russisch-jüdischen Knesset-Abgeordneten und ehemaligen Gulag-Häftlings Nathan Scharanski zu seinem politischen Credo und zu einer Art Bibel-Ergänzung gemacht habe. »Sie werden wenige Iraker finden«, so sagt er, »die nicht überzeugt sind, daß die Orientpolitik Washingtons in Israel konzipiert wird.«

Die Fadila-Partei hat sich zum Anwalt der Interessen des Südens gemacht. Mit Wut und Erbitterung hatten die dort lebenden Schiiten sich damit abfinden müssen, daß ihr enormer Erdölreichtum, der sich in den Rumeila-Feldern und den Majnun-Sümpfen demnächst noch verdoppeln könnte, ausschließlich von der Zentralregierung in Bagdad aufgesogen wurde und sie selbst davon überhaupt nicht profitierten. »Was die Kurden können«, meint Khalifa, »können wir zur Not auch. Die Petroleumquellen von Kirkuk sollen überwiegend dem wirtschaftlichen Wohl Irakisch-Kurdistans zugute kommen. Ähnlich sollten wir auch in der Umgebung des Schatt-el-Arab verfahren.« Die provisorische Verfassung des Irak stipuliere doch bereits, daß, falls mindestens drei Provinzen nach einer Zweidrittel-Zustimmung ihrer Einwohner die Schaffung einer gesonderten Region mit politischen und vor allem wirtschaftlichen Sonderrechten anstreben, diesem Verlangen stattgegeben werden muß. Darauf könnte es auch im Süden hinauslaufen, falls man sich in Bagdad nicht eines Besseren besänne und eine gerechte finanzielle Neuverteilung vornähme.

Ob wir ohne Gefährdung in unser Hotel »Die Augen« zurückgelangen können, frage ich. Es gebe doch sicher in Basra eine Sperrstunde, und die Nacht ist fortgeschritten. Jaber-el-Khalifa winkt ab. Es bestehe keinerlei Gefahr. Beim Verlassen seines Parteibüros fällt mir eine naive Malerei auf, die in grellen Farben eine Szene der schiitischen Heiligenlegende darstellt, und ich gebe Nezar den Auftrag, sie noch in Eile zu filmen. Mit der Sicherheit der Promenade am Schatt-el-Arab ist es jedoch nicht so gut bestellt. Mit flackerndem Blaulicht fahren Polizeiautos auf uns zu. Ein paar Kalaschnikows werden uns auf den Bauch gerichtet. Die Autorität Jaber-el-Khalifas wird der Angelegenheit schnell Herr. Wir werden unter zusätzlichem Schutz zum Hotel geleitet.

Am folgenden Tag begehe ich den Fehler, unsere bewährten und treuen Begleiter von der Badr-Brigade einen Tag zu früh nach Hause zu schicken. Ich teile ihnen mit, daß wir ihrer Betreuung nicht mehr bedürfen, da die Grenze des Emirats Kuweit in greifbarer Nähe liege und wir am nächsten Tag dorthin aufbrechen wollen. Es kommt zu einer herzlichen Verabschiedung. Reza umarmt mich brüderlich und küßt mich auf beide Wangen. Seine Gefährten tun es ihm gleich. Von dem besonders um mich bemühten Ismail trenne ich mich mit einem Spruch, der eigentlich nur Muslimen vorbehalten ist: Ich rufe den Frieden, die Barmherzigkeit und den Segen Allahs auf ihn herab. »Es salam 'aleikum wa rahmat Allah wa barakatuhu.« Er blickt mich freudig erstaunt an.

Es steht uns noch eine Verabredung mit einem Dutzend Stammesführern bevor. Die »Schuyukh« haben sich bereitwillig im Vorgarten ihres Verwaltungssitzes versammelt. Gleich dahinter ist ein mehrstöckiges Betongebäude – Sitz der früheren Zentrale der Baath-Partei oder irgendeines Geheimdienstes Saddam Husseins – durch einen Volltreffer der US Air Force plattgewalzt worden. Der Wortführer der diversen »Tribes« – es dürfte etwa sechzig davon geben – sehen wie richtige Bilderbuch-Beduinen aus. Über der weißen Dischdascha tragen sie einen malerischen braunen oder schwarzen Umhang. Jeder hat eine Keffieh mit Agal auf dem Kopf.

Bei diesen Feudalherren handelt es sich um gewiefte Politiker und Geschäftsleute, die während der Unterdrückung durch Saddam Hussein ihre Anpassung vortäuschen mußten, um teilweise lukrative Geschäftsverbindungen bis nach Europa und Amerika aufzunehmen. Ihre Autorität ist nach dem Sturz des Diktators gewachsen. In den von Anarchie und Sippenfehden zerrütteten Süd-Provinzen halten sie zugunsten ihrer Klientele eine minimale Sozialversorgung aufrecht. In Ermangelung regulärer Gerichte treten sie als respektierte Vermittler in akuten Streitfragen auf. Zwischen verfeindeten Sippen handeln sie auch das »Blutgeld« aus, mit dem sogar ein Totschlag gesühnt werden kann. »Die Schuyukh sind Überbleibsel einer archaischen Gesellschaftsform«, wendet Basim ein, »aber noch sind sie unentbehrlich für die Aufrechterhaltung eines Minimums an Zucht und Ordnung.« Auch die Stammesführer neigen bereits dazu, ihre ölreichen Provinzen zu einer autonomen Region zusammenzuschließen. Auf die Behörden von Bagdad waren diese Schiiten stets schlecht zu sprechen.

*

Über Mobilfunk haben wir Kontakt zur deutschen Botschaft in Kuweit aufgenommen. Es ist gar nicht leicht, ein Transitvisum für das Emirat zu erhalten, das seine diplomatischen und konsularischen Vertretungen im Irak seit langem geschlossen hat. Der Parcours bis zur Grenzstation ist offenbar riskanter, als man das in Bagdad geschildert hatte. Für die Überwindung dieser sechzig Kilometer sind wir auf das Wohlwollen der Engländer angewiesen, und wir wissen die Hilfsbereitschaft des noch jungen zuständigen Konsuls Ihrer Majestät zu schätzen. Die schwerbefestigte britische Verwaltungszentrale mitsamt dem Generalkonsulat ist in einem ehemaligen Palast Saddam Husseins untergebracht. Der Eingang wird von Gurkhas bewacht, von Söldnern aus dem Königreich Nepal im Himalaya, die in den legendären Zeiten des Empire den Ruf besonders wackerer Krieger genossen. Mir fallen ihre gefürchteten Kurzschwerter, die »Kukri«, auf, die sie stets an der Hüfte tragen.

Am folgenden Tag, gegen zwei Uhr mittags, würden uns gepanzerte Fahrzeuge im Hotel abholen, sagt der britische Konsul zu. Er berichtet kurz über den Stand der Dinge. Die Militärpatrouillen in Basra sind erheblich reduziert worden. Der Einfluß der Besatzungsmacht auf die Neugestaltung des politischen Lebens hält sich in engen Grenzen. Die radikale Anhängerschaft Muqtada-es-Sadrs sei in dieser Elendszone relativ stark. Die Aktivisten würden versuchen, die diversen neu gegründeten Parteien zu unterwandern. Ansonsten wisse man nicht sonderlich viel über die Intrigen, die Verschwörungen, die blutigen Abrechnungen, die sich innerhalb dieser kompakten Menschenmasse abspielen.

Was nun die Nachbarstaaten betrifft, so verhalte sich die Islamische Republik Iran auf dem Gegenufer des Schatt-el-Arab überaus korrekt. Mit den dortigen Grenzwächtern, Soldaten und Pasdaran gebe es keine akuten Probleme. Hingegen fänden immer wieder Infiltrationen religiöser Eiferer aus Saudi-Arabien in Richtung auf das Sunnitische Dreieck statt. Diese Extremisten gelten als Anhänger des Bandenchefs Abu Musab-el-Zarqawi. Ihre terroristische Aktivität richte sich zunehmend gegen schiitische Einrichtungen und Politiker. Auch in unmittelbarer Nachbarschaft von Basra kommt es häufig zu Überfällen. Der Konsul zeigt uns das Foto eines schwergepanzerten Mannschaftswagens, der vor zwei Tagen durch eine »roadside bomb« in einen formlosen Klumpen aus Blech und Stahl verwandelt wurde.

Aus einem Anflug an Sentimentalität will ich noch einmal die Weite des Schatt-el-Arab filmen lassen. Auf dem östlichen Ufer des Stroms hatte ich vor mehr als zwanzig Jahren die Rückeroberung der total verwüsteten Stadt Khorramshahr durch die Revolutionswächter Khomeinis miterlebt. Wir betreten ein einst stattliches, jetzt völlig verwahrlostes und geplündertes Gebäude, wo sich das renommierteste Fischrestaurant Basras befunden hatte. Ein unscheinbarer arabischer Wächter hat uns in die Ruine eingelassen, bleibt eine Weile neben Nezar stehen und tuschelt angestrengt mit Basim. Dann entfernt er sich. Basim kommt hell aufgeregt auf mich zu. »Der Mann hat mich eben gefragt, ob ich nicht an einem guten Geschäft interessiert sei.« Tausend Dollar – für die Hungerleider von Basra eine enorme Summe – sei pro Kopf für die Auslieferung einer jeden ausländischen Geisel zu verdienen. Den Einwand Basims, er begleite uns als Freund und Mitarbeiter, wehrt der Wachmann mit ärgerlicher Bewegung ab. Sein plötzliches Verschwinden ist ein Alarmsignal. Wir verlieren keine Zeit, schultern das Material und eilen zu unserem Fahrzeug zurück. Um ein Haar wäre uns der letzte Tag doch noch zum Verhängnis geworden. Dem unvermuteten Auftauchen von ein paar geldgierigen Kalaschnikow-Trägern wären wir wehrlos ausgeliefert gewesen, und der Hafen Basra verfügt über eine alte Tradition des Sklavenhandels.

Um Punkt vierzehn Uhr halten zwei Landrover der britischen Besatzungsbehörde vor dem Hotel »El'Uyun«. Die stämmigen Engländer, die nunmehr unseren Transport absichern, sind schwerbewaffnet und bewegen sich mit der gleichen Umsicht wie ihre deutschen Kollegen der GSG 9 in Bagdad. Bis zur Grenze des Emirats Kuweit fahren wir etwa achtzig Kilometer. Der Himmel hat sich gelb gefärbt und kündigt Sandsturm an. Wir durchqueren erbärmliche Siedlungen. Am letzten Kontrollpunkt verabschieden und bedanken wir uns bei den Engländern, die während der Fahrt hoch angespannt waren und kein einziges Wort wechselten. Ein paar Meter entfernt parken bereits zwei Limousinen mit dem schwarz-rot-goldenen Fähnchen der Bundesrepublik. Die Formalitäten des Übergangs werden dank der Fürsprache des deutschen Botschaftsrats schnell geregelt. Bevor die protzige Skyline des Emirats am Horizont auftaucht, verharrt die Wüste in abweisender Trostlosigkeit. Ich werfe einen kurzen Blick auf die Hügel des »Mutla Ridge«, wo im Jahr 1991 die zurückflutende, total demoralisierte Armee Saddam Husseins der Vernichtung durch die US Air Force anheimfiel.

Der Luxus des Marriott-Hotels von Kuweit löst bei mir einen Schock aus. Beim Anblick der fetten, anmaßenden Protzen und Schieber dieses im eigenen Petroleumreichtum ertrinkenden Attrappen-Staates, dieser blasierten Kapaune, die ihre goldverzierte Beduinentracht wie ein Karnevalskostüm tragen, überkommt mich ein Gefühl von Empörung und Ekel. Das Elend und das Morden im nahen Irak bilden einen zu krassen Kontrast. Nach kurzer Verschnaufpause hat der deutsche Botschafter Achenbach zum Abendessen und anschließend zum Glas Champagner in seine Residenz eingeladen. Um Mitternacht stoßen wir auf meinen 81. Geburtstag an. Zwei Stunden später sitze ich in der Lufthansa-Maschine nach Frankfurt.

Bevor ich einschlafe, verschwimmen die Eindrücke der vergangenen Tage. Nur ein Bild verfolgt mich eine Weile wie eine Halluzination. Vor dem inneren Auge entsteht wieder das schlichte Gemälde, das den Eingang der Fadila-Partei in Basra schmückte. In ungeschickter Pinselführung war dort der Großayatollah Mohammed Sadiq-el-Sadr wie eine Gottvatergestalt mit seinem schlohweißen Rauschebart dargestellt. Vor ihm dehnt sich das blutrot gefärbte Meer. In einem langen, schmalen Boot hat eine zahlreiche Gruppe von »Schuhada«, von Märtyrern Platz genommen, die an ihren leuchtendweißen Gewändern und den verzückten Gesichtern zu erkennen sind. Der Großayatollah erteilt ihnen seinen Segen, und es sieht aus, als würde er den Nachen in Richtung auf die untergehende Sonne anschieben. Dort offenbart sich – von goldenem Glorienschein umgeben – die Erlöserfigur des Zwölften, des Verborgenen Imam el-Mehdi. Er sitzt zu Pferde und hält ein Schwert in der Hand. Seine Messias-Erscheinung verschwimmt in strahlendem Licht und empfängt die toten Helden des Heiligen Krieges wie eine Verheißung ewiger Glückseligkeit.

Wie sehr sich doch die alten Mythen in Ost und West gleichen! Die einfältige Malerei von Basra hätte auch die Sage vom Heiligen Graal illustrieren können oder die Legende der zahllosen christlichen Blutzeugen, die im Zeichen des Kreuzes ihr Leben für den wahren Glauben opferten. Über dem Hauptaltar meiner Internatskirche von Saint-Michel waren die Märtyrer ebenfalls in die weiße Tunika der Erwählten gehüllt. Der gregorianische Gesang huldigte ihrer leuchtenden Heerschar – »martyrum candidatus exercitus«. Vielleicht hatten sich Orient und Okzident – bei aller Grausamkeit der islamischen Eroberungen, der »Futuhat«, und der christlichen Kreuzzüge – einander wesentlich nähergestanden in jenen Zeiten, als das Abendland noch an Gott glaubte.

Personenregister

Bildnachweis

dpa: 8
Gamma: 2
Keystone: 9, 10, 12
Cornelia Laqua: 3–7, 11, 14, 16, 17, 19–23
Life Magazin, Time Inc., New York: 15
ullstein bild: 1, 13, 18
Thomas Hammer: alle Karten

Länder mit permanenter amerikanischer Militärpräser

KASACHSTAN

Kaspisches
Meer

USBEKISTAN

KIRGISIEN

Schwarzes
Meer

GEORGIEN

TADSCHIKISTAN

TÜRKEI

ZYPERN

IRAK

IRAN

AFGHANISTAN

JORDANIEN

KUWEIT

PAKISTAN

BAHREIN

QATAR

V.A.E.

INDIEN

ÄGYPTEN

SAUDI-
ARABIEN

OMAN

Indischer
Ozean

UGANDA

KENIA

DIEGO GARCIA